普通高等教育汽车类专业“十二五”规划教材

汽车检测与诊断技术

主　编　徐礼超　李书伟
副主编　隽成林　王建胜
主　审　吴建华

国防工业出版社
·北京·

内 容 简 介

本书系统地介绍了汽车检测与故障诊断的基础知识，现代汽车检测诊断设备的结构、原理，性能检测方法与标准以及故障诊断与排除方法。主要内容包括：汽车检测和诊断技术基础，汽车整车检测技术，汽车发动机的检测与诊断，汽车底盘的检测与诊断，汽车电气与电子控制系统检测与诊断，汽车远程测试与诊断技术等。不仅介绍了常见的汽车检测与诊断的基本内容，还着重介绍了电控汽油发动机检测与诊断、高压共轨柴油机电控系统故障诊断、ASR 的故障诊断、电子控制悬架系统的故障检测与诊断、汽车空调系统检测诊断等内容。

本书可作为高等院校车辆工程专业、汽车服务工程专业以及交通运输专业本科生教材，也可供汽车检修企业和汽车运输企业的工程技术人员和管理人员参考使用。

图书在版编目（CIP）数据

汽车检测与诊断技术/徐礼超，李书伟主编．—北京：国防工业出版社，2012.2（2015.4 重印）
普通高等教育汽车类专业“十二五”规划教材
ISBN 978-7-118-07879-4

Ⅰ.①汽… Ⅱ.①徐… ②李… Ⅲ.①汽车—故障检测—高等学校—教材②汽车—故障诊断—高等学校—教材 Ⅳ.①U472.9

中国版本图书馆 CIP 数据核字（2012）第 009333 号

※

国防工业出版社出版发行
（北京市海淀区紫竹院南路 23 号 邮政编码 100048）
三河市腾飞印务有限公司印刷
新华书店经售

*

开本 787×1092 1/16 **印张** 23¼ **字数** 539 千字
2015 年 4 月第 1 版第 2 次印刷 **印数** 4001—6000 册 **定价** 39.80 元

国防书店：（010）88540777 发行邮购：（010）88540776
发行传真：（010）88540755 发行业务：（010）88540717

前 言

近年来，随着人们对汽车综合性能要求的不断提高，汽车技术正在向电子化、自动化、智能化方向发展，汽车技术的这一发展变化，引发了汽车检测与诊断技术的深刻变化。汽车的检测与诊断已逐渐发展成为一门独立的学科和汽车行业范畴内一个极其重要的分支。从目前的应用情况来看，汽车检测与诊断技术已贯穿于汽车运用、汽车维修以及交通管理和环境保护等各个领域，而且起着日益重要的作用。因此，汽车性能检测与故障诊断技术已是汽车使用和检修人员以及相关专业师生必须和急需掌握的一门技术。

为适应现代社会对汽车检测与诊断人才知识结构的需求，根据普通高等教育汽车类专业“十二五”规划教材编写计划，结合目前教学改革的具体情况来组织本书的编写工作。在编写过程中，编者参阅了大量国内文献和检测设备使用说明书等技术资料，并结合多年课程教学体会，力求做到教材结构合理，层次清晰，能着力反映本学科最新研究成果，突出新设备、新技术和新标准的应用，能注重理论联系实际，侧重检测和诊断结果的分析，强调学生分析问题和解决问题的能力培养，以充分体现教材的科学性、先进性和实用性。本书以汽车性能检测与故障诊断为主线，系统地介绍了汽车检测与故障诊断的基础知识，现代汽车检测诊断设备的结构、原理，性能检测方法与标准以及故障诊断与排除方法。主要内容包括：汽车动力性检测、燃油经济性检测、制动性能检测、汽车排气污染物检测、汽车前照灯与噪声检测、车速表与车轮侧滑量检测、发动机功率的检测、气缸密封性检测与故障诊断、启动系统检测与故障诊断、点火系统的诊断与检测、电控汽油发动机检测与诊断、高压共轨柴油机电控系统故障诊断、润滑系统检测与诊断、冷却系统检测与诊断、发动机异响的诊断、传动系统检测与诊断、制动系统检测与诊断、转向系检测与诊断、行驶系检测与诊断、汽车电气与电子控制系统检测与诊断以及汽车远程测试与诊断技术等。

本书由淮阴工学院徐礼超、盐城工学院李书伟任主编，淮阴工学院隽成林、王建胜任副主编。李书伟编写了绪论、第1章；徐礼超编写了第2章；隽成林编写了第3章；王建胜编写了第4章（4.1、4.2、4.4）、第5章；淮阴工学院陈勇编写了第4章（4.3），王程编写了第6章。参加编写的人员还有淮安信息技术学院汪东明、淮安生物工程高等职业学校卢永胜和淮阴工学院姜晴、赵钱。

淮阴工学院吴建华教授对全书进行了认真审阅，并提出了许多宝贵的修改意见，编者在此表示衷心的感谢。

本书在编写过程中得到了许多专家和汽车检测站及汽车维修企业技术人员的大力支持，使得编写工作得以顺利完成并在内容上更加新颖、丰富，在此一并致谢。

由于时间仓促和编者水平所限，本书在章节安排和内容上难免存在不足和错误，恳请使用本教材的师生和读者批评指正，以便今后进一步完善。

编　者

2011.10

目　录

绪 论

汽车是一个复杂的技术和结构集成系统，其运行的载荷、路况和气候等工作条件复杂多变，运动件的自然磨损和车辆振动等，都会造成连接关系的变化，影响汽车技术状况。汽车技术状况是指定量测得的表征某一时刻汽车外观和性能参数值的总和。由于复杂多变的工作条件的影响，汽车的技术状态将随行驶里程的增加而恶化，其安全性、动力性、经济性和可靠性等将逐渐下降，排气污染和噪声加剧，故障发生率增加。这不仅对汽车的运行安全、运行消耗、运输效率、运输成本及环境造成极大的影响，甚至还直接影响到汽车的使用寿命。因而，研究汽车故障的变化规律，定期检测汽车的使用性能，诊断出故障部位并及时而准确地排除故障，就成为汽车使用技术的一项重要内容。

1. 汽车检测与诊断技术的作用

汽车在使用过程中，其技术状况变差、出现故障是不可避免的。如果能够利用汽车检测与诊断技术，对汽车的运行状态作出判断，及时发现故障，并采取相应对策，则可以提高汽车的使用可靠性，避免汽车恶性事故发生，同时可充分发挥汽车的效能，减少维修费用，获得更大的经济效益。因此，汽车检测诊断技术具有重要的地位和作用。

1）保证交通安全

随着汽车保有量的增加，汽车交通事故造成人身伤亡的现象十分严重，现已构成不可忽视的社会问题。面对日益严峻的交通形势，采用现代汽车检测诊断技术，利用先进的检测仪器，能对机动车辆加强安全技术检测，对汽车的技术状况做出准确的诊断，找出隐患及时排除，发现问题及时维修，确保汽车的行驶安全。

2）减少环境污染

随着汽车工业的快速发展和汽车保有量的急剧增加，汽车废气的大量排放对大气环境污染日趋严重，汽车废气是汽车有害排放物的最主要因素，对汽油机主要指一氧化碳（CO）、碳氢化合物（HC）和氮氧化合物（NO_x）；而对柴油机而言，除 CO、HC、NO_x 以外，还有微粒等。还有曲轴箱通风向大气排出的 HC、燃料供给系中燃料蒸发的 HC 等有害排放物。这些有害气体污染了大气，破坏了人类健康和环境。另外．汽车向大气排放 CO_2，有使地球表面温度升高的“温室效应”。汽车的噪声是另一种环境污染，在交通繁忙的十字路口，车辆噪声可达 70dB（A）以上。通过对汽车进行检测与诊断，可严格限制汽车的废气和噪声污染，减少环境污染。

3）改善汽车性能

汽车行驶一段时间，零部件经过磨合之后，性能渐渐进入最佳状态。但汽车用久了，性能或技术状况又逐渐变差。不仅其动力性和经济性会降低，油耗会增加，废气排放情况会变坏，有时还会引发交通事故。所以，通过检查测试，提高维修效率、监督维修质量，可以保持汽车经常处于良好的技术状况，改善汽车性能，还可以延长汽车的使用寿命。

4）提高维修效率，实现“视情修理”

所谓“视情维修”，是指利用诊断设备定期地检测机器的技术状况，按照检测结果根据实际需要对机器进行针对性修理。这种维修制度能最大限度地发挥各零部件的使用潜力，减少不必要的拆装，大大提高机器的使用可靠性和使用经济性。随着汽车保有量增加，汽车修理量也相应加大。另一方面，随着技术的发展进步，汽车的结构越来越复杂，用手工的方法，单纯凭经验进行修理显得与现代化要求很不适应。所以必须采用新技术，发展现代检测与诊断设备，缩短维修停车时间，提高维修效率，实现“视情修理”。

2. 汽车检测与诊断技术的发展概况

汽车检测与诊断技术是随着汽车的发展从无到有逐渐发展起来的一门应用技术。它随着汽车的发展而发展，最先出现的是传统的汽车检查技术，由于不能定量地确定汽车的性能参数或技术状况，因而逐渐出现了现代汽车检测与诊断技术。

1）国外发展概况

国外一些发达国家，早在 20 世纪四五十年代就研制成功一些功能单一的检测或诊断设备，发展成为以故障诊断和性能调试为主的单项检测诊断技术。进入 20 世纪 60 年代后，检测设备应用技术获得较大发展，逐渐将单项检测诊断技术连线建站（出现汽车检测站），成为既能进行维修诊断，又能进行安全环保检测的综合检测技术，随着微机的发展，单个检测、诊断设备实现了微机控制。

进入 20 世纪 70 年代以来，随着计算机技术的发展，出现了汽车检测诊断、数据采集处理自动化、检测结果直接打印等功能的汽车性能检测仪器和设备。在此基础上，为了加强汽车管理、各工业发达国家相继建立汽车检测站和检测线，使汽车检测制度化。

随着汽车工业的发展以及电子系统的广泛应用，传统的手摸、耳听，拆拆装装地进行故障诊断的方法已难以适应。为此，汽车发达国家的汽车公司及机械维修设备制造厂借鉴 20 世纪 60 年代在航天、军工方面首先发展起来的机器故障诊断技术，积极开发汽车诊断系统，20 世纪 70 年代开发出了车外诊断专用设备，能对特定车辆进行多项目的检测，其汽车诊断技术已发展成为检测控制自动化、数据采集自动化、数据处理自动化、检测结果打印自动化的综合检测技术。

自发动机电子控制装置普遍使用后，汽车电控系统的故障诊断已逐渐向随车诊断转移。1977 年，美国通用公司在轿车上采用了发动机点火控制的随车诊断装置，它具有自动诊断功能，能检测发动机冷却液温度、电路回路故障和电压下降情况。该检测是通过微处理机程序系统进行的，并具有存储和数据检测功能。以此为开端，福特、日产、丰田等公司陆续开发了具有自行诊断功能的随车诊断装置。

20 世纪 80 年代，发达国家的随车诊断已成为汽车电器故障诊断的主流，不少轿车具有故障自诊断功能，有的随车诊断设备还可根据其显示器的指令进行操作，来获取故障信息。而此时的车外诊断专用设备更具有诊断复杂故障的能力，具有汽车专家诊断系统，这种专家诊断系统就是模拟熟练的汽车诊断专家思维的计算机程序，它将汽车专家的知识移植于诊断方法之中。一些发达国家的汽车检测诊断新技术已达到了广泛应用的阶段，给交通安全、环境保护、能源节约、运输成本降低等方面，带来了明显的社会效益和经济效益。

20 世纪 90 年代，汽车自诊断技术飞速发展。车载诊断系统（On Board Diagnostic，OBD）自问世以来得到了不断地改进和完善，相继出现了 OBD-I 和 OBD-Ⅱ。早期的 OBD，是世界各个汽车制造厂商独立自行设计的，各个车型之间无法共用，必须采用不同的诊断系统；后来的 OBD-I，采用了标准相同的 16 孔诊断插座，但仍保留与 OBD 相同的故障码，各车型之间仍然无法互换，所以必须采用不同的诊断系统；OBD-Ⅱ采用了标准相同的 16 孔诊断插座、相同的故障码及通用的资料传输标准 SAE 或 ISO 格式，可采用相同的诊断系统。1994 年全球约有 20% 的汽车制造厂商已采用 OBD-Ⅱ标准，到 1995 年时约有 40% 的汽车制造厂商采用 OBD-Ⅱ标准，从 1996 年起，全球所有的汽车制造厂商全面采用 OBD-Ⅱ标准。从 1996 年开始，所有在美国销售的新型汽车都采用 OBD-Ⅱ标准诊断系统。

2000 年后至今，国外汽车诊断设备发展的重要特征是直接采用各种自动化的综合诊断技术，增加难度较大的诊断项目，扩大诊断范围，提高对非常复杂的故障诊断与预测能力，使汽车检测与故障诊断技术向新的高度发展。

2）国内发展概况

我国对汽车诊断技术的研究起步较晚，在 20 世纪 30 年代，汽车故障诊断完全依靠工人和技术人员掌握的知识和经验，凭感官来分析判断汽车故障之所在；在 20 世纪六七十年代，国家有关部门虽然也从国外引进过少量检测设备，国内不少科研单位和企业对检测设备也组织过研制，但由于种种原因，该项技术一直发展缓慢。

进入 20 世纪 80 年代以后，随着国民经济的发展，特别是随着汽车制造业、交通运输业的发展和车辆增多，我国机动车保有量迅速增加。如何保证这些车辆运行安全和降低社会公害，逐渐提到政府有关部门的议事日程，因而促进了汽车检测与诊断技术的发展，使之成为国家“六五”期间重点推广项目。自 1980 年开始，交通部门有计划地在全国公路运输系统筹建汽车综合性能检测站，取得了很大成绩。公安部门在全国的中等以上城市中，也建成了许多安全性能检测站。

到 20 世纪 90 年代初，除交通、公安两部门外，机械、石油、冶金、煤炭、林业和外贸等系统和部分大专院校，也建成了相当数量的汽车检测站。

进入 21 世纪以后，交通、公安两部门的汽车检测站，已建至县市级城市。我国已基本形成了全国性的汽车检测网，汽车诊断与检测技术已初具规模，全国各地的汽车维修企业使用的检测诊断设备，也日益增多。

总之，传统的汽车诊断技术是以人工经验诊断法为主的，仪器设备诊断法则是在传统的人工经验诊断法的基础上发展起来的。汽车维修制度已由过去的“计划修理”进步为“视情修理”，这样既不会因提前修理造成不必要的浪费，也不会因滞后修理造成车况的恶化。与传统的汽车维修相比，现代汽车的维修有以下几方面的变化：

（1）从零部件修复到零部件更换。

（2）从局部性能的恢复到整车性能的恢复。

（3）从显性故障的排除到隐性故障的排除。

（4）从机械、电器、液压等的单项修复到综合项目的修复。

（5）从解体修理到不解体修理。

3. 汽车检测与诊断技术的发展趋势

在科学技术高速发展的今天，人类越来越重视自身安全的保障和自然界的生态平衡，可持续发展受到广泛关注。因此，今后汽车诊断设备的发展将集中在汽车安全性能、排放性能和汽车新结构的诊断方面，并向多功能综合式和自动化方向发展，同时，测试仪表也将向更加精密和小型化发展，并能随车装设在工作过程中显示。

随着汽车结构越来越复杂，电子程度越来越高，对汽车故障的诊断和排除的难度也就越来越大。集现代电子技术、自动化控制技术、信息技术、计算机技术，特别是人工智能技术于一体的故障诊断与检测技术在汽车维修工程中已得到越来越多的应用，并且已是汽车维修基础理论研究的重要领域和前沿课题。

汽车诊断技术的发展远景是实现汽车故障的预测预报，通过预测可以预知汽车或其总成的未来技术状况，并确定其剩余的工作寿命和运行潜力，预报无故障期限，做到事先预防和减少危险性故障。

首先，要加强诊断方法和限值标准等基础性技术的研究。掌握汽车技术状态的变化以及其零部件发生磨损、变形、疲劳或腐蚀，引起配合特性变化的规律，建立必要的结构参数和输出过程参数的变化规律，确定诊断参数，制定定量化的诊断标准，统一规范的诊断要求及操作技术。

其次，增强随车诊断系统对汽车运行状态的监视功能。采用大容量的存储器，使随车诊断装置能实时监测车辆的运行状态，记录故障发生前后的各种运行参数的数值，存储汽车行驶状态下的故障信息。利用监测技术，开发出机件恶化和故障预测的软技术，对汽车的渐发性故障进行有效的预报。

再次，采用汽车故障的计算机仿真技术和模型分析方法，实行车外诊断与随车诊断相结合的原则，不断提高汽车诊断设备的性能，进一步提高诊断系统的智能化水平，增加诊断项目，扩大检测范围，对汽车的转轴、轴承、齿轮、润滑油、排放、油耗、振动等进行有效的监测，完善与硬件配套的软件建设，提高产品的可靠性。开发包括检测技术、预测技术和分析技术在内的诊断软件，制定合理的诊断程序。例如，专家系统的知识数据库、神经网络和扰动分析模式识别技术及动态模型技术等。增强故障诊断专家系统的功能，提高诊断故障的能力和准确性。

汽车诊断与检测技术总是跟随汽车技术的发展而不断提出新的要求，以适应汽车维修市场的需要。同时也推动了汽车诊断技术的发展，这不仅可减少维修汽车的劳动量，提高汽车维修的经济效益，而且还能对汽车产品质量或维修质量做出客观评价，为汽车技术或维修技术的合理改进提供基础数据，促进汽车工业和维修业的发展。

4. 汽车检测与诊断技术的研究内容

汽车检测与诊断技术是汽车检测技术和汽车故障诊断技术的统称。汽车检测是指为了确定汽车技术状况或工作能力所进行的检查和测量。汽车诊断是指在不解体（或仅拆下个别小件）的情况下确定汽车的技术状况，查明故障部位及故障原因。汽车检测诊断是确定汽车技术状况、寻找故障原因的技术手段，检测诊断结果是合理使用汽车和维护、修理工作的科学依据。

汽车检测与诊断技术是以检测技术为基础，依靠人工智能科学地确定汽车技术状态，识别、判断和预测故障的综合性技术，包括检测设备的研制、诊断参数的确定、汽车故障的诊断、汽车技术状态的预测等多方面的内容，主要研究汽车的检测方法、检测原理、诊断理论以及在汽车不解体条件下的检测手段，以确定汽车的技术状况及其故障。

现代汽车检测和故障诊断是在汽车不解体的条件下进行的，运用必要的仪器、设备，确定汽车的技术状况或故障部位。随着高新技术的广泛应用，汽车电子化程度的不断提高，对车辆故障诊断的要求也越来越高，检测与诊断的地位也越来越重要。与传统汽车检查诊断比较，现代汽车检测与故障诊断本身所包含的知识、侧重的内容、涉及的范围、利用的设备以及采用的方法均发生了很大的变化，汽车诊断和检测技术逐渐成为一门独立的学科，成为汽车行业范畴内一个极其重要的分支。

在汽车运用过程中，由于汽车本身缺陷、外界运用条件等多种因素的影响，汽车技术状况不断发生变化。随着汽车行驶里程的增加，故障率将增大。汽车诊断的目的是为了确定汽车技术状况，查找故障或者异常，并在此基础上，通过及时维护和修理，保障汽车安全、经济、可靠地工作。因此，汽车诊断的基础之一是对引起汽车技术状况变化及其故障的主要原因有所了解，并掌握科学的诊断分析方法。

汽车检测与诊断技术是一门涉及机械、电子控制、数学、可靠性理论、测试和汽车使用技术等方向的综合应用学科，它贯穿于汽车应用、汽车保养、汽车维护、汽车修理以及交通安全和环境保护等各个领域，以检测技术为基础，以诊断为目的，通过对汽车性能参数或工作能力的检测，依靠人工智能科学地确定汽车的技术状态，识别、判断故障，甚至预测故障，为汽车继续运行或进厂维修提供可靠依据。

5. 本课程教学目的和要求

通过本课程的学习，使学生能够熟悉汽车检测与诊断技术的基础理论和基础知识，了解与汽车检测诊断有关的新技术和发展趋势，能正确使用各种故障诊断设备，能正确地查阅有关修理手册，能够对汽车的各类常见故障进行分析、诊断和排除。培养学生发现问题、分析问题和解决问题的实践能力，为今后从事汽车检测诊断相关工作打下必要的理论和实践基础。

汽车检测与诊断技术是一门综合技术应用学科，其体系较为庞杂而分散，因此在学习中学生要注意抓好课程的主线，即抓住“故障现象→分析→检测→诊断→排除”这样一条主线。这将有利于学生在学习中保持清晰的思路，有利于对本课程内容的总体把握。另外，本课程又是一门有着丰富工程应用背景的课程，因此在学习中要十分重视对工程素质的培养，要了解检测诊断的综合性和灵活性，学会全面地、辩证地看问题。

总之，本课程是一门实践应用性很强的课程，它以汽车构造、汽车电器与电子、液压与液力传动等课程为基础，在学习时应注意联系上述课程的有关内容。理论联系实践，要注意结合课程实验和日常生活中接触到的汽车检测与诊断实例，掌握常见汽车故障现象和形成原因，熟悉环境条件、配件质量和油品等影响，重视人为因素的影响，注意汽车故障的检查顺序，注重分析、理解与运用，努力做到学以致用。

第1章 汽车检测与诊断技术基础

1.1 概 述

1.1.1 汽车检测分类

为了确定汽车的技术状况是否正常或有无故障，根据检测诊断目的，汽车检测诊断可分为以下类型。

1. 安全性能检测

对汽车实行定期和不定期的安全运行和环保性能检测诊断，如对制动、噪声、排放、灯光、侧滑等安全项目检测，目的是在不解体（或仅卸下个别小件）情况下，建立安全和排放公害监控体系，确保汽车具有符合要求的外观、良好的安全性能和符合污染物排放标准的排放性能，以强化汽车的安全管理。

2. 综合性能检测

对汽车实行定期和不定期的综合性能检测诊断，如对汽车安全性、动力性、燃油经济性、使用可靠性、排气污染物、噪声及整车装备状态与完整性、防雨密封性等多种技术性能的检测，目的是在不解体情况下，确定运输车辆的工作能力和技术状况，对维修车辆实行质量监督，确保车辆在安全性、可靠性、动力性、经济性、噪声和废气排放状况等方面具有良好的技术状况，提高运输效能及降低消耗，使运输车辆具有良好的经济效益和社会效益。

3. 汽车故障检测

对故障车辆的检测，目的是在不检测解体情况下，查出汽车故障的确切部位和产生的原因，从而确定故障的排除方法，提高故障的排除效率，使汽车尽快恢复正常。

4. 汽车维修检测

汽车维修检测包括汽车维护检测和汽车修理检测两类。汽车维护检测主要是指汽车二级维护检测，它分为二级维护前检测和二级维护竣工检测。二级维护前检测在汽车维修企业进行，其检测目的是诊断二级维护汽车的故障或实际技术状况，从而确定二级维护附加作业；二级维护竣工检测在汽车检测站进行，检测站根据二级维护竣工检测项目和检测标准检测送检汽车，其目的是监控汽车的二级维护质量，竣工检测合格的车辆方可出厂，否则应返回维修企业重新进行二级维护，直至达到二级维护竣工检测合格为止。

汽车修理检测主要是指汽车大修检测，它分为修理前、修理中及修理后检测。修理前的检测，目的是找出汽车技术状况与标准值相差的程度，从而确定汽车是否需要大修或应采取何种技术措施，以实现视情修理；修理中的检测是局部检测、过程检测，目的是进行质量监控，有时还可确诊故障的具体部位和原因，从而提高修理质量及修理效率；修理后的检测在汽车检测站进行，检测站根据汽车大修质量竣工标准检测送检汽车，目的是检验汽车的使用性能是否得到恢复，以确保修理质量。

在汽车使用过程中，为了解在用汽车的技术状况，应对汽车进行适当的检测，每次检测的时机应根据最佳检测诊断周期而定，也可与汽车的正常维护、修理周期及年检相结合。

1.1.2 检测误差与精度

测量的目的是希望求取被测量的真实值，使用检测设备对汽车技术状况进行检测诊断时，由于被测量、检测系统、检测方法、检测条件受到变动因素的影响以及检测人员身心状态的变化，使检测人员不可能测量到被测量的真值。测量值和真值之间总会存在一定的测量误差，人们一直设法改进检测传统、检测方法和检测手段，并通过对检测数据的误差分析和处理方法，使测量误差保持在允许范围之内，或者说使检测达到一定测量精度之内，使检测结果合理可信。

1. 测量误差

按测量误差的表示方法分类，可以分为绝对误差和相对误差两类；如果按测量误差出现的规律分类，可以分为系统误差、随机误差和粗大误差三类；如果按测量误差的状态分类，可以分为静态误差和动态误差两类。下面仅将前两种类型的测量误差介绍如下。

1）绝对误差和相对误差

绝对误差是测量值与被测量真值之间的差值。一般地讲，绝对误差越小，测量值越接近被测量的真值，即测量精度越高。但是，这一结论只适用各测量值大小相等的情况，不适用各测量值不等时评价测量精度的大小。

相对误差是测量值的绝对误差与被测量真值的比值，相对误差能更好地比较不同测量结果的测量精度。用测量相对误差小的仪器获得的测量精度要比用相对误差大的仪器高。但是，用相对误差来评定测量精度也有不足之处，它只能表示不同测量结果的精确

⑥在实时响应、系统配套、系统扩充、系统通信和软件支持等方面，系统应有较强的功能。

⑦除系统对全线自动控制外，应在主控制键盘上设置自动/手动开关和一套手动操作键盘，以便必要时对部分检测设备实施手动操作。

2）微机控制系统的组成

汽车自动检测线上的微机控制系统组成如图 2-5 所示。

- 微机控制系统
  - 硬件
    - 微机设备
      - 主控机
      - 登录机
      - 工位机
      - 打印机
    - 辅设（主控键盘、稳压电源、显示器、工位检测程序指示器光电开关、车速申报器和不合格项目输入键盘等）
  - 软件：检测程序、设备标定程序、检测诊断标准修正程序，自检、自诊断与维护程序和数据库管理程序。其中数据库管理程序能够对检测过的车辆数据进行存档，能够按检测序号、牌照号码或检测日期等进行查询、检索、统计和打印

图 2-5　微机控制系统组成框图

3）微机控制系统的控制方式

目前国内在用的微机控制系统一般有两种，一种是集中式，另一种是分级分布式，不论采用哪种方式，微机控制系统都应能完全满足工艺路线和检测程序的要求。

（1）集中式控制系统。集中式控制系统是采用单一主控微机直接监控整个检测现场，不设置工位机的结构控制体系，其结构如图 2-6 所示。集中式控制系统除汽车信息录入由登录微机完成并发往主控微机外，现场各工位的检测模拟信号经放大器放大后，均直接传输给主控微机。全线的数据采集、处理、判定、显示、打印和存储等工作均由主控微机完成。

集中式控制系统的特点是结构简单、价格低廉，但主控微机负担重、系统工作可靠性差、故障发生后易使全线不能正常工作。

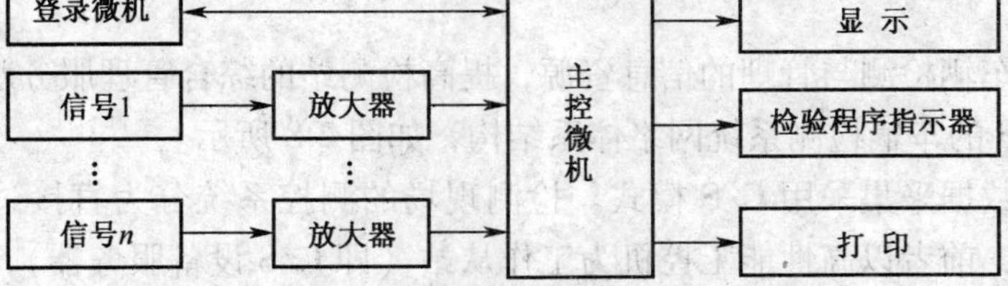

图 2-6　集中式控制系统结构图

（2）分级分布式控制系统。分级分布式控制系统是一台主控微机和若干台工位机共同构成的一种结构体系，它一般采用二级控制方式，如图 2-7 所示。第一级为检测现场控制级，由分布在各工位测控机完成，主要担负检测设备运行控制、数据采集、处理及数据通信任务。第二级为监督管理级，由主控微机完成，具有安排检测程序、担负全线调度、综合判定检测结果、存储并集中打印检测报告和管理数据库等功能。

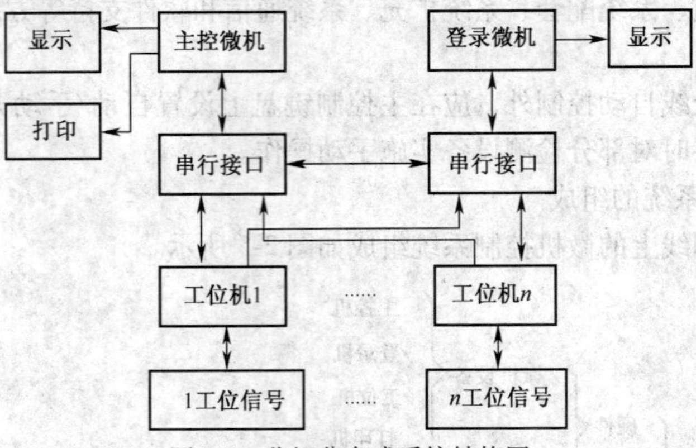

图 2-7 分级分布式系统结构图

分级分布式控制系统的特点是系统层次清楚，各微机任务明确，工作量较均衡；主控系统与各工位子系统的软件设计、硬件配置组装、局部调试等工作均可分别进行，从而加速了系统的开发速度；系统抗干扰性能有所提高，由于信息传递大部分以串行通信方式进行，传输线主要是传送数字量，而模拟量的传输仅限于局部，从而提高了系统的抗干扰能力；由于每个工位都有相对独立的微机控制，故在不用主机或主机出现故障时，各工位可独立工作，仍具有数据采集、处理、显示和局部打印功能，从而仍能以"半自动检测线"形式工作。

目前在用的检测站大多数采用分级分布式微机控制系统。

4）汽车检测站的联网控制技术

电子、计算机和网络技术的快速发展，推动了汽车检测线由集中式、分级分布式控制系统朝着现场总线、开放嵌入式网络化控制系统方向发展。由于各种控制网络协议的产生和控制技术发展的延续性，使得底层控制系统出现了多种网络技术、多种网络协议共存的局面，不同控制网络的集成化是当前控制系统网络化的主要特点之一。检测站与外界交流的信息不仅包括管理信息，还包括设备状态和检测控制信息。控制网络与信息网络的集成化为这些信息的控制和管理带来了一种新的模式，这样就可以利用 Intranet 和 Internet 技术，在相关部门之间实现车辆检测信息的交换与共享。

为了整合车辆检测与管理的信息资源，提高检测站的综合管理服务水平，可以构建基于 C/S、B/S 的车辆检测系统网络体系结构，如图 2-8 所示。

汽车检测数据采集采用 C/S 模式。检测现场的测控系统分为直接过程控制级和集中监控级两种，前者以高性能工控机为工作从站（即 C/S 设备服务器），分布在各个检测工位中，用以完成现场信号的检测、处理、控制与数据存储、转换等任务，后者以高性能服务器作为主站，完成检测节拍与流程控制以及数据交换与管理等任务。两级之间的信息交换则通过基于 TCP/IP 的局域网来实现。

汽车检测数据应采用 B/S 模式。B/S 客户端包括业务主管监督工作站、营业大厅报检工作站、检测报告打印及资料统计工作站和客户查询工作站等。在这种方式中，汽车检测数据得到了充分地利用，与车辆检测中心的其他管理信息相融合，提高了用户单位的信息化水平。另外，各功能模块及系统软件编程变得相对简单，有效地缩短了系统的

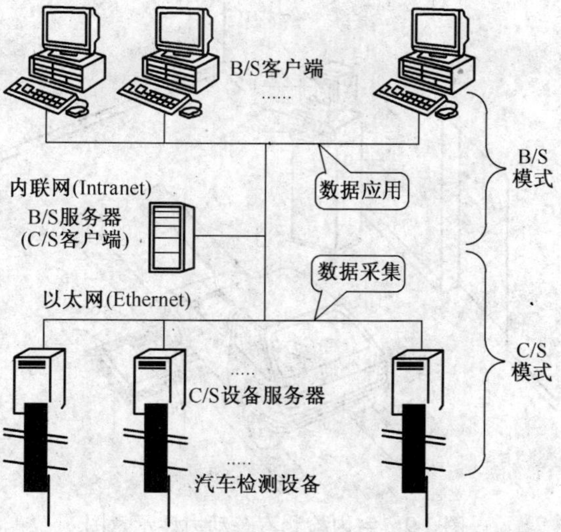

图 2-8　基于 C/S 和 B/S 的车辆检测系统网络体系结构

开发周期，在系统软件维护和升级时，只需更新 B/S 服务器端即可实现。

2.2　汽车整车性能检测

汽车的检测与诊断首先是从整车性能参数检测开始的，当发现整车性能参数发生变化时，再进行汽车各系统的深入检测与诊断。汽车整车的性能参数直接反映了整车的技术状况。

汽车整车检测的内容主要包括：汽车动力性检测，燃油经济性检测，排气污染物测定，前照灯检验，噪声测定，车速表校验，车轮侧滑量检测等。汽车整车检测内容，除少数项目需要在室外场地上进行外，大部分项目可以在室内试验台上进行。按照我国的汽车年检制度，一般在检测站进行。

2.2.1　汽车动力性检测

汽车动力性是汽车最基本、最重要的一种性能，它直接关系到汽车的平均技术速度，对汽车的运输生产效率有着极其重要的影响。在汽车检测部门，常用发动机最大输出功率、驱动轮最大输出功率作为汽车动力性评价指标。

汽车整车输出功率（即驱动轮输出功率）的测定是汽车综合性能检测的一个必检项目，也是评价汽车技术状况的基本参数之一。检测汽车整车的输出功率，是为了获得汽车驱动轮的输出功率或牵引力，以评价汽车的动力性，也可以用测得的驱动轮输出功率与发动机输出功率进行对比，求出传动系的传动效率，以判定底盘传动系的技术状况。

汽车整车输出功率的室内试验具有周期短、节省人力、精度高等特点，因此在检测实践中应用十分广泛。室内检测情况如图 2-9 所示，检测时采用的设备是底盘测功试验台。

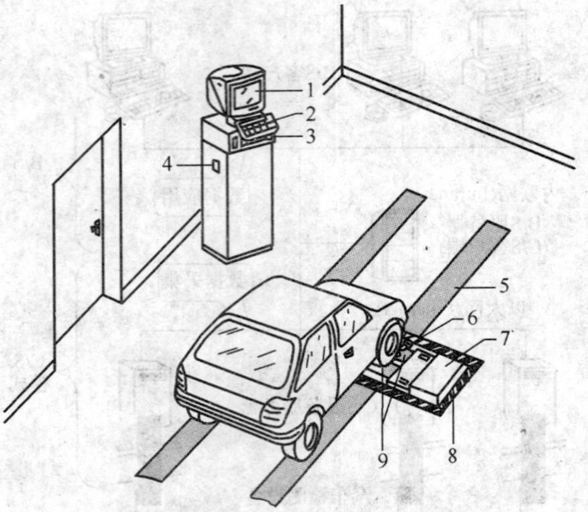

图 2-9 室内检测汽车动力性示意图

1—显示器；2—键盘；3—工控主机；4—电源开关；5—引车线；6—滚筒；7—罩盖；8—安全线；9—举升器。

1. 底盘测功试验台结构与检测原理

1）底盘测功试验台结构

底盘测功试验台一般由滚筒装置、加载装置、测量装置、控制与指示装置和辅助装置等组成，其机械部分结构如图 2-10 所示。

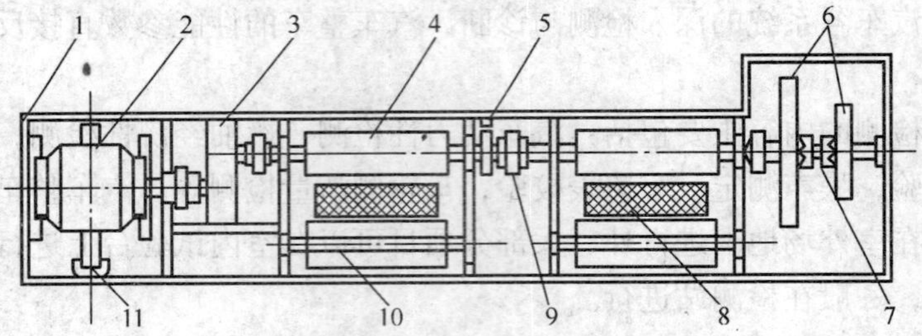

图 2-10 底盘测功试验台结构图

1—框架；2—电涡流测功器；3—减速器；4—主动滚筒；5—速度传感器；

6—飞轮；7—电磁离合器；8—举升器；9—联轴器；10—从动滚筒；11—压力传感器。

（1）滚筒装置。滚筒装置是测功试验台的基本组成件，其结构和性能将直接影响测功试验台的测试精度。试验台的双滚筒有主、副滚筒之分，与测功器相连的滚筒为主滚筒，左右两个主滚筒之间装有联轴器，左右两个副滚筒处于自由状态。滚筒一般为钢制空心结构，并经动平衡试验，通过滚动轴承安装在框架上。滚筒直径、表面状况、两滚筒的中心距是影响测功试验台性能的主要结构参数。

（2）加载装置 。用底盘测功试验台测试汽车性能和技术状况时，要求其必须能模拟汽车在道路行驶时所受的各种阻力。汽车在道路上行驶的外部阻力不同于在测功试验台上运转时的阻力，在测功试验台上运转只有驱动轮转动，所引起的外部阻力较在道路上行驶时少，在测功试验台上不存在汽车在道路上行驶时所受的空气阻力、爬坡阻力及从动轮的滚动阻力。这些外部阻力必须利用测功机的加载装置来模拟，以使汽车受力状况和汽车在道路上行驶一样。

加载装置有水力式、电力式和电涡流式等多种类型。水力式功率吸收装置的可控性较电涡流式差，电力测功试验台的成本较高，目前双滚筒底盘测功试验台的加载装置普遍采用电涡流测功器，它具有测试范围广、成本低、尺寸小、耗电小和易实现自动控制等优点。

①电涡流测功器工作原理。电涡流测功器主要由定子和转子两部分组成。汽车驱动轮输出的功率被电涡流测功器吸收，转化为电涡流，在转子或定子中转变为热量，因此，为保证转子或定子的正常工作温度，分别用水或空气作为介质将电涡流转化的热量快速排出。用水或空气作为冷却介质的电涡流测功器分别称为水冷式或风冷式电涡流测功器。

a. 水冷式电涡流测功器。水冷式电涡流测功器的结构如图2-11（a）所示。定子的结构比较复杂，由励磁线圈、涡流环和铁芯组成，其内部沿圆周布置有励磁线圈和涡流环。转子为齿状圆盘，其外圆加工有均匀分布的齿和槽，齿顶与定子的涡流环留有一定的气隙。

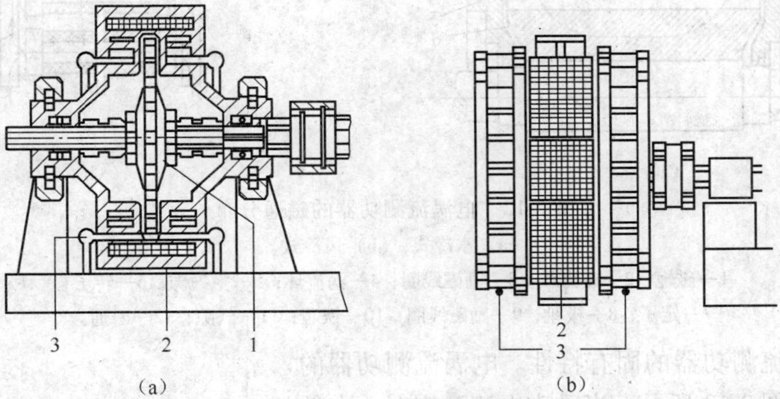

图2-11 电涡流测功器

（a）水冷式；（b）风冷式。

1—转子；2—带励磁线圈的定子；3—冷却室。

当励磁线圈通直流电时，在其周围形成磁场，因而磁力线通过定子、气隙、涡流环和转子形成闭合磁路，如图2-12（a）所示。磁通的大小只和励磁线圈匝数与所通过的电流有关。由于通过转子齿顶的磁通大于齿槽的磁通，当转子旋转时，通过定子内圈涡流环上的某点的磁通呈周期性的变化。当转子齿顶通过这一点时，它的磁通最大；当转子齿槽通过时，它的磁通最小，亦即 $d\Phi/dt$ 在变化，由电磁感应定理可知，在定子涡流环内将产生感应电流以阻止磁通的变化，由于定子是铸成整体式的，因此产生的感应电流是封闭的，常称为涡电流。涡电流和励磁线圈形成的磁场相互作用，使转子受到一个制动力矩（与滚筒旋转方向相反），起到加载作用。调节励磁电流可改变制动力矩的大小，从而形成被检汽车的外部阻力，同时，定子也受到一个与制动力矩大小相等、方向相反的力矩。定子浮动装于支承座上，受外力作用后定子便可转动。通过测力装置可测得使定子转动的力矩大小，从而可测定汽车驱动轮经滚筒输出的功率。定子中产生的涡电流转化的热量由定子中的冷却水带走。

水冷式电涡流测功试验台与风冷式相比，散热性能好，测试精度高，能测试较大的持续功率，且运转噪声小，但制造成本比风冷式要高。

b. 风冷式电涡流测功器。风冷式电涡流测功器的结构如图 2-11（b）所示。定子由励磁线圈、铁芯和极靴组成。转子为风扇状结构，置于定子的左右两侧。当励磁线圈通过直流电时，形成磁场，通过两相邻铁芯、极靴、气隙和左、右转子形成一闭合磁路，如图 2-12（b）所示。由于各相邻极靴磁场方向不同，使左、右转子上的磁场被调制成波幅脉振的磁场，该磁场随转子的旋转而旋转，并在左、右转子上产生感应电流，即电涡流。同样，该涡电流与磁场相互作用使转子承受制动力矩的负荷。风冷式电涡流功率吸收装置采用冷却风扇给励磁线圈进行散热。

风冷式电涡流测功器结构简单，安装方便，但冷却效率低，不宜在高转速、大负荷下长时间运行。

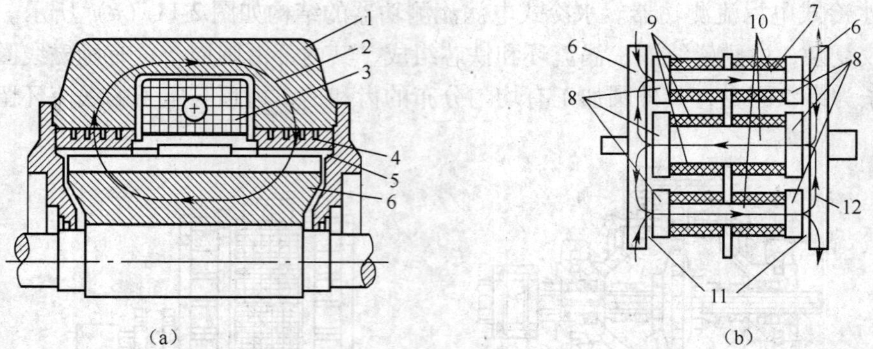

图 2-12　电涡流测功器的磁通分布

（a）水冷式；（b）风冷式。

1—磁轭；2—磁力线；3—励磁线圈；4—涡流环；5—空气隙；6—转子；

7—定子；8—极靴；9—励磁线圈；10—铁芯；11—气隙；12—磁通。

②电涡流测功器的固有特性。电涡流测功器的固有特性如图 2-13 所示。当励磁电流一定时，在低转速范围内测功器制动力矩随转速的增加而迅速增大，在某一转速附近的制动力矩处于饱和状态，即转速进一步增加，而制动力矩不再增加。当转速不变时，制动力矩随励磁电流的增加而增大，当励磁电流增大到使磁通饱和时制动力矩不再增加。特性曲线 A 就是在最大励磁电流条件下，电涡流测功器制动力矩随转速的变化曲线；受到涡流环散热的限制条件，B 为功率限制线；C 为最高转速限制线。显然，特性曲线 OABC 包络的范围体现了电涡流测功器的加载能力。

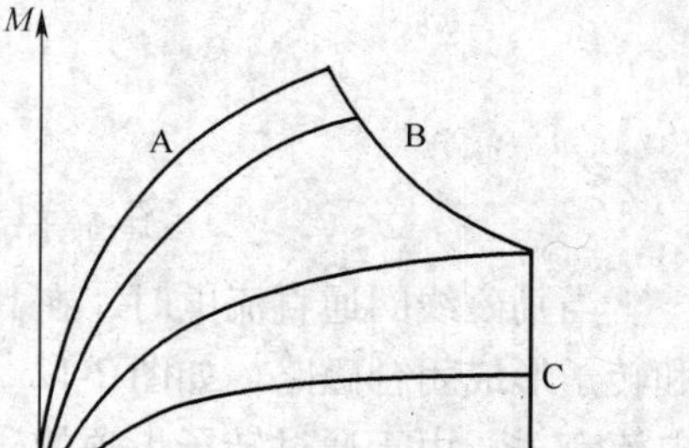

图 2-13　电涡流测功器的固有特性

由于电涡流测功器产生的电涡流与磁通的变化率成正比，磁通变化率取决于转子的转速，因此，转子低转速时不可能产生大的制动力矩。目前底盘测功试验台的电涡流测功器均直接与滚筒串接，这样就要避免滚筒的低转速、大转矩工况。这种状况一般发生在满负荷（发动机加速踏板踩到底）、低速检测时，若检测的低速大转矩工况越出包络线 OA，就会出现加载不稳定、显示值不停上下波动的现象。

（3）测量装置。测量装置包括测力装置、测速装置、测距装置等。该装置应工作可靠，测量误差小，并能迅速地适应被测量值的变化。

①测力装置。测功器的转子与定子之间制动力矩由与定子相连的测力臂传给测力装置，然后由仪表指示出数值，该指示值即为驱动轮上的驱动力。根据测量原理的不同，测力装置有机械式、液压式、转矩仪式和电测式等多种类型，其中电测式测力装置应用最为广泛，它主要由电涡流测功器外壳、测力臂、测力传感器及信号处理电路等组成，如图 2-14 所示。电涡流测功器的外壳（定子）用轴承安装在轴承座上，外壳可在轴承座上绕转子轴转动。测力臂的一端装在外壳上，另一端装测力传感器。

测力装置的工作原理如图 2-15 所示。电涡流测功器工作时，电涡流与其磁场的相互作用对转子形成的制动力矩 M_b，其作用方向与转子旋转方向相反。M_b 使车轮圆周上产生切向力（其受力状况与汽车在道路行驶相同），同时，外壳（定子）也受到一个与 M_b 大小相等、方向相反的力矩 M，M 迫使外壳连同固定其上的测力臂转动，测力臂就对测力传感器产生压力或拉力。测力传感器受到电涡流测功器外壳力臂的拉力或压力（取决于力传感器安装位置）后，产生应变，通过应变放大器，即可得到一定的输出电压，这样就将力信号转变成电信号来处理，经过标定就可得到作用于传感器的受力数值。

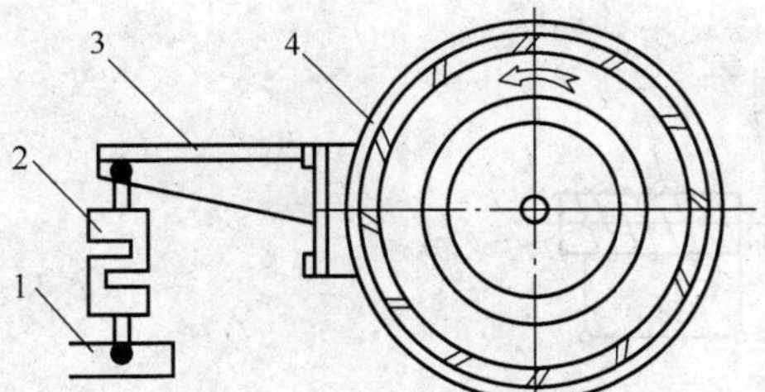

图 2-14　测力装置结构简图

1—框架；2—测力传感器；
3—测力臂；4—测功器外壳。

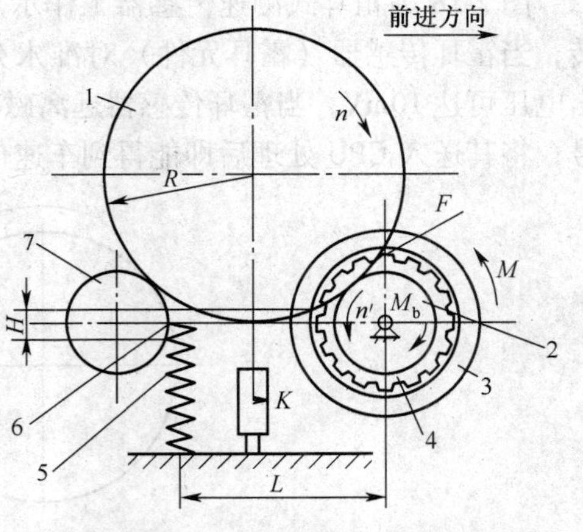

图 2-15　测力装置的工作原理

1—车轮；2—前滚筒；3—涡流机定子（外壳）；
4—涡流机转子；5—测力传感器；6—力臂；7—后滚筒。

②测速装置。测速装置一般由测速传感器、中间处理装置和指示装置组成。常见的测速传感器有光电式、磁电式、霍耳式等类型。测速传感器一般安装在从动滚筒的端部，随滚筒一起转动，并把滚筒的转动转变为电信号。

光电式测速传感器由光源、带孔圆盘（光栅）和光敏管组成，图 2-16 为光电式测速传感器工作示意图。汽车车轮驱动滚筒转动时，带动光栅以一定的转速旋转，光源连续发光，当光束通过光栅上的小孔时，光束照到光敏管上，使它产生相应的电脉冲信号。此信号送入计数器即可得到被测轴的转速。车速信号测量方法有两种，一种是测量单位时间计数（频率），另一种是测量脉宽（周期），两者均可得到滚筒的转速信号，根据滚筒的半径及光栅盘上小孔的个数，经过计算即可得到车速信号。

磁电式传感器由旋转齿轮、永久磁铁和感应线圈组成，图 2-17 为磁电式测速传感器工作示意图。旋转齿轮固装在滚筒轴上，当汽车车轮驱动滚筒转动时，带动齿轮以一定的转速旋转，当磁电传感器对准齿顶时，磁电传感器感应电动势增强，当磁电传感器

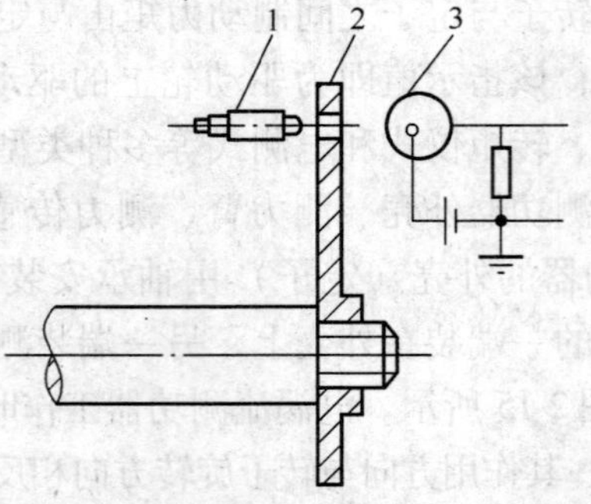

图 2-16 光电式测速传感器工作示意图

1—光源；2—圆盘；3—光敏管。

对准齿槽时，磁电传感器感应电动势则减弱，由于磁阻的变化，感应线圈中的磁通量随之变化，使磁电传感器输出交变的感应电动势，即信号电压。将信号电压（一般在3mV 左右）放大及整形后，变为脉冲信号送入 CPU 处理，以获取车速信号。

图 2-18 为霍耳式测速传感器工作示意图。汽车车轮在滚筒上滚动时，带动转盘旋转，当霍耳传感器（霍耳元件）对准永久磁铁时，磁场强度增强，产生霍耳效应，输出电压可达 10mV，当霍耳传感器远离磁场时，输出电压降至 0V，这样便可测得脉冲信号，将其送入 CPU 处理后即能得到车速信号。

图 2-17 磁电式测速传感器工作示意图

1—齿顶；2—绕组；3—永久磁铁；4—脉冲电压。

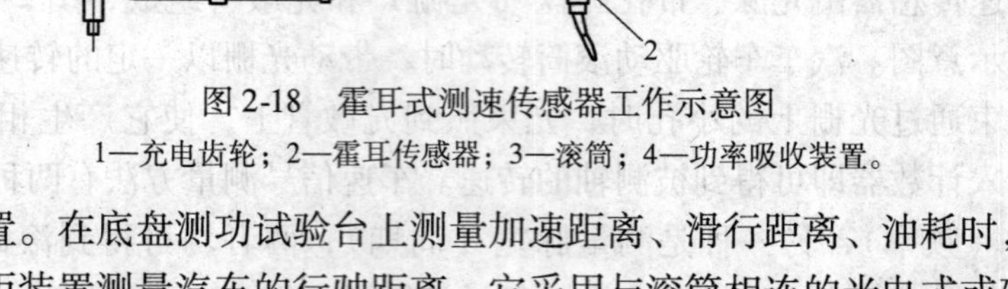

图 2-18 霍耳式测速传感器工作示意图

1—充电齿轮；2—霍耳传感器；3—滚筒；4—功率吸收装置。

③测距装置。在底盘测功试验台上测量加速距离、滑行距离、油耗时，除测量车速外，还需用测距装置测量汽车的行驶距离。它采用与滚筒相连的光电式或磁电式测速传感器测取距离脉冲，结构原理同测速装置。加速距离由计算机测量从 v_1 加速至 v_2 的光电脉冲数，经换算获取加速距离。

（4）控制与指示装置。由计算机控制的底盘测功试验台的控制与指示装置常制成一体，有多个按键、显示窗、旋钮、功能灯、指示灯和报警灯等，安装在底盘测功试验台机械部分左前方易于操作和观察的地方，用来控制和显示操作过程与检测结果。底盘测功试验台的指示面板如图 2-19 所示。

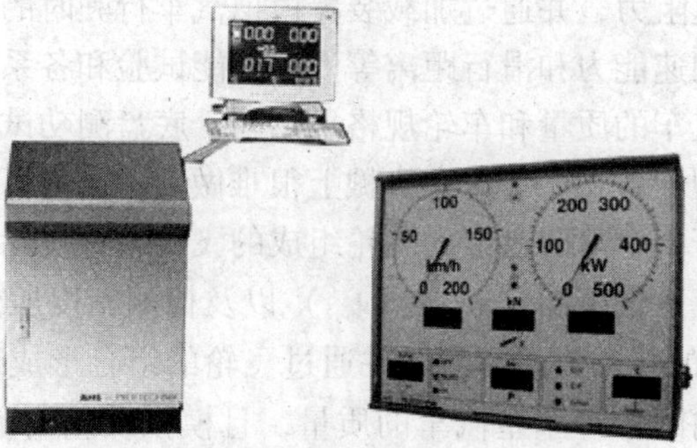

图 2-19　底盘测功试验台指示面板

(5) 辅助装置。辅助装置主要包括：

①举升装置。为方便被测车辆驶入和驶出试验台，在试验台两个滚筒之间装有举升装置，举升装置由举升器和举升平板组成。举升器有气动式、液动式和电动式三种，气动式使用较广。图 2-20 为气动式举升器结构。

②移动式风冷装置。由于汽车在底盘测功试验台上测试时并不发生位移，缺少迎风冷却，会导致发动机冷却系的散热速度相对不足，特别是进行长时间大负荷、全负荷检测时，发动机易过热，此外，长时间试验会使轮胎工作温度升高，影响其使用寿命，为此，在试验台设有移动式风冷装置，以加强冷却。

③惯性模拟装置。汽车在底盘测功试验台滚筒上是相对静止的，它不具有汽车在道路上行驶时的平移动能。检测时汽车驱动轮带动测功试验台的滚筒旋转，由于系统转动惯量小于汽车的平移质量，加速时不足以产生与汽车在道路上行驶的加速阻力；减速时，又不具有汽车在道路行驶的动能。为了模拟汽车在非稳定工况运行时的阻力，进行非稳定工况的性能测试（如加速性能、滑行性能等），底盘测功试验台通常配置模拟汽车质量的机械式转动惯量装置，即飞轮，如图 2-21 所示。飞轮可以通过离合器直接与主动滚筒相连。通过飞轮的转动惯量可调节、补偿底盘测功试验台滚筒等旋转件惯量的动能，模拟汽车在道路上非稳定工况行驶的阻力，而没有飞轮的底盘测功机只能测定稳

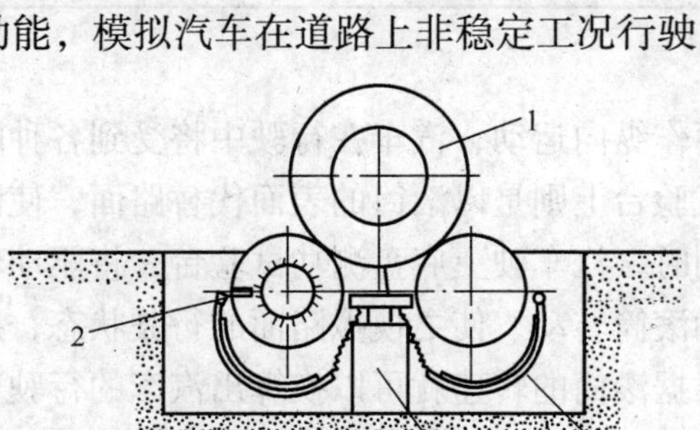

图 2-20　气动式举升器

1—车轮；2—滚筒转速传感器；
3—举升器；4—滚筒制动器。

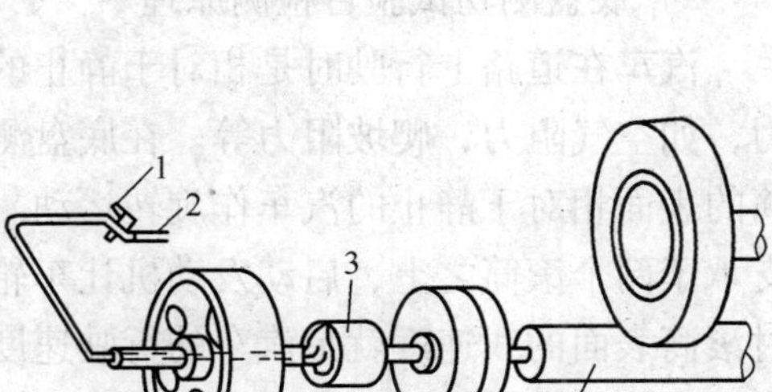

图 2-21　带飞轮的底盘测功试验台

1—离合器调节阀；2—压缩空气管；3—气压传动离合器；4—主动滚筒；5—功率吸收装置；6—飞轮。

定工况下的汽车性能。

飞轮转动惯量表示汽车平移时的质量，它是根据道路试验和台架试验两种情况下总动能相等的关系推导求得。在底盘测功试验台的传动系加装具有一定转动惯量的飞轮来模拟汽车行驶时的加速阻力，并通过加载装置模拟汽车行驶时的负荷情况，就可以在底盘测功试验台上完成加速能力和滑行距离等汽车性能试验和各系统故障诊断工作。

由于车型不同，汽车的质量和车轮规格也不同。底盘测功试验台若要检测不同车型的汽车，就必须按车型配备飞轮，这在机械上很难做到，也不可取。为简化结构，底盘测功试验台通常配置若干个薄圆盘形的飞轮组成的飞轮组，飞轮的个数可根据底盘测功试验台需要检测的汽车质量范围（$m_{\min} \sim m_{\max}$）以及检测精度所允许的最大模拟质量误差 m_0 确定。各个飞轮的转动惯量不同，并通过飞轮的组合形成若干个惯量级，以模拟给定的汽车质量范围内的各种车型汽车的质量，且模拟误差均不大于 m_0。各个飞轮均浮动固装在飞轮轴上，飞轮轴通过离合器与滚筒轴串接。飞轮个数越多，则能匹配的惯量级数就越多，量程就越大，适应车型也将越多，而模拟汽车行驶的平移动能也就越准确。

国产 RCD-1030 型底盘测功试验台的飞轮组配有 2 个飞轮，分别称为大飞轮和小飞轮，可按常用汽车的质量，将飞轮组合成四级，见表 2-1。

表 2-1 RCD-1030 型底盘测功试验台惯性飞轮选配

汽车质量/kg	选择飞轮	汽车质量/kg	选择飞轮
1000	不挂飞轮，利用滚筒等转动件	3000	挂大飞轮
2000	挂小飞轮	4000	挂大飞轮加小飞轮

日本弥荣 CDM－600 型底盘测功试验台的惯性飞轮安装在滚筒机架左边，也是用离合器将飞轮与滚筒联结起来。飞轮根据被测汽车的质量进行选配，如表 2-2 所列。

表 2-2 CDM-600 型底盘测功试验台惯性飞轮选配

汽车质量/kg	需配置的飞轮/kg	汽车质量/kg	需配置的飞轮/kg
小于 800	不配置飞轮	1400～2100	1200
800～1400	700	大于 2100	700＋1200

2）底盘测功试验台检测原理

汽车在道路上行驶时是相对于静止的路面作纵向运动，汽车在行驶中将受到各种阻力，如空气阻力，爬坡阻力等。在底盘测功试验台上则是以滚筒的表面代替路面，使滚筒的表面相对于静止的汽车作旋转运动。检测时，汽车驶上底盘测功试验台，将驱动轮支承于两个滚筒之上，启动发动机让车轮驱动滚筒转动，使之模拟路面的行驶状态，此时滚筒表面的线速度就是汽车的行驶速度，根据滚筒的转速就可以换算出汽车的行驶速度，而滚筒的转速可由安装在主动滚筒的转速传感器输出脉冲信号来反映，其脉冲频率的高低与滚筒转速成正比。汽车行驶的道路阻力由电涡流测功器加载模拟，当给电涡流测功器励磁线圈加一定电流时，则测功器中的涡电流与交变磁场相互作用，产生一个制动转矩，反作用于滚筒表面，这个制动转矩反力使定子随着转子旋转方向摆动，通过力臂作用在压力传感器之上，传感器输出模拟信号的大小与制动转矩成正比，在滚筒转速稳定时该制动转矩即为驱动轮对滚筒的驱动转矩。实际上，在测速装置获取滚筒转速电信号的同时，其测力装置也将滚筒转矩信息转换成电信号，两信号同时输入给计算机，并经处理运算后，即可显示驱动轮输出功率。电涡流测功器加载装置所吸收的功率、力矩和转速的关系式为

$$P=\frac{F\times V}{3600}=\frac{F\times L\times n\times 60\times 10^{-6}}{3600}=\frac{M\times n}{60\times 10^{6}} \tag{2-1}$$

式中　P——加载装置所吸收的功率（kW）；

F——测得的作用于定子上的反力（N）；

V——汽车车速（km/h）；

L——测力臂长度（m）；

M——加载装置所吸收的力矩（N·m）；

n——滚筒转速（r/min）。

通过改变电涡流测功器负荷的大小，可以模拟汽车在道路上行驶的各种阻力，因此可以实现汽车在各种车速下驱动轮上的输出功率、驱动力的测定。但实际测试时，汽车发动机稳态转速下的最大功率点和最大转矩点对应的汽车驱动轮输出功率及驱动力的测试用得最多，因为利用它们可以评价汽车及发动机的动力性和底盘的工作性能。

2. 驱动轮输出功率检测

由于驱动轮输出功率的大小与汽车行驶工况有关，因此，为客观、准确地评价汽车动力性，在检测时必须正确选择能够反映汽车动力性的检测项目和检测点。

1）确定检测项目

测功前，首先应根据检测目的或应车主的要求，确定检测项目。不同的检测项目其检测点的选取及测试方法会有所差别，常用的底盘测功检测项目有：

（1）发动机全负荷额定功率转速下驱动轮输出功率的检测。

（2）发动机全负荷额定转矩转速下驱动轮输出功率的检测。

（3）发动机全负荷选定车速下驱动轮输出功率的检测。

（4）发动机部分负荷选定车速下驱动轮输出功率的检测。

2）确定检测点

通常检测点的多少与所确定的检测项目有关。在评定汽车技术等级和评价在用车动力性时，只需测定发动机全负荷额定功率转速下和额定转矩转速下驱动轮的输出功率。为了全面考核车辆的动力性、底盘的技术状况以及调整质量，检测点除了制造厂给出的发动机额定功率对应的转速点和额定转矩对应的转速点外，还应进行中间转速下的功率检测，这样才能全面反映出供油系统和点火系统的调整质量和底盘的技术状况。常用的检测点车速有发动机额定功率转速对应的车速、发动机最大转矩转速对应的车速和汽车常用车速（中速）。

3）底盘测功试验台的准备

（1）检查调整底盘测功试验台各部件，补充润滑油。

（2）检查举升器有无漏气（油）现象，工作是否正常。

（3）对于水冷式测功机，将冷却水阀打开。

（4）检查各连接导线是否连接可靠。

4）被检测车辆的准备

（1）检测车辆测试前应处于热车状态，检测过程中受检车辆的发动机冷却液出口温度应控制在（80±5）℃，必要时可设置外加风扇向汽车发动机吹拂，以确保检测结果可靠。

（2）按 GB/T 18276—2000 规定，检测前检查受检汽车空气滤清器，需按时更换空气滤清器滤芯，以防止因空滤器滤芯堵塞而降低充气效率、减小发动机功率的情况发生。

（3）检查轮胎气压，并使之达到制造厂的规定值。轮胎花纹深度必须符合车辆使用手册的要求，一般不得小于 1.6mm。胎面、胎壁不得有暴露出轮胎帘布层的破裂和割伤。

（4）检查动力传动路线有无连接松脱。

（5）车辆为空载，以简化检测作业。

（6）所用燃油和润滑油必须符合车辆生产厂技术条件的规定，以保证受检车辆运转条件与同型号新车一致，才可将测得的驱动轮输出功率与新车的额定值进行比较。

5）功率检测步骤

（1）打开底盘测功试验台电源开关，调整功率表换挡开关置相应挡位。

（2）升起举升器托板，使被测车辆的驱动轮以与滚筒轴线呈垂直的状态停放在托板上。

（3）降下举升器托板，用挡块抵住非驱动轴的一对车轮，必要时通过钢丝绳将汽车尾部与地锚拉紧，前桥驱动的车辆拉紧驻车制动，并调整活动挡轮使其靠近车轮，接通移动式风冷装置电源。

（4）根据受检车型号按 GB/T 18276—2000 的规定设定检测车速，见表 2-3（额定转矩或额定功率的检测工况车速）。

（5）关闭空调系统等非汽车运行所需的耗能装置，起动汽车，逐步加速并换至直接挡，使汽车以直接挡的最低稳定车速运转，将加速踏板踩到底，测定额定转矩或额定功率工况的驱动轮输出功率。

（6）以每 10km/h 检测车速设置一测试点，测取汽车驱动轮输出功率。为使测取的驱动轮输出功率是发动机稳定工况下的输出功率，必须待检测车速至少稳定 15s 后才取值。

（7）测取数据时的实测车速与设定车速误差不应大于 ±0.5km/h，以确保检测数据的准确、可靠。记录环境状态及检测数据，并将输出功率修正为标准环境状态下的校正驱动轮输出功率，对于检测修正值低于允许值的车辆，允许重测一次。

（8）全部测试完毕，待驱动轮停转，切断移动式风冷装置电源，移去挡块，升起举升器托板，将被测车辆驶出试验台，并切断底盘测功试验台电源。

6）检测注意事项

（1）对走合期的新车或大修车不宜进行驱动轮输出功率的检测。

（2）检测过程中，测试车辆前方严禁站人，同时还应密切注意被检车辆的各种异响、发动机和底盘测功试验台的工作状态，以保证测试工作的顺利进行。

（3）对同一辆车应尽量避免连续重复测试，在测试过程中，严禁在试验台上紧急制动。

3. 在用车动力性检测结果分析

利用底盘测功试验台检测时，在用车的动力性评价指标通常为发动机在额定转矩和额定功率时的驱动轮输出功率。

1）驱动轮实际输出功率的测取

在实际检测环境状态下，采用发动机在额定转矩和额定功率的工况时，利用底盘测功试验台测得的驱动轮输出功率即为驱动轮的实际输出功率，该功率不包含轮胎滚动阻力和底盘测功试验台传动系统阻力所消耗的功率。

2）驱动轮输出功率的校正

汽车使用手册中提供的额定功率（最大功率）和额定转矩（最大转矩）均是指发动机在标准环境状态和在规定的额定转速下输出的功率和转矩。标准环境状态是：大气压力 $p_0=100\text{kPa}$；相对湿度 $\phi_0=30\%$；环境温度 $T_0=298\text{K}$（25℃）。

由于实际测试环境状态与标准环境状态差别较大，这样同一辆汽车在不同的测试环境下测得的驱动轮输出功率将明显不同。如在高原、热带和寒带地区工作时，汽车发动机功率将显著下降，同一辆汽车在冬季和夏季发动机性能也差别明显，如以实测汽车驱动轮输出功率与额定输出功率比较将会导致错误的检测结论。为此，必须将实测驱动轮输出功率校正为标准环境状态下的功率，即使其转换为与额定功率相同的环境状态下的功率，然后再与额定输出功率进行比较，这样就可避免误判，保证动力性检测作业的公正性和科学性。

实测环境状态下的输出功率校正为标准环境状态下的输出功率，称为校正驱动轮输出功率。校正驱动轮输出功率的表达式为

$$P_0=\alpha\times P \tag{2-2}$$

式中　P_0——校正功率（即标准环境状态下的功率）（kW）；

α——校正系数，通过计算或查表得到；

P——实测驱动轮输出功率（kW）。

（1）汽油车驱动轮输出功率校正系数 α_a 的计算公式为

$$\alpha_a=(99/p_s)^{1.2}\times(T/298)^{0.6} \tag{2-3}$$

式中　T——测试时的环境温度（K）；

p_s——测试时的干空气压（kPa）。

式中的 99（kPa）为标准环境状态下的干空气压，298（K）为标准环境状态下的环境温度。测试环境的干空气压（p_s）可根据下式计算：

$$p_s=p-\phi\times p_{sw} \tag{2-4}$$

式中　p——测试环境状态下的大气压（kPa）；

ϕ——测试环境状态下的相对湿度（%）；

p_{sw}——测试环境状态下的饱和蒸汽压（kPa）。

式（2-4）中的 $\phi\times p_{sw}$ 亦可从表 2-4 查得。

（2）柴油车驱动轮输出功率校正系数 α_d 的计算公式为

$$\alpha_d=(f_a)^{f_m} \tag{2-5}$$

式中 f_a——大气因子；

f_m——发动机因子，是发动机型式和调整的特性参数。

$$f_a = (99/p_s) \times (T/298)^{0.7} \tag{2-6}$$

$$f_m = 0.036q_c - 1.14 \tag{2-7}$$

$$q_c = q/r \tag{2-8}$$

式中 q_c——校正的比排量循环供油量；

q——比排量循环供油量（mg/（L·循环））；

r——增压比，压缩机出口与进口的压力比（对于自然吸气式发动机 $r=1$）。

在 q_c 值低于40mg/（L·循环）时，f_m 可取恒定值0.3；在 q_c 值高于65mg/（L·循环）时，f_m 可取恒定值1.2。

3）在用车动力性评价

（1）计算校正驱动轮输出功率与相应发动机输出总功率的百分比：

$$\eta_{VM} = P_{VMO}/P_M \tag{2-9}$$

$$\eta_{VP} = P_{VPO}/P_e \tag{2-10}$$

式中 η_{VM}——汽车额定转矩工况下的校正驱动轮输出功率与额定转矩功率的百分比（%）；

η_{VP}——汽车额定功率工况下的校正驱动轮输出功率与额定功率的百分比（%）；

P_{VMO}——汽车额定转矩工况下的校正驱动轮输出功率（kW）；

P_{VPO}——汽车额定功率工况下的校正驱动轮输出功率（kW）；

P_M——发动机额定转矩功率（kW）；

P_e——发动机额定功率（kW）。

（2）在用车动力性评价标准。

在用车动力性合格的条件是：

$$\eta_{VM} \geqslant \eta_{Ma} \tag{2-11}$$

或

$$\eta_{VP} \geqslant \eta_{Pa} \tag{2-12}$$

式中 η_{Ma}——汽车额定转矩工况下的校正驱动轮输出功率与额定转矩功率的百分比的允许值（%）；

η_{Pa}——汽车额定功率工况下的校正驱动轮输出功率与额定功率的百分比的允许值（%）。

GB 18565—2001《营运车辆综合性能要求和检验方法》中规定，轿车的动力性按额定转矩工况进行检测和评价，应满足式（2-11）合格条件的要求；而其他车辆应在规定的式（2-11）和式（2-12）两种合格条件中任选一种工况进行检测和评价。表2-3为汽车动力性的评价标准。

GB 18565—2001《营运车辆综合性能要求和检验方法》给出了各种车型的 η_{Ma}、η_{Pa} 允许值，若 η_{VM} 或 η_{VP} 比其相应的 η_{Ma} 或 η_{Pa} 允许值小，则表明汽车动力性不良，在用车发动机及其传动系统技术状况较差。为了确诊汽车动力性不良的原因，可在底盘测功试验台上采用反拖的方法来检测车辆传动系统消耗的功率，若测得的传动系统消耗功率过

表 2-3 汽车驱动轮输出功率的限值

汽车类别	汽车型号		额定转矩工况		额定功率工况	
			直接挡检测车速 V_M/(km·h^{-1})	校正驱动轮输出功率/额定转矩功率的限值 η_{Ma}/%	直接挡检测速度 V_P/(km·h^{-1})	校正驱动轮输出功率/额定功率的限值 η_{Pa}/%
载货汽车	1010、1020 系列	汽油车	60	50	90	40
	1030、1040 系列	汽油车	60	50	90	40
		柴油车	55	50	90	45
	1050、1060 系列	汽油车	60	50	90	40
		柴油车	50	50	80	45
	1070、1080 系列	柴油车	50	50	80	45
	1090 系列	汽油车	40	50	80	45
		柴油车	55	50	80	45
	1100、1110、1120、1130 系列	柴油车	50	45	80	40
	1140、1150、1160 系列	柴油车	50	50	80	40
	1170、1190 系列	柴油车	55	50	80	40
半挂列车①	10t 半挂列车系列	汽油车	40	50	80	45
		柴油车	50	50	80	45
	15t、20t 半挂列车系列	柴油车	45	45	70	40
	25t 半挂列车系列	柴油车	45	50	75	40
客车	6600 系列	汽油车	60	45	85	35
		柴油车	45	50	75	40
	6700 系列	汽油车	50	40	80	35
		柴油车	55	45	75	35
	6800 系列	汽油车	40	40	85	35
		柴油车	45	45	75	35
	6900 系列	汽油车	40	40	85	35
		柴油车	60	45	85	35
	6100 系列	汽油车	40	40	85	35
		柴油车	40	45	85	35
	6110 系列	汽油车	40	40	85	35
		柴油车	55	45	80	35
	6120 系列	柴油车	60	40	90	35
轿车	夏利、富康		95/65②	40/35②		
	桑塔纳		95/65②	45/40②		

注：5010 系列～5040 系列厢式货车和罐式货车驱动轮输出功率的允许值按同系列普通货车的允许值下调 2%；其他系列厢式货车和罐式货车驱动轮输出功率的允许值按同系列普通货车的允许值下调 4%；

①半挂列车是按载质量分类；②为汽车变速挡使用三挡时的参数值

表 2-4 不同湿度和温度下的 $\phi\times p_{sw}$ 值

T/℃	φ					T/℃	φ				
	1	0.8	0.6	0.4	0.2		1	0.8	0.6	0.4	0.2
	$\phi\times p_{SW}$/kPa						$\phi\times p_{SW}$/kPa				
-10	0.3	0.2	0.2	0.1	0.1	32	4.8	3.8	2.9	1.9	1.0
-5	0.4	0.3	0.2	0.1	0.2	34	5.3	4.3	3.2	2.1	1.1
0	0.6	0.5	0.4	0.1	0.2	36	6.0	4.8	3.6	2.6	1.2
5	0.9	0.7	0.5	0.2	0.4	38	6.6	5.3	4.0	2.7	1.3
10	1.2	1.0	0.7	0.2	0.5	40	7.4	5.9	4.4	3.2	1.5
15	1.7	1.4	1.0	0.7	0.5	42	8.2	6.6	4.9	3.3	1.6
20	2.3	1.9	1.4	0.9	0.5	44	9.1	7.3	5.5	3.6	1.8
25	3.2	2.5	1.9	1.3	0.6	46	10.1	8.1	6.1	4.0	2.0
27	3.6	2.9	2.1	1.4	0.7	48	11.2	8.9	6.7	4.5	2.2
30	4.2	3.4	2.5	1.7	0.9	50	12.3	9.9	7.4	4.9	2.5

大，表明传动系统技术状况不佳，否则，说明发动机动力性不足、技术状况欠佳。

4）影响测试精度的因素分析

为了确定底盘测功试验台的测试精度，必须分析在汽车检测过程中影响汽车底盘输出功率测定值的因素。

（1）机械阻力对汽车底盘输出功率测定值的影响。汽车底盘测功试验台的台架机械损失主要来自支承轴承、联轴器、升速器等处的摩擦，这些部件在车轮带动滚筒旋转过程中，由于摩擦力的存在将消耗一定的功率，为此采用倒拖方法可以测出不同车速下底盘测功试验台的台架机械阻力所消耗的功率（不含升速器的机械损耗），车速与机械阻力消耗功率关系如图 2-22 所示。

由于台架阻力消耗了汽车部分驱动功率，因此，在检测汽车底盘输出功率时，必须将其计入机械阻力所消耗的功率之中。

另外，有些底盘测功试验台在滚筒与功率吸收装置之间安装有升速器，要求升速器外壳必须是浮动的，并安装拉压传感器以检测传动转矩。由于升速器的搅油损失和机械损失不仅与加注机油量的多少有关，而且还随温度的变化而变化，使台架机械损失难以测得，增大了检测误差。

（2）冷却风扇对汽车底盘输出功率测定值的影响。由于风冷式电涡流测功器靠风扇式的转子散热，从而使驱动转子旋转的阻力增加，风冷式电涡流测功器的功率消耗（称为风损功率 P_{fs}）随之增大，对于滚筒直径为 370mm 的风冷式电涡流测功器，风损功率随检测车速的变化规律如图 2-23 所示。由图可见，检测车速越高，则风损功率就越大，实测驱动轮输出功率误差也将越大。因此，当底盘测功试验台安装有风冷式电涡流功率吸收装置时，必须给出风扇消耗功率与转子转速（或车速）的数学模型，以便计入底盘输出功率中。

（3）滚动阻力对汽车底盘输出功率测定值的影响。车轮滚动时，轮胎与路面的接触区域产生的法向、切向的相互作用力以及相应的轮胎和支承路面的相对刚度决定了变

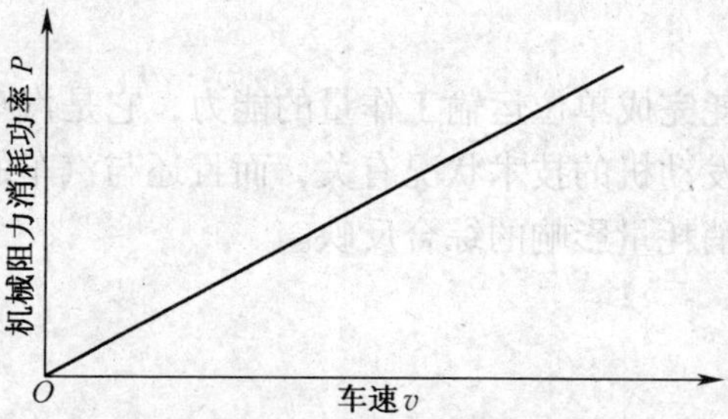

图2-22 台架机械阻力所消耗的功率与车速的关系

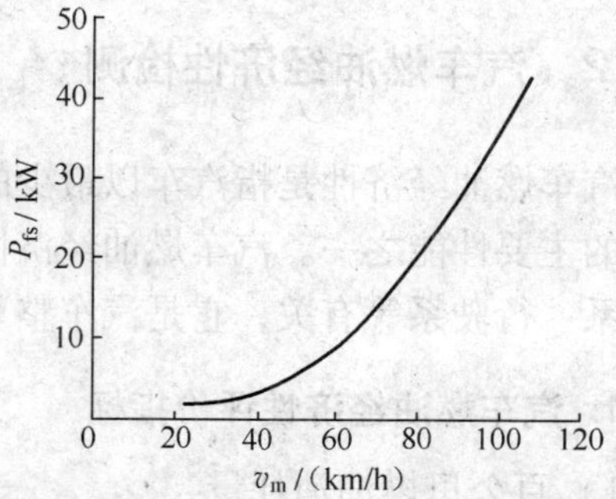

图2-23 风损功率与检测车速的关系

形的特点。当弹性轮胎在硬质的钢制滚筒上滚动时，轮胎的变形是主要的，此时由于轮胎内部摩擦产生弹性迟滞损失，使轮胎变形时对它做的功不能全部收回，此能量消耗在轮胎各组成部分相互间的摩擦以及橡胶、帘线等物质的分子间的摩擦，最后转化为热能而消失在大气中。这种损失即为弹性物质的迟滞损失。

因为滚动阻力系数与模拟路面的滚筒种类、行驶车速以及轮胎的构造、材料、气压等有关，所以，对其影响因素的分析是非常必要的，具体分析如下：

①钢制滚筒对滚动阻力系数的影响。

a. 若滚筒直径越大，在车轮滚动时轮胎的变形量就越小，也就是说弹性迟滞损失就越小，故滚动阻力系数随滚筒半径的增大而减小。

b. 在加工过程中滚筒的圆度、同轴度越小，轮胎在滚筒上的运转就越平稳，当车速一定时，滚动阻力系数的波动范围就越小，所以说，滚动阻力系数随滚筒加工精度的提高而减小。

c. 目前在用的底盘测功试验台滚筒表面有两种，一种是常见的光滚筒即表面未经处理的滚筒，另一种是滚筒表面喷涂有耐磨硬质合金。前者由于滚筒表面较光滑，其附着系数约为0.5，试验用的东风汽车在50km/h工况下检测最大底盘输出功率时，其滑移率约为8%，也就是说，汽车车轮在行走时，除滚动阻力外还有滑拖，致使被检测车轮发热，增大了滚动阻力损失，同时由于速度的误差，引起了所测功率的误差。后者采用表面喷涂技术，将滚筒表面的附着系数提高到0.8左右，接近于一般水泥路面的附着系数，则可避免滑拖现象。

d. 滚筒中心距 L 是指底盘测功试验台前后两排滚筒支承轴线之间的距离，随着滚筒中心距的增加，汽车车轮的安置角随之增大，前后滚筒对车轮支承力也随之增大，这样将导致车辆在测功试验台上的运行滚动阻力增加。

综上所述，滚筒直径、安置角、滚筒表面质量、滚筒中心距对滚动阻力有很大的影响，由于部分底盘测功试验台仅显示功率吸收装置的吸收功率，所以同一辆车在不同台架上测得的数值也不尽相同。因此如果以底盘测功试验台作为法定计量设备，其滚筒直径、中心距、表面处理以及加载方式必须标准化。

②轮胎气压对滚动阻力系数的影响。轮胎气压对滚动阻力系数影响很大，气压低时在硬路面上轮胎变形大，滚动时迟滞损失增加，为了减少该项所引起的检测误差，要求在动力性检测前必须将轮胎气压充至轮胎规定的标准气压。

2.2.2 汽车燃油经济性检测

汽车燃油经济性是指汽车以最少的燃油消耗完成单位运输工作量的能力，它是汽车使用的主要性能之一。汽车燃油经济性不但与发动机的技术状况有关，而且还与汽车的传动系、行驶系等有关，它是汽车整车对燃油消耗量影响的综合反映。

1. 汽车燃油经济性评价指标

1）百公里燃油消耗量

百公里燃油消耗量是指汽车在一定运行工况下行驶100km的燃油消耗量。一般情况下，燃油消耗量采用容积（L）计算，百公里燃油消耗量是最常采用的燃油经济性评价指标。

根据不同的测试条件，百公里油耗又可分为等速行驶百公里燃油消耗量、循环工况行驶百公里燃油消耗量、一般道路行驶平均百公里燃油消耗量等。

（1）等速行驶百公里燃油消耗量。等速百公里燃油消耗量是一种常用的评价指标，是指汽车在一定的载荷下（遵循GB/T 12545.1—2001、GB/T 12545.2—2001的规定），以最高挡在水平良好路面上等速行驶100km的燃油消耗量。通常是测出每隔10km/h速度间隔的等速行驶百公里燃油消耗量，然后以车速为横坐标、燃油消耗量为纵坐标，在坐标图上将各采样点连成曲线，利用该曲线来评价汽车的燃油经济性。不同车型的等速行驶百公里油耗曲线差别较大，但大多数车型在中等车速范围的百公里油耗较低。

（2）循环工况行驶百公里燃油消耗量。等速行驶百公里燃油消耗量不能全面反映汽车的实际运行情况，特别是在市区道路行驶中频繁使用的加速、减速、怠速、停车等行驶工况。因此，各国根据本国的道路、交通状况制定了一些典型的循环工况来模拟汽车的实际运行工况，并以其百公里燃油消耗量来评定相应工况的燃油经济性。循环工况行驶燃油消耗量是按照规定的多工况循环试验得出的车辆百公里燃油消耗量。多工况循环行驶试验规定了车速—时间行驶规范，确定了何时换挡、何时制动以及行车的速度、加速度等数值。多工况循环试验规定严格，大多是在室内汽车底盘测功试验台上进行，简单的循环工况也可在道路上完成。

我国根据不同的试验车型制定了不同的试验工况。对质量在3500kg～14000kg的载货汽车按六工况进行试验，对城市客车按四工况进行试验，对轿车按十五工况进行试验。同时还规定以等速行驶百公里燃油消耗量和最高挡节气门全开加速行驶500m的加速燃油消耗量作为单项评价指标，以循环工况行驶燃油消耗量作为综合性评价指标。

欧洲经济委员会（ECE）规定，要测量车速为90km/h和120 km/h的等速行驶百公里燃油消耗量和按ECE-R.15循环工况的百公里燃油消耗量，并各取1/3相加作为混合行驶百公里燃油消耗量来评定汽车的燃油经济性，即

$$\text{混合百公里油耗} = \frac{1}{3} \times (\text{ECE 循环工况油耗} + 90\ \text{km/h 等速油耗} + 120\text{km/h 等速油耗}) \tag{2-13}$$

美国环境保护局（EPA）规定，要测量市内循环工况（UDDS）及公路循环工况

(HWFET) 的燃油经济性，并以按式 (2-14) 计算得到的综合燃油经济性 (mile/gal) 作为汽车燃油经济性的综合评价指标。1mile = 1.6093km，1 美加仑 (US gal) = 3.785L，相同载质量的汽车，该数字越大，则说明该车的燃油经济性越好。

$$\text{综合燃油经济性} = \left[\frac{0.55}{\text{城市循环工况燃油经济性}} + \frac{0.45}{\text{公路循环工况燃油经济性}}\right]^{-1} \tag{2-14}$$

2) 百吨或千人公里燃油消耗量

汽车运输企业还常用完成每百吨公里或千人公里运输工作量的燃油消耗量来表示汽车的燃油经济性，该指标便于比较不同载质量汽车的燃油经济性。表示方法如下：

$$Q_t = \frac{100q}{W \times s} \tag{2-15}$$

或

$$Q_p = \frac{1000q}{N \times s} \tag{2-16}$$

式中　Q_t——汽车百吨公里燃油消耗量 (L/(100t·km))；

W——汽车载质量 (t)；

q——汽车通过测试路段的燃油消耗量 (ml)；

s——汽车行驶里程 (m)；

Q_P——汽车千人公里燃油消耗量 (L/(1000p·km))；

N——载客量 (p (人))。

利用百吨公里或千人公里燃油消耗量，参考道路状况及其他修正参数，可以合理确定商用车的燃油消耗定额，进行汽车运输成本分析核算。

2. 汽车燃油经济性测量方法

汽车燃油经济性的测量方法主要有容积法、质量法、超声波法和碳平衡法等。前两种方法需要使用专用的油耗仪，现在燃油消耗量的测量主要采用容积法和质量法。

1) 容积法

容积法是采用容积式油耗仪，通过测量发动机运转时累计消耗的燃油总容量，同时记录汽车行驶时间和行驶里程，然后换算成汽车的燃油消耗量。

容积式油耗仪分为定容式和容量式两种。定容式油耗仪主要用于汽油发动机的台架试验，是通过测量消耗一定容积的燃油所需时间来计算燃油消耗量的，不能用于瞬时油耗的测量。容量式油耗仪可以进行连续测量，有膜片式、往复活塞式和行星活塞式等多种结构形式。其中，膜片式油耗仪具有结构简单、密封性好、对燃油清洁性要求低等优点，但使用中膜片将不可避免地产生塑性变形，因而需要经常校准；往复活塞式油耗仪的密封和排气不易解决，目前使用较少；行星活塞式油耗仪具有结构紧凑、布置对称、计量精度高、适合道路试验等优点，目前测量主要采用这种结构，但它具有设备成本高、对燃油清洁性要求高等不足。

行星活塞式油耗仪的组成如图 2-24 所示，它由滤清排气装置、行星活塞式流量传感器、路程传感器、油耗测量仪表和快速连接接头等构成。

(1) 滤清排气装置。为保护流量传感器，燃油在进入流量传感器前必须进行滤清，滤清器滤芯用陶土制成，滤芯中心的磁环可增强燃油中金属杂质的滤清效果。排气机构主要由浮子室、浮子及排气阀组成，它与滤清装置装在一起，其结构如图 2-25 所示。

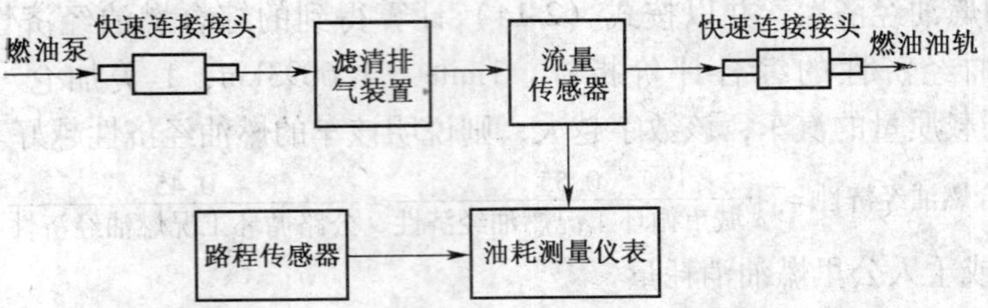

图 2-24 行星活塞式油耗仪的组成

浮子室的作用是将燃油泵输出的脉动压力变为均匀压力，并使燃油在浮子室中有缓冲停留时间，使油、气更好地分离，提高计量精度。

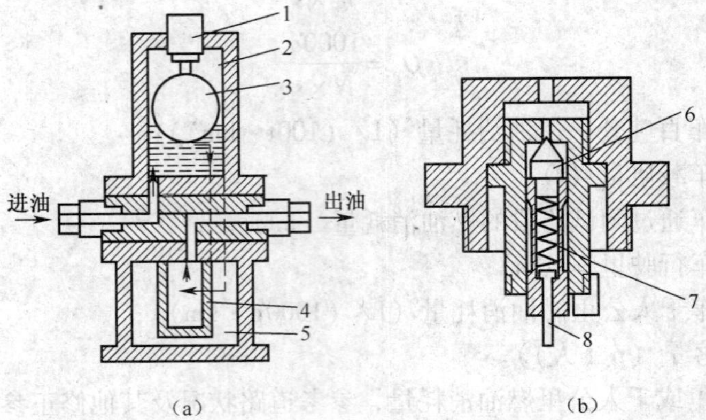

图 2-25 行星活塞式油耗仪的滤清排气装置

（a）滤清排气装置；（b）排气阀结构。

1—排气阀；2—油气分离器；3—浮子；4—滤芯；5—滤清室；6—针阀；7—弹簧；8—挺杆。

当浮子随液面升高时，首先通过挺杆压缩弹簧，再由弹簧推动针阀上升，使针阀关闭阀孔，浮子在浮力作用下继续上升压缩弹簧，直到浮子的浮力和针阀重力及弹簧反力平衡时，液面保持在一定高度。当气体进入浮子室，液面下降，浮子靠自重下降，首先压缩弹簧伸张，但此时阀门尚未打开，只有当气体占有的容积使液面降低到压缩弹簧张力小于针阀自重时，针阀才打开，这样就使气体在浮子室中有一定的存储容积，保证了缓冲排气的作用，并使针阀开启次数大为减少。

（2）行星活塞式油耗传感器。图 2-26 为行星活塞式油耗传感器流量转换机构的工作原理图。该装置由十字形配置的四个活塞和旋转曲轴构成，流量转换机构用于将一定容积的燃油流量转变为曲轴的旋转运动。

燃油在泵油压力作用下推动活塞运动，再由活塞推动曲轴旋转，曲轴旋转一周即四个活塞各往复运动一次，完成一个进排油循环。活塞在油缸中处于进油行程还是排油行程，取决于活塞相对于进排油口的位置。图 2-26（a）表示活塞 6 处于进油行程，从曲轴箱来的燃油 P_3 推动其上行，并使曲轴作顺时针旋转，此时活塞 1 处于排油行程终了，活塞 3 处于排油行程中，燃油从活塞 3 上部通过 P_1 从排油口 E_1 排出，活塞 4 处于进油行程终了。当活塞和曲轴位置如图 2-26（b）所示时，活塞 6 进油终了，活塞 1 处于进油行程，通道 P_4 导通，活塞 3 排油终了，活塞 4 处于排油行程，燃油从 P_2 经排油口 E_2 排出。同理，可描述位置（c）、（d）各活塞的进排油状态。如此反复在燃油泵泵油压

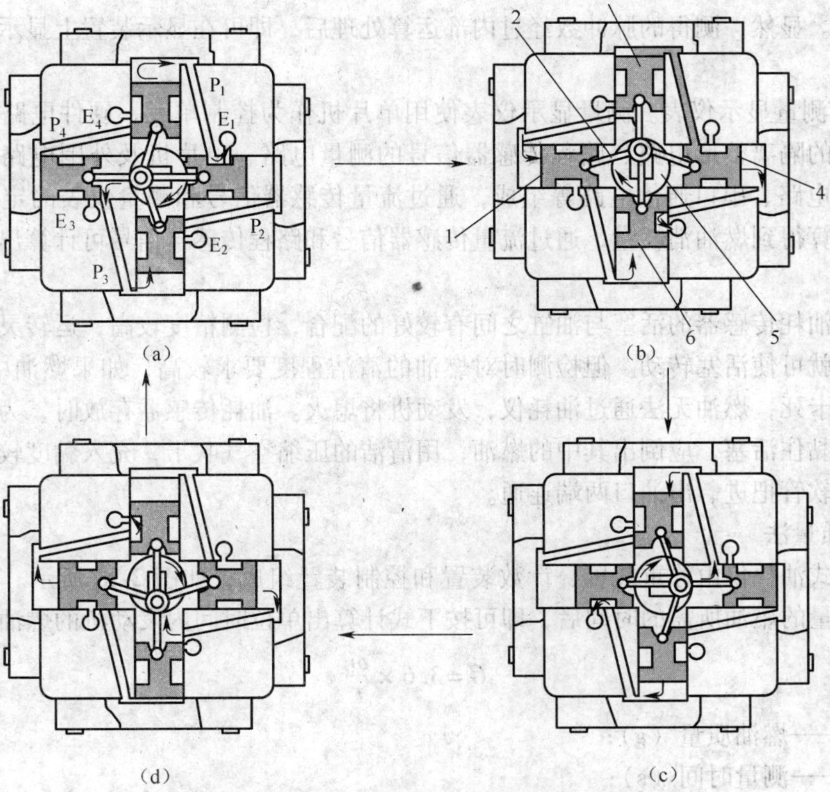

图 2-26　行星活塞式油耗传感器工作原理图

1、3、4、6—活塞；2—连杆；5—曲轴；P_1、P_2、P_3、P_4—油道；E_1、E_2、E_3、E_4—排油口。

力的作用下，就可完成定容量、连续泵油的作用。曲轴旋转一周，各缸分别排油一次，其排油量可用下式确定：

$$V = 4 \times \frac{\pi d^2}{4} \times 2h = 2\pi h d^2 \tag{2-17}$$

式中　V——四缸排油量（cm^3）；

4——代表四个油缸；

$\pi d^2/4$——代表某一活塞截面积（cm^2）；

$2h$——2 倍的曲轴偏心距（cm）。

由此可见，经上述流量转换机构的转换后，从测量燃油消耗量转化为测量流量变换机构曲轴的旋转圈数，可由装在曲轴一端的信号转换装置完成。一般采用光电测量装置进行信号转换，将曲轴旋转圈数转化为电脉冲信号。

（3）信号转换装置。信号转换装置如图 2-27 所示，由主动磁铁、从动磁铁、转轴、光栅板、发光二极管、光敏管、电缆插座及壳体等组成。主动磁铁装在曲轴上，从动磁铁装在转轴上，转轴通过轴承支承在壳体内，转轴的上端固定有转动光栅板，在固定光栅板上、下方有发光二极管和光敏管。当曲轴转动时，由于一对永久磁铁的吸引作用，转轴及其上的转动光栅板也随之转动，通过发光二极管和光敏管的光电作用，将曲轴的转动变成光电脉冲信号送入计量显示仪。曲轴每转一圈，信号转换机构可输出多个脉冲信号，每一个脉冲信号表示的燃油消耗量在仪器出厂时已经标定，不同的仪器其标定值不尽相同。显然，测得的脉冲数经过内部运算处理后，即可在显示装置上显示出流经的燃油量。

（4）测量显示仪表。测量显示仪表使用单片机作为控制单元，硬件电路由流量传感器信号的隔离整形电路、路程传感器信号的测量电路、单片机及外围电路、键盘及LED显示电路、串口通信电路等组成，通过流量传感器信号和测量仪表的定时装置信号，可计算得到燃油消耗量，通过流量传感器信号和路程传感器信号可计算出百公里油耗值。

这种油耗传感器的活塞与油缸之间有较好的配合，检测精度较高，运转灵敏，从进油口吹气就可使活塞转动。但检测时对燃油的清洁程度要求较高，如果燃油中有杂质，会使活塞卡死，燃油无法通过油耗仪，发动机将熄火。油耗传感器存放时，为防止燃油中的胶质黏住活塞，应倒出其中的燃油，用清洁的压缩空气吹干，充入黏度较低的机械油，再用软管把进、出油口两端连通。

2）质量法

质量式油耗仪由称重装置、计数装置和控制装置组成，如图2-28所示。在测量消耗一定质量的燃油所需的时间后，即可按下式计算出单位时间内发动机的燃油消耗量。

$$G = 3.6 \times \frac{\omega}{t} \tag{2-18}$$

式中 ω——燃油质量（g）；

t——测量时间（s）；

G——燃油消耗量（kg/h）。

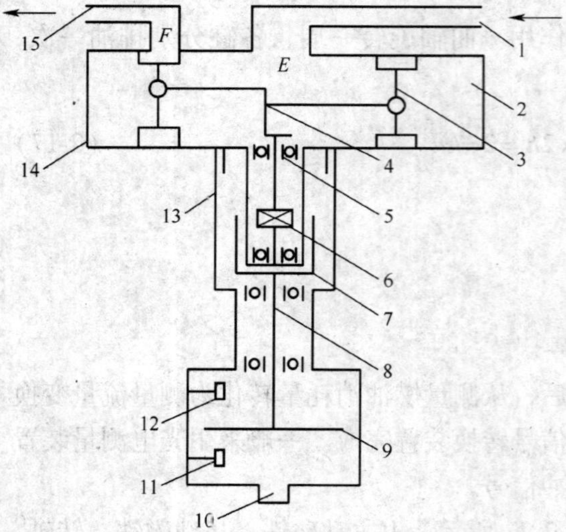

图2-27 四活塞式车用油耗传感器简图

1—进油道；2—油缸；3—活塞；4—曲轴；5—曲轴轴承；6—主动磁铁；7—从动磁铁；8—转轴；9—光栅板；10—电缆线插座；11—光敏管；12—发光二极管；13—下壳体；14—上壳体；15—出油道。

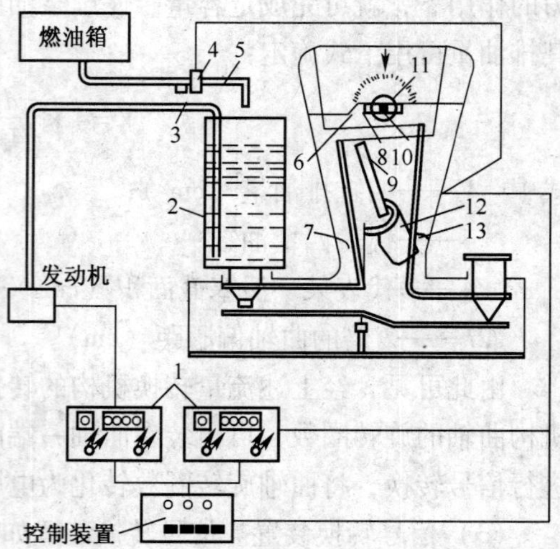

图2-28 质量式油耗仪

1—计数器；2—油杯；3—出油管；4—电磁阀；5—加油管；6、8—光电二极管；7、13—限位开关；9—光源；10—鼓轮机构；11—鼓轮；12—限位器。

称重装置通常利用台秤改制，量程为 10kg，称重误差为 ±0.1%。称重装置的秤盘上装有油杯 2，燃油经电磁阀 4 加入油杯。电磁阀的开闭由装在平衡块上的行程限位器 12 拨动两个微型限位开关 7 和 13 来控制。光电传感器给出油耗始点和终点信号，它由两个光电二极管 6、8 和装在棱形指针上的光源 9 组成，光电二极管 6 为固定式，光电二极管 8 装在活动滑块上，滑块通过齿轮齿条机构移动，齿轮轴与鼓轮 11 相连，计量的燃油量通过转动鼓轮 11 从刻度盘上读出。计量开始时，光源 9 的光束射在光电二极管 6 上，光电二极管 6 发出信号，使计数器 1 开始计数，随着油杯中燃油的消耗，指针移动。当光束射到光电二极管 8 上时，光电二极管 8 发出信号，使计数器 1 停止计数。上述质量式油耗仪有一个系统误差，即测量时油杯中油面高度将发生变化，使得伸入油杯中的油管浮力的反作用力也随之发生变化，从而造成称重时存在系统误差，此项系统误差必须根据汽车耗油量及油杯液面高度变化情况进行修正。此外，在用 1/100km 油耗量单位时，在换算中还须考虑燃油密度与温度之间的关系。

3）超声波法

超声波法是利用超声波测量燃油的流速或流量，进而计算出燃油消耗量。它是基于超声波流量计原理而设计的，其计量原理是：向顺流、逆流两个方向发射超声波，分别测出顺流、逆流在流体传播的时间差，进而以传播时间差值来测定流体的流速、流量。超声波流量计由超声波换能器、电子转换线路、流量显示累积系统三部分组成，超声波换能器采用铸铁酸铅压电元件制作，利用压电效应发射和接收声波，通过检测流体对超声束（或超声脉冲）的影响来测量流体流量。超声波流量计具有安装维修方便、测量范围大、测量可靠性高、不受流体参数影响以及方便控制等优点，这是其他油耗仪所不具备的。

根据检测方式的不同，超声波流量计可分为传播速度差法、多普勒法、波束偏移法、噪声法及相关法等不同类型，而应用较多的是多普勒式超声波流量计和时差式超声波流量计。

（1）多普勒式超声波流量计。多普勒式超声波流量计是利用多普勒效应法工作的一种超声波流量计。多普勒效应是指因波源与观测者的相对运动，观测者感觉到声波频率有所变化的现象。而换能器为固定声源，流体运动的固体颗粒起到了与声源有相对运动的“观测者”的作用，声波遇到固体颗粒将反射回换能器，收到的声波频率与发射源的声波频率的差值称为多普勒频移。多普勒效应法就是利用流体中的散射体对超声波的多普勒频移现象来测量声速的，如图 2-29 所示。

（2）时差式超声波流量计。时差式超声波流量计是利用声波在流体中顺流传播和逆流传播的时间差与流体流速成正比这一原理来测量流体流量，如图 2-30 所示。

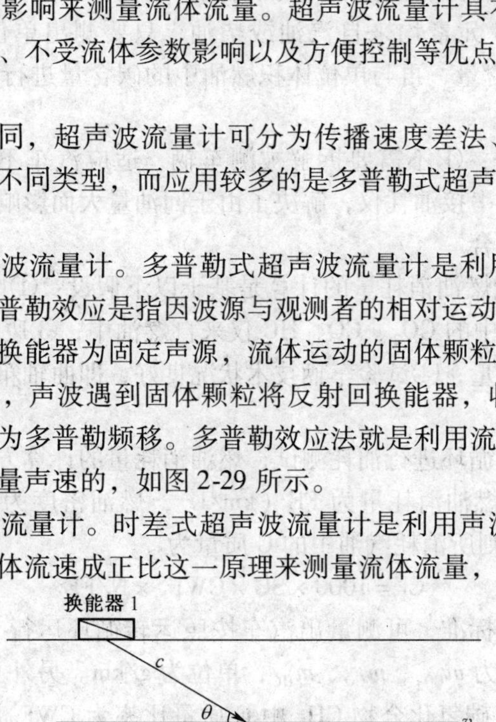

图 2-29　多普勒式超声波流量计

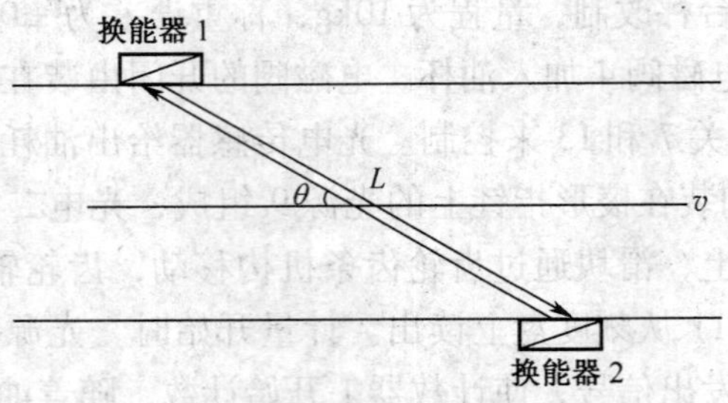

图 2-30 时差式超声波流量计

目前超声波流量计主要用于大口径管道气体或液体流速、流量的测量，对管路、燃油的要求较高，结构较为复杂，对小口径管路测量价格较高且精度较低，在汽车燃油消耗量中的测量尚处于试验研究阶段。

4）碳平衡法

碳平衡法是根据质量守恒定律，即燃油经过发动机燃烧后，排气中的 C（碳）质量总和与燃烧前燃油中的 C 质量总和相等的基理，通过测定汽车排气中的 CO_2、CO、HC 含量并进行计算来得到燃油消耗量。

2003 年 12 月 1 日我国颁布了《轻型汽车燃油消耗量试验方法》（GB/T 19233—2003），2008 年对该标准进行了更新。其中规定，在试验室内，汽车在模拟城市和市郊工况循环下，通过测定排气的 CO_2、CO、HC 含量，用碳平衡法计算燃油消耗量。汽油、柴油是以 C、H 化合物为主要成分的混合物，燃烧生成 CO_2、CO、HC、H_2O 等物质，其燃烧产物中的 C 元素均来自汽油或柴油，只要测出单位时间内汽车排气中的 CO_2、CO、HC 中的碳含量，再与单位体积燃油中的碳含量进行比较，就可以得出燃油消耗量。

碳平衡法的特点是：①不需要拆解被测车辆，适应汽车不解体检测的发展方向；②不需要在汽车油路中串接油耗仪，解决了由于回油量大而影响测量精度的问题；③可以和汽车排气检测相结合。

应用碳平衡法进行燃油消耗量的计算是基于以下假设：①废气中碳仅包含在 CO_2、CO、HC 之中；②废气中的 CO_2、CO、HC 仅来自燃油中；③废气中的碳含量等于试验时所消耗燃油中的碳含量；④试验车辆技术状况良好，即曲轴箱窜气微量，排气系统无泄漏。

不管按照何种运转循环进行油耗测试，燃油消耗量的计算方法基本相同。假定汽车运行了 N（km），平均燃油消耗量为 FE（km/L），燃油密度为 SG（kg/L），燃油中 C 质量的含量为 CWF_F，则所消耗汽油中的 C 质量为

$$C_F = 1000 \times SG \times CWF_F \times N/FE \tag{2-19}$$

按照汽车排气测试标准，可测量出汽车按照运转循环运行 N（km），排气中 CO_2、CO、HC 的排气量分别为 m_{CO_2}、m_{CO}、m_{HC}，单位为 g/km。另外 CO_2、CO 中 C 质量比率分别为 0.273、0.429，碳氢化合物 CH_x 中 C 质量比率为 $CWF_{CHx} = 12/(12 + x)$。则排气中的 C 质量总和为

$$C_L = (0.273 \times m_{CO_2} + 0.429 \times m_{CO} + CWF_{CHx} \times m_{CHx}) \times N \tag{2-20}$$

由假设条件 $C_F = C_L$，根据式（2-19）和式（2-20）得到的燃油消耗量公式为

$$FE=\frac{1000\times SG\times CWF_F}{0.273\times m_{CO_2}+0.429\times m_{CO}+CWF_{CH_x}\times m_{CH_x}} \quad (2\text{-}21)$$

由此得到 100km 燃油消耗量公式为

$$FC=\frac{0.273\times m_{CO_2}+0.429\times m_{CO}+CWF_{CH_x}\times m_{CH_x}}{10\times SG\times CWF_F} \quad (2\text{-}22)$$

CO_2、CO 和 HC 的质量分数可以通过排气分析仪直接测量，通过下列公式可以计算得出 CO_2、CO 和 HC 的质量排气量。

$$m_{CO_2}=\frac{1000\times V_{min}\times\rho_{CO_2}\times C_{CO_2}}{N} \quad (2\text{-}23)$$

$$m_{CO}=\frac{1000\times V_{min}\times\rho_{CO}\times C_{CO}}{N} \quad (2\text{-}24)$$

$$m_{HC}=\frac{1000\times V_{min}\times\rho_{HC}\times C_{HC}}{N} \quad (2\text{-}25)$$

式中　V_{min}——稀释排气的容积，可以由 CVS（定容采样系统）直接测量；

ρ_{CO_2}、ρ_{CO}、ρ_{HC}——污染物的密度，在标准温度和压力下是常量；

C_{CO_2}、C_{CO}、C_{HC}——稀释排气中污染物的质量分数；

N——汽车试验循环所行驶的实际里程，可以通过底盘测功试验台直接测得。

3. 燃油消耗量的台架试验

在汽车底盘测功试验台上进行循环试验（测定油耗）是近年来新发展的试验方法，我国于 20 世纪 90 年代开始参照采用联合国欧洲经济委员会汽车油耗试验方法，制定了我国乘用车油耗试验方法（GB/T 12545.1—2001），其中规定油耗试验必须在底盘测功试验台上进行。燃油消耗量在底盘测功试验台上进行试验的示意图如图 2-31 所示。将汽车驱动轮置于底盘测功试验台的滚筒上，驱动轮既可拖动滚筒又可进行反拖。如果将底盘测功试验台装在有空调设施的试验室内，则就不会有风和气温的变化，能够使行驶阻力保持稳定，所以这种台架试验具有良好的结果再现性。

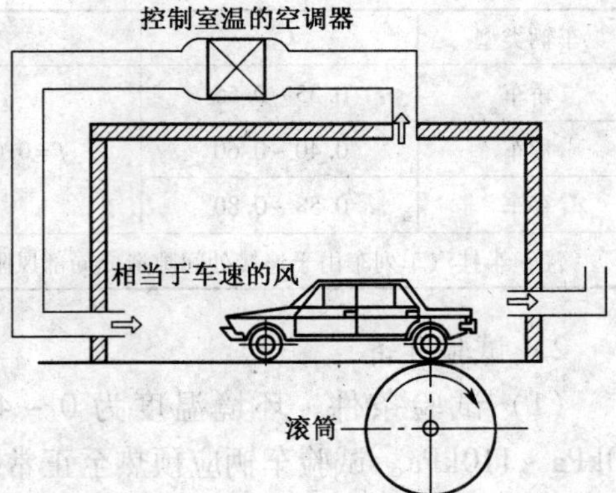

图 2-31　燃油消耗量台架试验示意图

按照 GB 18565—2001《营运车辆综合性能要求和检验方法》的规定，汽车百公里燃油消耗量不得大于该车型原厂规定的相应车速等速百公里燃油消耗量。要想在底盘测功试验台上进行的油耗试验能取得与道路试验一致的结果，关键是将汽车在道路上的行驶阻力（滚动阻力和空气阻力）能在测功机上尽可能地模拟出来。

1）等速百公里油耗测试模拟加载量的确定

在台架试验汽车的等速百公里油耗时，合理确定测功机的加载量来模拟汽车在Ⅲ级以上平直道路上以规定车速行驶时所受到的阻力极其重要，汽车在平直道路上等速行驶时克服滚动阻力和空气阻力所消耗的驱动轮功率为

$$P_k = \left(Gf + \frac{1}{21.15}C_D A v^2\right) v/3600 \tag{2-26}$$

式中 P_k——驱动轮输出功率（kW）；

G——汽车总重量（N）；

f——滚动阻力系数；

C_D——空气阻力系数；

A——迎风面积（m^2）；

v——试验车速（km/h）。

式中，C_D、f、A 可参考表2-5取值，利用式（2-26）求出试验车速下滚动阻力和空气阻力消耗汽车驱动轮功率的同时，还应考虑到测功试验台传动机构以及驱动轮——滚筒间的摩擦损失功率的存在。此两项损失功率应从式（2-26）计算值中减去后，才是真正应该在测功机功率吸收单元中模拟的加载量，即

$$P_{PAU} = P_k - P_{PL} - P_C \tag{2-27}$$

式中 P_{PAU}——模拟功率（kW）；

P_{PL}——传动机构摩擦损失功率（kW）；

P_C——轮胎与滚筒间摩擦损失功率（kW）。

以此作为测功试验台的模拟加载量。

表2-5 C_D、f、A 推荐值

车辆类型	C_D	f	A
轿车	0.35～0.55	$f=0.0076+0.000056v$	$A=1.05B\times H$（B 为轮距，H 为车高）
货车	0.40～0.60		
客车	0.58～0.80		
注：半挂汽车列车由于连接处间隙造成局部风阻增加，因此空气阻力一般比牵引车高15%			

2）试验准备

（1）试验条件。环境温度为0～40℃；环境相对湿度小于85%；大气压力为80kPa～110kPa。试验车辆应预热至正常工作温度（一般为80℃～90℃），轮胎气压应符合该车技术条件的规定，且左右轮胎花纹应一致。底盘测功试验台应预热至正常工作温度，底盘测功试验台和油耗仪应符合使用要求，工作正常。检测时应测量记录环境温度、大气压力和燃油密度。

（2）油耗传感器在供油系中的安装。油耗传感器在汽车上的安装位置及连接方式随发动机供油系的不同而有所变化，具体安装情况如图2-32所示。电喷汽油机的油耗测试方法有两种：一种是采用电喷式汽油车油耗仪进行测试，如图2-32（a）所示；另一种是采用普通油耗仪进行测试，如图2-32（b）所示，当油耗传感器与电动燃油泵之间产生负压而引起气穴现象时，此时需要在油耗传感器的进油端安装一个辅助泵，以保证电动燃油泵的进油端处于正压状态，从而避免气穴现象不易发生。

为了准确测量汽车燃油消耗量，在安装和使用油耗仪时需要注意以下两点：

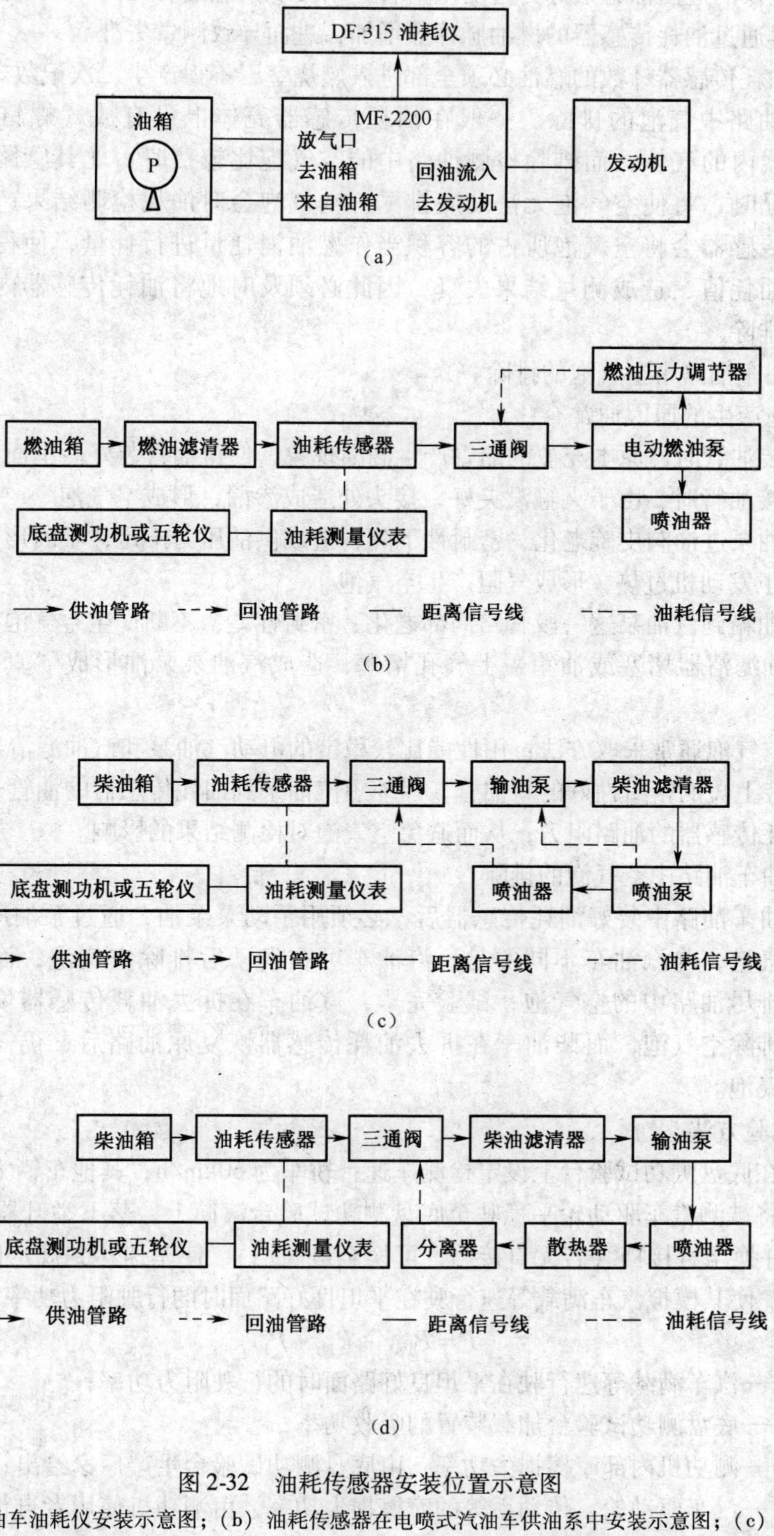

图 2-32　油耗传感器安装位置示意图

(a) 电喷式汽油车油耗仪安装示意图；(b) 油耗传感器在电喷式汽油车供油系中安装示意图；(c) 油耗传感器在柱塞式喷油泵油路中安装示意图；(d) 油耗传感器在 PT 输油泵喷油器式发动机油路中安装示意图。

①油耗仪的进出油管最好为透明塑料管，以便观察燃油有无气体。若供油管中存在气体将使得通过油耗传感器的燃油脉冲数增加，进而导致测量失准。

②经油耗传感器计数的燃油必须全部进入燃烧室，不得产生二次记数。

（3）油路中气泡的排除。一般在油耗传感器壳体上设有放气螺钉，可以排除油耗传感器内的气体，而排除检测油路中的空气泡比较费时，尤其管路中存在堵塞或泄漏情况时，将使空气泡无法彻底排尽。空气泡会对油耗检测结果产生很大的影响，油耗传感器会将空气泡所占的容积当作燃油消耗量进行计量，使得检测数据偏高于实际油耗值，造成测量结果失真，因此必须及时地将油耗传感器内和油路中的气泡加以排除。

①汽油车油路中空气泡的排除。

空气泡产生的原因通常有：

a. 拆装油管时，原本充盈的油管产生滴漏现象，使得油管装好后里面充满空气泡。

b. 连接油管时，由于夹箍没夹好，接头处造成渗漏，形成空气泡。

c. 汽油泵进油阀皮碗老化、密封性下降，造成供油压力不足，不断形成空气泡。

d. 由于发动机过热，形成气阻产生空气泡。

e. 从油箱到汽油泵这一段管路局部老化、密封性差，不断产生空气泡。

f. 汽油滤清器堵塞或油箱盖上气孔堵塞，造成汽油泵泵油形成“真空”，产生空气泡。

排除空气泡通常采取方法：用性能比较稳定的电动汽油泵和汽油滤清器替换原车相应部件；装上短的密封性好的新油管，以缩短汽油泵到油耗传感器的油管长度，减小汽油泵到油耗传感器的油路阻力，从而避免空气泡对检测结果的影响。

②柴油车油路中空气泡的排除。

在柴油车油路中装好油耗传感器后，必须用手动泵泵油，通过泵油压力来排除油路中的空气泡，与汽油车不同的是：汽油车可在发动后排除空气泡，而柴油车必须在发动前排尽油路中的空气泡；试验完毕，汽油车在拆去油耗传感器恢复其原油路时，无需排除空气泡，而柴油车在拆去油耗传感器恢复原油路后，仍需排除油路中产生的空气泡。

3）试验方法

（1）在底盘测功试验台上设定检测车速：轿车为60km/h；其他车辆为50km/h。

（2）将被测汽车驱动轮平稳驶至底盘测功试验台滚筒上，落下举升器，启动汽车，逐步加速并换至直接挡（若无直接挡，可换至最高挡），使车速达到规定值。给测功机加载 P_{PAU}，使其模拟汽车满载等速行驶在平坦良好路面时的行驶阻力功率 P：

$$P = P_{PAU} + P_{PL} + P_F \tag{2-28}$$

式中 P——汽车满载等速行驶在平坦良好路面时的行驶阻力功率；

P_{PAU}——底盘测功试验台加载装置的吸收功率；

P_{PL}——测功机内部摩擦损失功率，由底盘测功试验台生产厂家给出；

P_F——汽车驱动轮、传动系等的摩擦损失功率，由测功机使用者自行测定。

当 $P_{PL} + P_F \geqslant P$ 时，则车辆不能在该测功试验台上进行检测；

当 $P_{PL} + P_F < P$ 时，则需调整 P_{PAU}，使 $P_{PAU} + P_{PL} + P_F = P$。

其中行驶阻力功率 P 可按 GB 18352.1～18352.2—2001 附件 CC 的有关规定试验测得，试验时基准质量为车辆满载；也可以按汽车在平坦良好路面等速行驶所消耗的功率值计算得到。

（3）待车速稳定后开始测量，要求测量不低于 500m 距离的燃油消耗量。连续测量 2 次并记录测试值。

（4）计算等速百公里燃油消耗量和 2 次的算术平均值。参照 GB/T 12545—2008《汽车燃油消耗量试验方法》的有关规定，可在不同试验车速下进行汽车的等速百公里油耗试验，并作出汽车的等速百公里油耗特性曲线。试验时，汽车使用常用挡位，试验车速从 20km/h（最小稳定车速高于 20km/h 时，从 30km/h）开始，以车速 10km/h 的整数倍均匀选取试验车速，直到最高车速的 90%。

4. 燃油消耗量的道路试验

1）路试的基本条件

（1）试验前，应对试验的车辆进行磨合；试验时，试验车辆必须进行预热行驶，使发动机、传动系及其他部分预热到规定的温度状态。轮胎气压应符合该车技术条件的规定，误差不超过 ±10kPa。装载质量除有特殊规定外，轿车应为规定乘员数的 1/2（取整数），城市客车为总质量的 65%；其他车辆为满载，装载物应均匀分布且固定牢靠，试验过程中不得晃动和颠离；不应因潮湿、散失等条件变化而改变其质量，以保证装载质量的大小、分布不变。试验车辆必须清洁，关闭车窗和驾驶室通风口，由恒温器控制的空气流必须处于正常调整状态，做各项燃油消耗量试验时，汽车发动机不作调整。

（2）试验道路应为清洁、干燥、平坦的、用沥青或混凝土铺成的直线道路，道路长 2km～3km，宽不小于 8m，纵向坡度在 0.1% 以内。试验应在无雨无雾、相对湿度小于 95%、气温（0～40）℃、风速不大于 3m/s 的气候条件下进行。车速测定仪器和燃油流量计的精度为 0.5%；计时器最小读数为 0.1s。试验油耗仪常用容积式。

2）试验方法

（1）直接挡节气门全开加速燃油消耗量试验。测试路段长 500m，试验时，汽车挂直接挡（没有直接挡用最高挡），以（30±1）km/h 的速度，稳定通过 50m 的预备段，在测试路段的起点开始，节气门全开加速通过测试路段，测量并记录通过测试段的加速时间、燃油消耗量及汽车在测试段终点时的速度。

试验往返各进行两次，测得同方向加速时间的相对误差应不大于 5%。取测得的四次加速时间试验结果的算术平均值作为测定值，且要符合该车技术条件的规定。

（2）等速行驶燃油消耗量试验。根据 GB/T 12545.1～12545.2—2001《乘用车及商用车燃油消耗量试验方法》规定，对于乘用车进行等速行驶燃油消耗量试验时，只进行 90km/h 和 120km/h 两个速度下的燃油消耗量试验；对于商用车则按照 GB/T 12545.2—2001 中规定的方法进行等速行驶燃油消耗量试验。

①乘用车等速行驶燃油消耗量试验。除遵守道路试验的一般试验条件外，乘用车等速行驶燃油消耗量试验还需遵守下列条件，并按照要求进行燃油消耗量计算和精度及试验数据的校正。

车辆基本要求如下：

a. 车辆试验质量。车辆试验质量为整车整备质量加上180kg，当车辆的50%载质量大于180kg时，则车辆试验质量为车辆整车整备质量加上50%的载质量（包括测量人员和仪器的质量）。

b. 载荷分布。对于M_1类车辆，载荷的质心应位于前排外侧座椅R点连线的中点；对于最多两排座椅的车辆，载荷的质心应位于前排外侧座椅R点连线的中点；对于多于两排座椅的车辆，最初的180kg载荷的质心应位于前排座椅R点连线的中点，附加载荷的质心应位于车辆中心线上，且应在前排外侧座椅R点连线中点和第二排外侧座椅R点连线中点之间；对于N_1类车辆，附加载荷（指试验总载荷减去测量仪器和人员的质量）的质心应位于车辆货箱的中心。

c. 变速器。如果车辆在最高挡（n）时的最大速度超过130km/h，则只能使用该挡位进行燃油消耗量的测定；如果在（n-1）挡的最大速度为130km/h，而n挡的最大速度仅为120km/h，则120km/h的试验应在（n-1）挡进行，但制造厂可要求120km/h的燃油消耗量在（$n-1$）挡和n挡同时测定，条件是用n挡时应满足下面道路试验条件第d条的规定要求。

道路试验如下：

a. 道路条件和气象条件。道路应干燥，路面可以有湿的痕迹，但不得有任何积水；平均风速小于3m/s，阵风不应超过5m/s。

b. 在第一次测量之前，车辆应进行充分的预热，并达到正常工作条件。在每次测量之前，车辆应在试验道路上以尽可能接近试验速度（该速度在任何情况下与试验速度相差不得大于±5%）行驶至少5km，以保持温度稳定。

c. 测量用试验道路。测量路段的长度至少2km，可以是封闭的环形路（测量路程必须为完整的环形路），也可以是平直路（试验在两个方向上进行）。

试验道路应保证车辆按规定等速稳定行驶，路面应保持良好状态，在试验道路上任意的两点之间的纵向坡度不应超过±2%。

d. 为了确定在规定速度时的燃油消耗量，应至少在低于或等于规定速度时进行两次试验，并在至少等于或高于规定速度时进行另两次试验，但应满足下面规定的误差：

在每次行驶期间，速度误差不应超过±2km/h。每次试验的平均速度与试验规定的速度之差不得超过±2km/h。

e. 使用式（2-29）和式（2-30）计算每次试验行程的燃油消耗量。

采用质量法确定燃油消耗量C（L/100km）：

$$C = \frac{M}{100 \times DS_g} \tag{2-29}$$

式中 S_g——标准温度20℃（293K）下的燃油密度（kg/L）；

D——试验期间的实际行驶距离（km）；

M——燃油消耗量测量值（kg）。

采用容积法确定燃油消耗量C（L/100km）：

$$C = \frac{V[1 + \alpha(T_0 - T_F)]}{100 \times D} \tag{2-30}$$

式中　V——燃油消耗量（体积）测量值（L）；

α——燃油容积膨胀系数，燃油为汽油和柴油时，该系数为 0.001/℃；

T_0——标准温度为 20℃（293K）；

T_F——燃油平均温度，即每次试验开始和结束时，在容积测量装置上读取的燃油温度 的算术平均值（℃）。

f. 指定速度的燃油消耗量应按 d 规定的方法取得的试验数据用线性回归法进行计算。在试验道路的两个方向上进行试验时，应分别记录在每个方向上获得的数值。

为了使置信度达到 95%，燃油消耗量的精度应达到 ±3%。为了得到此精度，可增加试验次数，燃油消耗量测量精度由下式计算：

$$\text{精度} = K \times \frac{\sqrt{\dfrac{\sum (C_i - \hat{C}_i)^2}{n-2}} \times \sqrt{\dfrac{1}{n} + \dfrac{(v_{ref} - v)^2}{\sum (v_i - \bar{v})^2}}}{C} \times 100\% \tag{2-31}$$

式中　C_i——在 v_i 速度时测量的燃油消耗量；

$\hat{C}_i$——在 v_i 速度时用线性回归法计算出的燃油消耗量；

C——在指定速度 v 时，用线性回归法计算出的燃油消耗量；

v_{erf}——指定速度；

v_i——i 时的实际速度；

$\bar{v}$——平均速度，$\bar{v} = \sum v_i / n$；

n——试验次数；

K 值由表 2-6 给出。

表 2-6　K 值选取表

n	4	5	6	7	8	9	10	12	14	16	18	20
K	4.3	3.18	2.78	2.57	2.45	2.37	2.31	2.23	2.18	2.15	2.12	2.10

g. 如果在平均速度等于指定速度 ±0.5km/h 时测量燃油消耗量，可用获得的试验数据的平均值计算规定速度下的燃油消耗量。

②商用车等速行驶燃油消耗量试验。试验路段长度为 500m，汽车用常用挡位，等速行驶通过 500m 的测试路段，测量并记录通过该路段的时间及燃油消耗量。试验车速从 20km/h（最小稳定车速高于 20km/h 时，从 30km/h）开始，以车速的 10km/h 的整数倍均匀选取车速，直至最高车速的 90%，至少测定 5 个试验车速。

同一车速往返试验各进行两次，两次试验之间的时间间隔应尽可能缩短，以保持稳定的热状况，往返四次试验结果的燃油消耗量差值不应超过 ±5%，取四次试验结果的平均值作为等速行驶的耗油量，并折算为等速百公里油耗量（L/100km）。根据试验结果，以车速为横坐标，绘制等速燃油消耗量散点图，根据散点图绘制等速行驶燃油消耗量的特性曲线。

（3）多工况燃油消耗量测定。汽车运行工况可分为匀速、加速、减速和怠速等几种，实际运行时，往往是上述几种工况的组合，并以此决定了汽车的油耗。所以，各国根据不同车型车辆的常用工况，制定了不同的试验循环，从而既可使试验结果比较接近于实际情况，又可缩短试验周期。我国的《乘用车燃油消耗量试验方法》（GB/T 12545.1—2001）规定了模拟城市工况循环燃油消耗量试验方法——十五工况法，我国的《商用车燃油消耗量试验方法》（GB/T 12545.2—2001）规定了六工况法和四工况法。

多工况燃油消耗量试验方法就是将不同车型的车辆严格依据各自的试验循环测定其燃油消耗量。怠速工况时，离合器应接合，变速器置于空挡，从怠速运转工况转换为加速工况时，在转换前5s，分离离合器，将变速器挡位换为低速挡，换挡时应迅速、平稳。减速工况中，应完全放松加速踏板，离合器仍然接合，当车速降至10km/h时，分离离合器，必要时，减速工况中允许使用车辆制动器。

汽车在进行多工况试验时，加速、匀速和用车辆制动器减速时，在每个试验工况（除单独规定外），车速偏差为±2km/h。在工况改变过程中允许车速的偏差大于规定值，但在任何条件下超过车速偏差的时间应不大于1s，即时间偏差为±1s。

每次循环试验后，应记录通过循环试验的燃油消耗量和时间。当按各试验循环完成一次试验后，车辆应迅速调头，重复试验，试验往返各进行两次，取四次试验结果的算术平均值作为多工况燃油消耗量试验的测定值。

图2-33～图2-37为各类汽车进行多工况燃油消耗量试验时的试验循环图。

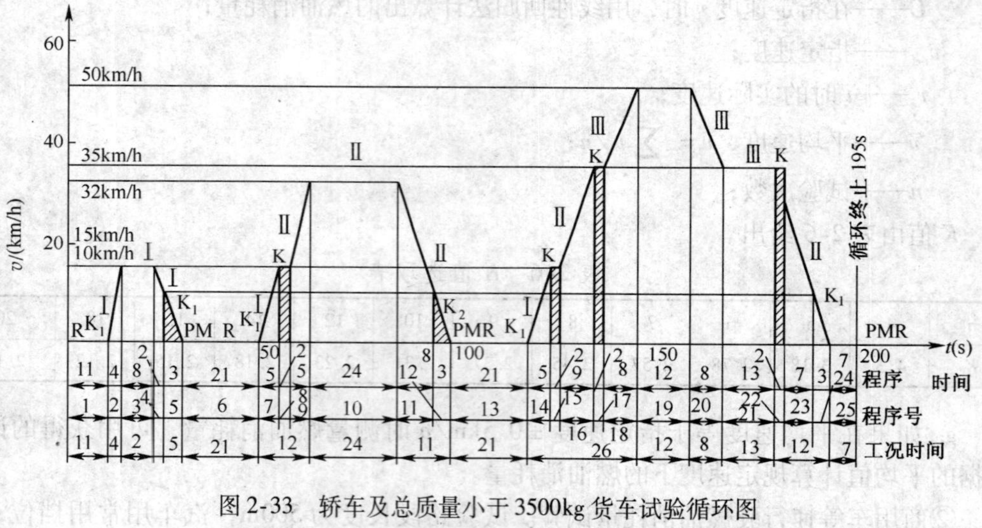

图2-33 轿车及总质量小于3500kg货车试验循环图

K—离合器分离；K_1、K_2—离合器分离，变速器接合1挡或2挡；

Ⅰ、Ⅱ、Ⅲ—变速器1挡、2挡、3挡；PM—空挡；R—怠速（图中阴影表示换挡）。

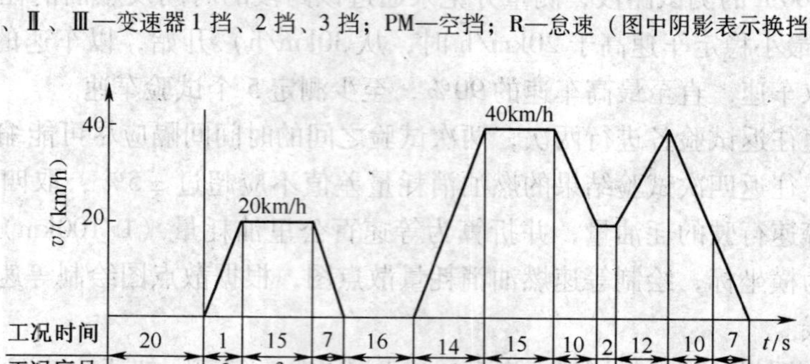

图2-34 微型汽车试验循环图

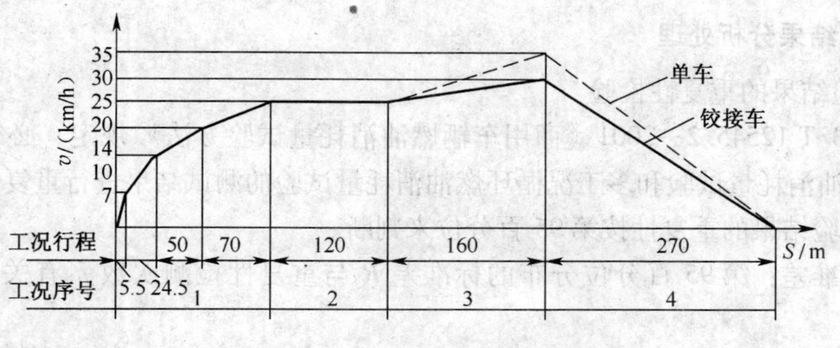

图 2-35　客车、城市客车试验循环图

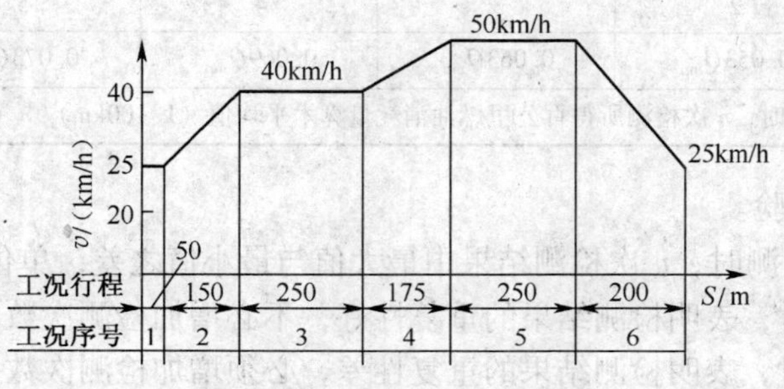

图 2-36　载货汽车（总质量为 3500kg～14000kg）试验循环图

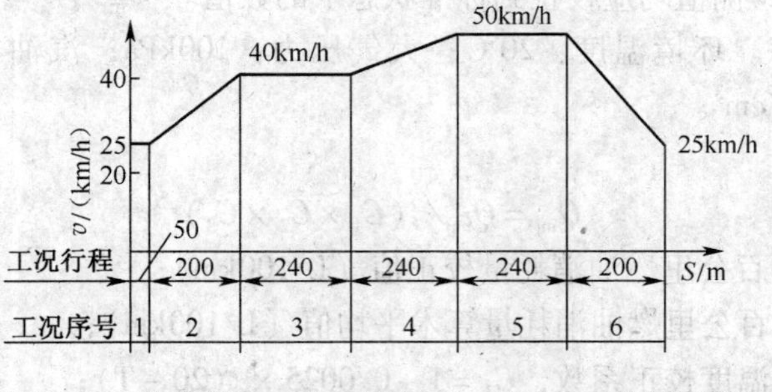

图 2-37　载货汽车（总质量大于 14000kg）试验循环图

（4）限定条件下燃油消耗量的试验方法。汽车在实际使用中的燃油消耗直接地反映了汽车的燃油经济性水平，但是由于汽车实际使用条件的复杂性，实际燃油消耗量的离散性很大，为了使实际运行条件下的测试结果有一定的可比性，要求对实际运行条件加以适当的限制和规定，这就是限定条件下的燃油消耗量试验。

试验时，测试路段应设在三级以上的平原干线公路上，试验路段长度不小于 50km。

所选择道路的交通情况应正常。试验车辆在保证交通安全和遵守交通法规规定的前提下，应基本保持一定的行驶速度。对于轿车，车速为 60km/h；对于铰接式客车，车速为 35km/h；对于其他车辆，车速为 50km/h。各车速下速度偏差不应超过 ±2km/h。

客车试验时，每隔 10km 停车一次，怠速运转 1min 后重新起步。

试验中记录制动次数、各挡位使用次数、行驶时间和行程、停车时间等，要测量每 50km 单程的燃油消耗量，并计算汽车百公里油耗和平均车速。试验往返各进行一次，以两次测量结果的算术平均值作为限定条件下的平均使用燃油消耗量的测定值。

5. 试验结果分析处理

1）试验结果的重复性检验

根据 GB/T 12545.2—2001《商用车辆燃油消耗量试验方法》规定，必须对商用车等速行驶燃油消耗量试验和多工况循环燃油消耗量试验的测试结果进行重复性检验。

（1）检验结果的重复性按第 95 百分位来判断。

（2）标准差：第 95 百分位分布的标准差 R 与重复性检测次数 n 有关，如表 2-7 所列。

表 2-7 标准差 R 与重复性检测次数 n 的关系

n	2	3	4	5	6
R（L/100km）	$0.053Q_{mp}$	$0.063Q_{mp}$	$0.069Q_{mp}$	$0.073Q_{mp}$	$0.085Q_{mp}$
注：Q_{mp}为每次检测时，n 次检测所得百公里燃油消耗量算术平均值（L/100km）					

（3）重复性检验。

ΔQ_{max}为每次检测时，n 次检测结果中最大值与最小值之差，单位为 L/100km。

当 $\Delta Q_{max} < R$ 时，表明检测结果的重复性好，不必增加检测次数。

当 $\Delta Q_{max} > R$ 时，表明检测结果的重复性差，必须增加检测次数。

2）检测数据的校正

燃油消耗量的检测值均应校正到标准状态下的数值。

（1）标准状态。环境温度：20℃；大气压力：100kPa；汽油密度：$0.742g/cm^3$；柴油密度：$0.830g/cm^3$。

（2）校正公式

$$Q_{mj} = Q_{mp} / (C_1 \times C_2 \times C_3) \tag{2-32}$$

式中 Q_{mj}——检测百公里燃油消耗量校正值（L/100km）；

Q_{mp}——检测百公里燃油消耗量算术平均值（L/100km）；

C_1——环境温度校正系数，$C_1 = 1 + 0.0025 \times (20 - T)$；

C_2——大气压力校正系数，$C_2 = 1 + 0.0021 \times (P - 100)$；

C_3——燃油密度的校正系数。

汽油机： $C_3 = 1 + 0.8 \times (0.742 - G_s)$

柴油机： $C_3 = 1 + 0.8 \times (0.83 - G_d)$

式中 T——检测时的环境温度（℃）；

P——检测时的大气压力（kPa）；

G_s——检测时的汽油平均密度（g/cm^3）；

G_d——检测时的柴油平均密度（g/cm^3）。

6. 汽车燃油消耗量限值

1）乘用车燃油消耗量限值

GB 19578—2004《乘用车燃油消耗量限值》规定了我国生产车（乘用车）燃油消耗量的限值，其限值如表 2-8 所列。若申请车型在结构上具有以下一种或多种特征，其限值则如表 2-9 所列。

（1）装有自动变速器。

（2）具有三排或三排以上座椅。

（3）符合 GB/T 15089—2001《机动车辆和挂车分类》中规定条件的 M_1G 类汽车，即指包括驾驶员座位在内，座位数不超过 9 座的越野客车。

表 2-8　乘用车燃油消耗量限值（1）

整车整备质量 CM/kg	第一阶段/（L/100km）	第二阶段/（L/100km）	整车整备质量 CM/kg	第一阶段/（L/100km）	第二阶段/（L/100km）
CM≤750	7.2	6.2	1540 < CM≤1660	11.3	10.2
750 < CM≤865	7.2	6.5	1660 < CM≤1770	11.9	10.7
865 < CM≤980	7.7	7.0	1770 < CM≤1880	12.4	11.1
980 < CM≤1090	8.3	7.5	1880 < CM≤2000	12.8	11.5
1090 < CM≤1205	8.9	8.1	2000 < CM≤2110	13.2	11.9
1205 < CM≤1320	9.5	8.6	2110 < CM≤2280	13.7	12.3
1320 < CM≤1430	10.1	9.2	2280 < CM≤2510	14.6	13.1
1430 < CM≤1540	10.7	9.7	2510 < CM	15.5	13.9

注：①对于新认证车，第一阶段的执行日期为 2005 年 7 月 1 日，第二阶段的执行日期为 2008 年 1 月 1 日；
②对于在生产车，第一阶段的执行日期为 2006 年 7 月 1 日，第二阶段的执行日期为 2009 年 1 月 1 日

表 2-9　乘用车燃油消耗量限值（2）

整车整备质量 CM/kg	第一阶段/（L/100km）	第二阶段/（L/100km）	整车整备质量 CM/kg	第一阶段/（L/100km）	第二阶段/（L/100km）
CM≤750	7.6	6.6	1540 < CM≤1660	12.0	10.8
750 < CM≤865	7.6	6.9	1660 < CM≤1770	12.6	11.3
865 < CM≤980	8.2	7.4	1770 < CM≤1880	13.1	11.8
980 < CM≤1090	8.8	8.0	1880 < CM≤2000	13.6	12.2
1090 < CM≤1205	9.4	8.6	2000 < CM≤2110	14.0	12.6
1205 < CM≤1320	10.1	9.1	2110 < CM≤2280	14.5	13.0
1320 < CM≤1430	10.7	9.8	2280 < CM≤2510	15.5	13.9
1430 < CM≤1540	11.3	10.3	2510 < CM	16.4	14.7

2）货车燃油消耗量限值

为节约能源，保护环境，我国对现生产及计划投产的载货汽车规定了百吨公里燃油消耗量限值，要求车辆在满足动力性的前提下，其百吨公里燃油消耗量应符合“载货汽车燃油消耗量限值表”的规定，如表 2-10 ~ 表 2-12 所列。

表 2-10　汽油载货汽车燃油消耗量限值

汽车总质量/t	燃油消耗量/（L/100t·km）	汽车总质量/t	燃油消耗量/（L/100t·km）
2.5 ~ 4.0	4.05 ~ 3.17	>9.0 ~ 12.0	2.64 ~ 2.50
>4.0 ~ 6.0	3.15 ~ 2.83	>12.0 ~ 15.0	2.48 ~ 2.39
>6.0 ~ 9.0	2.82 ~ 2.65		

表 2-11 柴油载货汽车燃油消耗量限值

汽车总质量/t	燃油消耗量/（L/100t·km）	汽车总质量/t	燃油消耗量/（L/100t·km）
2.5～4.0	2.82～2.16	>9.0～12.0	1.68～1.55
>4.0～6.0	2.14～1.88	>12.0～15.0	1.53～1.43
>6.0～9.0	1.86～1.76		

表 2-12 重型载货汽车燃油消耗量限值

汽车总质量/t	燃油消耗量/（L/100t·km）	汽车总质量/t	燃油消耗量/（L/100t·km）
>15～17	1.42～1.40	>22～26	1.37～1.33
>17～22	1.39～1.37	>26～32	1.32～1.30

营运汽车燃油消耗量限值是以该车型原厂规定的等速百公里燃油消耗量限值为基础确定的。根据我国营运汽车检测设备的实际情况和《营运车辆技术等级划分和评定要求》（JT/T 198—2004）的执行情况，采用等速百公里燃油消耗量作为评价汽车燃油经济性的指标。在规定的检测车速（乘用车为60km/h，其他汽车为50km/h）下，其限值规定为该车型制造厂规定的相应车速等速百公里燃油消耗量的103%。

2.2.3 汽车制动性能检测

汽车制动性能直接影响汽车行驶、停车的安全性，是汽车安全行车的重要因素之一，同时也是汽车安全检测中最基本、最重要的检测项目。

1. 制动性能评价指标

汽车的制动性能是指汽车在行驶中能强制地减速以至停车，或下长坡时维持一定速度的能力。评价汽车制动性能的指标一般有制动距离、制动减速度、制动力和制动时间。

1）制动距离

制动距离是指从驾驶员踏着制动踏板到车辆完全停止，车辆所驶过的距离，它包括了制动系反应时间、制动减速度（或制动力）上升时间和以最大减速度持续制动时间内所历经的全过程。汽车制动系调整好坏，制动系反应时间长短，制动力上升快慢及由制动力使车辆产生的减速度大小等信息均体现在这一参数中，它是评价汽车制动系性能好坏最为直观的参数之一。

由于制动距离是一个整车制动性能参数，所以它不能单独反映出各个车轮具体的制动状况以及整车制动力的分配情况。当制动距离延长时，也反映不出具体是什么故障导致其制动性能变差。

2）制动减速度

制动减速度是指汽车在一定的初速度下，急踩制动时，汽车在单位时间内降低的速度。GB7258—2012《机动车运行安全技术条件》规定，用在规定的初速度下急踩制动的 MFDD（充分发出的平均减速度）来评价汽车制动性能。MFDD 的计算公式为

$$\mathrm{MFDD}=\frac{V_b^2-V_e^2}{25.92\ (S_e-S_b)} \tag{2-33}$$

式中　V_b——$0.8V_0$ 的试验车速（km/h），其中 V_0 为试验车制动初速度；

V_e——$0.1V_0$ 的试验车速（km/h）；

S_b——试验车速从 V_0 到 V_b 之间车辆行驶的距离（m）；

S_e——试验车速从 V_0 到 V_e 之间车辆行驶的距离（m）。

从行驶安全的观点来看，制动减速度越大，表明汽车制动效果越好。用制动减速度来评价制动性能的优点在于：①用制动减速度仪来检测车辆的制动减速度时，制动初速度对其影响不大；②测试时，受路面不平度影响较小，且测量仪器本身结构简单、使用方便。

单用制动减速度来评价汽车制动性能时，无法测得制动系反应时间，试验的重复性较差且受路面附着系数的影响较大，同时制动减速度也反映不出各车轮的制动力及分配情况。

3）制动力

汽车在行驶中能够强制减速以至停车，最本质的因素是制动器产生了摩擦阻力，这就是制动力。因此，制动力是一个能从本质上评价汽车制动性能的重要指标。

规定用制动力这一参数来评价汽车的制动性能，除了能在本质上检测车辆的制动性能外，还能解决一个十分重要的问题，即可以按满载情况下车辆所需要的制动力来规定制动力的要求，并用制动试验台来检验车辆能否达到这个要求，从而保证了车辆在满载运行时的制动安全。在 GB 7258—2012《机动车运行安全技术条件》中，对在用汽车规定了空载检验的制动力要求，但对初检核发牌照的新车，对其制动性能有质疑时，是按满载制动力要求来进行检验的。

用制动力这个参数来评价汽车的制动性能，可以对汽车前后轴制动力的合理分配以及每轴两轮制动力平衡差提出要求，从而能够保证汽车各轮制动良好，并能使各车轮的附着重量得到合理的发挥。用制动力作为单独的检验指标时，在规定了制动力的大小、制动力合理分配及制动力平衡差的同时，还要规定制动系协调时间和制动释放时间。

4）制动时间

汽车的制动系反应时间、制动系减速度（或制动力）上升时间和在最大减速度下持续制动时间、制动释放时间等参数也可以用来评价汽车制动性能的好坏，其中制动协调时间对制动距离有较大影响。制动时间是一个间接评价制动性能的辅助参数指标，它一般很少作为一个单独的参数来评价汽车的制动性能。

2. 汽车制动性能检测仪器与设备

依据国家标准 GB 18565—2001《营运车辆综合性能要求和检验方法》的规定，汽车制动性能检测可分为制动试验台检测和道路试验检测两种方法。一般情况下，可用制动试验台检测制动性能，但对制动试验台检测结果发生争议时，可以用道路试验检测进行复检，并以满载状态道路试验结果为准，以保证对汽车制动性能判断的准确性。

利用试验仪器在试验道路上进行的试验称为道路试验，简称路试。路试法检测制动性能的特点是：①能够直观、简便、真实地反映出汽车实际行驶过程中汽车动态的制动性能，如轴荷转移的影响；②能够综合反映出汽车其他系统的结构性能对汽车制动性能的影响，如转向机构、悬架系统结构与形式对制动方向稳定性的影响，且不需要大型设备和厂房。路试检测是检验机动车辆制动性能最基本的方法，也是最可靠的方法。

1）路试法检测汽车制动性能仪器

路试法检测汽车制动性能常用的仪器主要有五轮仪和制动减速度仪。五轮仪是用来在车辆进行路试时测量行程、速度和时间等参数的常规仪器，制动减速度仪则是通过测量制动减速度来检测车辆制动性能。

（1）五轮仪结构与原理。五轮仪一般由传感器部分和记录仪组成，并附带一脚踏开关。传感器部分和记录仪两者间用导线相连。脚踏开关的两端分别与制动踏板和记录仪相接。传感器部分的作用是将汽车行驶的距离变为电信号输出，它通常由充气轮胎、传感器、减振器、连接装置和对地压力调节机构等组成，如图 2-38 所示。充气轮胎通过支架与连接装置安装在汽车的侧面或尾部的车身上，在减振器压簧的作用下，充气轮胎紧贴地面，并随汽车的行驶做纯滚动。当充气轮胎在路面滚动一周时，汽车就行驶了充气轮胎周长的距离。在充气轮胎中心处安装传感器，检测时，传感器将轮子滚动距离转变成相应的电信号送给记录部分。记录部分的作用是对传感器送来的电信号和内部产生的时间信号进行控制、计数，并计算出车速，根据设定的制动初速度测量制动距离和制动时间，并将结果显示出来。

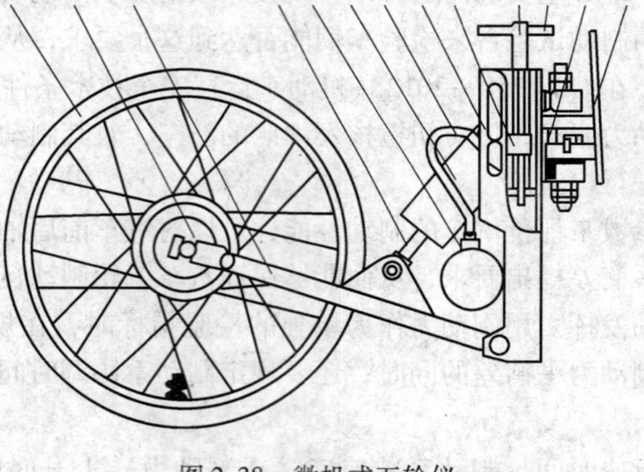

图 2-38　微机式五轮仪

1—充气轮胎；2—传感器；3—叉架；4—活塞杆；5—储气筒；6—气缸；7—气管；8—壳体；9—螺母；10—丝杆；11—调节手把；12—调节轴；13—固定板。

（2）制动减速度仪结构与原理。按照传感器结构形式分，制动减速度仪可分为滑块式和摆锤式两种类型。

①滑块式制动减速度仪结构与原理。滑块式制动减速度仪结构如图 2-39 所示，在纵轴方向安装有上下平行的两根导轨，在其中一根导轨上放置一滑块，滑块通过滑轮可在导轨上滑动，并依靠一螺旋弹簧与减速度仪主体相连。减速度仪记录纸由微电动机带动走纸，其走纸方向与滑块运动方向垂直。为了避免滑块在运动时产生过大冲击，一般在仪器内部设有空气阻尼器加以限制。检测时，车辆以一定的行驶速度制动，此时滑块将以车辆原运动方向继续前移，直至其惯性力与螺旋弹簧弹力平衡为止。滑块的滑动过程由固定在滑块上的记录触针记录在记录纸上，滑块移动的距离与车辆制动减速度成比例关系，通过标定可得出车辆制动减速度数值。

②摆锤式制动减速度仪结构与原理。摆锤式制动减速度仪主要由摆锤、大齿轮、小齿轮、指针和仪表盘组成，如图 2-40 所示。当汽车稳速行驶时，该仪器的“摆”处于铅垂位置；当汽车做加速或减速运动时，“摆”将在惯性力作用下偏斜一个角度 θ，此时，与“摆”固定连接的大齿轮以及所啮合的小齿轮都会随之转动，小齿轮又带动指针偏转。利用指针偏转的方向与角度即可得到汽车是做加速运动还是做减速运动以及速度变化的强度。

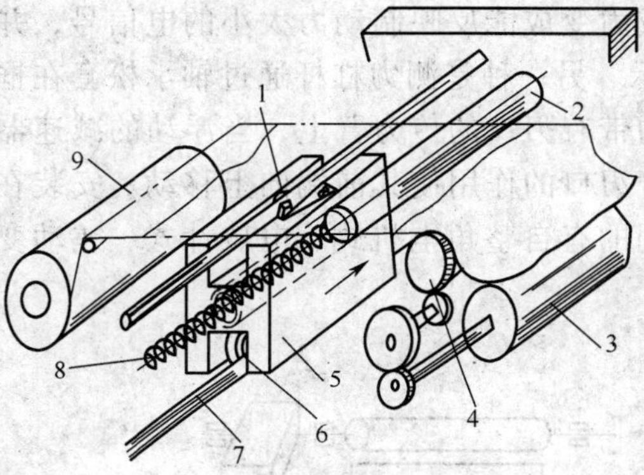

图 2-39　滑块式制动减速度仪结构示意图

1—记录触针；2—空气阻尼器；3—微电机；4—纸带传送机；5—滑块机构；6—滑轮；7—导轨；8—弹簧；9—记录纸。

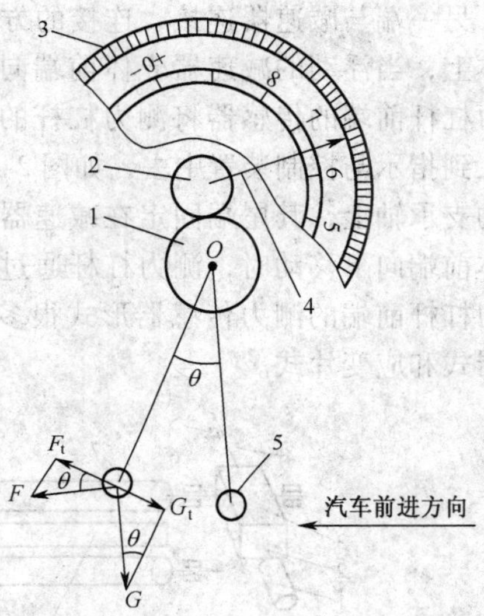

图 2-40　摆锤式制动减速度仪结构示意图

1—大齿轮；2—小齿轮；3—仪表盘；4—指针；5—金属摆。

若设摆锤质量为 m，所受重力为 G，在车辆做匀减速运动时，摆锤所受惯性力为一恒定值 F，G 与 F 二者沿“摆”运动的切向分力分别为 G_t 与 F_t，则摆锤将在 G_t 与 F_t 平衡时保持一个固定位置。根据力的平衡关系，得 $G\sin\theta = F\cos\theta$。由于 $G = mg$，$F = ma$，(其中 g 为重力加速度，a 为制动减速度)，因此可得到关系式

$$a = g\tan\theta \tag{2-34}$$

由此可见，制动减速度 a 与“摆”的偏斜角 θ 的正切成正比，因此只要测出“摆”的偏斜角 θ 与摆动方向，即可计算出制动减速度 a 的大小与方向。

2）台试法检测汽车制动性能设备

与路试法检测车辆制动性能相比，试验台检测制动性能具有迅速、经济、安全、不受外界自然条件限制以及试验重复性好和能定量地指示出各轮的制动力或制动距离等优点，因而已成为检测的发展方向，在国内外获得了广泛应用。

常用的台试法检测汽车制动性能设备主要有滚筒制动试验台和平板制动试验台。

(1) 滚筒制动试验台结构与检测原理。滚筒制动试验台主要由框架、滚筒装置、驱动装置、检测装置、第三滚筒装置以及指示与控制装置组成。

滚筒装置由两组滚筒组成，每组滚筒有一个主动滚筒和一个从动滚筒，每个滚筒两端通过轴承支承在框架上。为了使车轮与滚筒间的附着系数能接近于行驶路面的附着系

数，一般需要对滚筒表面进行喷砂或烧结处理。

驱动装置由电动机、减速器和传动链条等组成。电动机输出的动力经减速器两级减速副（蜗轮蜗杆副和圆柱齿轮副）减速增扭后驱动主动滚筒转动，从动滚筒则通过链条由主动滚筒带动旋转。减速器与主动滚筒共用同一轴，其壳体处于浮动状态，能绕滚筒轴转动。

检测装置由测力杠杆、测力传感器和测力弹簧等组成。测力杠杆一端与传感器连接，另一端与减速器连接，连接的方式有两种：一种是测力杠杆直接固定在减速器壳体上，当浮动的减速器壳体前端向下移动时，测力杠杆前端也向下移动，安装在测力杠杆前端的传感器将测力杠杆的移动或力变成能反映制动力大小的电信号，并送入到指示与控制装置中去，如图2-41所示。另一种是测力杠杆通过轴承松套在框架的支承轴上，其尾端固定在减速器壳体的带有刃口的传力臂上，当浮动的减速器壳体前端向下移动时，测力杠杆通过传力臂刃口的作用使其前端向上移动。安装在测力杠杆前端的测力传感器形式很多，常用的有自整角电机式、电位计式、差动变压器式和应变片式。

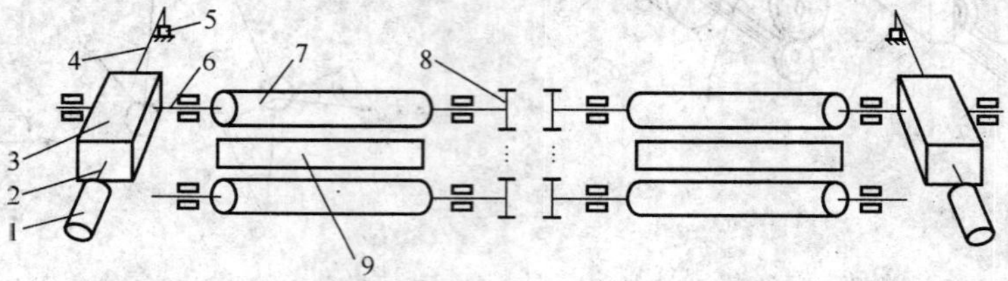

图2-41 反力式滚筒制动试验台的驱动与测量装置

1—电动机；2—输入轴；3—减速器；4—测力杠杆；5—应变传感器；6—输出轴；
7—滚筒；8—链传动；9—气动举升装置。

采用粗齿槽式滚筒时，由于滚筒直径小，前后滚筒的间距相对较大，车轮出入台架比较困难，因此在前后滚筒间设置了举升装置。由于黏砂式滚筒的滚筒直径较大，滚筒间距小且后滚筒比前滚筒高出40mm，车轮出入制动试验台比较容易，所以该类滚筒制动试验台大多取消了举升装置，而改装第三滚筒装置，如图2-42所示。

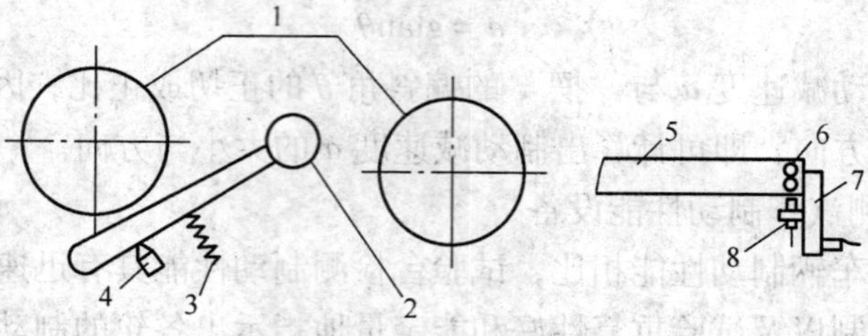

图2-42 第三滚筒装置

1—滚筒；2、5—第三滚筒；3—弹簧；4—行程开关；
6—脉冲信号孔；7—支臂；8—磁电式转速传感器。

第三滚筒装置安装在弹簧支撑的浮动臂上，它由第三滚筒、转速传感器、车轮到位行程开关、弹簧等组成。转速传感器装在第三滚筒的轴端，有磁电式、光电式等类型，它的测量转速范围较低。在第三滚筒的一端开有数个小孔，利用这些小孔使转速传感器产生脉冲信号，由测得的脉冲信号值和第三滚筒直径能准确地算出第三滚筒的转速。车轮到位行程开关输出开关量信号，用它来感知汽车是否驶上制动试验台。当车轮开上试验台时，第三滚筒被压下，靠弹簧的弹力紧压住车轮，同时行程开关被接通，在延时继电器的作用下，5s 后，左、右驱动装置相继被启动（相隔 3s）。滚筒带动车轮旋转，车轮通过摩擦作用又带动第三滚筒旋转，使第三滚筒和转动的车轮做同步旋转，可见，第三滚筒反映的是车轮转速。主、副滚筒的转速等于驱动装置的输出转速（是固定的），所以只要测出第三滚筒的转速，然后比较主、副滚筒与被测车轮的转速差，就可间接获知制动过程中各个瞬时车轮与滚筒间的滑移率。当滑移率达到一定值时，计算机就发出指令，控制电动机停转。

第三滚筒装置主要作用有：

①防止轮胎剥伤。在车轮制动后，若车轮与主、副滚筒间产生打滑，当滑移率达到 30% 时，能及时关闭电动机，防止轮胎剥伤，保护滚筒和驱动装置。图 2-43 为根据黏砂式滚筒试验台的试验数据绘制的制动力—滑移率的关系曲线，由图可见，当滑移率大于 30%，随着滑移率的增加，制动力变化并不大，但对轮胎和滚筒的磨损将加重，特别是滑移率达到 100% 时，轮胎完全抱死，轮胎的剥伤将非常严重，甚至会使轮胎橡胶产生剥落。

②具有汽车到位和启动电动机的开关作用。汽车进入试验台时，将第三滚筒压下，行程开关闭合，表示汽车到位，启动电动机，进入制动力测试状态。当车轮没压下第三滚筒（或驶离）时，电动机不能启动（或自动停机）。

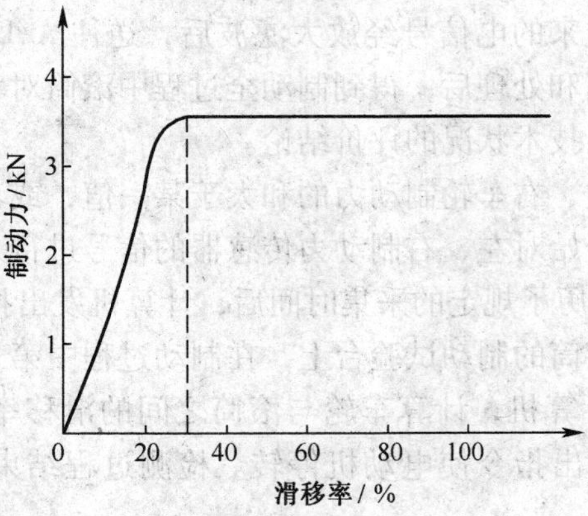

图 2-43　制动力—滑移率的关系曲线

指示与控制装置中的控制装置目前多采用微机式，它接收、处理来自测力传感器的信号并控制驱动滚筒转动的电动机动作。指示装置是将制动力检测装置传递来的信号显示出来，目前常用的显示方式是用数码管直接显示经微机采集处理的制动力具体数值和检测数据是否合格等信息。制动试验台微机式指示与控制装置结构如图 2-44 所示。

进行车轮制动力检测时，被检汽车驶上制动试验台，车轮置于滚筒上，变速器置空挡，压下第三滚筒，通过延时电路启动电动机，经减速器、链传动、滚筒驱动车轮低速旋转，当车速稳定后，检测员按照显示屏提示踩下制动踏板，此时车轮受到制动器摩擦力矩作用开始减速旋转，此时电动机驱动的滚筒对车轮轮胎周缘的切线方向作用制动

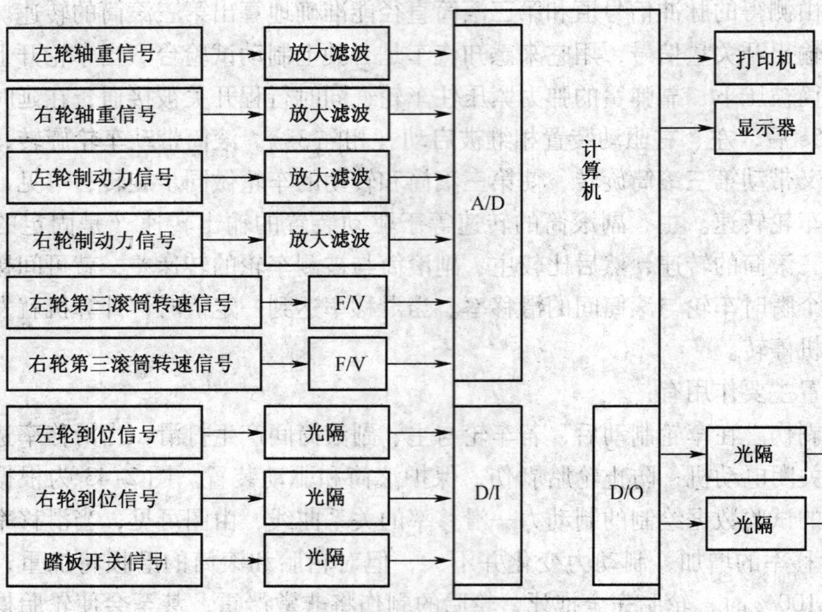

图 2-44 微机式指示与控制装置结构框图

力，用于克服制动器摩擦力矩，维持车轮继续旋转。与此同时，车轮轮胎对滚筒表面切线方向产生一个与制动力等值反向的反作用力，该反作用力使减速器壳体与测力杠杆一起朝滚筒转动相反方向摆动，测力杠杆一端的力经传感器转换成与制动力大小成比例的电信号。从测力传感器送来的电信号经放大滤波后，送往 A/D 转换器转换成相应数字量，经计算机采集、存储和处理后，得到制动全过程中滚筒对车轮制动力的过程变化曲线，从而给出汽车制动系技术状况的评价结论。

在制动过程中，当左、右车轮制动力的和大于某一值，或者是脚踏开关发出制动踏板踩下信号，计算机即开始对左、右制动力传感器的信号进行采样，采集过程所经历时间是一定的（如 3s）。经历了规定的采集时间后，计算机发出指令使电动机停转，以防止轮胎剥伤。在有第三滚筒的制动试验台上，在制动过程中第三滚筒的转速信号由传感器转变成电信号后输入计算机，计算车轮与滚筒之间的滑移率。当滑移率达到一定值（如 30%）时，计算机发出指令使电动机停转。检测过程结束，汽车即可驶出制动试验台。

滚筒制动试验台以汽车制动力、制动力平衡、制动协调时间、完全释放时间、阻滞力和制动踏板力等为测量参数，具有测试条件稳定、重复性好、技术成熟、结构简单、所需驱动功率小、设备制造及试验成本较低等优点，但该类型试验台无法测得制动器的最大制动力值。

（2）平板制动试验台结构与检测原理。平板制动试验台是凭借汽车在测试平板上的实际紧急制动过程来测定汽车前、后轮制动力的，它有单轮式、单轴式和双轴式三种类型。图 2-45 为意大利 VAMAG 公司的双轴平板制动试验台结构简图，该试验台主要由测试平板、传感器、控制和显示装置、过渡板及前、后引板组成。测试平板是制动力和轮重的承受与传递装置，其结构如图 2-46 所示。

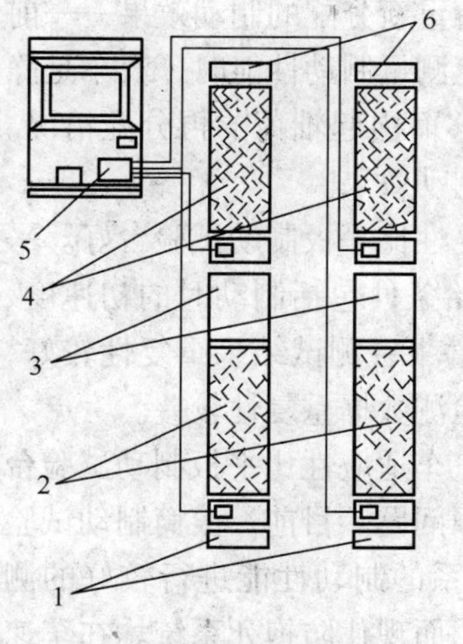

图2-45　双轴平板制动试验台
1—前引板；2—前测试平板；3—过渡板；4—后测试平板；5—控制和显示装置；6—后引板。

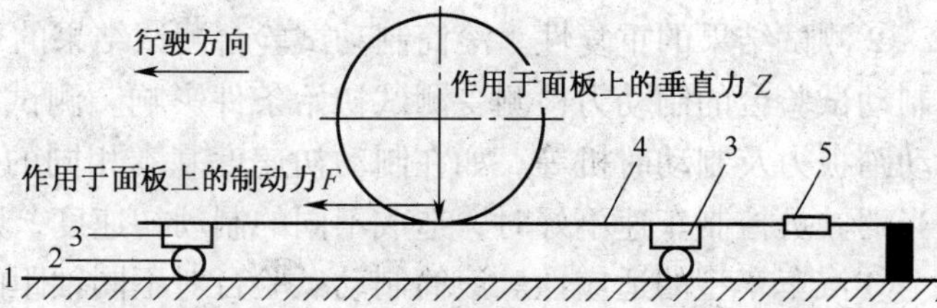

图2-46　制动—轴重—悬架测试平板结构示意图
1—底板；2—钢珠；3—压力传感器；4—面板；5—拉力传感器。

测试平板为长方形钢板，在每块平板的下表面四个角上均安置有压力传感器，用以检测被检车辆的轮重。压力传感器底部和底板处分别加工成可以放置钢珠的纵向V形沟槽，这样，测试平板既可以通过钢珠在底板上沿纵向移动，又可以通过钢珠将作用于平板上的垂直力传递到底板上。此外，移动平板还通过拉力传感器的纵向拉杆与底板连接。当汽车行驶到测试平板上进行制动时，这些压力传感器和拉力传感器就能同时测出每个车轮作用于测试平板上的制动力和垂直力，这些作用力的大小分别对应于传感器输出的电信号高低。

为提高平板表面的附着系数，一般在平板的面板上焊有网状钢板，试验表明其附着系数可达到1.1以上。

控制和显示装置包括数据采集系统、微机、键盘、打印机和显示器等。数据采集系统对平板检测中各路传感器的输出信号进行高速采样，并将其转换为数字信号，同时由计算机对这些数字信号进行处理计算，最终得出被检汽车的制动力、轴重等各类数据结果，并由显示器或显示屏显示汽车检测过程中的数据或曲线。当测试软件需要修改时，可以通过键盘进行测试软件的操作。显示器除用于显示检测结果外，还能显示系统检定时实时的系统输出数字量及对应物理量的示值。

(3) 两种制动试验台的比较。以往汽车检测站和维修厂大多采用滚筒制动试验台对汽车制动性能进行检测。由于平板制动试验台是多功能的复合型检验台，又具有操作简便、安装调试方便、节约电力、土建施工量少等优点，现在越来越受到汽车检测站和维修厂的欢迎，特别受汽车维修厂的青睐。

①测试状态的差异性。用平板制动试验台检测汽车制动性能时，汽车是动态的，具有与实际行驶制动完全相同的受力情况，它可反映制动时汽车的轴荷转移，即前轴荷增加、后轴荷减轻。汽车在路面（或制动平板）上制动，作用在汽车质心上的惯性使汽车质心前移，从而增大了地面（或平板）对前轮的法向反作用力，前轮的地面制动力也随着法向反作用力的增加而增加。由于轴荷前移，地面对后轮的法向反作用力减小，

后轮制动力也随之减小。这就能反映出汽车行驶制动时轴荷重新分配的制动效果——前轮制动效果因汽车惯性的作用而提高。在滚筒制动试验台上测量制动性能时，汽车是静止不动的，试验台滚筒转动，制动过程中没有出现质心前移而引起轴荷的再分配情况。因此，滚筒制动试验台不能检测出汽车实际行驶过程中的制动效果。

②测试结果的重复性。滚筒制动试验台测试结果的重复性比平板制动试验台好。平板制动试验台的制动力检测受测试初始条件影响。测试初始条件包括制动时的初速度、制动踏板力及制动时机等。如在制动初速度基本相同的条件下，测试结果重复性较好，但当驾驶员控制车速不好时，造成不同的制动初速度，则检测数据重复性较差。

③汽车车型的适应性。滚筒制动试验台对不同轴距的汽车适应性比平板制动试验台强。因为滚筒制动试验台是单车轴检测，所以不用考虑轴距问题。目前，滚筒制动试验台还无法对具有自动防抱死制动系统（ABS）的汽车制动系的制动性能进行较好的测试，这是因为试验台的测试车速较低，一般不超过5km/h，而现代防抱死系统均在车速10km/h～20km/h以上才起作用，所以用滚筒制动试验台检测车轮制动力时，汽车的防抱死系统不起作用，只能相当于对普通的液压制动系统的检测过程。

平板制动试验台可同时动态测量前后轴四个车轮的制动力变化过程。由于需要考虑汽车轴距与前后两组测试平板间距离的匹配问题，平板制动试验台的适用车型较少。另外，测试货车后轴的制动性能不够理想，而且对汽车的车轮阻滞力以及多轴车无法进行测试。

④汽车行驶方向的影响。滚筒制动试验台在滚筒带动车轮转动时，车轮可自动对正，从而基本消除汽车行驶方向对制动力平衡数据的影响，而平板制动试验台无此功能，汽车行驶方向的偏斜对制动力平衡数据有一定的影响。

⑤轮胎直径的影响。滚筒制动试验台检测数据受轮胎直径影响，而平板制动试验台则不受其影响。

3. 汽车制动性能检测要求

1）路试法检测制动性能要求

（1）用制动距离检测行车制动性能要求。GB 7258—2012《机动车运行安全技术条件》中第7.10.2条规定：汽车在规定的初速度下的制动距离和制动稳定性要求应符合表2-13的规定。对空载检测的制动距离有质疑时，可用表2-13规定的满载检测制动距离的要求进行。

表2-13　制动距离和稳定性要求

机动车类型	制动初速度/（km/h）	满载检验制动距离要求/m	空载检验制动距离要求/m	试验通道宽度/m
三轮汽车	20	≤5.0		2.5
乘用车	50	≤20.0	≤19.0	2.5
总质量不大于3500kg的低速货车	30	≤9.0	≤8.0	2.5
其他总质量不大于3500kg的汽车	50	≤22.0	≤21.0	2.5
其他汽车	30	≤10.0	≤9.0	3.0

其中制动稳定性要求是指制动过程中汽车的任何部位（不计入车辆的部位之外）不允许超出规定宽度的试验通道的边缘线。

进行制动性能检验时的制动踏板力或制动气压应符合以下要求：

①满载检验时：

气压制动系：气压表的指示气压≤额定工作气压；

液压制动系：踏板力，乘用车≤500N；其他机动车≤700N。

②空载检验时：

气压制动系：气压表的指示气压≤600kPa；

液压制动系：踏板力，乘用车≤400N；其他机动车≤450N。

（2）用充分发出的平均减速度检测行车制动性能要求。GB 7258—2012《机动车运行安全技术条件》中第7.10.2条规定：汽车在规定的初速度下急踩制动时充分发出的平均减速度及制动稳定性要求应符合表2-14的规定，且制动协调时间对液压制动的汽车应不大于0.35s，对气压制动的汽车应不大于0.6s，对汽车列车、铰接客车和铰接式无轨电车应不大于0.8s。对空载检测的充分发出的平均减速度有质疑时，可用表2-14规定的满载检测充分发出的平均减速度进行。

其中制动协调时间是指在急踩制动时，从脚接触制动踏板（或手触动制动手柄）时起至机动车减速度（或制动力）达到表2-14规定的机动车充分发出的平均减速度的75%时所需的时间。对于单车制动协调时间应不大于0.6s，对于列车制动协调时间应不大于0.8s。

（3）应急制动性能检测要求。GB 7258—2012《机动车运行安全技术条件》中第7.10.3条规定：汽车（三轮汽车除外）在空载和满载状态下，按表2-15所列初速度进行应急制动性能检测，应急制动性能应符合表2-15的要求。

表2-14　制动减速度和稳定性要求

机动车类型	制动初速度/（km/h）	满载检验充分发出的平均减速度/（m/s^2）	空载检验充分发出的平均减速度/（m/s^2）	试验通道宽度/m
三轮汽车	20	≥3.8		2.5
乘用车	50	≥5.9	≥6.2	2.5
总质量不大于3500kg的低速货车	30	≥5.2	≥5.6	2.5
其他总质量不大于3500kg的汽车	50	≥5.4	≥5.8	2.5
其他汽车	30	≥5.0	≥5.4	3.0

表2-15　应急制动性能要求

机动车类型	制动初速度/（km/h）	制动距离要求/m	充分发出的平均减速度/（m/s^2）	允许操纵力不应大于/N	
				手操纵	脚操纵
乘用车	50	≤38.0	≥2.9	400	500
客车	30	≤18.0	≥2.5	600	700
其他汽车（三轮汽车除外）	30	≤20.0	≥2.2	600	700

（4）驻车制动性能检测要求。GB 7258—2012《机动车运行安全技术条件》中第7.10.4条规定：在空载状态下，驻车制动装置应能保证机动车在坡度为20%（对总质量为整备质量1.2倍以下的机动车为15%）、轮胎与路面间的附着系数不小于0.7的坡道上正、反两个方向保持固定不动，其时间不应少于5min。对于允许挂接挂车的汽车，其驻车制动装置必须能使汽车列车在满载状态下能停在坡度为12%的坡道（坡道上轮胎与路面间的附着系数不应小于0.7）上。

2）台试法检测制动性能要求

（1）车辆在制动试验台上测出的制动力要求。车辆在制动试验台上测出的制动力应符合表2-16的要求，对空载检测制动力有质疑时，可用表2-16规定的满载检测制动力要求进行检测。空载和满载状态下测试均应满足此要求。

表2-16 台试法检测制动力要求

机动车类型	制动力总和与整车重量的百分比（%）		轴制动力与轴荷①的百分比（%）	
	空载	满载	前轴	后轴
三轮汽车	—		—	≥60②
乘用车、其他总质量不大于3500kg的汽车	≥60	≥50	≥60②	≥20②
其他汽车	≥60	≥50	≥60②	50③

注：①用平板制动试验台检验乘用车时应按左右轮制动力最大时刻所分别对应的左右轮动态轮荷之和计算；②空载和满载状态下测试均应满足此要求；③满载测试时后轴制动力百分比不做要求；空载用平板制动检验台检验时应大于等于35%；总质量大于3500kg的客车，空载用反力滚筒式制动试验台测试时应大于等于40%，用平板制动检验台检验时应大于等于30%。

（2）制动力平衡要求（两轮、边三轮摩托车和轻便摩托车除外）。在制动力增长全过程中同时测得的左右轮制动力差的最大值与全过程中测得的该轴左右轮最大制动力中大者之比，对前轴不应大于：新注册车为20%，在用车为24%；对后轴（及其他轴）在轴制动力不小于该轴轴荷的60%时，不应大于：新注册车为24%，在用车为30%；当后轴（及其他轴）制动力小于该轴轴荷的60%时，在制动力增长全过程中同时测得的左右轮制动力差的最大值不应大于该轴轴荷的：新注册车为8%，在用车为10%。

汽车的制动协调时间，对液压制动的汽车不应大于0.35s；对气压制动的汽车不应大于0.6s；汽车列车和铰接客车、铰接式无轨电车的制动协调时间不应大于0.8s。

汽车车轮阻滞力要求：进行制动力检验时，汽车各车轮的阻滞力均不应大于轮荷的10%。

（3）驻车制动的制动力要求。当采用制动试验台检测驻车制动的制动力时，车辆空载，乘坐一名驾驶员，使用驻车制动装置，驻车制动力的总和应不小于该车在测试状态下整车质量的20%（对总质量为整备质量1.2倍以下的车辆为不小于15%）。

4. 检测方法

根据GB 7258—2012《机动车运行安全技术条件》的要求，可用路试和台试两种方法，通过检测汽车的制动距离、制动减速度、制动力来评价汽车的制动性能。制动力、制动距离和制动减速度三个指标中只要其中之一符合要求，即判为合格。

1）路试法检测汽车制动性能方法

（1）用五轮仪检测汽车制动性能方法。

①试验车辆要求。试验时，车辆应按照规定调整好轮胎气压，胎压偏差不超过±10kPa；花纹深度不少于原深度的 20%，按照规定的要求进行装载，满载测量时，所装货物应均匀地置于车厢内，不能超高、超宽、超长、超重，不应因装置影响汽车的质心位置。试验中货物不能移动，质量不能有损失。

车辆的制动气压或制动踏板力要符合 GB 7258—2012《机动车运行安全技术条件》的规定，试验车辆的其他技术条件均应符合 GB/T 12534—1990《汽车道路试验方法通则》的要求。

②检测条件。道路试验检测制动性能应在平坦（坡度应≤1%）、干燥和清洁的硬路面（轮胎与路面之间的附着系数≥0.7）上进行。若在坡道上进行驻车制动性能检测，要求坡道为20%（总质量为整备质量1.2倍以下的车辆为15%）、轮胎与路面间的附着系数≥0.7。

③检测方法。

a. 预热汽车至正常工作状态。

b. 将传感器部分紧固在汽车侧面或尾部车身上，将记录仪前端对准汽车前进方向固定在驾驶室或车厢内，并用导线将两者可靠连接起来。将脚踏开关安装连接好，并利用蓄电池向记录仪供电。

c. 打开记录仪电源开关，预热至规定时间后，按照说明书要求检查、自校仪器。

d. 检测制动距离前，须将与制动有关的旋钮、开关或按键打到规定位置，并预选制动初速度。

e. 检测制动距离时，按照国标规定的检测要求进行检测，驾驶员根据记录仪指示的瞬时车速或音响的提示，至设定初速度时，用力踩下制动踏板直至汽车停止为止（制动时的踏板力或制动气压应符合规定要求），读取并打印检测结果。

f. 按下记录仪面板上的“重试”或“复位”键后，再在同一检测路段进行一次反向检测，取两次检测的制动距离及其他参数的平均值作为该车制动性能的最终检测结果。

g. 检测结束后，关闭仪器电源，拆下电源线、导线和脚踏开关，并从车身拆下传感器部分。

（2）用制动减速度仪检测汽车制动性能方法。当用制动减速度仪检测汽车制动性能时，以检测制动减速度和制动时间为主。

①试验条件。路试法检测制动减速度的试验条件与路试法检测制动距离相同，不同点是用制动减速度仪测量车辆的 MFDD（充分发出的平均减速度）。

②检测方法。

a. 预热汽车至正常工作状态。

b. 将制动减速度仪或传感器部分置于驾驶室或车厢内，使其前端对准汽车前进方向并调整为水平状态，将脚踏开关安装连接好，并利用蓄电池向记录仪供电。

c. 打开记录仪电源开关，预热至规定时间后，按照说明书要求检查、自校仪器。

d. 若需车型选择，应按被检车辆的座位数或吨位数按下相应选择键。

e. 检测制动减速度前，须预选制动初速度。

f. 检测制动减速度时，按照国标规定的检测要求进行检测，当车速达到设定制动初速度时，用力踩下制动踏板直至停车（制动时的踏板力或制动气压应符合规定要求），读取并打印检测结果。

g. 按下“复位”键后，再在同一检测路段进行一次反向检测，取两次检测的制动减速度及其他参数的平均值作为该车制动性能的最终检测结果。

h. 检测结束后，关闭仪器电源，拆下电源线、导线和脚踏开关等。

2）台试法检测汽车制动性能方法

（1）用滚筒制动试验台检测汽车制动性能方法。

①检测步骤。检测前，应熟悉试验台操作规程，清洁被检车辆轮胎胎面，检查轮胎气压，使之符合厂方规定要求，核实各轴轴荷，防止超载检测。具体检测步骤为：

a. 接通试验台测试系统电源，按说明书要求预热至规定时间。

b. 被检车辆沿纵向中心线驶上试验台，使待检车轴车轮停在举升器托板上。

c. 将变速器置空挡，放松行车制动、驻车制动，将脚踏开关套在制动踏板上。

d. 降下举升器，使轮胎与举升器托板完全脱离。

e. 启动电动机，使滚筒带动车轮转动，待转速稳定后，读取车轮阻滞力数值。

f. 将制动踏板踩到底，待检测数据稳定后，读取最大制动力数值。一般试验台在1.5s～3.0s后或第三滚筒发出车轮即将抱死的信号后滚筒自动停转。

g. 升起举升器，驶出已测车轴，按同样的方法进行其他车轴的检测。

h. 所有车轴的制动性能检测结束后，升起举升器托板，汽车驶离试验台，同时切断试验台电源。

②检测参数有关计算方法。以双轴车辆为例说明，汽车制动性能的检测内容主要包括：前轴左、右轮最大制动力，制动力平衡差，车轮阻滞力；后轴左、右轮最大制动力，制动力平衡差，车轮阻滞力；整车制动力；驻车制动力。图2-47为制动力检测界面简图，图2-48为实际测得的制动力随时间的变化曲线。这些检测参数的有关计算方法说明如下。

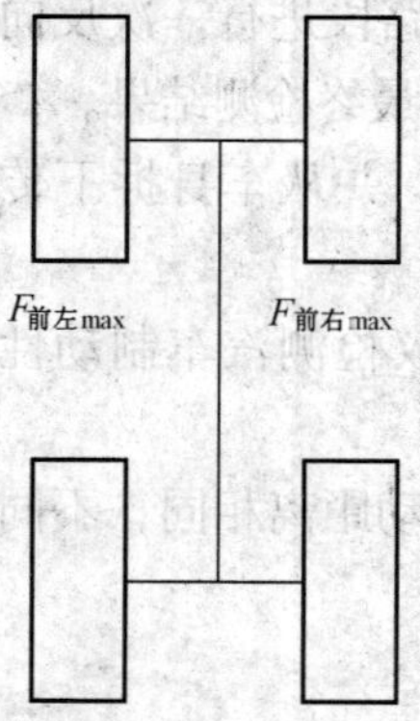

图2-47 制动力检测界面简图

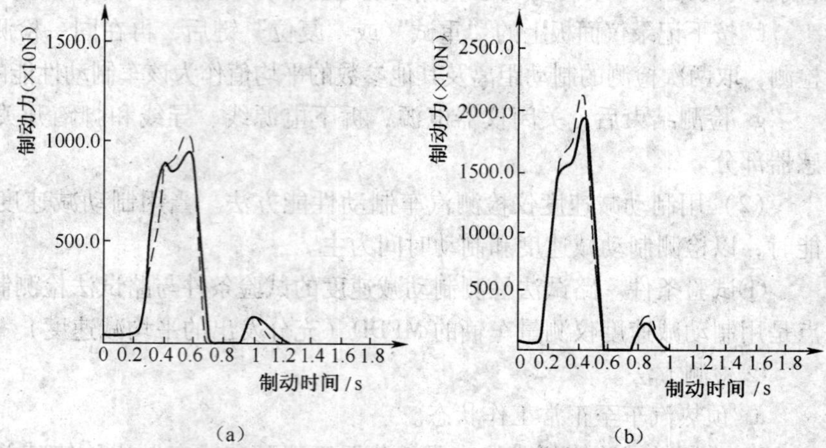

图2-48 实际测得的制动力随时间的变化曲线（实线为左轮，虚线为右轮）

（a）前轴制动力变化曲线；（b）后轴制动力变化曲线。

$$前轴制动力和/轴荷=\frac{F_{前左max}+F_{前右max}}{前轴轴荷}\times 100\%$$

$$前轴左右轮制动力平衡差=\frac{\Delta F_{max}}{\max\ (F_{前左max},\ F_{前右max})}\times 100\%$$

$$前轴车轮阻滞力/轴荷=\frac{左轮或右轮各自测得的阻滞力}{前轴轴荷}\times 100\%$$

$$后轴左右轮制动力平衡差=\begin{cases}\dfrac{\Delta F_{max}}{\max\ (F_{后左max},\ F_{后右max})}\times 100\% & 当\dfrac{F_{后左max}+F_{后右max}}{后轴轴荷}\geqslant 60\% \\ \dfrac{\Delta F_{max}}{后轴轴荷}\times 100\% & 当\dfrac{F_{后左max}+F_{后右max}}{后轴轴荷}<60\%\end{cases}$$

$$后轴车轮阻滞力/轴荷=\frac{左轮或右轮各自测得的阻滞力}{后轴轴荷}\times 100\%$$

$$驻车制动力和/整车重量=\frac{驻车左轮制动力+驻车右轮制动力}{前轴轴荷+后轴轴荷}\times 100\%$$

$$整车制动力和/整车重量=\frac{F_{前左max}+F_{前右max}+F_{后左max}+F_{后右max}}{整车重量}\times 100\%$$

其中，ΔF_{max}为前轴或后轴的左轮与右轮在制动力增长过程的最大差值；$F_{前左max}$与$F_{前右max}$和$F_{后左max}$与$F_{后右max}$分别为制动力增长过程中前轴和后轴的左、右轮测得的最大制动力。

（2）用平板制动试验台检测汽车制动性能方法。

不同类型的平板制动试验台，其检测方法会有所区别，检测时，需按使用说明书的规定进行。这里给出平板制动试验台的一般操作规程。

对于每次检测单轴的平板制动试验台一般操作规程为：

①打开试验台电源，检查并清洁制动试验台平板表面。

②核实汽车各轴轴荷（不允许超过试验台额定轴荷的车辆上台检测），检查汽车轮胎是否沾有泥、水、砂、石等杂物，若有应予以清除；同时还应检查汽车轮胎气压是否符合要求，不符合规定要求时应进行调整。

③将踏板力计装在被检汽车的制动踏板上，使被检汽车正对测试平板，并在距离测试平板 5m ~ 8m 处停稳。

④当看到检测信号后，启动车辆并以 5km/h ~ 10km/h 的速度驶上测试平板，将变速器置于空挡；当看到制动信号灯亮时，立即踩下制动踏板。

⑤停车 3s 后，看到检测信号亮时，再次启动行驶；当看到制动信号灯亮时，立即踩下制动踏板。

⑥停车 3s 后，看到检测信号再次亮时，车辆再次向前行驶；当再次看到制动信号灯亮时，立即拉紧驻车制动；停车 3s 后，根据引导屏的提示将汽车驶离试验台。

⑦检测结束后，及时切断试验台电源。

对于每次可检测双轴的平板制动试验台一般操作规程为：

步骤① ~ ④同每次检测单轴的平板制动试验台操作规程。

⑤停车 3s 后，看到检测信号亮时，再次启动行驶；当再次看到制动信号灯亮时，立即拉紧驻车制动，停车 3s 后，根据引导屏的提示将汽车驶离试验台。

⑥检测结束后，及时切断试验台电源。

在操纵车辆进行检测的同时，数据采集系统通过各传感器采集制动过程中的全部数据，并经微机分析处理，在显示器上以数字、图形、曲线等形式显示检测结果，如图

2-49 所示，最后可用打印机将检测结果打印出来。

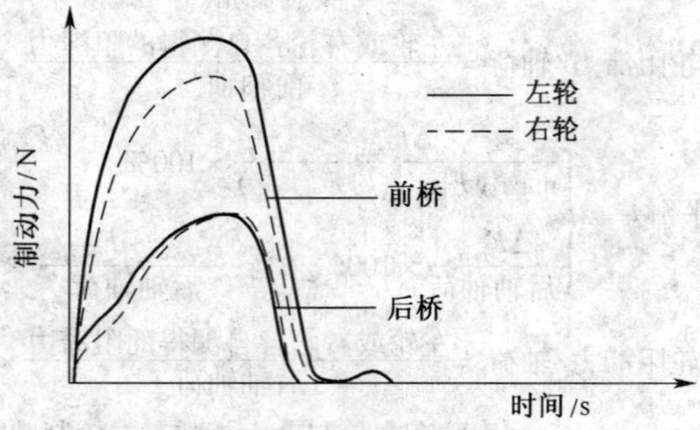

图 2-49 检测过程中制动力随时间的变化曲线

5. 影响汽车制动性能检测的因素分析

1）滚筒制动试验台对制动性能检测的影响

滚筒制动试验台的台架结构、踩压制动踏板速度以及轮胎技术状况对车辆制动性能的检测具有很大的影响，具体分析情况如下。

（1）试验台台架结构的影响。

①滚筒表面材质和形状的影响。滚筒与车轮之间的附着系数将直接影响制动力的检测结果，附着系数的大小主要取决于滚筒表面的材质和形状。为使滚筒表面与轮胎之间的附着系数与实际路面的附着系数相接近，一般要在滚筒表面进行特殊处理。

对于欧式的大直径粘砂滚筒在测试时的情况如图 2-50 所示。车轮制动时，在主动滚筒转动作用下，滚筒对胎面橡胶的作用力使轮胎 A 区橡胶拉伸，而使 B 区的橡胶压缩，并随离开接触点 C 的距离增大，逐渐释放能量而恢复。由于滚筒表面较平整，因此拉伸与压缩的变形以及变形的恢复是连续的，影响附着系数变化的随机因素较少，因此这种滚筒测试的制动力数值比较平稳。

②滚筒直径的影响。滚筒直径决定了车轮与滚筒的接触状况。滚筒直径大时，滚筒的曲率半径大，有利于改善与车轮之间的附着情况，车轮在滚筒上的运转接近在道路上行驶的状况。同时滚筒直径的增大，也有利于增加测试车速，从而使检测过程更接近实际制动状况。因此，从测试效果来说，大直径滚筒比小直径滚筒更具优势。但是随着滚筒直径的增大，两滚筒间中心距、驱动电机的功率一般也需相应增大，只有这样才能保证合适的安置角和转速，这就导致了试验台结构尺寸和制造成本的相应增大。

③车轮安置角的影响。安置角是指车轮与滚筒接触点切线方向与水平方向的夹角。图 2-51 中所示的角 α 即为车轮在滚筒上的安置角。

当前、后滚筒放置在同一水平线上时，车轮的安置角 α 可由式（2-35）计算出来：

$$\alpha = \arcsin \frac{L}{D + d} \tag{2-35}$$

式中 L——前、后滚筒中心距（m）；

D——车轮直径（m）；

d——制动台滚筒直径（m）。

从图 2-51 中可以看出，车轮对前、后滚筒施加的制动力的大小分别与前、后滚筒对车轮施加的作用力 F_1、F_2 相等。

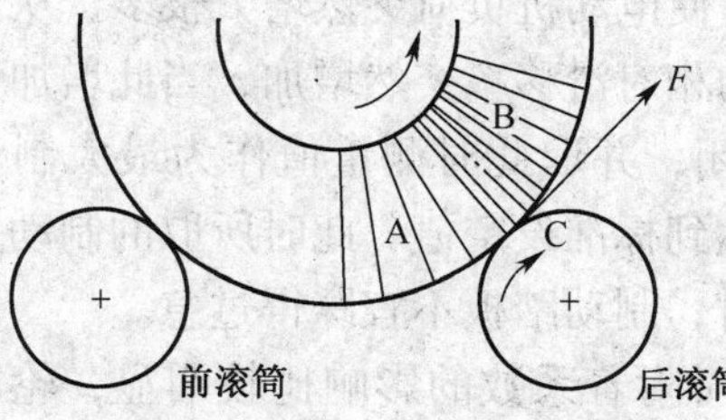

图 2-50　车轮在粘砂滚筒上的受力示意图

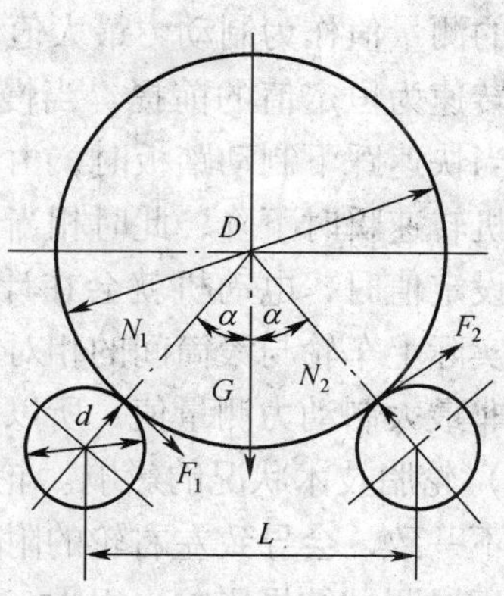

图 2-51　车轮安置角示意图

由于
$$N_1\cos\alpha + N_2\cos\alpha = G \tag{2-36}$$
$$F_1 = N_1 f \tag{2-37}$$
$$F_2 = N_2 f \tag{2-38}$$
因此
$$F_1 + F_2 = \frac{Gf}{\cos\alpha} \tag{2-39}$$

由上面的分析可知，安置角 α 对于制动力的检测具有直接影响。若增大安置角 α，制动台所能测得的制动力（$F_1 + F_2$）也随之增大，反之亦然。由式（2-35）可知，安置角 α 与车轮直径、试验台滚筒直径、滚筒中心距有关。

对于同一试验台，若其滚筒直径和滚筒中心距均固定不变，车轮直径越小，则安置角越大，反之亦然。则该试验台在检测车辆时，大车与小车因车轮直径的差异就会使各自的安置角存在较大差异，从而导致制动力检测的偏差。为了避免试验台因车轮直径不同而产生的测量偏差，部分试验台采用了滚筒中心距可调的办法，即在检测大车时将滚筒中心距调大，检测小车时将滚筒中心距调小，从而使得同一试验台在检测不同车型的车辆时，均可保证其安置角基本一致。

④前后滚筒高度差和地面拉毛的影响。在实际检测过程中，测试车轮经常有向后移动的倾向，甚至被拖出试验台。通常用给非测试车轮后加三角垫块的方法来阻止车辆后移，但这种方法既不安全又不方便。为了有效解决这一问题，常采用两种方法：一种是将后滚筒的安装位置提高，改变车轮与前后滚筒的安置角，增加附着系数；另一种是将试验台前后的地面拉毛或采用特制的粗糙地面，从而增加非测试车轮在制动过程中对测试车轮的水平作用力，从而阻止测试车轮后移。

⑤测量机构、显示装置对检测精度的影响。滚筒制动试验台的测试精度，取决于其机械构造性能、测力系统及测试参数的范围。不同的生产厂家其结构尺寸、所用敏感元件和传递单元等组成的测力系统亦不相同，其测试精度也不相同，进而导致测量结果误差有所差异，置信度也不尽相同。实际上，对制动试验台的检定结果也可证明这一点。这就是为什么同一辆车在不同的制动检验台上检测制动力，其检测结果不一样的原因。

（2）制动踏板踩压速度的影响。带有第三滚筒的制动试验台，制动力最大值取相对滑移率为 15% ~20% 时测量值。当第三滚筒转速与驱动滚筒转速之比值满足车轮轮胎与驱动滚筒间相对滑移率设定值（15%～20%）时，电动机自动关闭，制动试验台取此时的测量值作为制动力最大值。在此，第三滚筒与驱动滚筒的转速之比是基于驱动滚筒的转速为恒定值的前提。当慢慢踩下制动踏板，制动力慢慢增加，电动机转速恒定；但当快速踩下制动踏板时，由于制动力猛增，使电动机负荷突然增大很多，从而导致电动机转速瞬时下降，此时相当于车轮与滚筒的相对滑移率突然增加，当此增加值超过标准设定值时，电动机就会在计算机控制下关闭，并取此时测量值作为最大制动力值，而实际上车轮与滚筒间的相对滑移率还远未达到标准设定值。此时所取的制动力测量值并非最大制动力测量值，所以在测量制动力时，制动踏板不宜踩得过急。

（3）轮胎技术状况的影响。轮胎表面的磨损对附着系数的影响比较明显，轮胎表面磨损不一致，会导致左右轮的附着系数和半径产生差异，影响左右轮的制动力平衡。轮胎气压对测试结果影响也很大，轮胎的充气压力过高会降低轮胎表面的附着系数，同时由于车轮半径增大，制动力会相对减少。特别是承受较大载荷时，左右轮胎气压不一致带来的问题与轮胎表面磨损程度相似。在实际检测过程中，常采用减少气压的方法来增加附着力，获得较好的检测结果，但往往会导致阻滞力过大。

2）平板制动试验台对制动性能检测的影响

（1）汽车行驶方向的影响。平板制动试验台所检测到的制动力是汽车车轮制动时在平板上的纵向分力，当汽车直线行驶（与测试平板平行）时，车轮与平板的制动力对平板没有横向作用力，只有纵向力，即纵向力就是车轮与平板间的制动力；若汽车在制动时与测试板的纵向轴线有一定夹角，那么车轮与平板间的制动力将分解成两部分：一部分是横向力；另一部分才是纵向力，此时所测的制动力只是车轮与平板之间制动力的一部分，而不是制动力的真实值。因此，测量时，应尽量使被测车辆沿平板制动试验台的纵向轴线驶上平板制动试验台。

（2）汽车载荷的影响。车轮在平板上的最大制动力与车轮对平板的正压力及车轮与平板间的附着系数有关，在附着系数一定情况下，车轮与平板间的制动力就只与车轮对平板的正压力即车轮质量有关。当车轮左右载荷不一致时，就会导致左右轮制动力也不一致，原本左右轮制动力差合格的车辆，可能由于左右轮载荷的变化而使左右轮制动力差出现不合格现象。因此，用平板制动试验台检测制动力时，应注意左右载荷的一致性。若左侧驾驶员位置乘坐一名驾驶员，也应在右侧副驾驶位置乘坐一人或是配以等重的物体。

（3）测试车速的影响。在平板制动试验台上检测制动力时，必须使车辆以一定的车速行驶，然后施加制动，只有这样才能测出制动过程中的全部参数。显然车速较高时能够测出所有制动参数，但车速太高，会在制动过程中发生车辆跑出测试平板的现象。为了保证制动时车辆不驶出测试板，希望测试车速越低越好，然而车速太低，有可能测不出全部的制动参数。由理论分析可知，无论哪种车型完成全部制动过程，速度的变化值最大为4.14km/h，即在初速度4.14km/h下进行制动力测试，就能保证取得制动过程中的全部参数。为了满足不同的车况要求，取初速度值为5km/h即可。因此，国标中规定在平板制动试验台检测制动时，车速为5km/h～10km/h。

3）滚筒与平板制动试验台测试对比分析

假设某汽车总轴轴荷 $G=9800\text{N}$（空载），静态前轴轴荷 $G_F=5390\text{N}$，后轴轴荷

$G_R = 4410N$。紧急制动时前轴动态轴荷 $G'_F = 7350N$，后轴动态轴荷 $G'_R = 2450N$（制动情况如图 2-52 所示）。紧急制动时前制动力 $F_{BF} = 5880N$，后制动力 $F_{BR} = 1960N$，总制动力 $F_B = 7840N$。

该车在平板试验台上（假设试验台板面与车轮间的附着系数 $\Phi = 0.8$）测试时将有：

前制动力/前轴动态轴荷：$F_{BF}/G'_F = 5880/7350 = 80\%$

后制动力/后轴动态轴荷：$F_{BR}/G'_R = 1960/2450 = 80\%$

总制动力/总轴轴荷：$F_B/G = 7840/9800 = 80\%$

可见，该车制动时能够充分利用前后轴的动态轴荷，制动性能极好。

在滚筒试验台上测试时，测试结果将会有很大不同。

设试验台滚筒与车轮之间的附着系数 Φ 仍为 0.8。此时可能测到的前制动力最大值为（假设前轮已抱死）$F_{BF} = G_F\Phi = 5390 \times 0.8 = 4312N$

可见比实际前制动力 5880N 小了很多。

事实上，前轴实际制动力/静态前轴轴荷已经是 5880/5390 = 119%。滚筒制动试验台测不到比轴荷还大的制动力，除非给汽车加上额外的载荷。

此时后制动力仍测得为 $F_{BR} = 1960N$，因为此制动力不大，滚筒制动试验台可以测准。

总制动力 $F_B = 4312 + 1960 = 6272N$

总制动力/总轴轴荷为 $F_B/G = 6272/9800 = 64\%$

可见，汽车制动性能在不同试验台上检测时，结果可能存在较大差别。

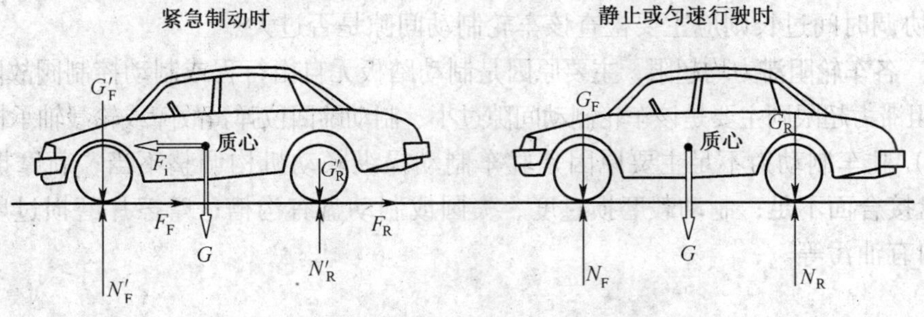

图 2-52　汽车匀速行驶和紧急制动时的受力情况

6. 汽车制动性能检测结果分析

在制动试验台上检测汽车制动性能时，制动系常见故障形式有制动力不足、同轴左右轮制动力差值过大、制动协调时间过长和车轮阻滞力过大等。

1）液压制动系

（1）各车轮制动力均偏低，主要原因为制动踏板自由行程太大、制动液中有空气或变质、制动主缸故障、增压器或助力器效能不佳或失效。

（2）个别车轮制动力偏小，主要原因是该车轮制动器故障，若同一制动回路两车轮制动力均偏小，则应检查该制动回路中有无空气或不密封处。

（3）同轴左右轮制动力最大值差值过大故障原因同上；若在制动力上升阶段左右

轮差值过大应检查制动间隙是否适当，若在制动释放阶段左右轮差值过大，则应检查制动轮缸及制动蹄回位弹簧。

（4）各车轮制动协调时间过长应主要检查制动踏板自由行程是否过大；若个别车轮制动协调时间过长，则主要检查该车轮制动间隙是否过大；若同一制动回路两车轮制动协调时间过长则可能是该制动回路中有空气。

（5）各车轮阻滞力都超限主要原因是制动主缸故障或制动踏板无自由行程；若个别车轮阻滞力超限则主要是由于该车轮制动间隙过小、制动轮缸故障、制动蹄回位弹簧故障或轮毂轴承松旷引起的。

（6）驻车制动力不足主要原因是制动毂磨损过度、失圆或制动盘有沟槽；摩擦片磨损过度；新摩擦片与制动毂/盘接合面不足；制动毂/盘内有油污；驻车制动操纵联动机构调整不当等。

2）气压制动系

（1）各车轮制动力均偏低，主要原因是制动踏板自由行程太大、储气筒气压太低或制动阀故障。

（2）个别车轮制动力偏低，主要原因是该车轮制动间隙过大或制动器故障。若同一制动回路两车轮制动力偏低，主要原因是制动管路漏气或某一制动气室膜片破裂。

（3）同轴左右轮制动力最大值差值过大故障原因同上；若在制动力上升阶段左右轮差值过大则应检查制动间隙是否适当；若在制动释放阶段左右轮差值过大，则可能是制动蹄或制动气室回位弹簧故障。

（4）各车轮制动协调时间过长应主要检查制动踏板自由行程是否过大；若个别车轮制动协调时间过长则应主要检查该车轮制动间隙是否过大。

（5）各车轮阻滞力均超限，主要原因是制动踏板无自由行程或制动控制阀故障；若个别车轮阻滞力超限则主要是该车轮制动间隙过小、制动蹄回位弹簧故障或轮毂轴承松旷。

（6）驻车制动力不足主要原因是驻车制动操纵联动机构调整不当；新摩擦片与制动毂/盘接合面不足；制动毂磨损过度、失圆或制动盘有沟槽；摩擦片磨损过度；制动毂/盘内有油污等。

2.2.4 汽车排气污染物检测

汽车排气污染物主要有一氧化碳（CO）、碳氢化合物（HC）、氮氧化物（NO_x）、颗粒物（PM）、二氧化硫（SO_2）、二氧化碳（CO_2）等。其中 CO、HC、NO_x 是主要的污染物，这些物质都在不同程度上对环境和人体健康构成一定的损害。

CO 是一种无色、无味、无臭、无刺激的有毒气体，是空气不足或其他原因造成燃料不完全燃烧的产物。CO 吸入人体后，非常容易和血液中的血红蛋白结合，它的亲和力是氧的 300 倍。因此，肺里的血红蛋白不与氧结合而与 CO 结合，致使人体缺氧，引起头痛、头晕、呕吐等症状，严重时会致人死亡。

大气中的 HC 主要来源于汽车排气管排气中。当发动机内的部分燃油以及进入燃烧室的少量润滑油没有燃烧或燃烧不完全时，就会以 HC 的形式排出。HC 对人体健康有着直接的影响。在排出的 HC 中，不饱和烃有很大的危害性，例如，苯是无色气体，但有特殊气味，可引起食欲不振、体重减轻、头晕、呕吐、失眠、黏膜出血等症状，也可引起血液变化，出现贫血，还可导致白血病。在排出的 HC 中的多环芳香烃，即苯并芘及硝基烯，是一种较强的致癌物。HC 成分还是引起光化学烟雾的重要物质。

大气中的含氮化合物有 NO、NO_2、N_2O_3、N_2O_5 等，总称为 NO_x。造成空气污染的氮氧化物主要是一氧化氮（NO）和二氧化氮（NO_2）。NO_x 是发动机大负荷工作时大量产生的一种褐色的有臭味的废气。发动机废气刚一排出时，废气内存在的 NO 毒性较小，但 NO 很快会氧化成毒性较大的 NO_2 等其他氮氧化合物。NO_2 是一种棕红色强刺激性的有毒气体，具有腐蚀性和生理刺激作用，同时又是形成光化学烟雾的主要物质。

NO_x 与 HC 受阳光中紫外线照射后会发生化学反应，形成光化学烟雾。当光化学烟雾中的光化学氧化剂超过一定浓度时，将具有明显的刺激性，它能刺激眼结膜，引起流泪并导致红眼症，同时对鼻、咽、喉等均有刺激作用，能引起急性喘息症。光化学烟雾还具有损害植物、降低大气能见度、损坏橡胶制品等危害。

颗粒物（PM）是指在温度不超过 298K（25℃）的稀释排气中，由规定的过滤介质收集到的所有物质。燃烧过程中排出的颗粒物中大部分是固态碳，火焰中形成的固体碳粒子称为碳黑。颗粒物中除碳黑外，还有碳氢化合物、硫化物和含金属成分的灰分等，含金属成分的颗粒物主要来自于燃料中的抗爆剂、润滑油添加剂以及运动产生的磨屑等。颗粒对人体健康的危害与颗粒大小及其组成有关，颗粒越小，悬浮在空气中的时间越长，进入人体肺部及支气管中的比例就越大，危害也就越严重。近年来，细颗粒（PM_{10}、$PM_{2.5}$）对健康的影响越来越受关注，由于其表面通常吸附许多有机污染物、重金属元素和一些致癌物质，沉积到人的肺部会产生累积危害健康。由于柴油机排出的颗粒直径大都小于 0.3，而且数量比汽油机高出 30 倍～60 倍，成分更复杂，因而柴油机排出的颗粒危害更大。

汽车燃烧产物中的硫化物主要来自燃料中的硫元素和各种非活性含硫物质的燃烧。含硫燃料一旦燃烧，其中的硫就很容易与氧化物反应而生成硫化物。汽车排气中的硫化物主要由柴油机排出，以 SO_2 形式存在。SO_2 对人类健康有重要影响，它能刺激人的呼吸系统，尤以有肺部慢性病和心脏病的人最易受害，使呼吸道等疾病增多。

世界工业化进程引起的能源大量消耗，导致大气中的 CO_2 剧增，其中 30% 约来自汽车排气。CO_2 为无色、无毒气体，对人体无直接危害，但因其吸收红外热辐射而形成的温室效应会使全球气温上升，南北极冰层溶化，海平面上升，大陆腹地沙漠化趋势加剧，使人类和动植物赖以生存的生态环境遭到破坏，所以近年来人类对 CO_2 的控制也已上升成为汽车排气研究的重要课题。

1. 汽油车排气污染物的检测

1）排气污染物中气体成分的分析方法

汽车排气污染物中的气体成分分析方法通常有不分光红外线分析法、氢火焰离子分析法、化学发光分析法和电化学法等，应采用不同的方法对排气污染物中的各种气体成分进行检测。

（1）不分光红外线分析法。红外线是一种电磁波，红外辐射主要是热辐射。当红外辐射通过某种气体时，除单原子气体和相同原子的双原子气体外，大多数由不同种原子构成的极性分子气体（如 CO、HC、NO 和 CO_2 等）都分别具有吸收一定波长范围红外线的性质，如图 2-53 所示，而在吸收带之外的波长能量则不吸收或吸收很少。

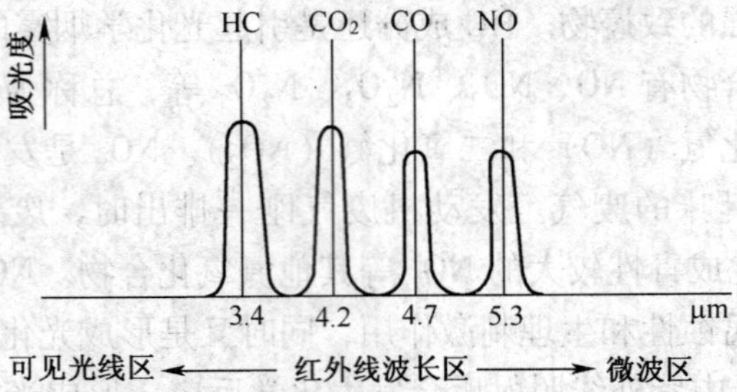

图 2-53　不同气体吸收红外线情况

气体对红外线的吸收遵循比耳—朗博（Beer—Lambert）定律：

$$\Delta I = I_0 - I = I_0\ (1 - e^{-kCL}) \tag{2-40}$$

式中　I_0——测量室中被测气体的浓度为 0 时，到达红外接收器上的红外光能量；

I——测量室中被测气体的浓度为 C 时，到达红外接收器上的红外光能量；

k——吸光系数；

C——被测气体的浓度；

L——测量室的长度。

由上式可知，当测量室的长度 L 为一定值时，被测气体所吸收的红外光能量 ΔI 与其浓度 C 成正比，因此，可以通过测量被测气体所吸收的红外光能量 ΔI 来求出被测气体的浓度。

不分光红外线分析法是指红外光源发射出的连续光谱全部通过长度固定的含有被测气体混合组分的气体层，利用待测气体成分对特定波长的红外辐射能的吸收程度来测定它的浓度，然后测量温度变化或由红外探测器将热量变化转换为压力变化，进而通过测量温度或压力参数来完成对气体浓度的定量分析。不分光红外线分析仪是目前测定 CO 的最好仪器，其测量上限为 100%，下限可进行微量（10^{-6}级）分析。在一定量程范围内，即使气体浓度有极小变化也能检测出来，当 CO 排放浓度较高时，废气中干扰成分对测定值影响可略去不计。采用连续取样系统，能观察随发动机运转条件变化而引起的排气成分的变化情况。

（2）氢火焰离子分析法。氢火焰离子分析法是目前分析发动机排气中的 HC 成分最有效方法。它具有很高的灵敏度，其检测极限最小可达 10^{-9} 数量级，而且线性和频响特性好，对环境温度及大气压力也不敏感。氢火焰离子分析法是基于大多数 HC 化合物在氢火焰中产生大量电离碳的现象来测定 HC 浓度的。由于电离度与引入火焰中的 HC 化合物分子中碳原子数成正比，所以这种分析法只能测定 HC 浓度总量。

氢火焰离子分析仪通常由燃烧器、离子收集器及测量电路组成。图 2-54 为该分析仪的工作原理图，被测气体与含有 40% H_2（其余为 He）的燃料气体混合后进入燃烧器，并与引入的空气一起形成可燃混合气。此时用点火丝点燃，HC 便在氢火焰的高温（2000℃左右）中，裂解产生元素态碳，形成碳离子 C^+，在 100V ~ 300V 外加电压作用下形成离子流，该离子流（即电流）的强度与 HC 中 C 原子数成正比，因此只要测出离子流的大小，就可得到相应的 HC 浓度。微弱的离子流经放大后送入指示或记录仪表显示。整个系统应加电磁屏蔽，以避免外界电磁干扰的影响。

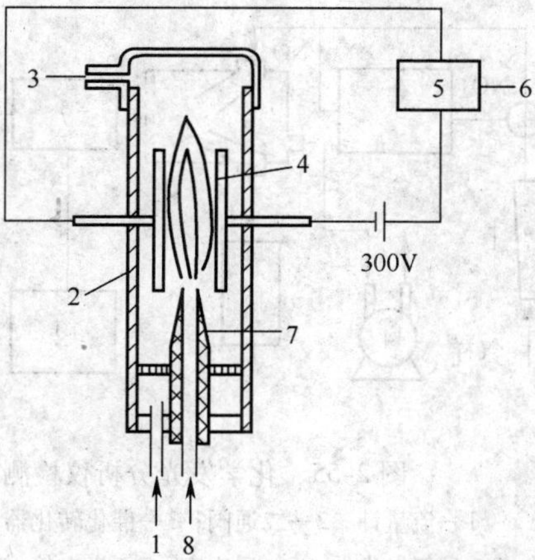

图 2-54　氢火焰离子分析仪工作原理图
1—空气入口；2—陶瓷外壳；3—排气出口；4—电极板；5—直流电流增幅器；6—信号输出端口；7—燃烧器喷嘴；8—被测气体和燃料气体（H_2）入口。

（3）化学发光分析法。化学发光分析法是目前分析汽车排气中 NO_x 的最理想方法，用该方法测量 NO_x 时灵敏度高，体积分数可达 10^{-7} 数量级，响应特性好，在 $0\sim10^{-2}$ 范围内具有良好的线性输出。

化学发光分析仪测量 NO_x 的原理是基于 NO 和 O_3 的反应：

$$NO + O_3 = NO_2^* + O_2 \tag{2-41}$$

$$NO_2^* = NO_2 + h\nu \tag{2-42}$$

式中　NO_2^*——NO_2 的激发态；
　　h——普朗克常量；
　　ν——光量子频率。

分析时，被测气体中的 NO 与 O_3 反应生成 NO_2^* 分子，在 NO_2^* 由激发态衰减到基态的过程中，会发出波长为 $0.6\mu m\sim3\mu m$ 的光量子 $h\nu$（称为化学发光），化学发光强度与 NO 浓度成正比，可见只要测出光量子强度就可确定被测气体中 NO 的浓度。测量 NO_2 时，先将 NO_2 还原成 NO，通过测量此时的 NO 浓度来间接测出 NO_2 及其浓度。

图 2-55 为化学发光分析仪的检测原理图。检测时，O_2 持续不断地进入臭氧发生器，产生的臭氧 O_3 进入反应室。在检测 NO 时，汽车排气经二通阀后直接进入反应室，NO 与 O_3 反应产生的化学发光，经滤光片进入光电倍增器，反映 NO 浓度的电信号经信号放大器输出，并由指示仪表显示，其测量结果是 NO 的浓度。检测 NO_2 时，转动二通阀，汽车排气全部经催化转化器，排气中的 NO_2 在此转化为 NO，然后进入反应室再与 O_3 反应，这时仪器测出的是 NO 与 NO_2 的总和 NO_x，再利用测定的 NO_x 和 NO 的浓度差值，可以测出 NO_2 的浓度。为使 NO_2 全部转化成 NO，催化转化器的工作温度必须保持在 650℃以上，由于转化器的效率对分析精度有直接影响，故应经常检查催化转化器，当效率低于 90% 时，需要更换新的催化转化器。使用滤光片的目的是分离给定的光谱区域，以避免反应气体中其他一些化学发光的干扰。

化学发光分析仪为各国汽车排气试验规范中推荐的检测 NO_x 仪器，但如果没有这种仪器，允许采用不分光红外线分析法进行 NO_x 测量，不过此时的测试精度较低。

（4）电化学法。氧电化学传感器可测量汽车排气中的 O_2 浓度，它是一种金属—空气有限度渗透型电化学电池，由阳极、阴极和电解液组成，如图 2-56 所示。

在阴极，O_2 转化为氢氧根离子（OH^-），其反应方程式为：

$$O_2 + 2H_2O + 4e \rightarrow 4OH^- \tag{2-43}$$

在阳极，金属铅（Pb）与 OH^- 反应生成金属氧化物：

$$4Pb + O_2 + 4OH^- \rightarrow 4PbO + 2H_2O + 4e \tag{2-44}$$

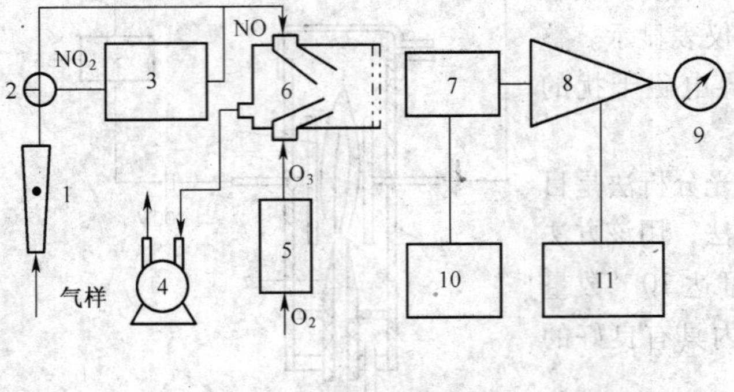

图 2-55　化学发光分析仪检测原理图
1—流量计；2—二通阀；3—催化转化器；4—抽气泵；
5—臭氧发生器；6—反应室；7—光电倍增器；8—放大器；
9—指示仪表；10—高压电流；11—电流放大器。

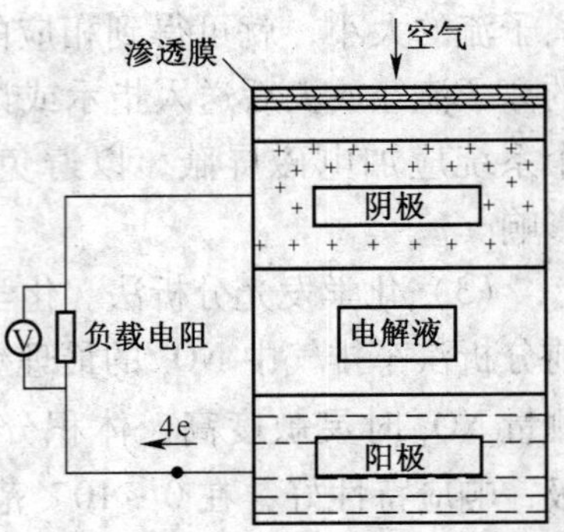

图 2-56　氧电化学传感器的工作原理

上述电池的反应作用，可概括为

$$2Pb + O_2 \rightarrow 2PbO \tag{2-45}$$

根据法拉第定律，氧电化学传感器产生的电流与 O_2 的反应量成正比，所产生的电流正比于氧的消耗率。通过在输出端子上跨接一个电阻，可将该电流值转换为电压信号，测量后即可得到 O_2 的浓度。

在汽车排气污染物检测上应用的氧电池，使用一种特殊的塑料薄膜作为渗透膜，其渗透量受控于气体分子撞击膜壁上的微孔。如果气体压力增加，分子的渗透率增加，输出电压信号也随之变化，输出电压信号与环境压力之间呈线性关系。因此氧传感器应安装在仪器的出气口，使该处的气体压力与环境大气的压力接近，以得到稳定可靠的输出结果。

由于温度对氧电化学传感器的输出具有一定的影响，因此，氧电化学传感器内部一般内置有温度校正电路，以消除温度变化对输出信号的影响。

正常情况下氧电化学传感器可稳定输出 9mV～13mV 电压值，其输出电压的漂移值每年低于 5%。氧电化学传感器的设计寿命约为 2 年，其使用寿命是从启封时开始算起，而不管仪器是否投入使用。氧传感器的使用寿命由与氧气接触反应量决定，较高的温度和氧浓度会缩短其使用寿命（通常只有 1 年左右）。寿命接近结束时，输出信号会迅速地降为 0mV，这时须更换。

2）汽车废气分析仪的结构与工作原理

（1）过量空气系数 λ 的测取。

GB 18285—2005 规定：对于使用闭环控制电子燃油喷射系统和三元催化转化器技术的汽车，需要进行过量空气系数 λ 的测定。发动机转速为高怠速转速时，λ 应在 1.00 ±0.03 或制造厂规定的范围内。进行 λ 测试前，应按照制造厂使用说明书的规定预热发动机。

通过废气分析仪测量汽车排气中的 CO、CO_2、HC 和 O_2 浓度值，利用 Brettschneider 公式，可计算得到 λ 值。计算公式为

$$\lambda=\frac{[CO_2]+\frac{[CO]}{2}+[O_2]+\left\{\left(\frac{H_{CV}}{4}\times\frac{3.5}{3.5+\frac{[CO]}{[CO_2]}}-\frac{O_{CV}}{2}\right)([CO_2]+[CO])\right\}}{\left(1+\frac{H_{CV}}{4}-\frac{O_{CV}}{2}\right)\{([CO_2]+[CO])+K_1\times[HC]\}} \tag{2-46}$$

式中 [ ]——浓度值（%或 VOL）；

K_1——HC 转换系数，废气分析仪生产厂家提供；

H_{CV}——汽油中氢和碳原子数的比值，汽油取 1.7261，LPG 取 2.525，NG 取 4.0；

O_{CV}——汽油中氧和碳原子数的比值，汽油取 0.0176，LPG 和 NG 均取 0。

（2）不分光红外线废气分析仪基本结构。

不分光红外线废气仪分析是一种基于不分光红外线分析法检测原理、能够从汽车排气管中采集气样，对汽油车排气污染物成分（CO、HC、CO_2、O_2）与含量以及 λ 进行连续测量的仪器，汽车检测实践中常用的废气分析仪外形结构如图 2-57 所示，汽车排气在分析仪内流动路线如图 2-58 所示。该废气分析仪主要由废气取样装置、气体分析装置、浓度指示装置和校准装置组成。

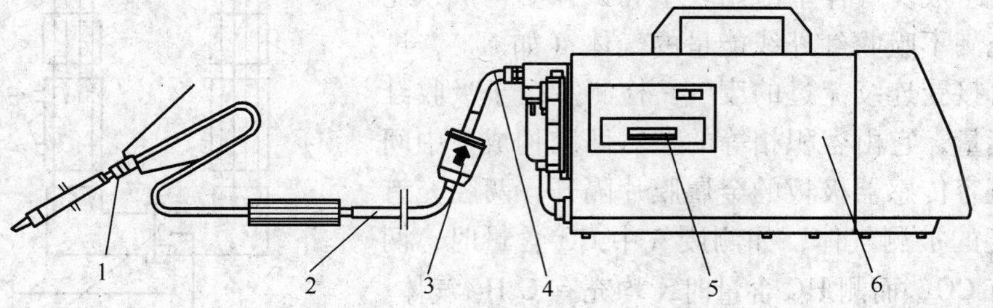

图 2-57　废气分析仪的组成

1—取样探头；2—取样管；3—前置过滤器；4—短导管；5—微型打印机；6—仪器本体。

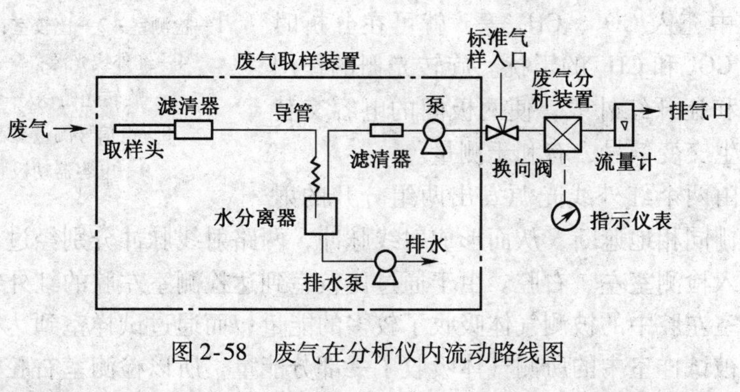

图 2-58　废气在分析仪内流动路线图

①废气取样装置。该装置由取样探头、滤清器、导管、水分离器和泵等组成。通过取样探头、导管和泵从汽车的排气管里采集废气，经滤清器和水分离器除去废气中的炭渣、灰尘和水分后，送入气体分析装置。

②气体分析装置。该装置根据废气中不同污染物能分别吸收不同波长红外线能量的原理，从来自取样装置的混有多种成分的废气中，分别测量出各种污染物的浓度，并以电信号形式输送给浓度指示装置。

③浓度指示装置。该装置主要由 CO、HC、CO_2、O_2 和 λ 等指示装置组成，从气体分析装置送来的电信号，在 CO、CO_2、O_2 指示仪表上以体积百分数（%）为单位指示出相应气体浓度，在 HC 指示仪表上以正己烷当量体积百万分数（10^{-6}）为单位指示出 HC 浓度，同时在指示仪表上显示 λ 值。

④校准装置。校准装置是为了保持分析仪指示精度，使之能经常显示正确指示值的一种装置。在分析仪上通常设有加入标准气样进行校准的校准装置，即将标准气样从分析仪单设的一个专用注入口直接送到气体分析装置，再通过比较标准气样浓度值和仪表指示值的方法来进行校准的装置。

此外，仪器还配备感应式转速传感器和温度传感器，可在检测汽车废气的同时监测发动机的转速和润滑油的温度。

（3）不分光红外线分析仪检测原理。

不分光红外线气体分析装置的检测原理如图 2-59 所示。该装置由红外线光源、气样室、旋转光栅和传感器组成。气样室由比较室和试样室构成，比较室内充满不吸收红外线能量的气体（如 N_2），试样室则可接受连续流过的废气。检测室用于吸收红外光的能量，它由容积相等的左右两腔构成，中间用兼作电容传感器极板的金属膜片隔开，两腔充有相同浓度的被测气体，如测废气中 CO 含量时，两腔均充有 CO，而测 HC 含量时，均充有 C_6H_{14}气体。在过滤室中充有干扰气体，其作用是预先滤掉干扰气体所能吸收的那部分波段，以防检测时废气中所含的干扰气体的干涉而产生测量误差，如分析 CO 时，在过滤室中充入 CO_2、CH_4 等，就可在分析时不受废气中的 CO_2 和 CH_4 的干扰。旋转光栅的作用是交替地遮挡和让开红外线，使两极间的电容交替变化，从而产生交变信号，有利于测量。

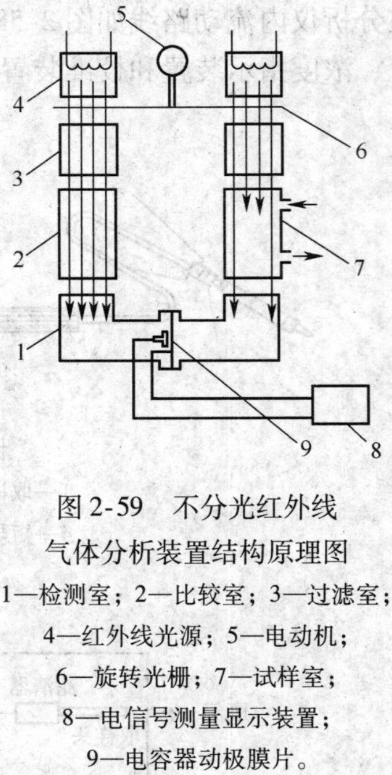

图 2-59 不分光红外线气体分析装置结构原理图
1—检测室；2—比较室；3—过滤室；4—红外线光源；5—电动机；6—旋转光栅；7—试样室；8—电信号测量显示装置；9—电容器动极膜片。

检测时，由两个红外线光源发出两组分开的射线被两旋转光栅同相地遮断，从而形成射线脉冲，两路射线脉冲分别经过滤室、比较室与试样室后进入检测室左、右腔。由于通过比较室到达检测室左腔的红外线能量未被吸收，所以检测室左腔中的被测气体吸收了较多的能量；而通过试样室到达检测室右腔的红外线由于已被试样室中的所测气体吸收了一部分能量，所以检测室右腔中的被测气体只能吸收较少能量。这样，检测室两腔中的气体便产生了温差，从而导致两腔压力出现差异，致使作为电容一个极的金属膜片产生弯曲振动，其振动频率取决于旋转光栅的转速，振幅则取决于所测气体的浓度。膜片的弯曲振动将使传感器的电容量发生交替变化，从而产生交流电压信号，该信号经放大整流后，转换为直流信号，变为被测成分浓度的函数，因而可用仪表测量。

3）汽车排气污染物检测方法

（1）双怠速法。

双怠速法是检测汽油车在怠速、高怠速工况下排气污染物的方法，主要是检测 CO 和 HC。怠速工况时，发动机在无负载的最低稳定转速运转，混合气雾化条件较差，混合气相对较浓，燃烧状况不佳，CO 和 HC 的排放浓度高，因此怠速工况历来都是作为 CO 和 HC 检测的一个重要工况。高怠速工况是指发动机无负载稳定运转在 50% 额定转速或制造厂技术文件中规定的高怠速转速时的工况，高怠速时，混合气的雾化及燃烧条件有所改善，CO 和 HC 的排放浓度有所下降，为全面反映汽车 CO 和 HC 的排放状况，提高测量精度，并监控因催化转化器效率降低造成的汽车排放恶化，将高怠速工况纳入检测范围。目前，双怠速法得到了广泛应用，尤其是对在用车的排放检测。如 GB 18285—2005《点燃式发动机汽车排气污染物排放限值及测量方法》规定，装用点燃式发动机的新生产汽车的型式核准和生产一致性检查以及在用车的排放检查应采用双怠速法。

双怠速法通常使用不分光红外线分析仪来检测排气中的 CO 和 HC，其测量步骤如下：

①接通分析仪的电源开关，预热好仪器后，进行取样气路泄漏检查和被检车辆信息设置，必要时用标准气体对仪器进行精度校准。

②保证被检车辆处于正常状态，发动机进气系统应装有空气滤清器，排气系统应装有排气消声器，并不得有泄漏。

③必要时在发动机上安装转速计、冷却液和润滑油测温计等测试仪器。测量时，发动机冷却液和润滑油温度正常，或者达到汽车使用说明书规定的热车状态。

④汽车离合器处于接合状态，变速器置于空挡位置（对于自动变速器汽车应处于“N”位或“P”位）。

⑤控制加速踏板，使发动机由怠速加速到 0.7 倍的额定转速，维持 30s 后降至高怠速（即 0.5 倍的额定转速或规定的转速）。

⑥发动机降至高怠速状态后，将取样管插入排气管中，深度为 400mm。若车辆排气管长度小于测量深度，则应使用排气加长管。维持 15s 开始读数，读取 30s 内的最低值及最高值，其平均值即为高怠速排放测量结果。对于使用闭环控制电子燃油喷射系统和三元催化转化器技术的汽车，还应同时读取过量空气系数 λ 的数值。

⑦发动机从高怠速降至怠速状态，维持 15s 后开始读数，读取 30s 内的最低值及最高值，其平均值即为怠速排放测量结果。

⑧若为多排气管，则分别取各排气管高怠速和怠速排放测量结果的算术平均值作为测量结果。

上述测量程序可用图 2-60 简易表示。

（2）工况法。

工况法是将汽车若干常用工况和排气污染较重的工况结合在一起来测量排气污染物

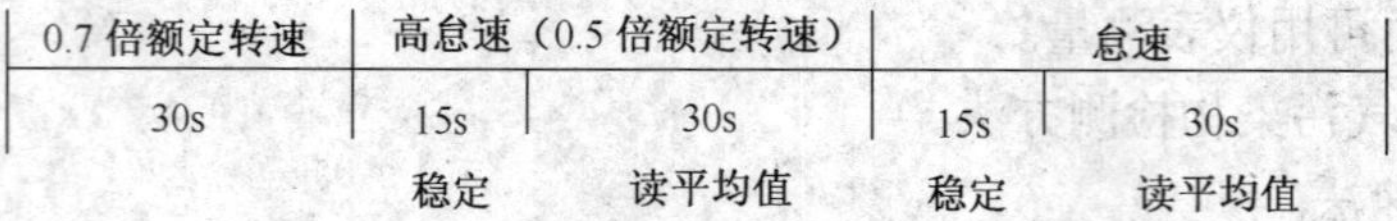

图 2-60 双怠速排放测量程序

的方法。工况法的循环试验模式应根据汽车的排气性能、行驶特点、交通状况、道路条件、车流密度和气候地形等因素，对大量统计数据进行科学分析而制定，以最大限度地重现汽车运行时的排放特性。工况法是当今世界最为科学并得以广泛使用的汽车排放试验方法，是汽车排放检测的必然发展趋势。

与怠速法相比，工况法检测结果能全面评价车辆的排放水平。但工况法比怠速法要复杂得多，工况法要有转鼓试验台，并具有齐备的模拟汽车行驶动能的飞轮系统，还要有经过大量调查研究与数据处理制订出模拟城市（城区和郊区）道路上汽车运行工况的试验程序，还要配备复杂而昂贵的大型综合分析仪和保证发动机按试验程序运转所需的程序自动控制系统，如图 2-61 所示。因此，工况法的执行受到了很大限制，一般多用于新车的型式核准试验和生产一致性检查。

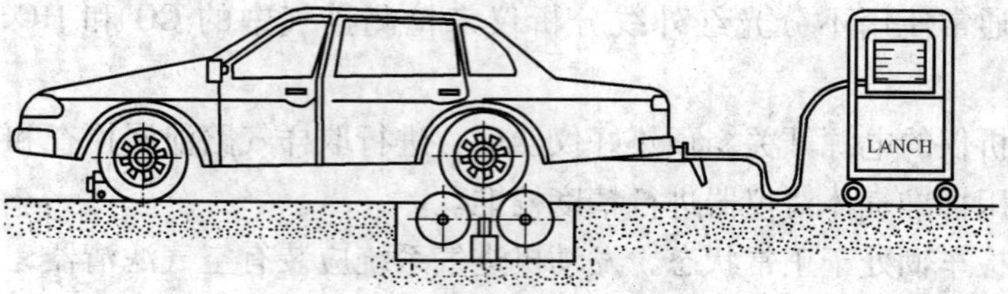

图 2-61 汽车排放加载系统

世界各国的排放法规中，对测试装置、取样方法和分析仪器的规定基本上是一致的，但测试的循环工况及排放限值的差别较大。我国于 2007 年 7 月 1 日起开始实施的 GB 18352. 3—2005《轻型汽车污染物排放限值及测量方法》（中国Ⅲ、Ⅳ阶段）规定，在车辆型式核准中的Ⅰ型试验，应在底盘测功试验台上，按规定的如图 2-33 所示的运转循环即 4 个城区十五工况循环（换挡、怠速、加速、等速、减速等）+1 个城郊十三工况循环（换挡、怠速、加速、等速、减速等）进行。我国于 2005 年 7 月 1 日起实施的 GB 18285—2005《点燃式发动机汽车排气污染物排放限值及测量方法》规定，全国点燃式发动机在用汽车的排放监控，可采用双怠速法，但在机动车保有量大、污染严重的地区，可采用本标准所列的简易工况法，如稳态工况法（ASM）等。ASM 试验在底盘测功试验台上进行，其测试运转循环由 ASM5025 和 ASM2540 两个工况组成，其试验规范见图 2-62 和表 2-17 所列。

① ASM5025 工况。经预热后的车辆加速至 25. 0km/h，测功器以车辆速度为 25. 0km/h、加速度为 1. 475m/s^2 时的输出功率的 50% 作为设定功率对车辆加载，工况计时器开始计时（$t=0$s）。车辆以（25. 0 ± 1. 5）km/h 的速度持续运转 5s，如果底盘测功试验台模拟的惯量值在计时开始后持续 3s 超出所规定误差范围，工况计时器将重新开始计时（$t=0$s）。如果再次出现该情况，检测将被终止。系统将根据分析仪最长响应时间进行预置，如果分析仪响应时间为 10s，则预置时间为 10s（$t=15$s），然后系统

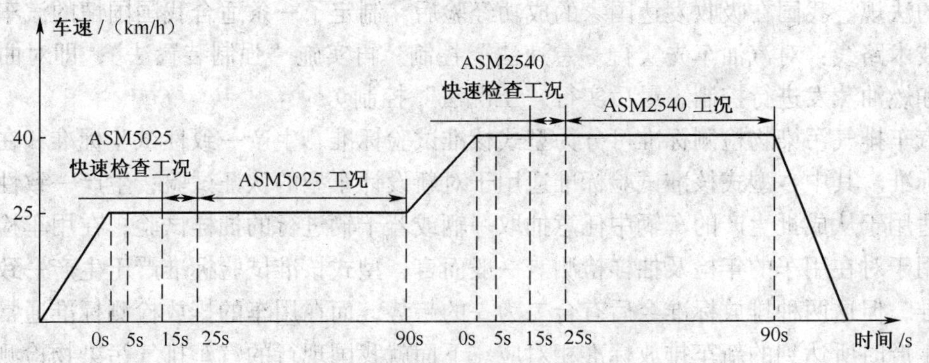

图 2-62 ASM 试验运转循环

表 2-17 ASM 试验运转循环规范

工况	运转次序	速度 v/（km/h）	操作时间 t/s	测试时间 t/s
5025	1	25	5	—
	2	25	15	
	3	25	25	10
	4	25	90	65
2540	1	40	5	—
	2	40	15	
	3	40	25	10
	4	40	90	65

开始取样，持续运行10s（$t=25$s）即为ASM5025快速检查工况。ASM5025快速检查工况结束后继续运行至90s（$t=90$s）即为ASM5025工况。

②ASM2540工况。ASM5025工况检测结束后车辆立即加速至40.0km/h，测功器以车辆速度为40.0km/h，加速度为1.475m/s^{2}时的输出功率的25%作为设定功率对车辆加载。工况计时器开始计时（$t=0$s）。车辆以（40.0±1.5）km/h的速度持续运转5s，如果底盘测功试验台模拟的惯量值在计时开始后持续3s超出所规定误差范围，工况计时器将重新开始计时（$t=0$s）。如果再次出现该情况，检测将被终止。系统将根据分析仪最长响应时间进行预制，如果分析仪响应时间为10s，则预置时间为10s（$t=15$s），然后系统开始取样，持续运行10s（$t=25$s）即为ASM2540快速检查工况。ASM2540快速检查工况结束后继续运行至90s（$t=90$s）即为ASM2540工况。

ASM只有稳定的匀速过程，加载为固定值。检测有二个等速工况段：①5025工况，车速为25km/h，按车辆加速度为1.475m/s^{2}时的输出功率的50%对车辆加载；②2540工况，车速为40km/h，按车辆加速度为1.475m/s^{2}时的输出功率的25%对车辆加载。分析仪器采用下列原理：CO、HC和CO_2采用不分光红外线分析法，NO和O_2采用电化学法。排气结果以体积分数表示。

4）汽车排气污染物检测标准

为了控制汽车排气污染物对生态环境的危害，世界上许多国家对车辆的排放制定了严格的法规。我国在吸收发达国家的成功经验后，制定了一条适合我国国情的汽车排放标准技术路线：对汽油车先实行“怠速法”控制，再实施“强制装置法”，即对曲轴箱排放和燃油蒸发进行控制，最后实行“工况法”控制。

汽车排气污染物检测标准可分为型式核准试验标准、生产一致性试验标准和在用车检测标准。其中，型式核准试验标准适用于对新设计车型的认证试验；生产一致性试验标准适用于从成批生产的车辆中任意抽取一辆或若干辆进行的抽样试验；在用车检测标准适用于对在用车的年检及抽样检测。一般而言，型式核准试验标准严于生产一致性试验标准，但这两种排放标准今后有合二为一的趋势，而在用车的排放检测标准通常与该车型生产时所达到的新车排放标准相对应。下面就我国现行的汽车排气污染物检测标准的限值作一介绍。

(1) 双怠速法排气污染物检测标准。

点燃式发动机的车辆，其排气污染物是指从排气管排出的气体污染物。采用双怠速法检测时，通常是测量CO和HC的排放浓度。从2005年7月1日起实施的GB 18285—2005《点燃式发动机汽车排气污染物排放限值及测量方法》规定：装用点燃式发动机的新生产汽车，其型式核准和生产一致性检查的排气污染物排放限值如表2-18所列；在用汽车排气污染物排放限值见表2-19所列。

表2-18 新生产汽车排气污染物排放限值（体积分数）

车型	类别			
	怠速		高怠速	
	CO/%	HC/$\times10^{-6}$	CO/%	HC/$\times10^{-6}$
2005年7月1日起新生产的第一类轻型汽车	0.5	100	0.3	100
2005年7月1日起新生产的第二类轻型汽车	0.8	150	0.5	150
2005年7月1日起新生产的重型汽车	1.0	200	0.7	200

表2-19 在用汽车排气污染物排放限值（体积分数）

车型	类别			
	怠速		高怠速	
	CO/%	HC/$\times10^{-6}$	CO/%	HC/$\times10^{-6}$
1995年7月1日前生产的轻型汽车	4.5	1200	3.0	900
1995年7月1日起生产的轻型汽车	4.5	900	3.0	900
2000年7月1日起生产的第一类轻型汽车	0.8	150	0.3	100
2001年10月1日起生产的第二类轻型汽车	1.0	200	0.5	150
1995年7月1日前生产的重型汽车	5.0	2000	3.5	1200
1995年7月1日起生产的重型汽车	4.5	1200	3.0	900
2004年9月1日起生产的重型汽车	1.5	250	0.7	200

说明：①M_1类车是指包括驾驶员在内座位数不超过9座的载客车辆，M_2类车是指包括驾驶员在内座位数超过9座，且最大设计总质量不超过5000kg的载客车辆，N_1类

车是指最大设计总质量不超过 3500kg 的载货车辆。

②轻型汽车是指最大总质量不超过 3500kg 的 M_1 类、M_2 类和 N_1 类车辆。

③第一类轻型汽车是指设计乘员数不超过 6 人（包括驾驶员），且最大总质量不大于 2500kg 的 M_1 类车。对于 2001 年 5 月 31 日以后生产的 5 座以下（含 5 座）的微型面包车，执行此类在用车排放限值。

④第二类轻型汽车是指本标准适用范围内除第一类车以外的其他所有轻型汽车。

⑤重型汽车是指最大总质量超过 3500kg 的车辆。

⑥HC 容积浓度值按正己烷当量表示。

⑦高怠速规定值：轻型汽车规定为（2500 ± 100）r/min，重型车规定为（1800 ± 100）r/min，如有特殊规定的，按照制造厂技术文件中规定的高怠速转速进行检测。

（2）稳态工况法排放限值。

地方在用点燃式发动机汽车简易工况法排放标准，按国家有关法律规定，由省级人民政府批准、发布。省级人民政府可委托其环境保护行政主管部门制定地方排放标准。在确定当地在用点燃式发动机汽车简易工况法排放限值时，可参考采用表 2-20 和表 2-21中的排放限值。

表中规定的最低限值为各地方城市开始实施工况法检测时的最低要求；最高限值为经过检测与维护制度，该车种应最终达到的限值标准。各地方城市可在最低限值与最高限值之间根据各自情况调整本地区的限值标准，也可根据车辆生产年度与类型划分不同限值。

对于 2000 年 7 月 1 日以前生产的第一类轻型汽车和 2001 年 10 月 1 日以前生产的第二类轻型汽车，参考的稳态工况法排放限值见表 2-20。

表 2-20　稳态工况法排气污染物排放限值 Ⅰ

基准质量 RM/kg	最低限值						最高限值					
	ASM5025			ASM2540			ASM5025			ASM2540		
	HC /×10⁻⁶	CO/%	NO /×10⁻⁶	HC /×10⁻⁶	CO/%	NO /×10⁻⁶	HC /×10⁻⁶	CO /%	NO/ ×10⁻⁶	HC /×10⁻⁶	CO/%	NO /×10⁻⁶
RM≤1020	230	2.2	4200	230	2.9	3900	120	1.3	2600	110	1.4	2400
1020 < RM ≤1250	190	1.8	3400	190	2.4	3200	100	1.1	2100	90	1.2	2000
1250 < RM ≤1470	170	1.6	3000	170	2.1	2800	90	1.0	1900	80	1.1	1750
1470 < RM ≤1700	160	1.5	2650	150	1.9	2500	80	0.9	1700	80	1.0	1550
1700 < RM ≤1930	130	1.2	2200	130	1.6	2050	70	0.8	1400	70	0.8	1300
1930 < RM ≤2150	120	1.1	2000	120	1.5	1850	60	0.7	1300	60	0.8	1150
2150 < RM ≤2500	110	1.1	1700	110	1.3	1600	60	0.6	1100	50	0.7	1000

对于 2000 年 7 月 1 日起生产的第一类轻型汽车和 2001 年 10 月 1 日起生产的第二

类轻型汽车,参考的稳态工况法排放限值见表2-21。

基准质量RM指整车整备质量加100kg质量。

表2-21 稳态工况法排气污染物排放限值Ⅱ

基准质量 RM/kg	最低限值						最高限值					
	ASM5025			ASM2540			ASM5025			ASM2540		
	HC $/\times10^{-6}$	CO/%	NO $/\times10^{-6}$	HC $/\times10^{-6}$	CO/%	NO $/\times10^{-6}$	HC $/\times10^{-6}$	CO /%	NO/ $\times10^{-6}$	HC $/\times10^{-6}$	CO/%	NO $/\times10^{-6}$
RM≤1020	230	1.3	1850	230	1.5	1700	120	0.6	950	110	0.6	850
1020<RM≤1250	190	1.1	1500	190	1.2	1350	100	0.5	800	90	0.5	700
1250<RM≤1470	170	1.0	1300	170	1.1	1200	90	0.5	700	80	0.5	650
1470<RM≤1700	160	0.9	1200	150	1.0	1100	80	0.4	600	80	0.4	550
1700<RM≤1930	130	0.8	1000	130	0.8	900	70	0.4	500	70	0.4	450
1930<RM≤2150	120	0.7	900	120	0.8	800	60	0.3	450	60	0.3	450
2150<RM≤2500	110	0.6	750	110	0.7	700	60	0.3	400	50	0.3	350

5)检测结果分析

在进行排气污染物分析前,首先要有该车型发动机在不同工作状况下排放正常值的资料,然后通过被检汽车实际排放值与正常值的比较,用于辅助判断发动机有关系统故障。

HC检测值过高时,说明发动机混合气过稀或点火系工作不良。混合气过稀主要由燃油滤清器堵塞、燃油压力低、喷油器阻塞、真空系统漏气和废气再循环(EGR)阀泄漏等原因引起,混合气过稀时,燃烧室内的火焰不能完全传播,使HC因不能迅速氧化而导致其排放过高,检查时应从空气供给和燃油供给两方面进行分析。汽油机点火时刻过迟,会使混合气燃烧不彻底,致使排气中HC含量增加,在电控点火系统中,应主要检查火花塞的工作状况。

CO和HC检测值都高时,说明发动机混合气很浓,存在不完全燃烧情况。此外,冷却系温度过低、曲柄连杆机构磨损严重也会导致CO、HC检测值偏高。发动机冷却系不良、工作时温度过低,使得燃油不能充分雾化燃烧,导致排气中的CO、HC含量增加;气缸、活塞、活塞环等磨损严重,漏气增加,压缩终了时的气缸内压力不足,同样使得混合气不能充分燃烧,进而造成废气中CO、HC的含量增加。对于因混合气过浓而导致的CO、HC排放过高,应检查空气滤清器、喷油量以及怠速控制系统,着重检查空气滤清器滤芯是否被灰尘堵塞,对于湿式滤芯,还应检查空气滤清器内润滑油油面高度是否超限,此外,还需检查喷油泵的供油压力和喷油器的工作状况。对于因冷却系温度过低、曲柄连杆机构磨损而导致的CO、HC排放过高,应检查节温器、电子风扇工作情况,检查散热器容量是否过大,同时还应测量气缸压缩压力,以便确定气缸及活塞组件的技术状况。

O_2 的检测值也是很有用的诊断参数。当汽车装用催化转换器时，O_2 的检测值通常应在 1.0% ~2.0% 范围内，此时表明发动机燃烧状况较好，只有少量的 O_2 排出气缸。若 O_2 的检测值低于 1.0%，说明混合气过浓；若 O_2 的检测值高于 2%，则说明混合气过稀。

2. 柴油车排气污染物的检测

柴油车排气污染物的主要成分是烟尘。烟尘是指悬浮在排气中的固态和液态微粒。当微粒由直径为 0.5μm ~1μm 的碳粒构成时，称为黑烟，而着色液滴构成的微粒则称为白（或蓝）烟。由于液滴的折射率和尺寸关系，使得液滴看上去带有一定的颜色。凝聚的水蒸气和液态燃料液滴通常会产生白烟，燃料或润滑油的不完全燃烧通常会产生蓝烟，而柴油机在全负荷和加速工况运行时则通常会排出黑烟。

1）排气烟度的分析方法

（1）消光法。将一束光投射到待测烟柱时，光线会被碳烟吸收和散射，使光强度衰减，通过光电检测装置测量碳烟对光线的衰减量来分析排气中碳烟的浓度。排气中的碳烟浓度越高，则光线的衰减量就越大，碳烟浓度越低，则光线的衰减量就越小。这种方法能直接反映碳烟对环境的污染程度。

（2）滤纸法。利用活塞式抽气泵从柴油车排气管中抽取一定体积的废气，并使之通过规定面积的标准洁白滤纸，于是排气中的碳烟微粒便过滤在滤纸上，使滤纸染黑，然后用光电检测装置测出被染黑滤纸的反射率，就可测出排气中的烟度。滤纸染黑的程度不同，则对照射到滤纸表面光线的反射能力也不同。排气中的碳烟越浓，滤纸被染黑的程度就越重，则照射到滤纸上的光线被反射的就越少，反之，排气中的碳烟越淡，滤纸被染黑的程度就越轻，则照射到滤纸上的光线被反射的就越多。

2）排气烟度的检测仪器

GB3847—2005《车用压燃式发动机和压燃式发动机汽车排气烟度排放限值及测量方法》规定：按 GB18352 通过型式认证的装配压燃式发动机的车辆，应进行自由加速排气可见污染物试验，试验时应采用不透光度计进行测量；其他装配压燃式发动机的车辆应进行自由加速烟度试验，试验时应采用滤纸式烟度计进行测量。

（1）不透光度计。不透光度是指光源的光线被排气中可见污染物吸收而不能到达光电检测单元的百分率，用 N 表示。不透光度计是一种根据光在排气中被烟气消减的程度来测量烟度的仪器，它主要由发光二极管、凸透镜、光电转换器、测量室等组成，其基本检测原理如图 2-63 所示。不透光度计测量单元的测量室是一根分为左右两半部分的圆管，被测排气从中间的进气口进入，分别穿过左圆管和右圆管，从左出口和右出口排出。左右两侧装有两个凸透镜，左端装有绿色发光二极管，右端装有光电转换器，发光二极管至左透镜及光电转换器至右透镜的光程都等于透镜的焦距。因此，发光二极管发出的光通过左透镜后就成为一束平行光，再通过右透镜后，汇聚于光电转换器上，并转换成电信号。排气中含碳烟越多，平行光穿过测量室时光能衰减越大，经光电转换器转换的电信号就越弱。

排气中夹带着许多碳烟微粒，如果让排烟直接接触左右透镜的表面，碳烟微粒将会沉积在上面，吸收光能，从而影响测量结果。为使光学系统免遭碳烟的污染，仪器采用了“空气气幕”保护技术。排风扇将外界的清洁空气吹入左右透镜与测量室出口之间的通道，使透镜表面形成“风帘”，避免其沾染上碳烟微粒。

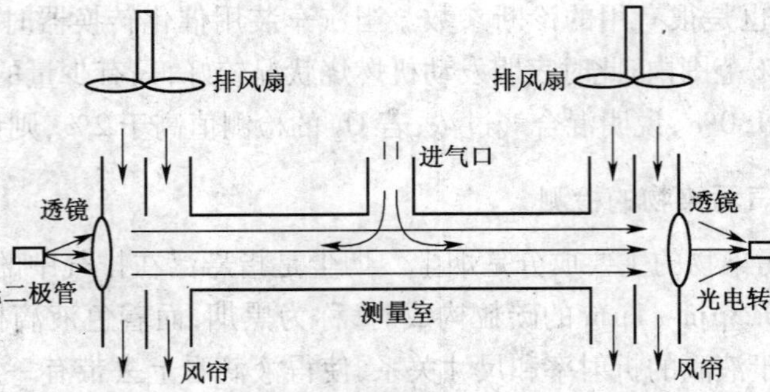

图 2-63 不透光度计基本检测原理

排气中含有一定的水分，由于排气管的温度较高，刚进入仪器时，排气中的水分仍保持在气态。如果仪器测量室管壁的温度比排气温度低得多，排气中的水蒸气就要冷凝成雾，影响测量结果。为了防止水蒸气冷凝的影响，测量室管壁的温度应始终保持在 70℃以上，为此测量室装有加热及恒温控制装置。

不透光度计可根据 N 从 0～100% 的变化进行线性刻度，$N=0$，表示被测排气不吸收光线，$N=100\%$，表示光线被排气完全吸收。我国新的排放标准中用光吸收系数 K 作为柴油机排气可见污染物的评价指标，因此不透光度计必须用光吸收系数 K 进行刻度，其单位为 m^{-1}。光吸收系数 K 是指光束被可见污染物衰减的系数，它是排气中单位容积微粒数、微粒在光束方向的法向投影面积和微粒消光率的函数。光吸收系数 K 与不透光度 N 之间有下列关系：

$$K=-\frac{1}{L}\ln(1-N) \tag{2-47}$$

式中 L——光通道的有效长度(m)。

从上式可知，当 $N=0$ 时，$K=0$；$N=100\%$ 时，$K=\infty$。因此，用 K 刻度时，应从 $0\sim\infty$ (m^{-1})，但由于 $K=\infty$ 不可能达到，所以通常采用 $N=99.9\%$ 所对应的 K 值进行满量程刻度，如取光通道有效长度为 0.4m，则 K 的刻度范围为 $0\sim17.3m^{-1}$。两种刻度的范围均以光全通过时为零，全吸收时为满刻度。

不透光度计可分为全流式和分流式两类。全流式不透光度计测量全部排气的透光衰减率，分流式不透光度计是将排气中一部分废气引入取样管，然后送入不透光度计进行连续分析。我国排放标准中规定，检测烟度使用分流式不透光度计。

图 2-64 为分流式不透光度计的结构简图。测量前，用鼓风机向空气校正管吹入干净空气，旋转转换手柄，使光源和光电池分别置于校正管两侧，作零点校正。然后，再旋转转换手柄，将光源和光电池移至测试管两侧，并把需要测定的一部分汽车排气连续不断地

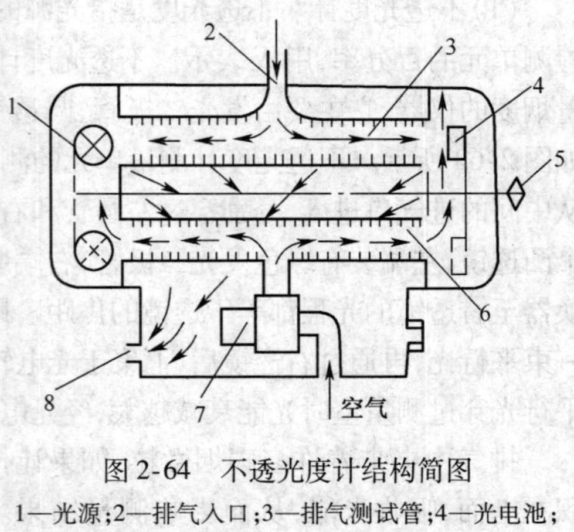

图 2-64 不透光度计结构简图

1—光源；2—排气入口；3—排气测试管；4—光电池；5—转换手柄；6—空气校正管；7—鼓风机；8—排气出口。

导入测量管，光源发出的光部分地被排气中的可见污染物所吸收，光电检测单元则可连续测出光源发射光透过排气气体的透光强度，并通过光电转换显示测量结果。

不透光度计可以对柴油车排气可见污染物进行连续测量，可以按排放法规的要求进行稳态和非稳态工况下的烟度测量，在低烟度时有较高的分辨率，可以用来研究柴油机的瞬态碳烟排气特性。不透光度计目前在世界各国都得到了广泛的应用。

（2）滤纸式烟度计。滤纸式烟度计是一种用滤纸收集排烟，再比较滤纸表面对光的反射率来测量烟度的仪器。滤纸式烟度计有手动、半自动和全自动三种类型，主要由取样装置、烟度测量与指示装置、控制装置、校准装置等组成，其结构简图如图2-65所示。

取样装置由取样探头、活塞式抽气泵和取样软管等组成，其作用是将柴油机的碳烟取出并吸附于滤纸上，然后送至烟度测量装置。取样软管把取样探头与活塞式抽气泵连接在一起，取样探头的结构形状能保证在取样时不受排气动压的影响。取样时，滤纸在泵筒内，取样探头在活塞式抽气泵的作用下抽取废气，抽气时碳烟留在滤纸上并将其染黑，夹持机构保证滤纸的有效工作面直径为32mm。取样完成后，滤纸夹持机构松开，染黑滤纸由进给机构送至烟度测量装置。

烟度测量与指示装置由环形硒光电池、光源和指示仪表构成，如图2-66所示。检测时，光源的光线通过有中心孔的环形硒光电池照射到滤纸上，一部分光线被滤纸上的碳烟所吸收，另一部分光线被滤纸反射到环形硒光电池上，使硒光电池产生光电流。光电流的大小反映了滤纸反射率的大小，而滤纸反射率则取决于滤纸的染黑程度。滤纸染黑程度越高，则滤纸反射率越低，光电流就越小；滤纸染黑程度越小，则滤纸反射率越高，光电流就越大。指示仪表是一块微安表，仪表指针位置随硒光电池输送来的电流强度不同而发生变化。实际使用的烟度计上，多数指示仪表盘的刻度以0～10均匀刻度，用波许（Rb）单位表示，测量全白滤纸时指针位置为0，测量全黑滤纸时指针位置为10，从表盘上可以直接读出以波许为单位的烟度值。

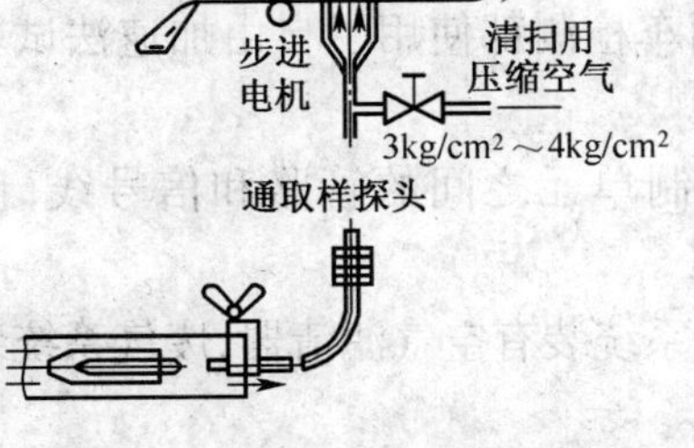

图2-65　滤纸式烟度计结构简图

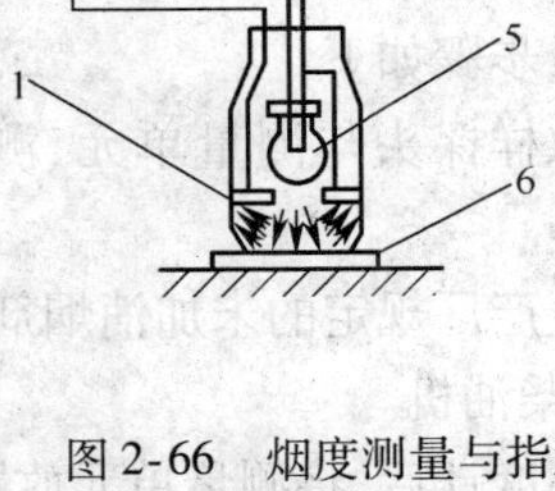

图2-66　烟度测量与指示装置

1—环形硒光电池；2—电源；3—指示仪表；4—电源开关；5—光源；6—滤纸。

控制机构包括用脚操纵的抽气泵电磁开关、滤纸进给机构和压缩空气清洗机构等。

压缩空气清洗机构可在排气取样前,用压缩空气清除探头和取样管内积存的碳粒,以避免前一次测量残留在取样管内碳烟的影响。

烟度计在使用过程中,由于电源电压的变化,会引起光源发光强度发生改变,从而影响测量精度,因此要随时校准。通常烟度计附带有供标定用的标准烟样纸,烟度校准时,将标准烟样纸放在烟度计测量装置的规定位置上,打开光源照射,再用仪表调整旋钮将仪表指针调到标准烟样纸所代表的污染度数值上即可。

滤纸式烟度计具有结构简单、调整方便、使用可靠以及测量精度较高等优点,它曾广泛用于各国柴油机的烟度检测,目前,我国许多检测站仍在使用滤纸式烟度计。但滤纸式烟度计只能对排气作抽样试验,不能作连续测量和在线检测。

3)排气烟度检测方法

排气烟度法是指对柴油车排烟浓度进行监测的方法,它可分为稳态测量和非稳态测量两种。

(1)稳态烟度测量。稳态烟度测量是指在柴油车稳定转速工况下利用不透光度计检测其排烟浓度或光吸收系数。由于柴油车冒黑烟在全负荷运转时较为严重,因此稳态烟度测量通常是在柴油车全负荷稳定运转时进行。各国都有各自的烟度测量规范与排放标准,我国制订的车用柴油机全负荷烟度测量方法规定:由最低转速至额定转速之间选取足够多的转速工况点对各种车用柴油机进行全负荷烟度测量,其中测点必须包含最大转矩转速和最大功率转速,最低转速是指45%额定转速或1000r/min中较高的一个,每一转速的烟度测量必须在柴油机运转稳定后进行,任何一次测量结果都不得超过允许限值。我国于2005年7月1日起实施的GB 3847—2005《车用压燃式发动机和压燃式发动机汽车排气烟度排放限值及测量方法》标准中,压燃式发动机的型式核准烟度检测试验采用了全负荷烟度测量方法。

稳态烟度测量可在发动机台架或汽车底盘测功试验台上进行。对于那些高度强化和增压柴油机,由于在突然加速等过程中排烟浓度很高,因此,稳态烟度测量就不能反映出柴油机的全部冒烟特性。

(2)非稳态烟度测量。柴油机在非稳态下的排气烟度受多种不稳定因素影响而变化很大,为了客观公正地反映柴油车的排烟特性,对非稳态烟度测定应有严格控制的试验规范。目前,非稳态烟度测定广泛使用自由加速法。2005年7月1日起实施的GB 3847—2005《车用压燃式发动机和压燃式发动机汽车排气烟度排放限值及测量方法》中,其压燃式发动机的型式核准试验、生产一致性检查和在用车检测都使用了自由加速法试验。非稳态烟度测量步骤如下:

①连接取样探头与测量单元、测量单元与控制单元之间的管路和信号线,预热烟度计。

②采用生产厂规定的未加消烟剂的柴油,进气系统装有空气滤清器,废气系统装有消声器后,预热柴油机。

③校准烟度计后,将测量单元放置于排气管附近。由于测量单元在测量时,须吸入干净空气作为保护气幕,若吸入废气,将影响测量结果。因此测量单元不应放置在汽车排气扩散方向上,而应与之保持垂直。

④在将取样管插入汽车排气管前,先由怠速工况将加速踏板踩到底,约4s迅速松开,

如此反复3次，以便将排气管内的碳粒除掉，使测量准确。

⑤取样探头逆气流固定于排气管内，并使其中心线与排气管平行，取样探头插入深度不小于300mm，否则排气管应加接管，并保证接口不漏气。

⑥怠速状况检查完成后，根据仪器提示，按图2-67所示的测量规程进行自由加速烟度的测量。其方法是，迅速踩下油门踏板，使发动机急剧加速至最高额定转速，并保持该转速，直至仪器屏幕提示“请减至怠速，并保持”为止，然后松开油门踏板，使发动机恢复至怠速状态。按照GB3847—2005《车用压燃式发动机和压燃式发动机汽车排气烟度排放限值及测量方法》的规定，自由加速烟度至少重复测量6次，如果光吸收系数示值连续4次均在0.25m^{-1}的带宽内，并且没有下降趋势，则将这4次示值的算术平均值作为测量结果。

⑦测量完成后，将取样探头从车辆的排气管中取出，将测量单元放回清洁干燥处，控制系统退出测量界面，返回主菜单，关闭电源。

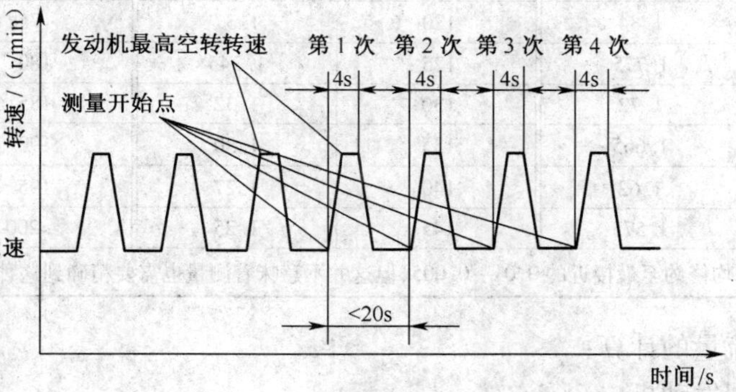

图2-67 自由加速烟度试验规范

4)汽车排气烟度检测标准

(1)新生产压燃式发动机、压燃式发动机汽车排气烟度限值。压燃式发动机和压燃式发动机汽车的型式核准、生产一致性检查以及新生产车(制造厂合格入库或出厂的车)检测的各种烟度限值列于表2-22。

表2-22 新生产压燃式发动机、压燃式发动机汽车排气烟度限值

机型	试验类型及限值		
	型式核准	生产一致性检查	新生产汽车检测
发动机	进行“全负荷稳定转速试验”，测量值应不超过表2-23规定的限值。进行“自由加速试验”，测光吸收系数并校正，校正值即为该机型的烟度限值	进行“自由加速试验”，限值=机型烟度限值+0.5m^{-1}	
重型汽车	车型申报文件中应包括装有的发动机机型的自由加速的烟度限值	进行“自由加速试验”，限值=装用的发动机机型的烟度限值+0.5m^{-1}	同左

（续）

机　型	试验类型及限值		
	型式核准	生产一致性检查	新生产汽车检测
压燃式轻型汽车	进行“自由加速试验”，测光吸收系数，作为该车型的烟度限值	进行“自由加速试验”，限值 = 车型的烟度限值 + $0.5m^{-1}$	同左

表 2-23　稳定转速试验的烟度排放限值

名义流量 $G/(L/s)$	光吸收系数 k/m^{-1}	名义流量 $G/(L/s)$	光吸收系数 k/m^{-1}	名义流量 $G/(L/s)$	光吸收系数 k/m^{-1}
≤42	2.26	95	1.535	150	1.225
45	2.19	100	1.495	155	1.205
50	2.08	105	1.465	160	1.19
55	1.985	110	1.425	165	1.17
60	1.90	115	1.395	170	1.155
65	1.84	120	1.37	175	1.14
70	1.775	125	1.345	180	1.125
75	1.72	130	1.32	185	1.11
80	1.665	135	1.30	190	1.095
85	1.62	140	1.27	195	1.08
90	1.575	145	1.25	≥200	1.065
注：虽然以上数值均修约至最接近的 0.01 ~0.005，但这并不意味着测量也需要精确到这种程度					

名义气体流量的计算：

对于四冲程发动机

$$G = Vn/120 \tag{2-48}$$

式中　G——名义气体流量(L/s)；

V——发动机气缸容积(L)；

n——发动机转速(r/min)。

(2)在用汽车的排气烟度限值。装配压燃式发动机的在用汽车排气烟度由规定的自由加速试验测得，其排气烟度限值，在 2005 年 7 月 1 日起实施的 GB3847—2005《车用压燃式发动机和压燃式发动机汽车排气烟度排放限值及测量方法》中有明确的规定，如表 2-24 所列。

表 2-24　在用汽车排气烟度限值

车辆类型	光吸收系数/m^{-1}	波许烟度值/Rb
2005 年 7 月 1 日起按本标准规定经型式核准批准车型生产的在用汽车	不应大于车型核准批准的自由加速排气烟度限值，再加 $0.5m^{-1}$	—
2001 年 10 月 1 日至 2005 年 7 月 1 日生产的自然吸气式汽车	2.5	—
2001 年 10 月 1 日至 2005 年 7 月 1 日生产的涡轮增压式汽车	3.0	—
1995 年 7 月 1 日以前生产的在用汽车	—	5.0
1995 年 7 月 1 日至 2001 年 9 月 30 日生产的在用汽车	—	4.5

5)检测结果分析

柴油机自由加速烟度超过限值时，其主要原因是柴油机供油系调整不当所致。此外，柴油机气缸活塞组和曲柄连杆机构的技术状况及柴油的质量等对烟度排放也有影响。柴油机供油系调整不当和相关系统技术状况的变化，主要体现在柴油机出现冒黑烟、蓝烟及白烟等故障。下面简要介绍排烟故障的原因和诊断：

(1)黑烟故障。柴油机工作时黑烟浓重，其故障多属于喷油量过大、雾化不良、各缸喷油量不均匀、喷油时刻过早、调速器失调和空气滤清器堵塞等因素引起。

对于个别缸喷油量过大，可用分缸停止供油和结合观察排气烟色的方法予以判别。如某缸停止供油(旋松喷油器)后，烟色减轻，即为该缸喷油量过大。

在柴油机冒黑烟同时，若还能听到气缸内有清脆的敲击声，说明喷油时刻过早，应正确校准喷油正时。检查中如发现空气滤清器堵塞(滤芯脏污)，应及时进行清洗、吹净，并按规定加注新润滑油。

此外，柴油机冒黑烟还与柴油质量有关。为使着火性能良好，一般柴油机选用十六烷值为40~45的柴油为宜。若十六烷值超过65，则柴油蒸发性变差，致使燃烧不彻底，工作时也可产生冒黑烟现象。

(2)蓝烟故障。蓝色烟雾一般是润滑油窜入燃烧室后燃烧而引起的。因此，发现蓝色烟雾后，首先要检查油底壳的油面高度是否超高，因为润滑油油面过高容易造成润滑油上窜。应该注意的是，检查油面高度时，不应在发动机停熄工作后就抽出油尺查看，因为此时飞溅到曲轴箱壁上的润滑油尚未完全流回，需待停机后10min，再抽出油尺查看。

如果经检查油面高度正常，则应进一步检验气缸压缩压力。若气缸压力低，则表明气缸、活塞、活塞环磨损，间隙增大，漏气增加，润滑油上窜也比较严重。对于新车或刚刚大修过的汽车，一般不会因气缸间隙过大而引起润滑油上窜，往往是活塞环内、外切口(或切角)装反而引起润滑油上窜，必要时可解体检查发动机。

此外，空气滤清器堵塞，会使气缸进气过程中阻力增加，进气不畅，气缸内有一定负压，也会将润滑油吸入燃烧室。因此，出现冒蓝烟故障时，还应对空气滤清器进行检查与清洁。

(3)白烟故障。燃油中含有水分或冷却水漏入气缸(气缸套有砂眼、裂纹，气缸垫损坏等)，经炽热后化为蒸汽由排气管喷出，常被视为白烟。寒冷季节或雨天汽车露天停放，初次启动时，排气管所冒白汽，往往是由于排气消声器内积水被发动机废气加热蒸发造成的，在发动机启动运转正常后，水蒸气蒸发殆尽，症状也即消失，故不必为虑。

柴油机喷油时刻过迟、喷油压力低、雾化不良，可导致柴油未经充分燃烧即化作灰色烟雾排出。为此，发现柴油机冒灰白色烟雾时，应及时检查喷油正时、喷油压力等是否符合要求。

2.2.5 汽车前照灯与噪声检测

1. 汽车前照灯的检测

前照灯是汽车在夜间或能见度较低的条件下，为驾驶员提供行车道路照明的重要装备，也是驾驶员发出警示、进行联络的灯光信号装置。由于在行车过程中，汽车受到振动，可能引起前照灯部件的安装位置发生变化,从而改变光束的正确照射方向,同时,灯泡在使用过程中会逐步老化,反射镜也会受到污染而使其聚光的性能变差,导致前照灯的亮度不足。这些变化都会使驾驶员对前方道路情况辨认不清,或在与对面来车交会时造成对方驾驶员眩目,从而导致交通事故的发生。所以,前照灯的发光强度和光束的照射方向被列为汽车运行安全检测的必检项目。

1)前照灯评价指标

汽车前照灯的性能通常用前照灯的发光强度、光束照射位置以及配光特性予以评价。

(1)发光强度。发光强度是光线在给定方向上发光强弱的度量,单位是坎德拉(cd)。根据国际标准单位 SI 的规定,若一光源在给定方向上发出频率为 540×10^{12} Hz 的单色辐射,且在此方向的辐射强度为每球面度 1/683W 时,则该光源在所给方向上的发光强度为 1cd。

前照灯就是一个光源,若前照灯发光强度越大,则驾驶员能看清物体的距离就越远。受光物体被光源照明的程度称为照度,它是受光面明亮度的物理量,单位是勒克斯(Lx)。在不计光源大小的情况下,照度与离开光源距离的平方成反比。因此,在受光距离一定时,受光物体照度的大小实际上反映了光源的发光强度大小。

(2)光束照射位置。由于前照灯透过散光玻璃各点的光线是不均匀的,同时还有与主光束交叉的光线,因而它不是单纯从光源发出的散射光线。但是,由于主光束上的光线,大部分是穿过散光玻璃中心直射的,因此,在离开散光玻璃足够远的地方,可以近似地看做是由点光源发出的散射光线。如果把前照灯最亮的地方看做是光束中心,则它对水平、垂直坐标轴交点的偏离量,即表示它的照射方向的偏移量。

(3)配光特性。用等照度曲线表示的明亮度分布特征称为配光特性。汽车前照灯的配光特性有对称配光和非对称配光两种。前照灯光束的光形分布一般是水平方向宽,垂直方向窄,若等照度曲线左右对称,不偏向一边,上下扩展也不太宽,则称为对称配光特性,图 2-68 为对称配光特性。非对称配光的光形分布有一条明暗截止线,非对称配光有两种:一种是在配光屏幕上,明暗截止线的水平部分在 $V—V$ 线的左半边,右半边为与水平线向上成 15°的斜线,如图 2-69(a)所示;另一种是明暗截止线右半边为与水平线向上成 45°斜线至垂直距离为 25cm 处转向水平的折线,由于明暗截止线呈 Z 形,亦称 Z 形配光,如图 2-69(b)所示。

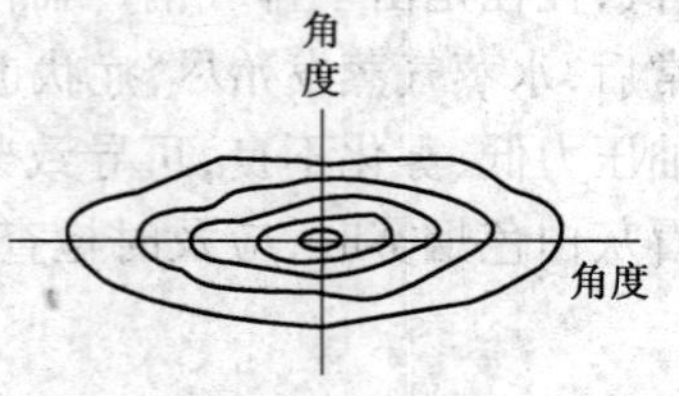

图 2-68 对称配光特性示意图

2)前照灯检测原理

前照灯检验仪通过采用能把吸收的光能变成电流的光电池作为传感器,按照前照灯光轴照射光电池产生电流的大小和比例,来测量发光强度和光轴偏斜量。

(1)发光强度的检测原理。如图 2-70 所示,连接光电池与光度计,按规定的距离使

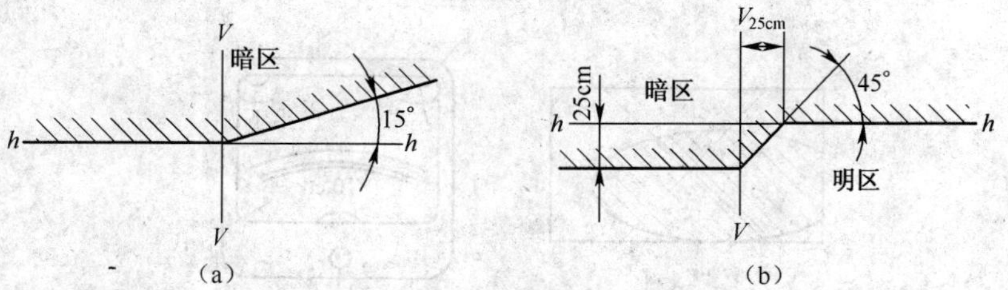

图 2-69　非对称配光特性示意图

前照灯照射光电池，光电池便按接收光强度的大小产生相应的光电流使光度计指针摆动，指示出前照灯的发光强度。

(2)光轴偏斜量的检测原理。如图 2-71 所示，图中有 $S_{上}$、$S_{下}$、$S_{左}$ 和 $S_{右}$ 四块光电池，在 $S_{上}$ 和 $S_{下}$ 之间接有上下偏斜指示计，在 $S_{左}$ 和 $S_{右}$ 之间接有左右偏斜指示计。当前照灯的光束照射光电池时，四块光电池将各自产生电流，根据 $S_{上}$ 和 $S_{下}$、$S_{左}$ 和 $S_{右}$ 电流差值，使上下偏斜指示计和左右偏斜指示计动作，由此可检测出光轴的偏斜方向与偏斜量。

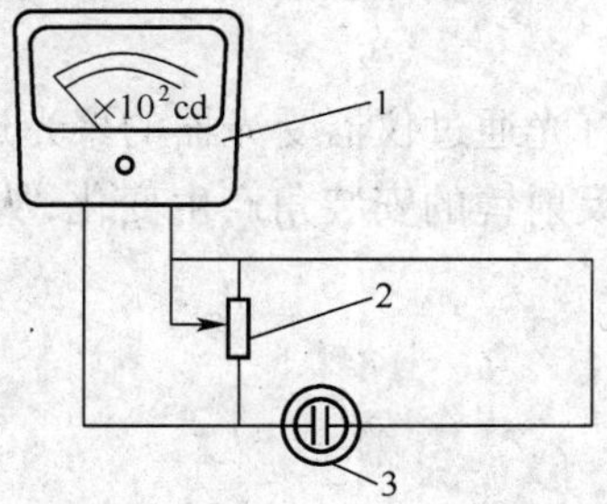

图 2-70　发光强度检测原理
1—光度计；2—可变电阻；3—光电池。

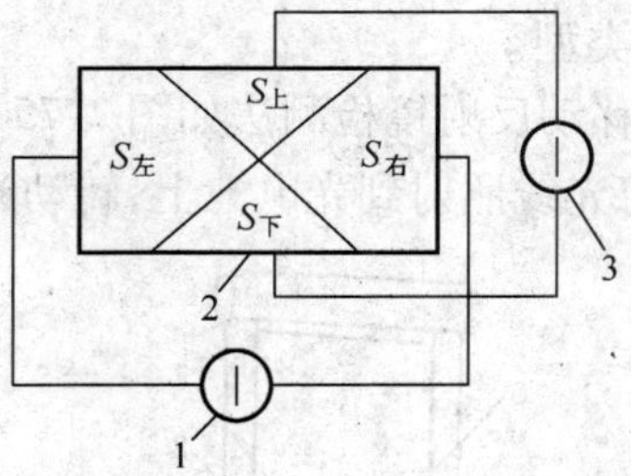

图 2-71　光轴偏斜量的检测原理
1—左右偏斜指示计；2—光电池；
3—上下偏斜指示计。

图 2-72 为光电池受光面无偏斜受光的情况，这时上下偏斜指示计和左右偏斜指示计指针均垂直向下，即处于零位。图 2-73 为光电池受光面向左下方偏斜受光的情况，这时上下偏斜指示计的指针向下偏斜，左右偏斜指示计的指针向左偏斜。

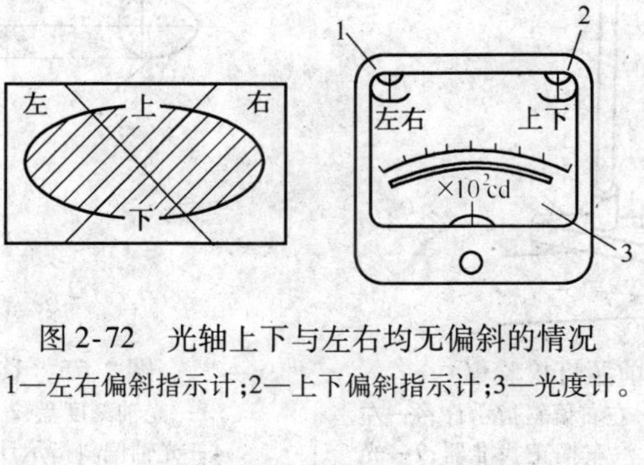

图 2-72　光轴上下与左右均无偏斜的情况
1—左右偏斜指示计；2—上下偏斜指示计；3—光度计。

3)前照灯检验仪

前照灯检验仪是按一定的检测距离停放在被检车辆对面，用来检测前照灯的发光强度和光束偏斜量的一种仪器。根据检测距离与测量方法的不同，前照灯检验仪可分为聚

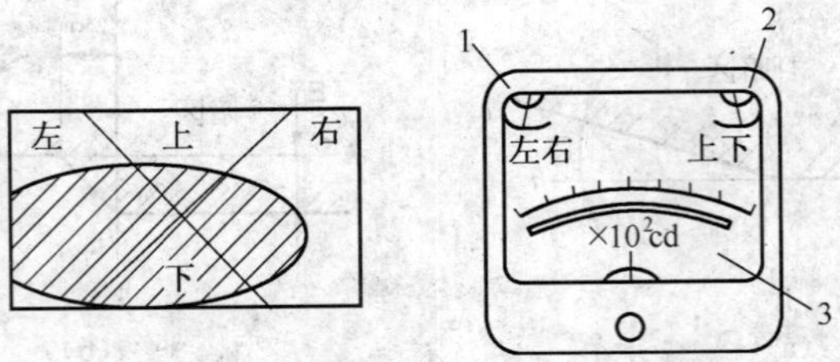

图 2-73　光轴上下与左右均有偏斜的情况

1—左右偏斜指示计;2—上下偏斜指示计;3—光度计。

光式、投影式、自动追踪光轴式和 CCD 图像传感器式等多种类型。

(1)聚光式前照灯检验仪。使用这种前照灯检验仪时,检测距离为 1m,检测时,检验仪位于被测前照灯正前方 1m 处。聚光式前照灯检验仪结构如图 2-74 所示,它是通过受光器的聚光透镜将前照灯的散射光束导引到光电池的光照面上,根据光束对光电池的照射情况,来检测前照灯发光强度和光束偏斜量的一种仪器。根据仪器不同的测量方法,聚光式前照灯检验仪又可分为移动反射镜式、移动光电池式和移动聚光透镜式三种类型。

①移动反射镜检测法如图 2-75 所示。前照灯的灯光通过仪器受光器的聚光透镜、反射镜,将光线照射到光电池上,转动光轴刻度盘,可使反射镜的安装角产生变化,从而使偏

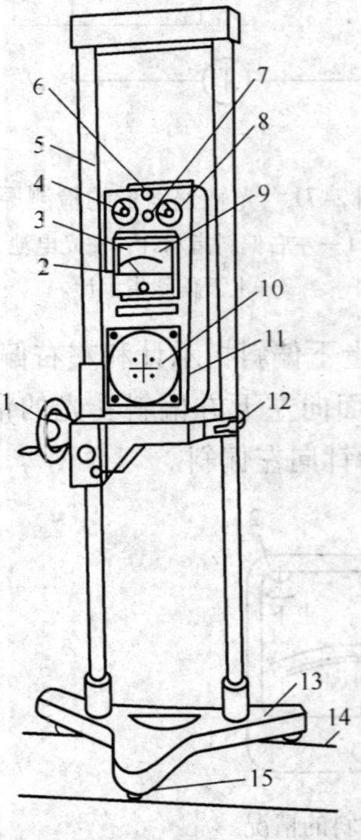

图 2-74　聚光式前照灯检验仪

1—升降手轮;2—光度计;3—左右偏斜指示计;4—左右光轴刻度盘;5—支柱;6—汽车摆正找准器;7—光度、光轴变换开关;8—上下光轴刻度盘;9—上下偏斜指示计;10—聚光透镜;11—前照灯照准器;12—角度调整螺钉;13—底座;14—导轨;15—滚轮。

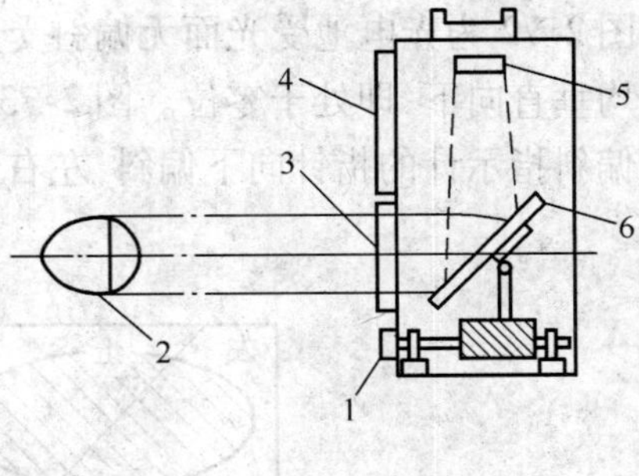

图 2-75　移动反射镜检测法

1—光轴刻度盘;2—前照灯;3—聚光透镜;4—光轴偏斜指示计;5—光电池;6—反光镜。

斜指示计的偏转量发生变化，当调整指针指向零位时，光轴刻度盘上即指示了光轴的偏斜量，与此同时光度计指示了灯光的发光强度。

②移动光电池检测法如图2-76所示。通过转动光轴刻度盘，使光电池做上下、左右移动，直至左右偏斜指示计和上下偏斜指示计的指示均为零，光电池信号通过光度计指示光强的大小，通过两个光轴刻度盘则可读出光轴的左右与上下偏斜量。

③移动聚光透镜检测法是通过调节聚光透镜的方位，使入射到光电池的光强最强，且光轴偏斜指示计读数为零。这个调节通过光轴检测杠杆的移动来实现，如图2-77所示。同样，其光轴刻度盘指示杠杆的移动量（即光轴的左右与上下偏斜量），光度计指示光强大小。

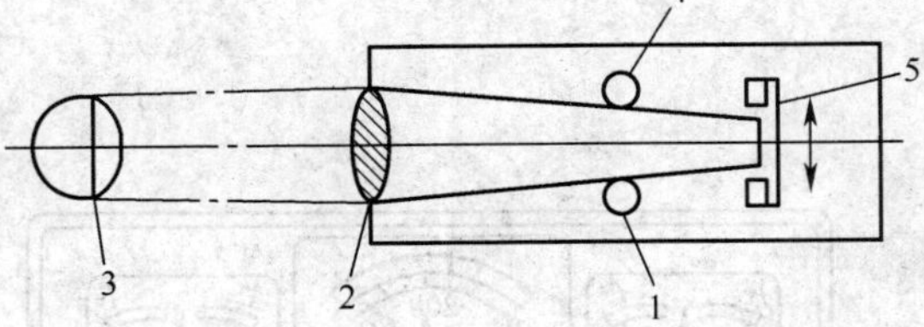

图2-76　移动光电池检测法

1—左右光轴刻度盘；2—聚光透镜；3—前照灯；4—上下光轴刻度盘；5—光电池。

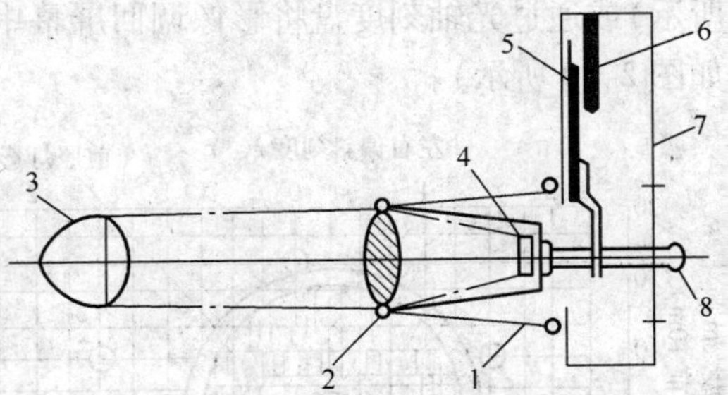

图2-77　移动聚光透镜检测法

1—连接器；2—聚光透镜；3—前照灯；4—光电池；5—指针；6—光轴刻度盘；7—外壳；8—光轴检测杠杆。

（2）投影式前照灯检验仪。投影式前照灯检验仪外形结构如图2-78（a）所示，其检测

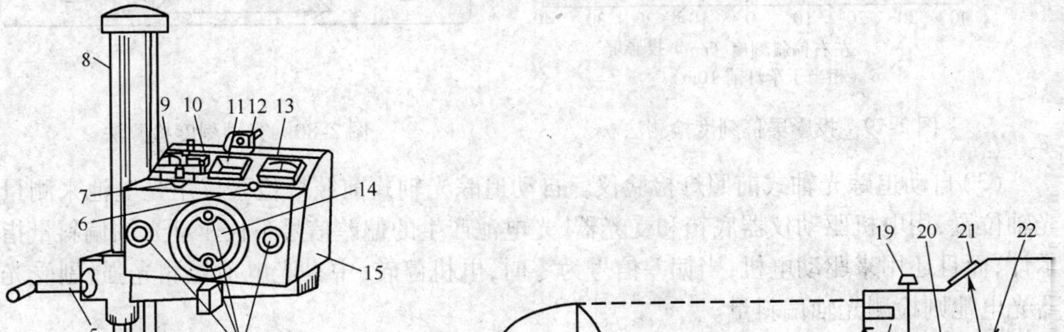

图2-78　投影式前照灯检验仪

（a）外形结构；（b）检测原理。

1—滚轮；2—底座；3—导轨；4、17—光电池；5—上下移动手柄；6—上下光轴刻度盘；7—左右光轴刻度盘；8—支柱；9—左右偏斜指示计；10—上下偏斜指示计；11—投影屏；12—车辆摆正找准器；13—光度计；14—聚光透镜；15—受光器；16、18—聚光透镜；19—光轴刻度盘；20—光度计光电池；21—投影屏；22—反射镜。

原理如图 2-78(b)所示,在聚光透镜的上下和左右四个位置上,分别装有光电池 N_{01} ~ N_{04},在透镜的后面装有光度计光电池,被检车辆前照灯光束的影像通过聚光透镜,一方面投射到光度计光电池上以产生光强信号驱动光度计;另一方面经反射镜将影像投射到投影屏上。检测时,先用车辆摆正校准器找准车辆与仪器的相对位置(规定检测距离为 3m),然后移动受光器和仪器台架到适当位置,使得指示光轴位置的上下与左右偏斜指示计的指示均为零,因此,在此位置上光电池 N_{01} 与 N_{02} 和 N_{03} 与 N_{04} 处于平衡状态,表明仪器受光器正好对准了前照灯的主光轴,于是通过投影屏可以看到前照灯影像与屏幕中心的偏移情况。此时,光轴偏斜量可通过投影屏上的刻度值读出(投影屏幕刻度法如图 2-79 所示)或通过光轴刻度盘将影像调回屏幕中心,然后由光轴刻度盘读出(光轴刻度盘法,如图 2-80 所示)。

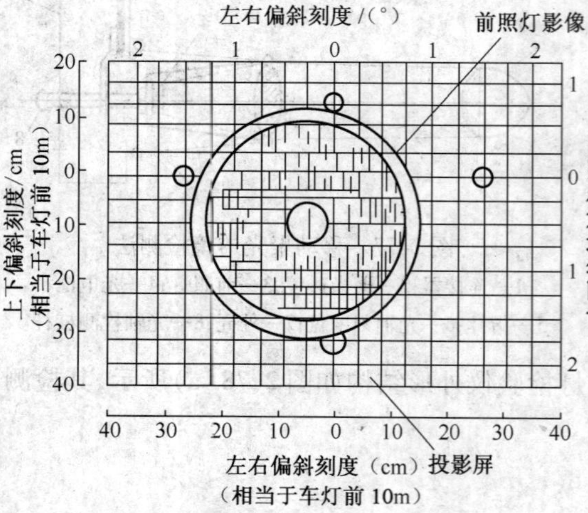

图 2-79 投影屏幕刻度检测法

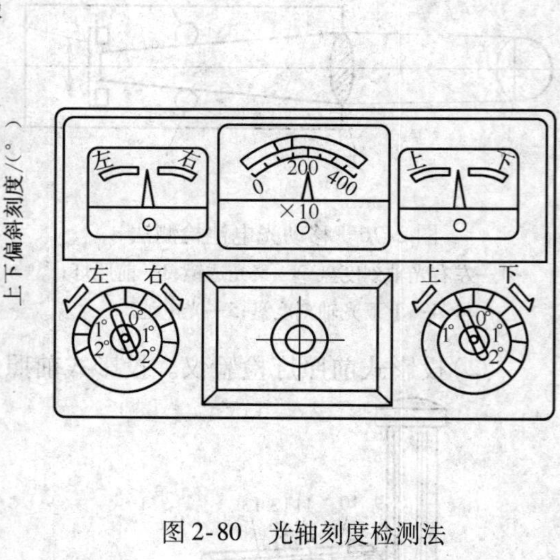

图 2-80 光轴刻度检测法

(3)自动追踪光轴式前照灯检验仪。自动追踪光轴式前照灯检验仪用光电池来测量光轴位置,用电机驱动仪器底箱和受光器,光电池产生的偏差信号不仅驱动光轴偏斜量指示计,而且还用来驱动电机,当偏差信号为零时,电机停转,中央光电池检测光强,副受光器光电池则检测光轴偏斜量。

①检验仪结构。

自动追踪光轴式前照灯检验仪如图 2-81 所示,各部分的功能分别为:

a. 底箱。底箱是仪器的基座,由四个导向轮支承,可在导轨上做水平方向运动,其内部装有驱动电机、减速及传动机构,以驱动仪器作水平方向运动及使光接收箱做垂直方向运动。水平及垂直方向运动的电气控制系统(底箱线路板组件)也安装在底箱内。

b. 左右立柱。左右立柱是仪器在垂直方向运动的支柱及导向柱,左立柱左侧表面上刻蚀有指示被检前照灯中心高度的刻度尺,刻度范围为 500mm ~ 1300mm。

c. 光接收箱。光接收箱用以接收被检前照灯投射的光束,正面装有两组四片硅光电池,其输出作为仪器跟踪光轴的控制信息,内部装有聚光透镜及其驱动系统以及用以测定光轴偏斜量和发光强度的四象限硅光电池组和相应的信号控制、处理电路。

d. 光轴水平(或垂直)方向偏斜量指示表。在检验仪处于"测定"状态时,用以指示被检前照灯光轴在水平(或垂直)方向的偏斜量。一般用角度(°)和 cm/10m 双重刻度指示。

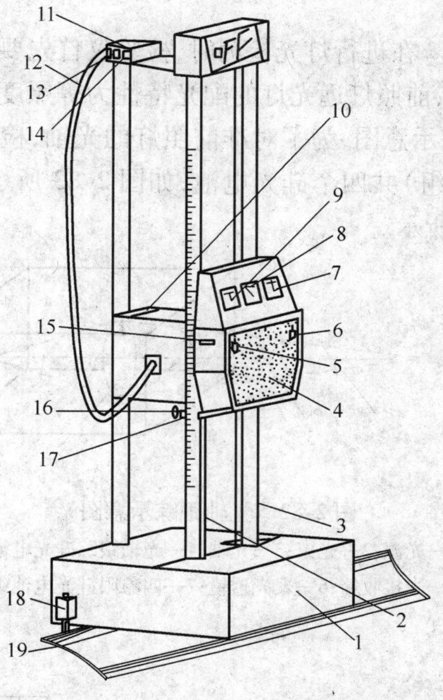

图2-81　自动追踪光轴式前照灯检验仪外形结构图

1—底箱；2—左立柱；3—右立柱；4—光接收箱；5—电源指示灯；6—测定指示灯；7—左右偏斜指示表；8—发光强度指示表；9—上下偏斜指示表；10—水准泡；11—接线盒；12—连接电缆；13—控制电缆插座；14—输出信号插座；15—瞄准器；16—手轮；17—箭标；18—限位开关；19—导轨。

e. 发光强度指示表。在“测定”状态时，用以指示被检前照灯的发光强度，单位为cd。

f. 水准泡。检验仪的圆形水准泡用以指示光接收箱是否已处于水平位置，当水准泡的气泡偏离出水准泡的中心圆时，光接收箱的位置应进行适当调整，以使气泡回到中心圆。

g. 瞄准器。用以瞄准被检车辆的纵向中心线（或该中心线的平行线），需要调整时，转动调整手轮，当瞄准器的前后准星与该中心线平行时仪器的光接收箱正面就垂直于被检车辆的纵向中心线。

h. 调整手轮。用以调整光接收箱的位置，使光接收箱的正面与被检车辆的纵向中心线垂直。

i. 箭标。其作用是：ⓐ在调整光接收箱的位置时，当箭标的尖端对准了左立柱刻度尺上的纵向刻度线时，即表示光接收箱正面与导轨平行。如果导轨在安装时已保证了与被检车辆的纵向中心线垂直，则在上述情况下即表示光接收箱正面已与被检车辆的纵向中心线垂直。ⓑ在检验仪进入“测定”状态时，箭标的尖端所对应的横刻度线即为被检车辆前照灯的中心高度（与地面之间的距离）。

j. 限位开关和导轨。当检验仪运行到导轨的左右末端时，限位开关的滑杆与导轨端部的挡块相接触，限位开关内的触点开路，使仪器自动停止运行，以防冲出导轨。导轨安装在地面上，供检验仪左右移动时导向用。

②检验仪检测原理。

a. 光轴自动对准原理。在进行灯光检测时，检验仪首先要自动对准被检车辆前照灯的光束中心（以下称光轴），前照灯远光灯的配光特性为等照度曲线，即越靠近中心，照度越大。图2-82为光轴跟踪示意图，为了对准前照灯的光轴，检验仪的光接收箱正面配置两组（U、D与R、L各为一组）共四个硅光电池，如图2-83所示，用以接收前照灯照射光束，其接线方式如图2-84所示。

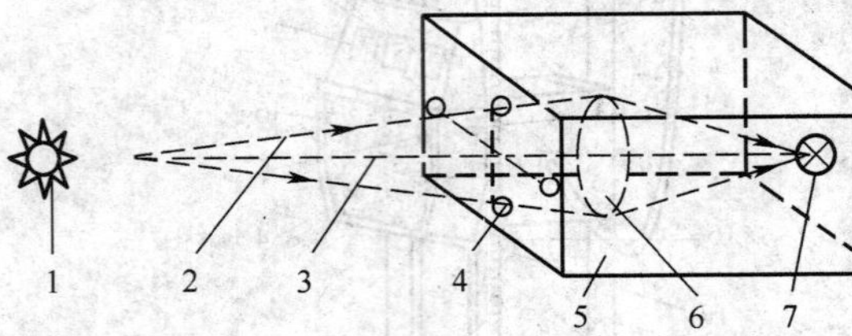

图2-82 光轴跟踪示意图

1—光源；2—光束；3—光轴；4—光轴跟踪硅光电池；5—光接收箱；6—聚光透镜；7—四象限硅光电池组。

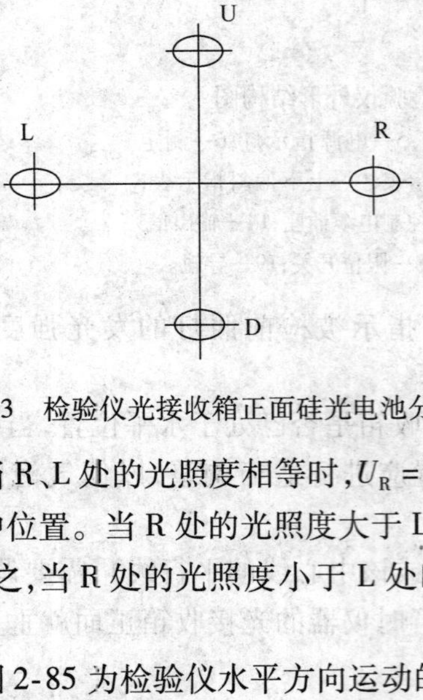

图2-83 检验仪光接收箱正面硅光电池分布图

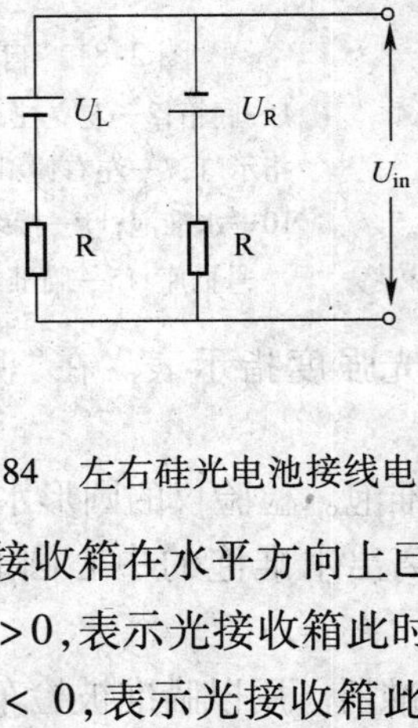

图2-84 左右硅光电池接线电路图

当R、L处的光照度相等时，$U_R=U_L$，$U_{in}=0$，表示光接收箱在水平方向上已处于光束的正中位置。当R处的光照度大于L处时，$U_R>U_L$，$U_{in}>0$，表示光接收箱此时应向右移动；反之，当R处的光照度小于L处时，则$U_R<U_L$，$U_{in}<0$，表示光接收箱此时应向左移动。

图2-85为检验仪水平方向运动的控制系统框图。由硅光电池组输出的差值电压信号经放大器放大后，送入三状态比较器，当$U_{in}=0$时，三状态比较器输出为零，继电器不动作，电机停转，仪器停止运动；当$U_{in}>0$时，三状态比较器输出为负，反转继电器动作，电机反转，仪器向右运动；当$U_{in}<0$时，三状态比较器输出为正，正转继电器动作，电机正转，仪器向左运动，直至光接收箱对准前照灯的光轴，硅光电池组输出信号$U_{in}=0$时为止。

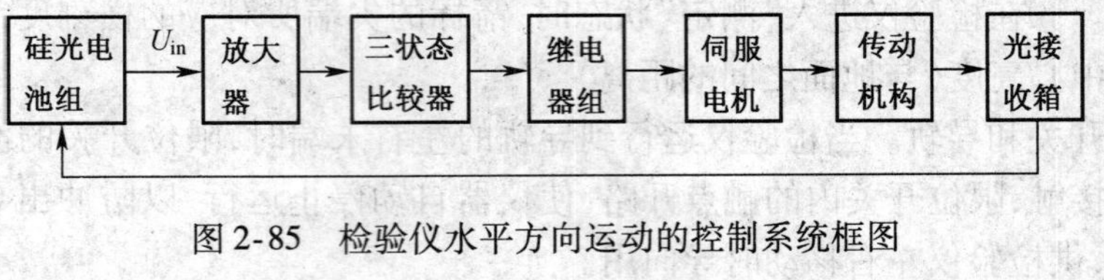

图2-85 检验仪水平方向运动的控制系统框图

仪器垂直方向运动的控制系统与水平方向运动的控制系统相类似，在这两个系统同时作用下，检验仪即能自动对准被检前照灯的光轴。

b. 光轴偏斜量的测量原理。检验仪的光接收箱对准被检前照灯的光轴后，由安装在光接收箱内的聚光透镜将前照灯的光束聚光，然后投射至光接收箱后部的四象限硅光电池组上，该光电池组由U、D、R、L四片硅光电池按图2-86所示组合而成，接线方式如图2-87所示。

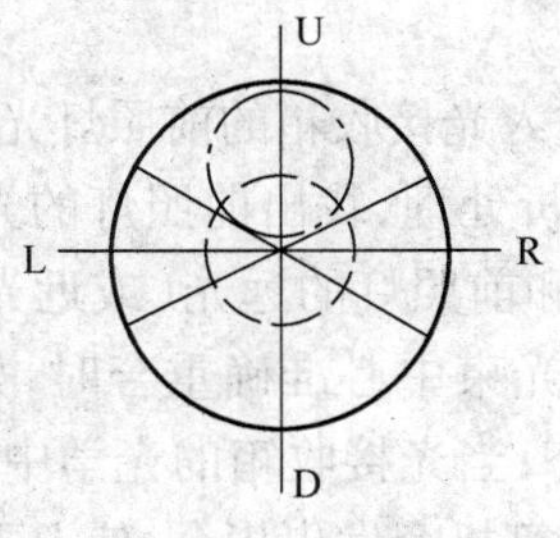

图2-86　四象限硅光电池组

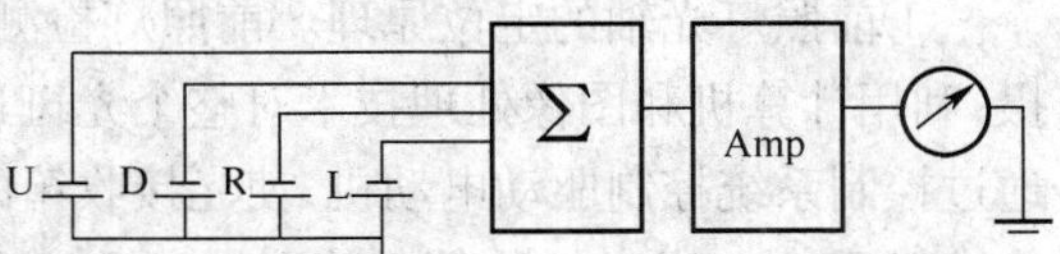

图2-87　硅光电池接线方式

当前照灯的光轴偏斜量为零时，光束的焦点落在四象限硅光电池组的中心，如图2-88(a)所示，四象限硅光电池组的U与D电池所接收的光能量相同(见图2-86中的虚线圆)，因而电池组输出电压 U_U 与 U_D 相等，输出差值电压信号 $U_{in}=U_U-U_D=0$。

当前照灯的光轴向上偏斜时，光束的焦点落在四象限硅光电池组的上部，如图2-88(b)所示，四象限硅光电池组的U与D电池所接收的光能量不相同(见图2-86中的点线圆)，因而电池组输出电压 U_U 与 U_D 不相等，输出差值电压信号 $U_{in}=U_U-U_D\neq0$。

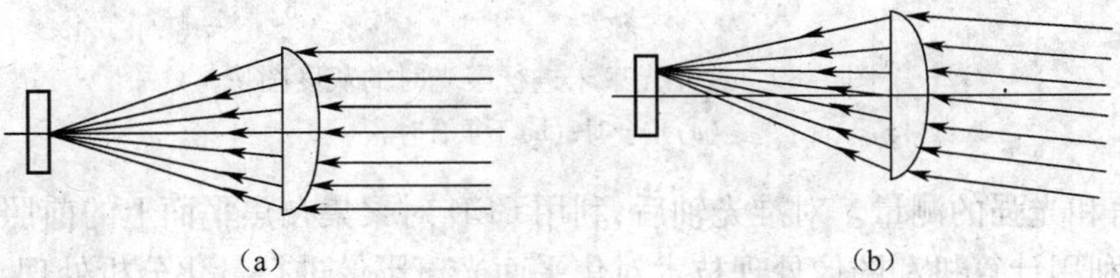

(a)　　(b)

图2-88　前照灯的光轴偏斜示意图

(a)光轴偏斜量为零；(b)光轴向上偏斜。

通过类似图2-85的控制系统(此时控制对象为聚光透镜)的作用，使聚光透镜向下移动至光束的焦点重新回复到四象限硅光电池组的中心时为止，由于聚光透镜的位移量与光轴偏斜量成线性比例关系，因此只要利用位移传感器测出聚光透镜的上下位移量，即可测得光轴的上下偏斜量，光轴的左右偏斜量也是通过上述原理进行测定的。

c. 发光强度的检测原理。根据光学定律，当距离为一定值时，被照面上的照度与光源的发光强度成对应比例关系。当聚光透镜聚焦后的光束焦点移动到四象限硅光电池组的中心后，U、D、R、L硅光电池组输出电压的大小，只取决于照射在硅光电池表面的光照度，因而也就是取决于被检前照灯的发光强度，将 U_U、U_D、U_R、U_L 通过加法器相加后，再经放大器放大，在放大器的输出端用电流表将相应的发光强度显示出来，如图2-87所示。

(4)采用 CCD 图像传感器的全自动前照灯检测仪。目前应用较多的是 CCD 式前照灯检测仪。常见的有 NHD-6101 型、QD-1003 型、QDC-1C 型和 FD-103 型汽车前照灯远近光检测仪。

NHD-6101 型和 FD-103 型前照灯检测仪在透镜的前后安装有两个 CCD 摄像机,分别负责光轴的跟踪和前照灯配光性能与照射方向的分析。QD-1003 型前照灯检测仪在透镜后安装有一个 CCD 摄像机用于前照灯配光性能和照射方向的分析,而光轴的跟踪仍沿用传统的光电池法。有的检测仪在立柱上装有扫描光电管阵列,其作用是扫描汽车前照灯的大概位置,以便光接收箱快速定位。

①前照灯光轴的定位原理。前照灯检测仪可以对进入光接收箱的前照灯光束进行拍摄,利用计算机和图像处理技术对整个光斑进行量化分析处理,找出前照灯的光轴中心,通过控制系统控制驱动电动机,使光接收箱的光学中心和前照灯的远光(或近光)光束中心准确重合。当光接收箱的光学中心和前照灯的远光光束中心准确重合时,如图 2-89(a)所示,此时上下、左右电动机不动,仪器处于平衡状态;当光接收箱的光学中心和前照灯的远光光束中心不重合时,如图 2-89(b)所示,此时计算机会发出指令,使上下、左右电动机动作,直到光接收箱的光学中心和前照灯的远光光束中心准确重合为止。

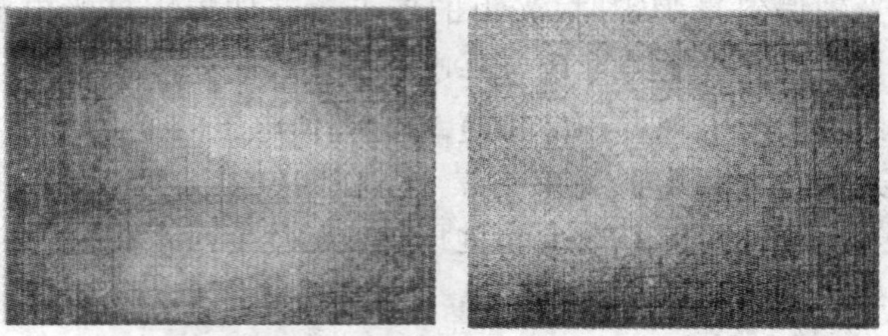

(a) (b)

图 2-89 远光光束未进行聚光时的灰度图像
(a)重合时;(b)不重合时。

②偏角和光强的测量。对准光轴后,利用 CCD 对聚集在焦平面上的前照灯远光光斑进行成像,利用计算机和图像处理技术对焦平面光斑影像进行量化分析处理,找出其光束中心。不同偏角的光束其光学中心成像在焦平面上的位置不同,不同光强的点在图像上的灰度也不同。光强越强的点,光斑越亮;光强越弱的点,光斑越暗。这样就可以测出前照灯远光光束位置和光强。当机动车前照灯远光的偏角为零度时,远光光束经过聚光透镜聚光后,其在焦平面上的成像光学中心也在焦平面的中心,其成像在焦平面上的光分布图如图 2-90(a)所示。当机动车前照灯远光的偏角不为零度时,远光光束经过聚光透镜聚光后,其在焦平面上的成像光学中心也不在焦平面的中心,其成像在焦平面上的光分布图如图 2-90(b)所示。

③检测仪外形结构。用 CCD 式前照灯检测仪检测灯光性能时,一般距离前照灯 1m 或 3m。检测时前照灯的光束通过检测仪的聚光透镜和光电元件,将 1m 或 3m 处的光照度折算成 10m 处的照度,并以发光强度值进行指示。

以目前应用较多的南华厂生产的 NHD-6101 型前照灯检测仪为例说明全自动前照灯远近光检测仪结构。其外形结构如图 2-91 所示。

（a）　　　　　　　　　　（b）

图 2-90　聚光后成像在焦平面上的光分布图

(a)偏角为零;(b)偏角不为零。

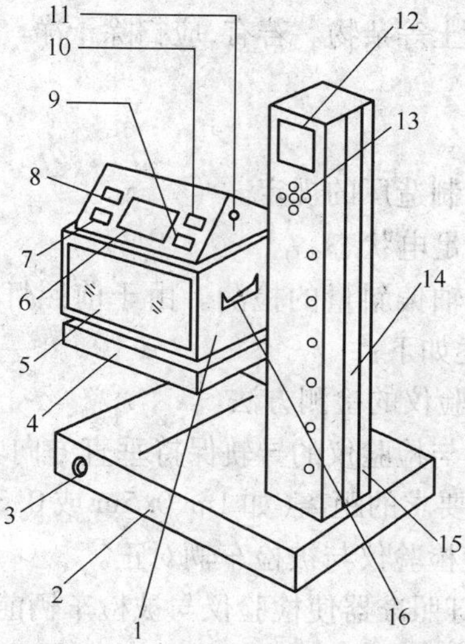

图 2-91　NHD-6101 型前照灯检测仪

1—受光箱;2—底座;3—水平调整偏心轴;4—回转台;5—菲涅尔透镜;6—观察屏幕;
7—高度指示表;8—光强指示表;9—上下方向指示表;10—左右方向指示表;11—观察把手;
12—控制机;13—操作键盘;14—立柱盖板;15—立柱;16—准星。

控制机是前照灯检测仪进行数据处理及控制的计算机。控制机前面板的液晶显示器下方装有操作键盘,背面装有插座连接板。

底座是整台仪器的基座,装有水平方向驱动系统,以驱动仪器整机做水平方向运动;底座内装有受光箱的上下传动机构、限位开关组、高度检测机构等。

立柱是控制机支承部分,也是受光箱垂直运动的支承导向柱。立柱内还安装有电气系统的主控板、电动机控制板、电源板等控制线路板。立柱表面安装有扫描光电管阵列。

接线盒位于立柱后侧,装有各连接电缆的插座。

回转台装有驱动受光箱做上下、左右摆动的传动机构,是受光箱的支承座。

受光箱内装有光电检测元件及光学测量系统,用以实现各有关参数的检测。

水平方向光轴角指示表、发光强度指示表、垂直方向光轴角指示表及灯高指示表显示实时测量数据。

观察屏幕是用以观察远光配光特性及近光明暗截止线的显示面板,当扳起受光箱的“观察把手”时,被检前照灯的配光图像就会投射在屏幕上,这时可借助屏幕上的刻度,对配光图像进行目测。

4)前照灯检测方法

(1)检测前的准备工作。

①检验仪的准备。

a. 检查聚光透镜和反射镜的镜面上有无污物。若有,用柔软的布或镜头纸擦拭干净。

b. 在不受光的情况下,确保前照灯检验仪光度计和光轴偏斜指示计的指示值为零。

c. 检查水准器的技术状况。若水准器无气泡,应进行修理;若气泡不在红线框内时,可用水准器调节器或垫片进行调整。

d. 检查导轨是否沾有泥土等杂物。若有,应扫除干净。

②被测车辆的准备。

a. 清除前照灯上的污垢。

b. 轮胎气压应符合汽车制造厂的规定。

c. 汽车蓄电池应处于充足电状态。

(2)前照灯发光强度、光轴偏斜量的检测。由于前照灯检验仪的牌号、型号不同,其检测方法也不尽相同,现分述如下:

①采用聚光式前照灯检验仪的检测方法。

a. 将被测车辆尽可能地与检验仪的导轨保持垂直方向驶近检验仪,直至前照灯与检验仪受光器之间达到检测所要求的距离(如 1m、0.5m 或 0.3m)。

b. 用汽车摆正找准器使检验仪与被检车辆对正。

c. 打开前照灯,用前照灯照准器使检验仪与被检车辆前照灯对正。

d. 将"光度 · 光轴"转换开关扭向光轴一边。然后转动上下和左右光轴刻度盘,使光轴偏斜指示计的指示值为零。此时,两光轴刻度盘上指示值即为光轴偏斜量,如图 2-92 所示。

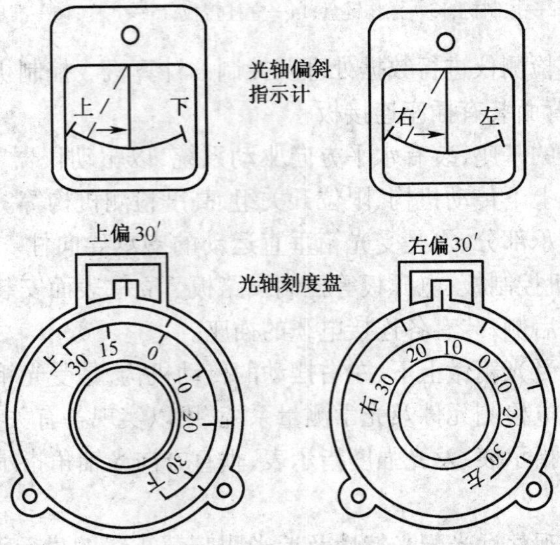

图 2-92 光轴偏斜量的检测

e. 保持光轴刻度盘位置不动,将"光度·光轴"转换开关扭到光度一边,此时光度计的指示值即为前照灯的发光强度。

②采用投影式前照灯检验仪的检测方法。

a. 将被测车辆尽可能与导轨保持垂直方向驶近检验仪,使前照灯与检验仪受光器相距3m。

b. 用汽车摆正找准器使检验仪与被测车辆对正。

c. 打开前照灯,移动检验仪,使光束照射到受光器上,并使上下和左右光轴偏斜指示计指示值为零。此时,根据投影屏上前照灯光束影像位置,即可得出光轴的偏斜量。

d. 根据光度计上的指示值,即可得出前照灯的发光强度。

③采用自动追踪光轴式前照灯检验仪的检测方法。

a. 将被测车辆尽可能与导轨保持垂直方向驶近检验仪,使前照灯与检验仪受光器相距3m。

b. 用汽车摆正找准器使检验仪与被测车辆对正。

c. 打开前照灯,接通检验仪电源,用控制器上的上下、左右控制开关移动检验仪的位置,使前照灯光束照射到受光器上。

d. 按下控制器上的测量开关,受光器随即追踪前照灯光轴,根据光轴偏斜指示计和光度计的指示值,即可得出光轴偏斜量和发光强度。

④采用CCD式前照灯检测仪的检测方法。

自动检测程序启动前,仪器必须处于导轨的左端或右端(沿行车方向判别,左端或右端可通过原始位置设定开关设定)。

自动检测程序启动后,仪器按下述步骤自动进行检测(以左停原始位、两灯制为例)。

a. 仪器从原始位置向右行驶寻找光照区。

b. 在仪器行驶的过程中,光电扫描阵列不断进行扫描。当扫描到光照区时,仪器停止水平方向运动,并根据光电扫描阵列的光照区高度,控制光接收箱进入光照区。

c. 当光接收箱进入左灯光照区后,仪器自动转入自动跟踪状态,对被检前照灯进行检测。

d. 检测过程中,仪器通过"远光"、"近光"指示灯提示用户在检测远光时把前照灯切换到远光,检测近光时切换到近光。检测完成后,各表头显示检测数据。

e. 完成左灯检测后,仪器自动向右行驶寻找右灯光照区。

f. 在仪器行驶的过程中,光电扫描阵列不断进行扫描。当扫描到光照区时,仪器停止水平方向运动,并根据光电扫描阵列的光照区高度,控制光接收箱进入光照区。

g. 当光接收箱进入右灯光照区后,仪器自动转入自动跟踪状态,对被检前照灯进行检测。

h. 检测过程中,仪器通过"远光"、"近光"指示灯提示用户在检测远光时把前照灯切换到远光,检测近光时切换到近光。检测完成后,各表头显示检测数据。

i. 仪器自动返回至原始位置,并回复到"待命"状态。

5)前照灯检测标准

GB 7258—2012《机动车运行安全技术条件》对机动车前照灯光束照射位置和前照灯光束发光强度作了明确的规定。

(1)前照灯光束照射位置要求。

①在检验前照灯近光光束照射位置时,被测车辆空载、轮胎气压正常、乘坐一名驾驶员。前照灯照射在距离10m的屏幕上时,乘用车前照灯近光光束明暗截止线转角或中点的高度应为$0.7H \sim 0.9H$(H为前照灯基准中心高度,下同),其他机动车应为$0.6H \sim 0.8H$,机动车(装用一只前照灯的机动车除外)前照灯近光光束水平方向位置向左偏不允许超过170mm,向右偏不允许超过350mm。

②在检验前照灯远光光束及远光单光束照射位置时,前照灯照射在距离10m的屏幕上时,要求在屏幕上光束中心离地高度,对乘用车为$0.85H \sim 0.95H$,对其他机动车应为$0.8H \sim 0.95H$;机动车(装用一只前照灯的机动车除外)前照灯远光光束水平位置要求左灯向左偏不允许超过170mm,向右偏不允许超过350mm,右灯向左或向右偏均不允许超过350mm。

(2)前照灯远光光束发光强度要求。机动车每只前照灯的远光光束发光强度应达到表2-25的要求。测试时,其电源系统应处于充电状态。

表2-25 前照灯远光光束发光强度最小值要求 (单位:cd)

机动车类型	检查项目					
	新注册车			在用车		
	一灯制	二灯制	四灯制①	一灯制	二灯制	四灯制①
三轮汽车	8000	6000	—	6000	5000	—
最高设计车速小于70km/h的汽车	—	10000	8000	—	8000	6000
其他汽车	—	18000	15000	—	15000	12000

注:①四灯制是指前照灯具有四个远光光束;采用四灯制的机动车其中两只对称的灯达到两灯制的要求时视为合格

6)前照灯检测结果分析

前照灯检验不合格有两种情况:一是前照灯发光强度偏低;二是前照灯照射位置偏斜。

(1)前照灯发光强度偏低。

①左右前照灯发光强度均偏低:

a. 查前照灯反光镜的光泽是否明亮,如昏暗或镀层剥落或发黑,应予以更换。

b. 查灯泡是否老化,质量是否符合要求,如老化或质量不符合要求,光度偏低者应更换。

c. 查蓄电池端电压是否偏低,如端电压偏低,应先充足电再检测。送检汽车普遍存在蓄电池电量不足,端电压偏低的现象。如由蓄电池供电,前照灯发光强度一般很难达到标准的规定;如由发电机供电则大部分汽车前照灯发光强度增加,多数可达到标准规定。

②左右前照灯发光强度不一致:

检查发光强度偏低的前照灯反射镜光泽是否灰暗,灯泡是否老化,质量是否符合要求,一般多为搭铁线路接触不良。

(2)前照灯光束照射位置偏斜。前照灯安装位置不当或因强烈振动而错位致使光束照射位置偏斜超标,应予以调整。前照灯光束照射位置偏斜的调整可在前照灯检验仪上进行。

2. 汽车噪声的检测

1)汽车噪声的来源及危害

所谓噪声,实际上就是人们主观认为一切不希望存在的响声。噪声污染、大气污染和水污染并称为现代社会的公害。据统计,城市噪声污染的主要来源是汽车噪声。汽车噪声一般为中等强度的噪声,由于车辆噪声为移动性噪声,因此影响范围大,干扰时间长,受害人员多。近年来从多起汽车用防盗器的误鸣而引起的扰民事件中,就可以看到汽车噪声给人们的生活带来的危害。

(1)汽车噪声的来源。汽车噪声源大致可分为发动机噪声与整车噪声,发动机噪声与发动机转速有关,而整车噪声与车速有关。与发动机转速有关的噪声源主要有进气噪声、排气噪声、风扇噪声和发动机表面辐射噪声以及由发动机带动旋转的各种发动机附件(如空气压缩机、发电机等)的噪声,与车速有关的噪声包括传动系噪声、轮胎噪声、车体产生的空气动力噪声等,如图 2-93 所示。

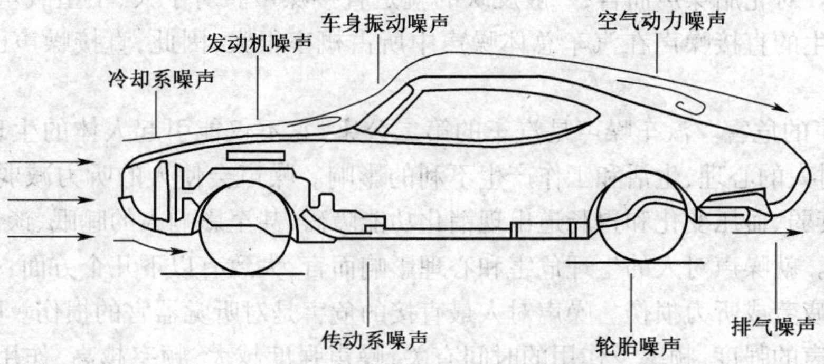

图 2-93 汽车主要噪声源示意图

发动机及动力总成噪声是汽车的主要噪声源之一。尤其是在怠速、低速行驶和车辆启动加速过程中,发动机及动力总成噪声愈发明显。通常发动机及动力总成噪声可以分为空气动力噪声和表面振动结构噪声两大类,如图 2-94 所示。空气动力噪声直接向空间辐射,引起空气动力噪声的噪声源主要有进、排气噪声和风扇噪声。发动机燃烧噪声和机械噪声指内部的燃烧过程和结构振动所产生的噪声,是通过发动机外表以及与发动机表面连接的零件的振动向外辐射的,因此将这两类称为发动机表面振动的结构噪声。燃烧噪声的发生机理相当复杂,主要是由于气缸内周期性变化的压力作用而产生的,与发动机的燃烧方式和燃烧速度密切相关。机械噪声是发动机工作时各运动件之间及运动件与固定件之间周期性变化的作用力所引起的,它与激发力的大小和发动机结构动态特性等因素有关,机械噪声主要是由活塞敲击、齿轮及轴承撞击、配气机构冲击等噪声引起的。

传动系噪声源主要是其内部齿轮和轴承,同时也有其他机构传递而来的固体声。齿轮传动特点是轮齿相互交替啮合,在啮合处既有滚动又有滑动,不可避免地要在齿与齿之间产生撞击和摩擦。另一方面,齿轮的制造和安装误差以及发动机曲轴的扭曲振动也会使齿轮传动的正常啮合关系遭到破坏,从而引起齿轮产生振动并发出噪声。轮胎噪声可以分为直接噪声(或车外噪声)和间接噪声(或车内噪声)两种,前者是轮胎直接辐射出来的噪声,而后者是轮胎直接或间接地成为激振源,振动通过悬架和车架传至车身,成为车

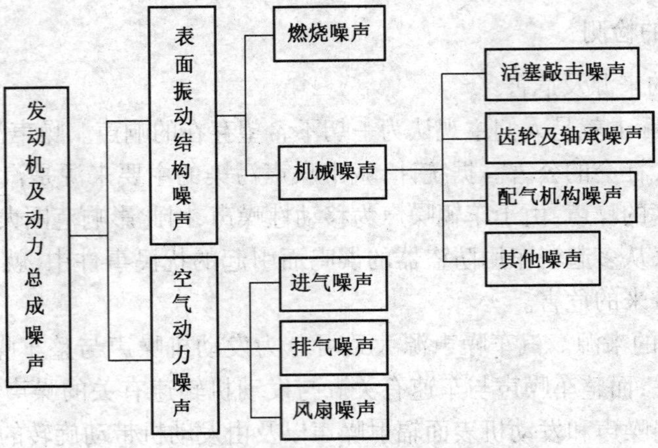

图2-94 发动机及动力总成噪声源

厢内的噪声。对轮胎噪声而言，一般反映的就是直接噪声。对于大、中型载重车的轮胎，由于其所产生的直接噪声在汽车总体噪声中所占概率很大，因此，直接噪声已成为噪声公害。

(2)噪声的危害。汽车噪声是汽车的第二公害，它不仅能引起人体的生理改变和损伤，而且能对人的心理、生活和工作产生不利的影响。噪声会使人的听力减弱、视觉功能下降、神经衰弱、血压变化和胃肠道出现消化功能障碍，甚至影响人的睡眠、谈话、学习、工作和情绪等。就噪声对人的生理危害和心理影响而言，大致有以下几个方面：

①听觉疲劳或听力损伤。噪声对人最直接的危害是对听觉器官的损伤。噪声对听力的影响与噪声的强度、频率及作用的时间有关，噪声强度越大、频率越高、作用时间越长，危害就越大。噪声对听力的影响，轻者可引起暂时性听阈偏移，重者可产生噪声性听力损伤乃至噪声性耳聋。

所谓暂时性听阈偏移，就是在强烈的噪声作用下，听觉皮质层器官的毛细胞受到暂时性的伤害，引起听阈级的暂时性偏移。离开噪声环境到比较安静的地方经过一段时间仍会恢复到原来的听阈状态。恢复时间的长短，随噪声的声级而不同。对于低声级噪声恢复时间可以是几分钟，对于高声级噪声恢复时间则往往需要 2 个 ~3 个星期。听阈偏移决定于噪声级、噪声特性、暴露时间以及各人对噪声的敏感性。长期暴露在噪声环境下，暂时性的听阈偏移可能转化为永久性的听阈偏移，再也不能恢复正常的听阈能力，此时就称为听力损失。

关于噪声性耳聋的划分，目前国内外尚无统一的标准，一般以 500Hz、1000Hz 和 2000Hz 三个频率的平均听力损失超过 25dB(A 计权网络)时，就认为是噪声性耳聋，此时就影响到人的工作能力和活动能力。另外，特别高的噪声还会引起人耳的外伤，高于 130dB 的声音不仅使听阈偏移不能恢复，甚至使耳膜击穿而出血，使双耳完全失去听觉能力，所以应尽可能避免高于 130dB 的声音。

②噪声影响人体健康。强烈噪声对人的生理刺激是诱发某些疾病、影响人体健康的一个原因，除了特别强烈的噪声能引起精神失常、休克乃至危及生命外，由噪声诱发的疾病主要表现在神经、心脏、消化系统会产生一系列不良反应。对神经系统的影响主要表现

为头晕、头胀、头痛、失眠、神经过敏、惊慌、记忆力下降、注意力不集中；对心脏系统的影响，主要表现为心跳过速、高血压、冠心病等；对消化系统的影响主要表现在消化不良、闻声呕吐等方面。

③噪声影响人的正常工作和生活。在噪声影响下，人们不容易集中精力工作，尤其对脑力劳动者，常常由于噪声打断思路，反应迟钝，因而会大大降低工作效率。对某些要求注意力高度集中的工种（如汽车驾驶员、文字校对者等），不仅影响工作进度，而且降低工作质量，容易出现差错和引起事故。噪声还会影响人们的睡眠质量和时间，当睡眠受到噪声干扰后，工作效率和健康都会受到影响。

汽车产生的噪声，影响了人类的健康、学习、工作和生活，并已发展成为严重的社会问题，引起了有关部门和公众的高度关注。因此，对汽车产生的噪声进行检测与控制已经成为汽车检测项目中十分重要的内容。

2）噪声的评价指标

噪声是一种声波，具有一切声波运动的特点和性质。声音的强弱取决于声压，而声压是指声波作用于大气使大气压强发生变动的变动量，声压越大听到的声音越强。人耳可以听到的声压范围是 2×10^{-5}Pa（听阈声压）~20Pa（痛阈声压），相差 100 万倍，因此用声压的绝对值表示声音的强弱会感到很不方便，所以人们常用声压级来表示声音的强弱。

声压级是指某点的声压 P 与基准声压（听阈声压）P_0 的比值取常用对数再乘以 20 的值 $L_P=20\lg\dfrac{P}{P_0}$，单位为分贝（dB），可闻声声压级范围为 0~120dB。在噪声测量中，通常是测定它的声压级。然而，人耳对声音的主观感觉，不仅与声压有关，而且还与声音的频率有关。在人耳可听的频率范围内，人耳对高频声反应敏感，而对低频声反应迟钝。声压级相同的声音，但由于其频率不同，听起来并不一样响；相反，不同频率的声音，虽然声压级不同，但有时听起来却一样响。因此，用声压级测定的声音强弱与人耳的主观感受往往不一样，这说明主观感受与客观物理量之间并不完全一致。在噪声研究中，应将这种主观感受与客观反应加以统一，否则无法对噪声做出有用的评价。因此，对噪声的评价常采用响度级和响度、噪声级等与人耳生理感觉相适应的指标。

①响度级和响度。响度级和响度能表示声音的强弱程度，它是一种与人耳的听感特性相适应的对声音强弱的主观表示法。响度级同时考虑了声音频率和声压级对人耳听觉感受的影响，更符合人耳接受声音的实际情况，响度级的单位是方（Phon），方是 1000Hz 纯音的声压级分贝值。响度级是一个相对量，有时需要把它化为自然数，即用绝对值来表示，因此引出了响度的概念。响度是受声刺激的听觉反应量，响度单位为宋（Sone），1 宋是声压级为 40dB、频率为 1000Hz 纯音所产生的响度。

为了确定声压级与响度级的关系，通过许多人的听觉试验，得到 1000Hz 纯音各分贝值的等响曲线，图 2-95 为 ISO 推荐的等响曲线。图中的纵坐标是声压级，横坐标是频率，二者都是声波客观的物理量。因为频率不同时，人耳的主观感觉不同，所以每个频率都有各自的听阈声压级和痛阈声压级。如果把它们连接起来，就能得到听阈线和痛阈线。两线之间按响度的不同可分为若干个响度级，一般分成 13 个响度级，听阈线为零方响度线，痛阈线为 120 方响度线，两者之间通常标出 10 方、20 方、……、100 方、110 方响度线。

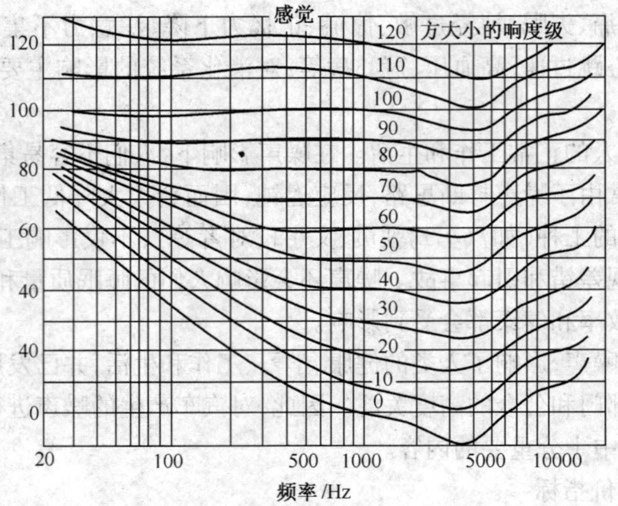

图 2-95 等响曲线

凡在同一条曲线上的各点，虽然它们代表着不同频率和声压级，但其响度（主观感觉）是相同的，故称等响曲线。每条等响曲线代表的响度级的大小由该曲线在 1000Hz 时的声压级的分贝值而定。实际上是以 1000Hz 纯音做为基准声音，当某一噪声听起来与该纯音一样响，则该噪声的响度级（方值）就等于这个纯音的声压级（分贝值）。例如，某噪声听起来与声压级 85dB、频率 1000Hz 的基准声音一样响，则该噪声的响度级就是 85 方。

②噪声级。声级计是测量声音强弱的仪器，声级计的"输入"是声音客观存在的物理量（声压和频率），而其"输出"不仅要求是对数关系的声压级，而且应该是符合人耳特性的主观量（响度级）。然而声压级没有反映出频率的影响，它具有平直的频率响应。为了模拟人耳在不同频率有不同的灵敏性，在声级计内设有一种能够模拟人耳的听觉特性，把电信号修正为与听觉近似值的网络，这种网络称作计权网络。通过计权网络测得的声压级，已不再是客观物理量的声压级，而是经过听感修正的声压级，称作计权声级或噪声级。

国际电工委员会（IEC）对声学仪器规定了 A、B、C 等几种国际标准频率计权网络，它们是参考国际标准等响曲线而设计的。由于 A 计权网络的特性曲线接近人耳的听感特性，故目前普遍采用 A 计权网络对噪声进行测量和评价，记为 dB（A）。

为测量和分析方便，将可闻声音的频率范围分成若干段，称为频程或频带。可闻声音频率范围用 10 段倍频程表示，如表 2-26 所列。

表 2-26 倍频程中心频率及频率范围 （单位：Hz）

中心频率	31.5	63	125	250	500	1000	2000	4000	8000	16000
频率范围	22 ~ 45	45 ~ 90	90 ~ 180	180 ~ 355	355 ~ 710	710 ~ 1400	1400 ~ 2800	2800 ~ 5600	5600 ~ 11200	11200 ~ 22400

为使频段分得更细，可采用 1/3 频程。1/3 频程是在每个倍频程的频率之间插入两个频率，使 4 个频率之间依次相距 1/3 频程。

3）汽车噪声检测仪器

汽车噪声的测量采用声级计。声级计是一种能把噪声以近似于人耳听觉特性测定其噪声级的仪器，可以用来检测机动车的行驶噪声、排气噪声和喇叭声音响度级。

根据测量精度不同，声级计可分为精密声级计和普通声级计两类，图2-96为ND_2型精密声级计；根据所用电源不同，可分为交流式声级计和直流式声级计两类，后者也可以称为便携式声级计，具有体积小、重量轻和现场使用方便等特点。声级计的结构形式虽因制造厂家不同而有所差异，但其主要部分却大致相同，一般由传声器、放大器、衰减器、计权网络、检波器、指示仪表和电源等组成，如图2-97所示。

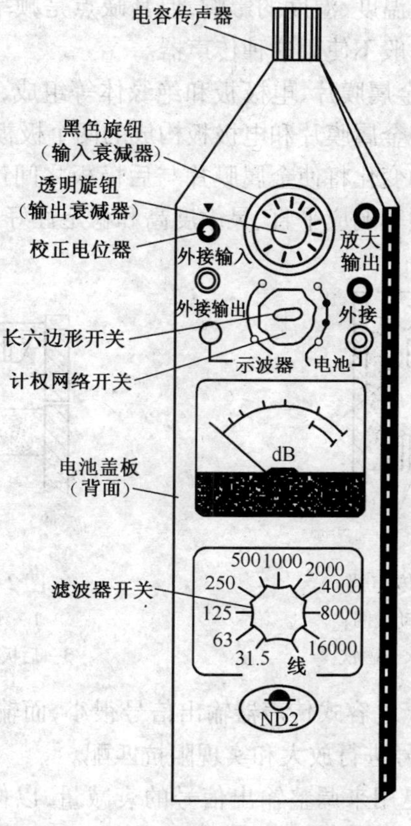

图2-96 ND_2型精密声级计

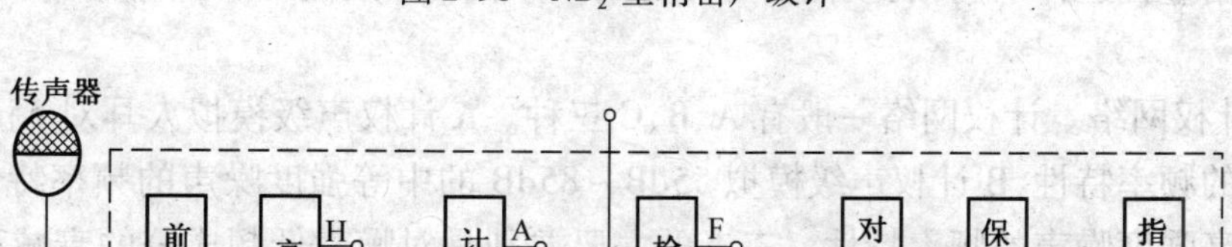

图2-97 声级计结构原理方框图

(1)传声器。传声器是将声波的压力信号转换成电压信号的装置，也称话筒，是声级计的传感器。常见的传声器有动圈式和电容式等多种形式。

动圈式传声器由振动膜片、可动线圈、磁体(软铁)和永久磁铁等组成,如图2-98所示。它是在振动膜片上设置一个可动线圈,并让该线圈位置处于圆柱体强磁场的中央,振动膜片受到声波压力作用产生振动,它带动着与其装在一起的可动线圈在磁场内振动而产生感应电流,这一电流根据振动膜片受到声波压力的大小,即振动膜片振动幅度的大小而变化。声压大,产生的电流强度就大;声压小,产生的电流强度就小。动圈式传声器的优点是本身杂声小,不易受温度、湿度的影响,但其缺点是频率响应特性在音频范围内不平直。因此,精密声级计一般不使用这种传声器。

电容式传声器主要由金属膜片、电极板和绝缘体等组成,如图2-99所示。当膜片受到声压作用发生变形时,使金属膜片和电极板构成的两个极板之间的距离发生变化,进而引起电容量发生变化,这种变化将使金属膜片与后极板之间产生一个输出电压。电容式传声器具有动态范围大、频率响应平直、灵敏度高和稳定性好等优点,因而应用广泛。

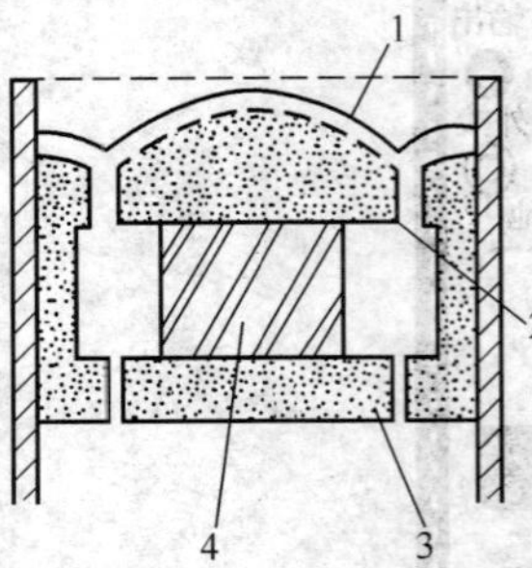

图2-98 动圈式传声器

1—振动膜片;2—可动线圈;
3—磁体(软铁);4—永久磁铁。

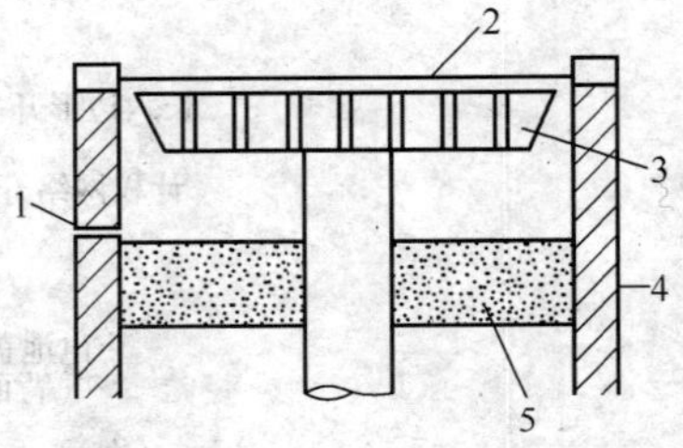

图2-99 电容式传声器

1—平衡孔;2—金属膜片;
3—后极板;4—壳体;5—绝缘体。

(2)前置放大器。由于电容式传声器输出信号很小,而输出阻抗很高,因此需要通过前置放大器将微弱的电信号进行放大和实现阻抗匹配。

(3)衰减器。衰减器是用来调整输出信号的衰减量,以便使显示仪表指示到适当的位置。根据量程选择不同,衰减程度可分为高(H)、中(M)、低(L)三挡,每一挡的衰减量为10dB。

(4)计权网络。计权网络一般有A、B、C三种。A计权声级模拟人耳对55dB以下低强度噪声的频率特性,B计权声级模拟55dB~85dB的中等强度噪声的频率特性,C计权声级模拟高强度噪声的频率特性。三者的主要差别是对噪声低频成分的衰减程度不同,A衰减最多,B次之,C衰减最少。由于A计权声级的特性曲线接近于人耳的听感特性,因此它是目前世界上噪声测量中应用最为广泛的一种,而B、C计权声级已逐渐不被采用。

(5)检波器。其作用是将迅速变化的交流电压信号转变成变化较慢的直流电压信号,这个直流电压的大小要正比于输入信号的大小。根据测量的需要,检波器有峰值检波器、平均值检波器和均方根值检波器之分。峰值检波器能给出一定时间间隔中的最大值,平均值检波器能在一定时间间隔中测量其绝对平均值,多数的噪声测量中均采用均方根值检波器。均方根值检波器能对交流信号进行平方、平均和开方,得出电压的均方根值,最后将均方根电压信号输送到指示仪表。检波器的输出一般都有“快”和“慢”两个挡，“快”挡的平均时间为0.27s，很接近于人耳听觉器官的生理平均时间，“慢”挡的平均时间为1.05s。当对稳态噪声进行测量或需要记录声级变化过程时，使用“快”挡比较合适；当被测噪声的波动比较大时，使用“慢”挡比较合适。

(6)对数放大器。从检波器输出的信号还只是与声压成正比。为了和人耳听觉对声音响应的对数特征相吻合，在电路中设计了对数放大器，以便使信号仪表指示后，能够以均匀的刻度显示所测声级的数值。

(7)保持输出。声级计上有一个保持按扭，在测量最大值时使用。当按下保持按扭时，仪表指示的数值只能升不能降，从而可测量某一段时间内的声音最大值。当松开按扭后，自动恢复显示即时值。

(8)指示仪表。指示仪表可以有数字式和指针式多种。数字式仪表直接显示噪声级值，指针式仪表显示出的数字(如+5)应加上衰减器挡位数字(如60)才是测量出的噪声级值。

声级计面板上一般还备有一些插孔，这些插孔如果与便携式倍频带滤波器相连，可组成一个小型现场使用的简易频谱分析系统；如果与录音机组合，则可把现场噪声录制在磁带上储存下来，待以后再进行更详细的研究；如果与示波器组合，则可观察到声压变化的波形，并可存储波形或用照相机把波形摄制下来；还可以将分析仪、记录仪等仪器与声级计组合、配套使用，这要根据测试条件和测试要求而定。

4)汽车噪声检测方法

国家标准规定汽车噪声使用的测量仪器有精密声级计(或普通声级计)和发动机转速表，声级计误差应不超过±2dB，并要求在测量前后，按规定对其进行校准。

(1)声级计的检查与校准。

①在未接通电源时，先检查并调整仪表指针的机械零点。

②检查电池容量。将声级计功能开关对准“电池”，衰减器任意，此时电表指针应达到额定红线，否则读数不准，应更换电池。

③打开电源开关，预热仪器10min。

④校准仪器。每次测量前或使用一段时间后，应对仪器的电路和传声器进行校准。根据声级计上配有的电路校准“参考”位置，校验放大器的工作是否正常。如不正常，应用微调电位计进行调节。电路校准后，再用已知灵敏度的标准传声器对声级计的传声器进行对比校准。

⑤将声级计的功能开关对准“线性”、“快”挡。由于室内的环境噪声一般为40dB～60dB，声级计上应有相应的示值。当变换衰减器刻度盘的挡位时，表头示值应相应变化10 dB左右。

⑥检查计权网络。按上述步骤，将“线性”位置依次转换为“C”、“B”、“A”。由于室内环境噪声多为低频成分，故经“C”、“B”、“A”三挡计权网络后的噪声级示值将低于线性值，而且应依次递减。

⑦检查“快”、“慢”挡。将衰减器刻度盘调到高分贝值处。通过操作人员发声，来观察“快”挡时的指针能否跟上发音速度，“慢”挡时的指针摆动是否明显迟缓。

⑧在投入使用时，若不知道被测噪声级有多大，此时则必须将衰减器刻度盘预先放在

最大衰减位置(120dB 处),在实测中再逐步旋至被测声级所需要的衰减挡。

(2)车外噪声测量方法。

①汽车加速行驶噪声的测量。

测量条件如下:

a. 测量仪器应采用精密声级计。

b. 测量场地应平坦而空旷,在测试中心以 25m 为半径的范围内,不应有大的反射物,如建筑物、围墙等。

c. 测试场地跑道应有 20m 以上平直、干燥的沥青路面或混凝土路面。路面坡度不超过 0.5%。

d. 背景噪声应比所测车辆噪声至少低 10dB,并保证测量不被偶然的其他声源所干扰。背景噪声是指测量对象噪声不存在时周围环境的噪声。

e. 测量应在良好的天气条件进行,风速不超过 5m/s,为避免风噪声干扰,可采用防风罩,但应注意防风罩对声级计灵敏度的影响。

f. 声级计附近除测量者外,不应有其他人员,如不可缺少时,则必须在测量者背后。

g. 被测车辆不载重,测量时发动机应处于正常使用温度,车辆带有的其他辅助设备也是噪声源,测量时是否开动,应按正常使用情况而定。

h. 测量场地及测点位置如图 2-100 所示,传声器应用三角架固定在离地面高(1.2 ± 0.02)m、距行驶中心线(7.5 ± 0.05)m 的两侧,其参考轴线必须水平并垂直指向行驶中心线。

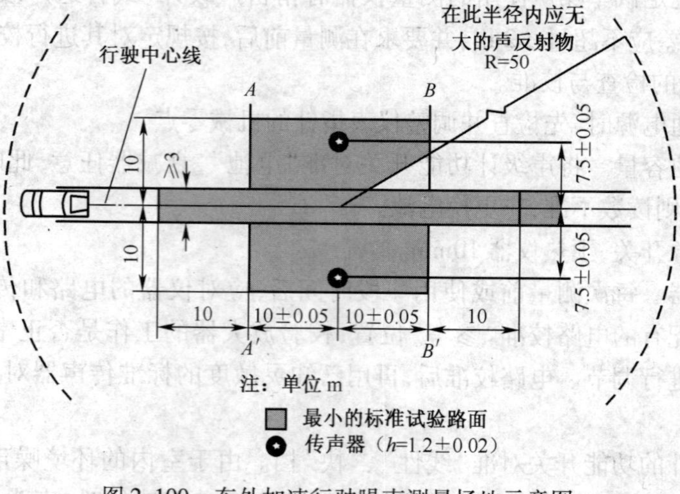

图 2-100 车外加速行驶噪声测量场地示意图

加速行驶车外噪声的测量方法如下:

a. 确定汽车的行驶挡位

ⓐ对于 M_1、N_1 类前进挡位为 4 挡或 4 挡以下的汽车应选用第 2 挡测量。

ⓑ对于前进挡位为 4 挡以上的 M_1 和 N_1 车辆,应分别选用第 2 挡和第 3 挡测量。

若选用第 2 挡测量时,汽车尾端通过 BB'线时发动机转速超过了额定转速 n_r,则应逐次按 5% n_r 降低至接近 AA'线时发动机的稳定转速 n_A,直至通过 BB'线的发动机转速不再超过 n_r,若 n_A 降到了怠速,汽车通过 BB'线的发动机转速仍超过 n_r,则只用第 3 挡测量。

对于前进挡多于 4 挡并装用额定功率 140kW 的发动机、且比功率大于 75kW/t 的 M_1 汽车，若该车用第 3 挡时其尾段通过 *BB′*线的速度大于 61km/h，则只用第 3 挡测量。

b. 按规定条件稳定地到达始端线。接近 *AA′*线时的稳定速度取下列速度中的较小者：

ⓐ50km/h。

ⓑ对于 M_1 类和发动机功率不大于 225kW 的其他各类汽车，对应于$\frac{3}{4}n_r$ 的车速。

ⓒ对于 M_1 类以外的且发动机功率大于 225kW 的各类汽车，对应于$\frac{1}{2}n_r$ 的车速。

c. 加速通过测量区。从车辆前端到达始端线开始，立即将加速踏板踩到底并保持不变，使车辆直线加速行驶，当车辆后端到达终端线时，立即松开加速踏板。

d. 声级测量。声级计用 A 计权网络、“快”挡进行测量：

ⓐ在汽车每一侧至少应测量 4 次。

ⓑ应测量汽车加速驶过测量区时的最大声级。每一次测得的读数值应减去 1dB(A)作为测量结果。

ⓒ若在汽车同侧连续 4 次测量结果相差不大于 2dB(A)，则认为测量结果有效。

ⓓ将每一挡位条件下每一侧的 4 次测量结果进行算术平均，然后取两侧平均值中较大者作为中间结果。

e. 汽车最大噪声级的确定。对于只用一个挡位测量的汽车，直接取中间结果作为最大噪声级；对于采用两个挡位测量的汽车，取两挡位中间结果的算术平均值作为最大噪声级。最大噪声级的值应按有关规定修约到一位小数。

②汽车定置噪声测量。

汽车定置噪声是指车辆不行驶、发动机处于空载运行状态时的噪声。

测量条件如下：

a. 测量仪器应采用精密声级计。

b. 测量场地应为开阔的、由混凝土或沥青等坚硬材料构成的平坦地面，其边缘距车辆外廓至少 3m。除测量人员和驾驶员外，测量现场不得有影响测量的其他人员。

c. 背景噪声应比所测车辆噪声至少低 10dB(A)。

d. 测量时，变速器应挂空挡（自动变速器汽车操纵手柄处于“P”位或“N”位），拉紧驻车制动器，离合器接合；发动机罩、车窗和车门应关上，车辆的空调器和其他辅助装置关闭；发动机冷却液温度、机油温度应符合生产厂的规定要求。

排气噪声测量方法如下：

a. 将车辆置于测量场地中央，如图 2-101 所示。

b. 将声级计传声器按图 2-101 所示的规定测点放置，图中○表示传声器位置。传声器与排气口端等高，在任何情况下距地面不得小于 0.2m；传声器的参考轴应与地面平行，并和通过排气口气流方向且垂直地面的平面成 45° ±10° 的夹角；传声器朝向排气口，距排气口端 0.5m，放置在车辆的外侧。对排气管垂直向上的车辆，传声器放置高度应与排气管口等高，传声器朝上，其参考轴应垂直地面，传声器应放在离排气管较近的车辆一侧，并距排气口端 0.5m。

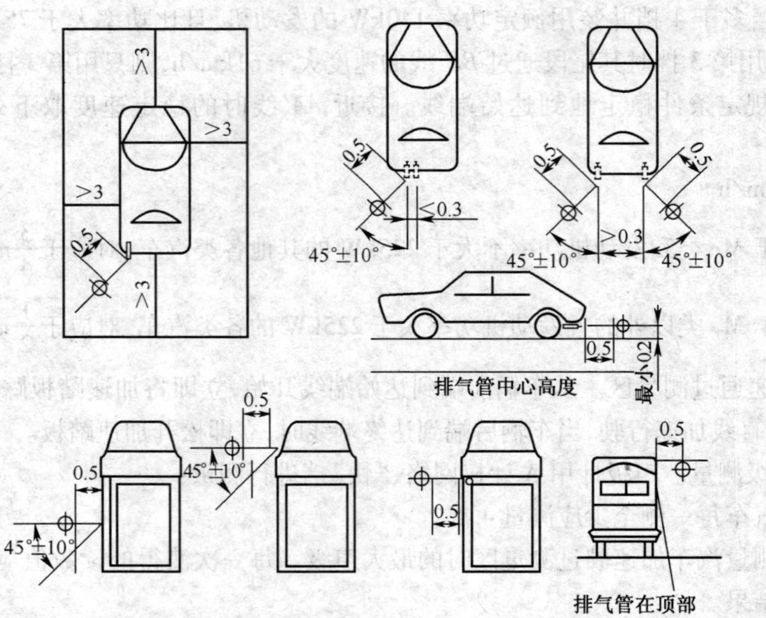

图 2-101　汽车定置排气噪声测量场地及传声器位置(单位:m)

c. 将发动机稳定在 3/4 的额定转速,测量由稳定转速尽快减速到怠速过程的最高声级。测量时使用声级计的 A 计权、“快”挡,每个测点重复测量,直到连续出现三个读数变化范围在 2dB(A)之内为止,并取其算术平均值作为测量结果。

d. 若汽车装有多个排气管,并且各排气管的间隔又大于 0.3m,则应对每一个排气管都要测量,并记录其最高声级。

③发动机噪声测量方法。

a. 将车辆置于测量场地中央,如图 2-102 所示。

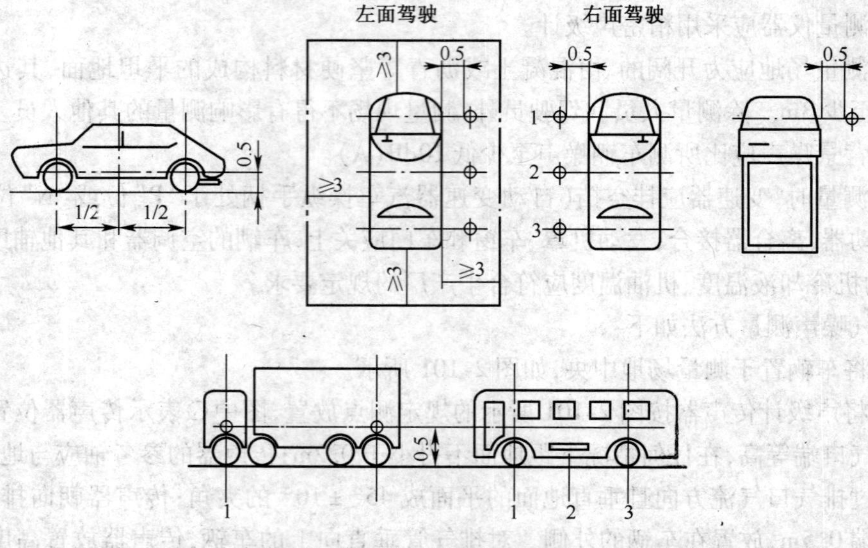

图 2-102　汽车定置发动机噪声测量场地和传声器位置(单位:m)

1—前置发动机;2—中置发动机;3—后置发动机。

b. 将声级计传声器按图2-102所示的规定测点放置,图中○表示传声器位置,传声器测点位置随发动机在车上的布置不同而变化。

c. 将发动机从怠速尽可能快速地加速到3/4的额定转速,并保持必要长的时间,测量该过程的最高声级。测量时使用声级计的A计权、"快"挡,每个测点重复测量,直到连续出现三个读数变化范围在2dB(A)之内为止,取算术平均值作为测量结果。

(3)车内噪声测量方法。

①测量条件。

a. 测量仪器应采用精密声级计。

b. 测量跑道应有试验需要的足够长度,应是平直、干燥的沥青路面或混凝土路面。

c. 测量时环境温度在 -5℃ ~ +35℃,风速不大于5m/s。

d. 测量时车辆门窗应关闭。

e. 背景噪声应比所测的车内噪声至少低10dB,并保证测量不被偶然的其他声源所干扰。

f. 测量时汽车空载,车内除驾驶员和测量人员外,不应有其他人员。

g. 测量时,确保汽车技术状态正常,发动机处于正常工作温度。

②客车车内噪声的测量方法。

a. 确定车内噪声测点。客车室内噪声测点可选在车厢中部及最后一排座的中间位置,其高度通常在人耳附近,传声器朝向车辆前进方向,其车内噪声测点的布置如图2-103所示。

b. 使车辆以常用挡位50km/h的车速匀速行驶。

c. 用声级计测量A计权声级的数值。

③驾驶员耳旁噪声的测量方法。

a. 按照图2-103所示确定噪声测点。

b. 将变速器置于空挡,车辆处于静止,发动机处于额定转速状态。

c. 将声级计置于A计权、"快"挡进行测量,读取声级计的读数。

(4)汽车喇叭声级的测量。汽车喇叭声级的测点位置如图2-104所示,传声器朝向汽车,轴线与汽车纵轴线平行。检测时应注意不被偶然的其他声源峰值所干扰。测量次数定在两次以上,并监听喇叭声音是否悦耳。

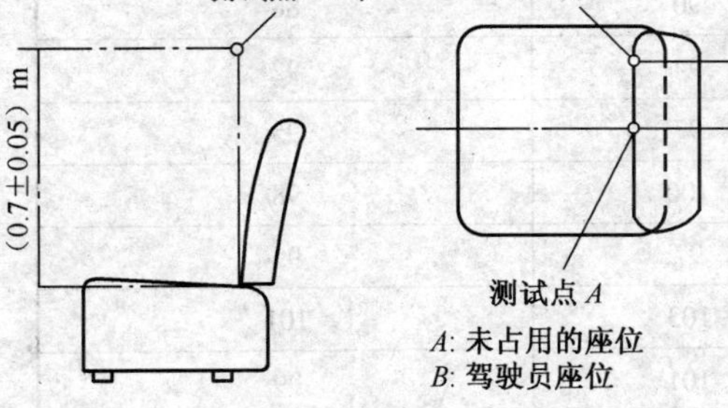

图2-103　车内噪声测点位置

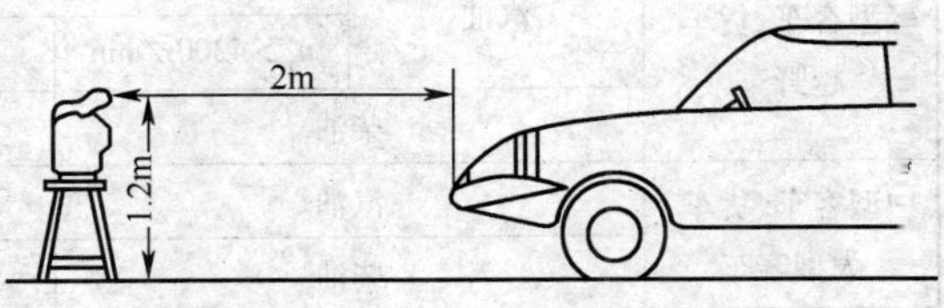

图2-104　汽车喇叭声级的测点位置

5)汽车噪声检测标准

(1)车外噪声标准。

①汽车加速行驶噪声标准。GB1495—2002《汽车加速行驶车外噪声限值及测量方法》中规定了汽车加速行驶车外噪声的检测限值,如表2-27所列。

表2-27 汽车加速行驶车外噪声限值

汽车类型	噪声限值 dB(A) 第一阶段 2002.10.1~2004.12.30 期间生产的汽车	噪声限值 dB(A) 第二阶段 2005.1.1 以后生产的汽车
M_1	77	74
M_2($GVM \leqslant 3.5t$)或 N_1($GVM \leqslant 3.5t$):		
$GVM \leqslant 2t$	78	76
$2t < GVM \leqslant 3.5t$	79	77
M_2($3.5t < GVM \leqslant 5t$)或 M_3($GVM > 5t$):		
$P < 150kW$	82	80
$P \geqslant 150kW$	85	83
N_2($3.5t < GVM \leqslant 12t$)或 N_3($GVM > 12t$):		
$P < 75kW$	83	81
$75kW \leqslant P < 150kW$	86	83
$P \geqslant 150kW$	88	84

说明:①M_1,M_2($GVM \leqslant 3.5t$)和 N_1 类汽车装用直喷式柴油机时,其限值增加1dB(A);
②对于越野汽车,其 $GVM > 2t$ 时:
如果 $P < 150kW$,其限值增加1dB(A),如果 $P \geqslant 150kW$,其限值增加2dB(A);
③M_1 类汽车,若其变速器前进挡多于4个,$P > 140kW$,P/GVM 之比大于75kW/t,并且用第3挡测试时,其尾端出线的速度大于61km/h,其限值增加1dB(A);
④GVM 为最大总质量(t);P 为发动机额定功率(kW)。

②汽车定置噪声标准。我国在用车辆处于定置工况下的噪声测量应根据GB 15170—1996《汽车定置噪声限值》的规定进行,定置噪声应不超过表2-28的限值。

表2-28 汽车定置噪声限值

车辆类型	燃油种类及其他		噪声限值 dB(A) 1998年1月1日前出厂的车辆	噪声限值 dB(A) 1998年1月1日起出厂的车辆
轿车	汽油		87	85
微型客车、货车	汽油		90	88
轻型客车、货车、越野车	汽油	$n_r \leqslant 4300r/min$	94	92
		$n_r > 4300r/min$	97	95
	柴油		100	98
中型客车、货车、大型客车	汽油		97	95
	柴油		103	101
重型货车	$P \leqslant 147kW$		101	99
	$P > 147kW$		105	103

注:P 为发动机额定功率(kW);n_r 为发动机额定转速(r/min)

(2)车内噪声标准。

①客车车内噪声标准。GB 7258—2012《机动车运行安全技术条件》规定,客车以 50km/h 的速度匀速行驶时,客车车内噪声声级应不大于 79dB(A)。

②驾驶员耳旁噪声标准。GB 7258—2012《机动车运行安全技术条件》规定,汽车驾驶员耳旁噪声声级应不大于 90 dB(A)。

(3)汽车喇叭声级检测标准。GB 7258—2012《机动车运行安全技术条件》规定,机动车喇叭声级在距车前 2m、离地高 1.2m 处测量时,汽车声级的合格范围为 90dB(A)~115dB(A)。

2.2.6　车速表与车轮侧滑量检测

1. 车速表的检测

近年来,随着国民经济的快速发展、道路交通运输条件的不断改善,尤其是城市和农村道路交通及城市间高速公路的建设,提高了汽车行驶的平均速度和运输效率。但车速太高后,遇到一些紧急情况就有可能来不及采取有效的应对措施,所以,目前在一些路况不好或道路条件太好的路段,或在市区内,车辆都要限速行驶,严禁超速驾驶。要控制好行车速度,单凭驾驶员的主观感觉或经验是不行的,特别是在车速变化之后,主观估计的车速往往误差很大。为了安全行车,驾驶员就只能按照车速表来控制车速,因此,车速表指示值必须要准确可靠,如果车速的指示误差过大,驾驶员就难以正确控制车速,极易因判断失误而造成交通事故。为保证车速表的指示精度,就必须适时对车速表进行检测和校正。

1)车速表指示误差的形成原因

随着汽车使用年限及行驶里程的增加,车速表的指示误差往往会逐渐增大。车速表结构和车轮滚动半径的变化是导致车速表指示失准的主要原因。

(1)车速表结构的变化。不论是磁电式或电子式车速表,其主轴都是由与变速器相连的软轴驱动。对于磁电式车速表(通常与里程表制作在一起,如图 2-105所示),当主轴旋转时,与主轴固定连接的永久磁铁也一起旋转,其磁场会在铝罩上感应涡流,产生的涡流力矩引起铝罩偏转并带动游丝和指针偏转,最后达到涡流力矩与游丝的弹性反力矩相平衡。车速越高,涡流力矩越大,指针偏转的角度也越大。对于电子式车速表来说,主轴的转动会引起传感器产生与主轴转速成正比的脉冲信号,经电子电路处理后,送到二次仪表进行处理。

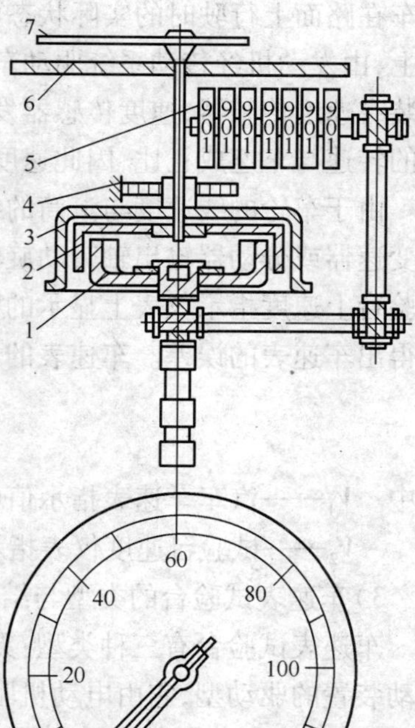

图 2-105　磁电式车速表

1—永久磁铁;2—铝罩;3—磁屏;4—游丝;5—数字轮;6—刻度盘;7—指针。

当汽车长期使用后，车速表内的机械零件会出现磨损变形、软轴松旷、永久磁铁元件磁性退化以及车速传感器工作不良等问题，这些问题都会使车速表指示误差变大。

(2)车轮滚动半径的变化。由车速表的工作原理可知，车速表的指示值不仅与车轮的转速成正比，而且还与车轮的滚动半径成正比。汽车行驶的速度可用下式计算：

$$v=\frac{2\pi\times r\times n}{60\times i_g\times i_0}=0.377\times\frac{r\times n}{i_g\times i_0} \tag{2-49}$$

式中 v——汽车行驶速度(km/h)；

r——车轮滚动半径(m)；

n——发动机转速(r/min)；

i_g——变速器传动比；

i_0——主减速器传动比。

由于汽车轮胎是一个充气的弹性体，汽车行驶时，轮胎受到垂直载荷、车轮驱动力和地面滚动阻力等作用后会发生弹性变形；另外，由于轮胎磨损、气压不符合标准(过高或不足)等原因也会影响滚动半径的大小。因此，即使在驱动轮转速不变的情况下，上述原因也会导致实际车速与车速表指示车速的数值不一致。

2)车速表误差的测量原理

为了能在室内测得车速表的误差，应采用滚筒式车速表试验台对车速表进行检测。测量是以车速表试验台的滚筒作为连续移动的路面，把被测车轮置于滚筒上旋转来模拟汽车在路面上行驶时的实际状态。进行车速表误差的检测试验时，将汽车驱动轮置于滚筒上，由发动机经传动系统驱动车轮旋转，车轮借助轮胎的摩擦力带动滚筒转动。滚筒端部装有速度传感器，速度传感器发出的电压(或脉冲数)随滚筒转速的增高而增加，而滚筒的转速与车速成正比，因此速度传感器发出的电压(或脉冲数)也与车速成正比。

由于车轮的线速度与滚筒的线速度相等，车轮在滚筒上转动的同时，车速表的软轴也由变速器或分动器输出轴带动旋转，并在车速表上显示车速值，即车速表指示值。将上述试验台上速度指示仪表上显示的实际车速值与车速表上显示的车速指示值进行比较，即可得出车速表的误差。车速表的误差可按下式计算：

$$\delta=\frac{V_1-V_2}{V_2}\times100\% \tag{2-50}$$

式中 V_1——汽车车速表指示值(km/h)；

V_2——试验台速度仪表指示值(km/h)。

3)车速表试验台的类型与结构

车速表试验台有三种类型：无驱动装置的标准型，它依靠被测车轮带动滚筒旋转；有驱动装置的驱动型，它由电动机驱动滚筒旋转；将车速表试验台与制动试验台或底盘测功试验台组合在一起的综合型。

(1)标准型车速表试验台。标准型车速表试验台由速度测量装置、速度指示装置、速度报警装置和举升装置等组成，如图 2-106 所示。

①速度测量装置。速度测量装置主要由滚筒、速度传感器和联轴器等组成。滚筒一般分二组共四个，通过滚筒轴安装在框架上。试验时，为防止汽车差速器齿轮滑转，试验台的两前滚筒用联轴器连在一起。速度传感器一般采用测速发电机(目前多用光敏管或

霍耳传感器),装在滚筒的一端,将对应于滚筒转速所发出的电压信号(或脉冲信号经处理后)送到速度指示装置,该输出电压信号幅度即表征实际车速的大小。

②速度指示装置。速度指示装置是根据速度传感器传来的电信号(电压或脉冲数)和滚筒圆周长与转速计算出滚筒表面线速度,以 km/h 为单位在速度指示仪表上显示车速。

③速度报警装置。速度报警装置是为了在测量时便于判明车速表误差是否在合格范围内而设置的,一般有三种形式:

a. 用试验台报警装置指示监测车速。当汽车实际车速达到某一规定值(如40km/h)时,报警装置的报警灯亮或蜂鸣器响,提醒驾驶员已达到检测车速,注意观察驾驶室内车速表的指示车速值是否在合格范围内。

b. 在试验台指示仪表上涂成一个绿色区域(按现行标准将试验台速度表的32.8km/h~40km/h 涂成绿色区域),表示车速表指示值与实际车速误差的合格范围。试验时,汽车车速表指示值达到检测车速(规定为40km/h)时,观察试验台速度表指示值是否在合格的绿色区域内。

c. 同时具备上述两种装置的报警装置。

④举升装置。为方便汽车进出试验台,在前后滚筒之间设有举升器。举升器在压缩空气作用下上升或下降。当汽车需要进入或驶离试验台时,举升器升起;而在检测时,则降下举升器,让车轮与前后滚筒接触。由于举升器和滚筒固定装置联动,因此在举升器上升时,滚筒不会转动。

(2)驱动型车速表试验台。车速表的转速信号多数取自汽车变速器或分动器的输出轴。对于后置发动机的汽车,由于车速表软轴过长会出现传动精度不高和使用寿命过短等方面的问题,所以转速信号通常取自前从动轮,对这类车辆的车速表检测,就必须采取电机驱动型车速表试验台,如图2-107所示。测试时,由装在滚筒一端的电动机驱动滚筒与前从动轮旋转,这种试验台往往在滚筒与电动机之间装有离合器,若试验时将离合器分离,这种试验台又可作为标准型试验台使用。

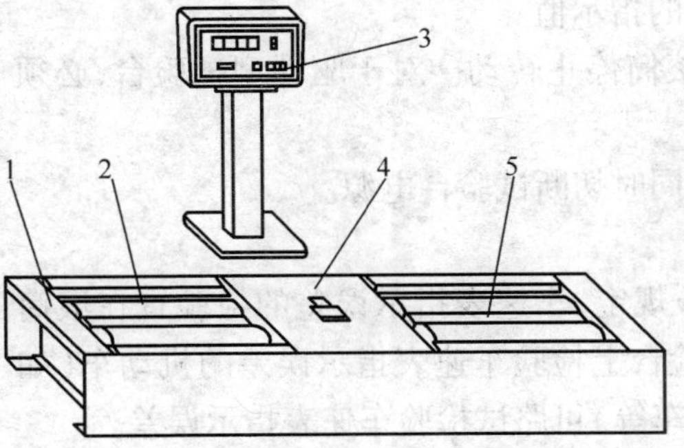

图2-106　标准型车速表试验台

1—框架;2—滚筒;3—速度显示仪表;

4—盖板;5—举升器。

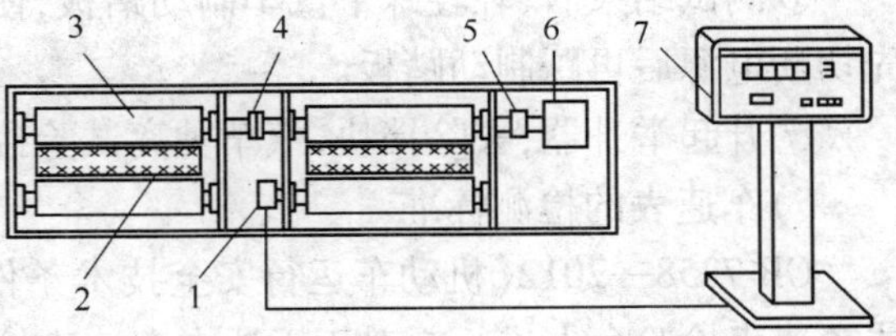

图2-107　驱动型车速表试验台

1—测速传感器;2—举升器;3—滚筒;4—联轴器;

5—离合器;6—电动机;7—速度指示仪表。

4)车速表的检测方法

车速表的检测方法因车速表试验台的牌号、形式而异,应根据使用说明书进行操作。

常用的检测方法如下：

(1)试验台的准备。

①在滚筒静止状态下，检查指示仪表是否在零点上，若存在偏差应予以调整。

②检查滚筒上是否沾有油、水、泥等杂物，若有，应清除以保持滚筒表面清洁干净。

③检查举升器动作是否自如，应保证举升器动作无阻滞和泄漏。

④检查导线的接触情况。若有接触不良或断路，应予以修理或更换。

(2)被测车辆的准备。

①按汽车制造厂的规定检查并调整好轮胎气压。

②轮胎沾有水、油、泥或轮胎花纹沟槽内嵌有杂物时，应清除干净。

(3)检测方法。

①接通试验台电源，升起滚筒间的举升器。

②被测车辆按其纵向中心线与滚筒轴线垂直的方向驶入试验台，输出车速信号的车轮尽可能与滚筒切平面垂直。

③降下滚筒间的举升器至轮胎与举升器托板完全脱离为止，用挡块抵住位于试验台滚筒之外的一对车轮，防止汽车在测试时滑出试验台。

④使用标准型试验台时应作如下操作：

a. 起动汽车，待汽车的驱动轮在滚筒上运转稳定后，挂入最高挡，踩下加速踏板使驱动轮平稳地急速运转。

b. 当汽车车速表的指示值达到规定检测车速(40km/h)时，读出试验台速度指示仪表的指示值；或当试验台速度指示仪表的指示值达到规定检测车速时，读取汽车车速表的指示值。

⑤使用驱动型试验台时应作如下操作：

a. 接合试验台离合器，使滚筒与电动机连在一起。

b. 将汽车的变速器挂入空挡，接通试验台电源，使电动机驱动滚筒旋转。

c. 当汽车车速表达到检测车速时，读取试验台速度指示仪表的指示值；或当试验台速度指示仪表达到检测车速时，读取汽车车速表的指示值。

⑥测试结束后，轻轻踩下汽车制动踏板，使滚筒停止转动。对于驱动型试验台，必须先切断电源后再踩制动踏板。

⑦升起举升器，去除挡块，汽车驶离试验台，同时切断试验台电源。

5)车速表的检测标准

GB 7258—2012《机动车运行安全技术条件》规定，车速表指示误差的检验宜在滚筒式车速表检验台上进行。对于无法在车速表检验台上检验车速表指示误差的机动车(如全时四轮驱动汽车、具有驱动防滑控制装置的汽车等)可路试检验车速表指示误差。

车速表指示车速 V_1(单位：km/h)与实际车速 V_2(单位：km/h)之间应符合下列关系式：

$$0 \leqslant V_1 - V_2 \leqslant \frac{V_2}{10} + 4 \tag{2-51}$$

由式(2-51)可知，当被测机动车的车速表指示值 V_1 为 40km/h 时，车速表检验台速度指示仪表的指示值 V_2 在 32.8km/h ~ 40km/h 范围内为合格；当车速表检验台指示仪表

的指示值 V_2 为 40km/h 时，机动车车速表的指示值 V_1 在 40km/h ~ 48km/h 范围内为合格。

2. 车轮侧滑量的检测

为保证汽车转向轮（通常为前轮，下以前轮代称）做无横向滑移的直线滚动，要求车轮外倾角和车轮前束有适当的配合，当两者配合恰当时，前轮外倾角产生的外张力与前轮前束产生的内向力相互抵消，保持前轮正直方向行驶。当前轮外倾角和前束在使用过程中发生变化，两参数的平衡被破坏，使轮胎处于边滚边滑的状态，将产生侧向滑移现象，称为车轮侧滑。如果前轮外倾角过大时，车轮在滚动中因外倾角引起的向外的侧向力不能被前束所引起的向内的侧向力所抵消，车轮向外产生侧滑。反之，当前束过大时，车轮向内产生侧滑。汽车前轮侧滑量对汽车动力性、燃料经济性、制动性、操纵稳定性及轮胎磨损影响较大。

检测前轮侧滑量的主要目的是为了判断汽车前轮前束和外倾角这两个参数配合是否恰当，而非测量这两个参数的具体数值。可用汽车车轮侧滑检验台（以下简称侧滑台）检测侧向滑移量的大小与方向，其实质是让汽车驶过可横向自由滑动的滑动板，由于前轮前束和外倾角匹配不当而产生的侧向作用力，将使滑动板产生侧向滑动，通过测量的滑动板移动大小和方向来表示汽车前轮侧滑量。

1）侧滑台的测量原理

（1）双板联动侧滑台的测量原理。

①滑动板仅受到车轮外倾角的作用。以右前轮为例，先讨论只存在车轮外倾角（前束为零）的情况。具有外倾角的车轮，其中心线的延长线必定与地面在一定距离处有一个交点 O，此时的车轮相当于圆锥体的一部分，如图 2-108 所示。在车轮向前或向后运动时，其运动形式均类似于滚锥。从图中可以看出，具有外倾角的车轮在滑动板上滚动时，车轮有向外侧滚动的趋势。由于受到车桥的约束，车轮不可能向外移动，从而通过车轮与滑动板间的附着作用带动滑动板向内运动，运动方向如图 2-108 所示。此时滑动板向内移动的位移量记为 S_a（由外倾角所引起的侧滑分量）。按照约定，具有外倾角的车轮，由于其类似于滚锥的运动情况，因而无论其前进还是后退时所引起的侧滑量均为负。反之，具有内倾角的车轮引起的侧滑分量为正。

②滑动板仅受到车轮前束角的作用。这里仅讨论车轮只存在前束角，而外倾角为零时的情况。前束是为了消除具有外倾角的车轮类似于滚锥运动所带来的不良后果而设计的。

滑动板仅受到车轮前束的作用，具有前束的车轮在前进时，由于车轮有向内滚动的趋势，但因受到车桥的约束作用，在实际前进驶过侧滑台时，车轮不可能向内侧滚动，从而会通过车轮与滑动板间的附着作用带动滑动板向外侧运动。此时，车轮在滑动板上做纯滚动，滑动板相对于地面有侧向移动，其运动方向如图 2-109 所示，此时测得的滑动板的横向位移量记为 S_i（即由前束引起的侧滑分量）。遵照约定，前进时由车轮前束引起的侧滑分量 S_i 大于或等于零。反之，仅具有前张角（负前束）的车轮在前进时，由车轮前张引起的侧滑分量 S_i 小于或等于零。

当具有前束角的车轮后退时，若在无任何约束情况下，车轮必定向外侧滚动，但因受到车桥的约束作用，虽然其存在着向外滚动的趋势，但不可能向外侧滚动，从而会通过其与滑动板间的附着作用带动滑动板向内侧移动，其运动方向如图 2-109 所示。此时测得的滑动板向内的位移量记为 S_i，遵照约定，仅具有前束角的车轮在后退时，通过侧滑台所引起的侧滑分量 S_i 小于或等于零。反之，仅具有前张角的车轮在后退时，通过侧滑台所引起的侧滑分量 S_i 大于或等于零。

由上述分析可知，仅具有前束角的车轮，在前进时驶过侧滑台所引起的侧滑分量为正值，在后退时驶过侧滑台所引起的侧滑分量为负值。反之，仅具有前张角的车轮，在前进时驶过侧滑台所引起的侧滑分量为负值，在后退时驶过侧滑台所引起的侧滑分量为正值。

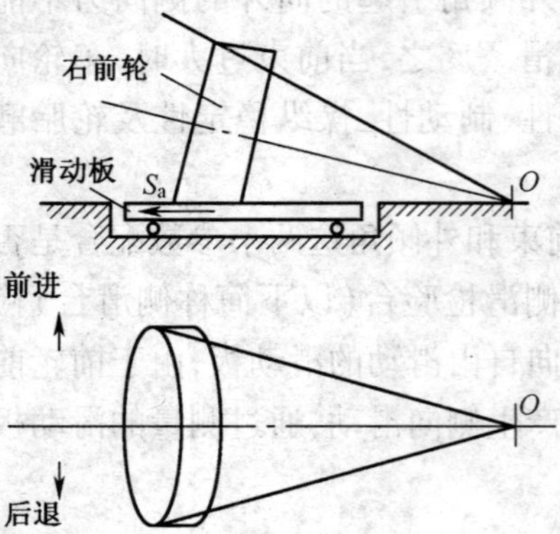

图 2-108　具有外倾角的车轮在滑动板上的滚动情况

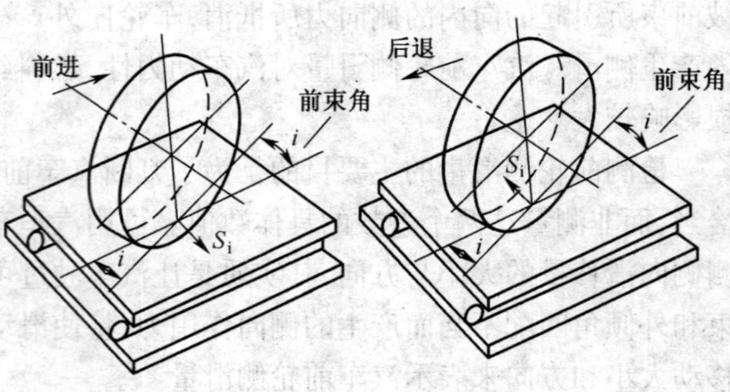

图 2-109　具有前束角的车轮在滑动板上的滚动情况

③滑动板受到车轮外倾角和前束角的同时作用。汽车前轮同时具有外倾角和前束角，在前进时由外倾角所引起的侧滑分量 S_a 与由前束所引起的侧滑分量 S_i 的方向相反，因而两者互相抵消；在后退时两者方向相同，两分量互相叠加。在外倾角及前束值不大的情况下，可以认为 S_a 和 S_i 在前进和后退的过程中，侧滑分量数值不变。设车轮在前进时通过侧滑台所产生的侧滑量为 A，在后退时的侧滑量为 B，则可得到下述结论（在遵循上述对侧滑量约定的条件下）：$B \geqslant 0$，且 $B \geqslant |A|$。在分析侧滑具体原因时，如果假设前进时的侧滑量就是 S_a 和 S_i 的简单叠加（或抵消）关系，则还可以得出下列结论：

a. 若前进时的侧滑量 A 大于一正数，后退时的侧滑量 B 大于另一正数，则侧滑量主要是由外倾角所引起的。

b. 若前进时的侧滑量 A 小于一负数，后退时的侧滑量 B 大于某一正数，则侧滑量主要是由前束角所引起的。

c. 外倾角引起的侧滑量 $S_a = (A + B)/2$，前束角所引起的侧滑量 $S_i = (B - A)/2$。

（2）单板式侧滑台的测量原理。

单板式侧滑台仅采用一块滑板，如图 2-110 所示，汽车左前轮从单滑动板上通过，右前轮在地面上行驶。若右前轮正直行驶无侧滑，即侧滑角 β 为零，而具有侧滑角 α 的左前轮向内侧滑时，通过车轮与滑动板间的附着作用带动滑动板向左移动距离 b，如图 2-110（a）所示。若右前轮也具有侧滑角 β，同样右前轮相对左前轮也会向内侧滑，此时滑动板向左移动距离 c，并由于左前轮同时向内侧滑 b，则滑动板的移动距离为两前轮向内侧滑量之和，即（$b + c$），如图 2-110（b）所示。

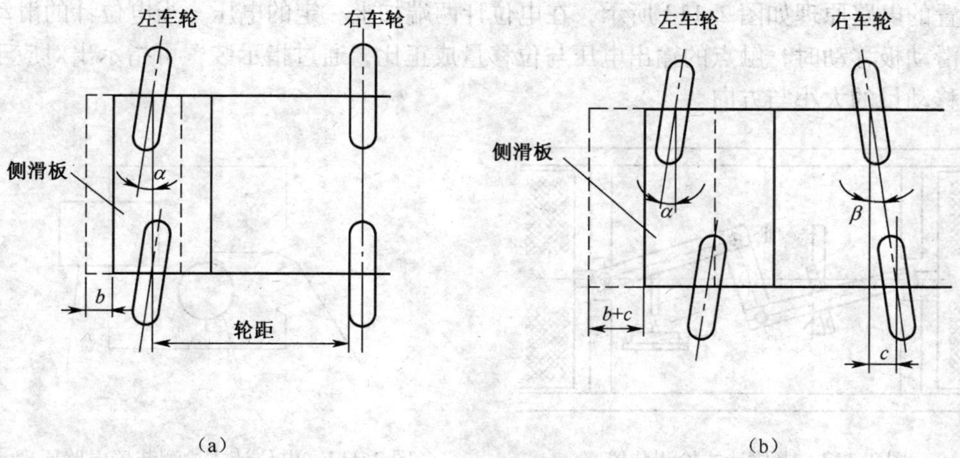

图2-110　单板式侧滑台的测量原理分析

(a) 左前轮以侧滑角 α 向内侧滑；(b) 滑动板移动距离为两前轮向内侧滑量之和。

上述（$b+c$）距离可反映出汽车左右车轮总的侧滑量大小及方向。也就是说，采用单板式侧滑台测量汽车的侧滑量时，虽然是一侧车轮从滑动板通过，但测量的结果并非是单轮的侧滑量，而是左右轮侧滑量的综合反映。根据这一侧滑量可以计算出每一边车轮的侧滑量，即单轮的侧滑量为（$b+c$）/2。

2）侧滑台结构与工作原理

滑板式侧滑台是目前动态检测法检测车轮定位应用最为广泛的设备，根据滑板数目不同可分为双板联动式和单板式两种类型。

（1）双板联动式侧滑台结构与工作原理。双板联动式侧滑台主要由机械部分、侧滑量检测装置和侧滑量指示装置三部分组成，其结构如图2-111所示。机械部分包括左右两块滑动板、双摇臂杠杆机构、回位装置、导向与限位装置等。侧滑量检测装置目前使用较多的有电位计式和差动变压器式。

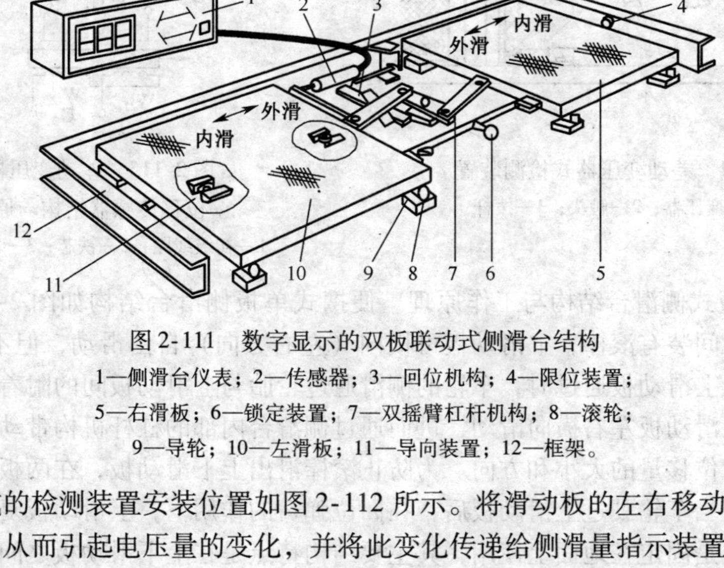

图2-111　数字显示的双板联动式侧滑台结构

1—侧滑台仪表；2—传感器；3—回位机构；4—限位装置；
5—右滑板；6—锁定装置；7—双摇臂杠杆机构；8—滚轮；
9—导轮；10—左滑板；11—导向装置；12—框架。

电位计式的检测装置安装位置如图2-112所示。将滑动板的左右移动量变为电位计触点的位移，从而引起电压量的变化，并将此变化传递给侧滑量指示装置。电位计式检测装置的电路原理如图 2-113 所示，在电位计两端加上一定的电压，当电位计的滑动触点随滑动板移动时，触点的输出电压与位移量成正比，通过指示装置可指示出对应于滑动板移动量的大小与方向。

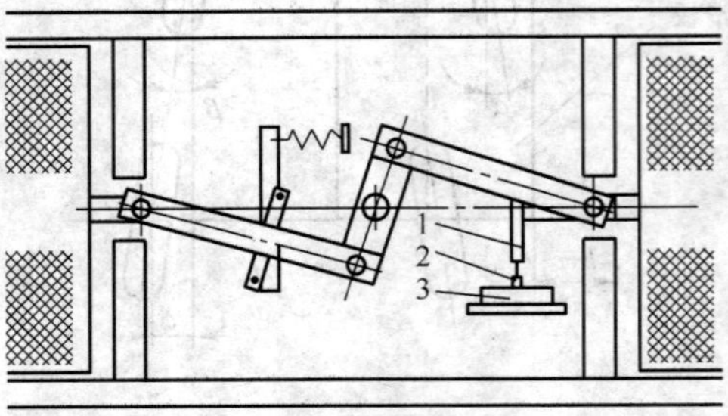

图 2-112 电位计式检测装置

1—拨杆；2—触点；3—电位计。

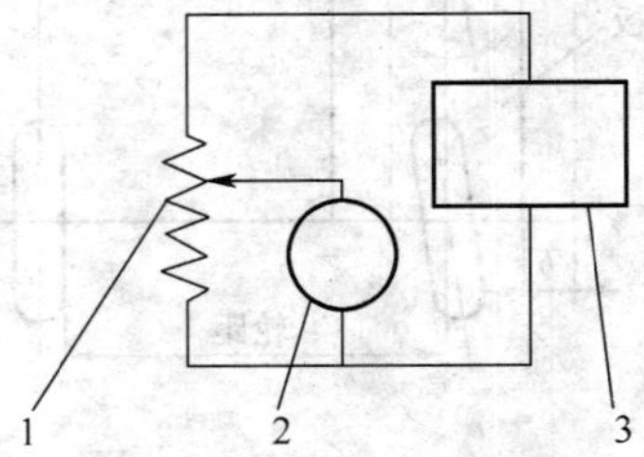

图 2-113 电位计式检测装置电路原理

1—电位计；2—指示装置；3—稳压电源。

差动变压器式检测装置的位移传感器安装位置如图 2-114 所示，由滑动板带动位移传感器的拨杆移动，传感器输出与移动量成正比的电压量，并传递给指示装置指示，位移传感器的结构与原理如图 2-115 所示。差动变压器是将被测信号的变化转换成线圈互感系数变化的传感器，它一般由初级线圈、次级线圈、铁芯等组成。在初级线圈接入电源 U_1 后，次级线圈即感应输出电压 U_2，当滑动板产生位移时，通过触头带动差动变压器线圈内的铁芯移动，从而引起线圈互感系数的变化，此时的输出电压也随之作相应的变化，将这一变化传输给指示装置即可将滑动板的位移量大小和方向指示出来。

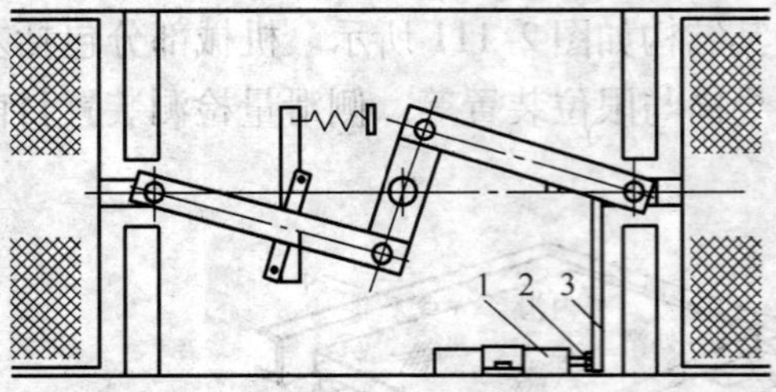

图 2-114 差动变压器式检测装置

1—差动变压器；2—触头；3—拨杆。

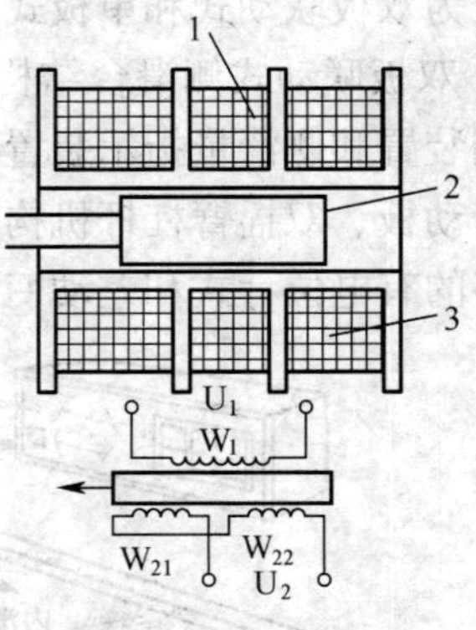

图 2-115 差动变压器式位移传感器结构与原理

1—初级线圈；2—铁芯；3—次级线圈。

(2) 单板式侧滑台结构与工作原理。便携式单板侧滑台结构如图 2-116 所示。在上下滑动板之间装有滚棒，上滑动板可横向（左右方向）自由滑动，但不能纵向移动。当被测车轮从上滑动板通过时，车轮的侧滑通过轮胎与上滑动板间的附着作用传递给上滑动板，使上滑动板左右横向滑动，进而通过侧滑台内部的杠杆机构带动指针偏转，在刻度尺上显示位移量的大小和方向。为防止滚棒滑出上下滑动板，在两板间设有滚棒保持架和导轨。当车轮驶过上滑动板后，在回位弹簧的作用下，上滑动板复位。另有一种单板式侧滑台是固定在地面上使用，其主要结构特点是在上下滑动板之间装有位移传感器，其检测原理与双板联动式侧滑台一致。这种试验台一般与平板制动试验台固装在一起，在检测实践中也比较常见。

不论是双板联动式侧滑台还是单板式侧滑台，其侧滑量指示装置都是相同的。常用的指示装置有指针式和数字式两种，目前在检测中使用最广泛的是数字式指示装置，它能直接显示车轮侧滑量的大小和方向。为提醒检测者，一般在指示装置中还设有指示灯或蜂鸣器，以发出检测量超标的警告信号。

（3）侧向力与侧滑量双功能检验台结构。侧滑台是用来检验车轮外倾角和车轮前束匹配状况是否良好的一种检测设备，但滑动板的横向移动会释放积蓄在左右轮胎与地面间的横向作用力和能量，这与实际行车状况不符。为更准确地测出轮胎与地面间的侧向力大小和方向，可在原有侧滑台的基础上，加装两个测力传感器，用以测量车轮与地面间的侧向力。如图 2-117 所示，在左右滑动板旁边安装了两个测力传感器，并分别通过连接器与两滑动板相连，它们的连接与松开只要轻扳手柄就可以完成。连接器松开时，滑动板可以移动，恢复其原有侧滑台的功能，此时的侧滑量由位移传感器测出。连接器连接时，两侧滑板被测力传感器连接在一起，如同地面一样稳定不动，此时所测得的力就是行驶时受到的车轮侧向力，采用两个力传感器可以同时测出左右车轮所受到的侧向力大小。为了便于分析，规定侧滑板受到向外的作用力记为负的侧向力，侧滑板受到向内的作用力记为正的侧向力。

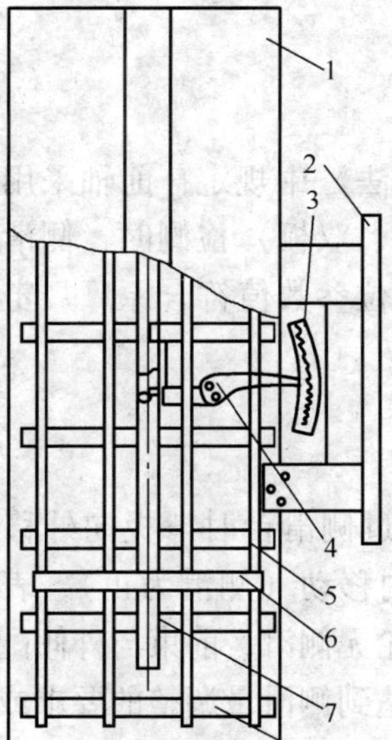

图 2-116　便携式单板侧滑台

1—上滑动板；2—把手；3—刻度尺；4—指针；5—滚棒；6—保持架；7—杠杆；8—导轨；9—下滑动板。

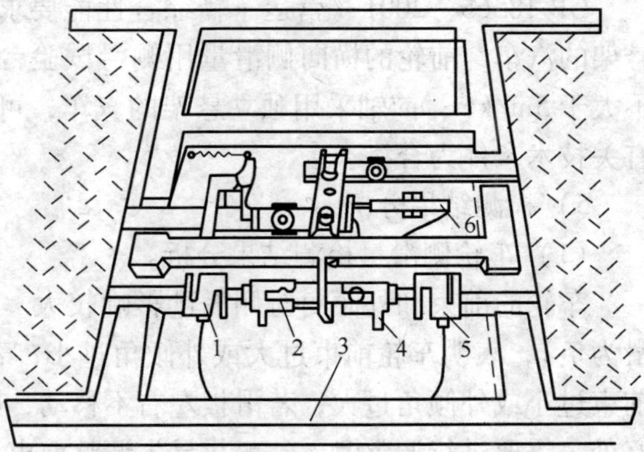

图 2-117　加装两个测力传感器的侧滑台

1、5—测力传感器；2、4—滑动板；3—连接器；6—测滑移量传感器。

侧向力更能准确反映车轮与地面之间的作用力，诊断车轮定位故障。根据实测，侧滑量超过 8m/km 以上的普通轿车的车轮间侧向力高达 1000N 以上。如此大的侧向力很容易破坏车轮的附着条件使汽车失控，从而证明了检测侧滑量的重要性。

3）车轮侧滑量检测方法

（1）检测前的准备。

①打开试验台的锁止装置，滑动板在外力作用下应左右运动自如，外力消失后应回到原始位置。

②检查试验台导线连接情况，在导线连接良好的情况下接通电源，左右晃动滑动板，待滑动板停止不动后，检查仪表显示是否为零。如发现失准，可按下校准键或调节调零电阻，使侧滑量显示值为零。

③检查侧滑台及周围场地有无油渍、泥污和石子等杂物，若有，应清除干净。

④检查并清除轮胎表面的油污、水渍和轮胎花纹内的石子、杂物，保持胎面干燥。

⑤检查并调整汽车轮胎气压，使之符合出厂规定值。

（2）检测步骤。

①松开滑动板的锁止手柄，接通电源。

②将汽车对正侧滑台（对于单板式，将汽车的一侧对正滑动板），并使转向盘处于正中位置，然后沿行车线以 3km/h～5km/h 的低速平稳驶过滑动板。速度过高会因台板的惯性力和仪表的动态响应迟滞而影响测量精度，速度过低则会引起失真误差。

③当被检车轮从滑动板上完全通过后，读取侧滑的数值和方向。侧滑的方向应遵循如下约定：滑动板向外侧滑动，侧滑量记为负值，表示车轮向内侧滑动；滑动板向内侧滑动，侧滑量记为正值，表示车轮向外侧滑动。

④检测结束后，锁止滑动板，切断电源。

4）车轮侧滑量检测标准

GB 18565—2001《营运车辆综合性能要求和检验方法》中规定：前轴采用非独立悬架的汽车，前轮的横向侧滑量用侧滑试验台（包括单、双板）检测时，侧滑量值应不大于 5m/km；前轴采用独立悬架的汽车，可以前轮定位参数值符合原厂规定的该车有关技术条件为合格。

5）检测结果分析

（1）车轮侧滑量检测结果分析。

车轮的前束和外倾角对侧滑量影响较大。当车轮通过侧滑台时滑板向外移动（侧滑为负），表明车轮前束过大或外倾角过小；若滑板向内移动（侧滑为正），表明车轮前束过小或外倾角过大；若滑板左右不移动，则表明车轮无侧滑，前束与外倾配合恰到好处。需要进行调整时，一般尽量先调整前束，若无法达到侧滑量调整的要求或前束调整量太大时，需进一步用车轮定位仪进行检测，并找出原因加以排除。

（2）影响车轮侧滑量检测结果的因素分析。

在车辆使用与检测过程，影响车轮侧滑量因素主要有以下几个方面：

①车轮外倾角与前束值配合状况的影响。一般情况下，侧滑量超标时，通过调整车轮前束就能使侧滑量符合标准。但在某些特殊情况下（如因汽车前部碰撞使车轮定位角发生较大变化时），通过调整车轮前束使侧滑量符合标准后，在汽车行驶时驾驶员反而觉得难以操纵，此时应检查车轮其他定位参数是否符合要求。因此，当侧滑量超标时，不能一味地只靠调整车轮前束的方法来满足侧滑量合格的要求。

②汽车有关部件技术状况的影响。如汽车轮毂轴承间隙过大，左右松紧度不一致；

转向节主销和衬套磨损过度；横、直拉杆球头磨损松旷，左右悬架性能不一致；前、后轴不平行等情况，都会影响侧滑量的检测结果。因此，在对车轮侧滑量进行检测前，应首先对以上这些影响检测结果的部位进行认真检查，以消除不利影响。

③汽车轮胎的影响。汽车左右轮胎规格、气压不一致，轮胎磨损过大及严重偏磨，轮胎或试验台面上有水、油、沙或轮胎花纹中嵌有石子等情况的存在，都将影响轮胎与滑板间的附着力，从而影响检测结果。

④检测车速的影响。当测试车速过大时，由于对滑动板的冲击作用，使得侧滑量的检测结果显著增加。因此，国家标准中规定的测试车速为 3km/h ~ 5km/h。

⑤汽车行驶方向的影响。当测试车辆行驶方向与滑动板不垂直时，侧滑量的检测结果将显著增大。

复习思考题

1. 汽车检测站的任务主要有哪些？如何对其进行分类？
2. 汽车安全环保、综合性能检测线的工位是如何布置的？简述各工位的典型检测设备。
3. 简述检测线的典型工艺路线。
4. 简述检测线微机控制系统的功能、组成和控制方式。
5. 论述底盘测功试验台的水冷式、风冷式电涡流测功器的加载原理。
6. 简述滚筒式底盘测功试验台测力、测速装置的结构与检测原理。
7. 论述汽车驱动轮输出功率的检测方法。
8. 影响汽车驱动轮输出功率检测结果的因素有哪些？
9. 简述汽车燃料经济性的检测方法及其特点。
10. 简述容积式油耗仪的工作原理。
11. 如何用台架试验法检测汽车的燃油消耗量？
12. 简述多工况燃料消耗量的试验方法。
13. 简述汽车制动减速度仪的结构与检测原理。
14. 简述滚筒制动试验台的结构与检测原理。
15. 如何用路试法对汽车制动性能进行检测？
16. 如何用台试法对汽车制动性能进行检测？
17. 台试法检测汽车制动性能的影响因素有哪些？
18. 汽油车排气污染物的分析方法有哪些？
19. 简述汽油车废气分析仪的结构与检测原理。
20. 如何用双怠速法、工况法检测汽油车排气污染物？
21. 简述不透光度计检测柴油机可见污染物的原理。
22. 简述柴油车自由加速烟度的检测方法。
23. 简述自动追踪光轴式前照灯检验仪的检测原理。
24. 简述 CCD 式前照灯检测仪的检测原理。

25. 简述前照灯发光强度、光轴偏斜量的检测方法。
26. 简述声级计的类型与检测原理。
27. 简述加速行驶车外噪声测量方法。
28. 试分析车速表误差产生的原因。
29. 简述车速表误差的检测原理。
30. 车速表试验台有几种类型？简述标准型车速表试验台的检测原理。
31. 简述车轮侧滑量的检测原理。
32. 简述双板联动式车轮侧滑台的结构与工作原理。
33. 引起车轮侧滑量超标的因素有哪些？

第3章 汽车发动机的检测与诊断

3.1 发动机功率的检测

发动机输出的有效功率是发动机的综合性能评价指标。发动机功率检测是汽车不解体检测中最基本的检测项目。发动机功率的计算公式为

$$P_e = \frac{T_{tq} \cdot n}{9550} \tag{3-1}$$

式中 P_e——发动机有效功率（kW）；

T_{tq}——发动机转矩（N·m）；

n——发动机转速（r/min）。

根据外界提供阻力矩的性质，发动机功率检测方法可分为有负荷测功和无负荷测功两种。

3.1.1 有负荷测功

只要测出发动机工作时的 T_{tq} 和 n，根据式（3-1）即可计算得到发动机的功率。

测试时，外界提供稳定的制动负载来平衡发动机的输出转矩，此时发动机转速维持不变，因此有负荷测功也称稳态测功。发动机稳态测功器如图 3-1 所示。

有负荷测功的特点是测试结果准确，需要专门的测功设备给发动机加载，试验时间长，测试费用高。该方法适用于发动机设计、制造和院校科研部门的性能试验。

3.1.2 无负荷测功

采用无负荷测功时，外界负载为零，只利用曲轴飞轮等旋转件的惯性力矩来平衡发动机的输出转矩，此时发动机转速必须变化，因此无负荷测功也称动态测功。无负荷测功不须把发动机从车上拆下，可实现就车不解体检测。

其特点是：所用仪器轻便，价格便宜；测功速度快，方法简单；测功精度低。适用

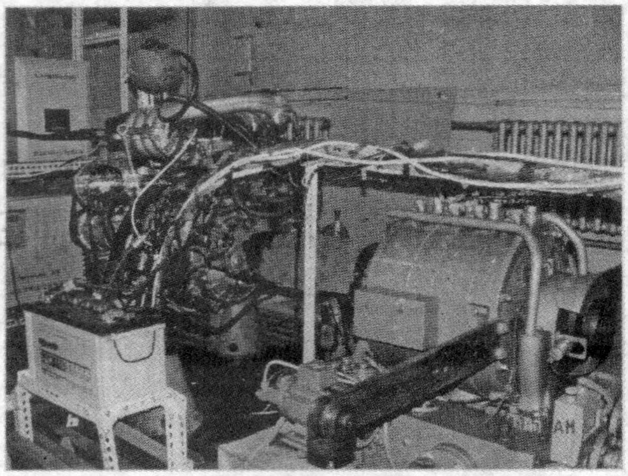

图 3-1 发动机稳态测功器

于汽车维修企业、检测站和交通管理部门。

1. 无负荷测功原理

根据检测方法的不同，无负荷测功分为瞬时功率检测和平均功率检测。瞬时功率检测是指发动机在加速运转时某一转速所对应的功率；平均功率是指发动机在加速运转时，某一转速范围内的平均功率。

1）瞬时功率检测原理

将发动机的所有运动部件等效地看做一个绕曲轴轴线旋转的回转体，没有外界负荷的发动机，在怠速情况下突然踩下加速踏板时，发动机发出的动力除克服各种机械阻力矩外，其有效转矩全部用来加速发动机运动部件，其加速时的惯性阻力矩为该工况下的唯一负载。

根据刚体定轴转动微分方程，发动机的有效转矩和角加速度间的关系为

$$T_{tq} = J\frac{d\omega}{dt} = J\frac{\pi}{30}\times\frac{dn}{dt} \tag{3-2}$$

式中 T_{tq}——发动机转矩（N·m）；

J——发动机运动部件对曲轴轴线的当量转动惯量（$kg\cdot m^2$）；

n——发动机转速（r/min）；

$\frac{d\omega}{dt}$——曲轴的角加速度（rad/s^2）；

$\frac{dn}{dt}$——曲轴的转速变化率（r/s^2）。

则

$$P'_e = \frac{\pi J}{9550\times 30}n\frac{dn}{dt}$$

令

$$C = \frac{\pi J}{9550\times 30}$$

得

$$P'_e = C\times n\frac{dn}{dt}$$

由于在动态测试时，发动机的进气、燃烧状况与稳态时不同，其有效功率相对小于稳态测功时的数值，因此，引入修正系数 k，则

$$P_e = k \cdot C \cdot n \cdot \frac{dn}{dt}$$

令

$$C_1 = k \cdot C$$

则

$$P_e = C_1 \cdot n \cdot \frac{dn}{dt} \tag{3-3}$$

由上式可知，发动机在加速过程中某一转速下的功率，与该转速及其转速变化率成正比。

因此，只要测出加速过程中的转速及其对应的转速变化率，则可求得该转速下的发动机功率。实际应用中，通常通过测取发动机额定转速下的功率，来评定发动机的动力性。

2）平均功率检测原理

根据动能原理，发动机驱动曲轴转动所做的功等于曲轴旋转动能的增量，即

$$A = \frac{1}{2}J\left(\omega_2^2 - \omega_1^2\right) \cdot \frac{1}{1000} \tag{3-4}$$

式中　A——发动机所做的功（kJ）；

ω_1、ω_2——曲轴起始角速度和终止角速度（rad/s）。

设曲轴角速度加速过程测定区间 $\omega_1 \sim \omega_2$ 对应的发动机转速为 $n_1 \sim n_2$，加速经历的时间为 ΔT，则发动机在 ΔT 时间内的平均功率 P_{em} 为

$$P_{em} = \frac{A}{\Delta T} = \frac{1}{1000} \cdot \frac{J\left(\omega_2^2 - \omega_1^2\right)}{2\Delta T}$$

将式（3-4）代入，则

$$P_{em} = \frac{1}{1000} \cdot \frac{J}{2\Delta T} \cdot \left(\frac{\pi}{30}\right)^2 \cdot \left(n_2^2 - n_1^2\right)$$

令

$$C_2 = \frac{1}{2}J \cdot \left(\frac{\pi}{30}\right) \cdot \frac{n_2^2 - n_1^2}{1000}$$

则

$$P_{em} = C_2 \cdot \frac{1}{\Delta T} \tag{3-5}$$

由上式可以看出，发动机在加速过程中的平均功率与加速时间成反比。

由于测得的是一定转速范围内的平均功率，测试值与实际值之间存在差异，因此，需通过稳态测功的方法进行修正。

3.1.3　无负荷测功仪及其使用方法

1. 无负荷测功仪的组成及原理

以采用平均功率原理的无负荷测功仪为例说明，如图 3-2 所示。这种仪器能把来自点火线圈初级绕组通断时的一次感应信号作为发动机转速的脉冲信号，经整形电路整形为矩形波形，并变为平均电压信号。当发动机节气门突然全开，转速达到起始转速时，

此时与之对应的电压信号通过触发器触发计算与控制电路，使时间信号进入计算器并寄存，当发动机加速到终止转速时，对应的电压信号通过触发器触发计算与控制电路，使时间信号停止进入计算器，并把寄存器中的时间脉冲数经 A/D 转换成电流信号，在指示仪表上显示加速时间或直接标定成功率。

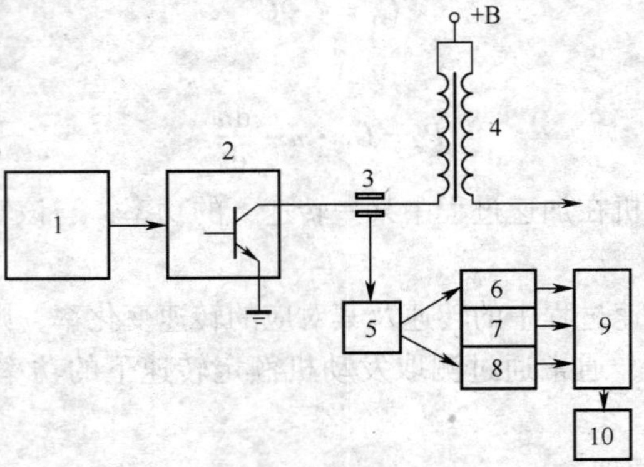

图 3-2 平均功率式无负荷测功仪的组成

1—ECU；2—点火器；3—转速信号传感器；4—点火线圈；5—转速脉冲整形装置；6—起始转速 n_1 触发器；7—时标；8—终止转速 n_2 触发器；9—计算与控制装置；10—显示装置。

2. 无负荷测功仪的使用方法

1）测试前的准备

（1）发动机处于技术完好状态；预热发动机至正常工作温度（80℃～90℃）；处于怠速状态。

（2）接通电源，预热仪器并调零，把传感器按要求连接在规定部位。

（3）按检测仪器的要求设置起始转速 n_1 和终止转速 n_2。

（4）将被测发动机的转动惯量置入仪器内。若被测发动机的转动惯量未知时，则应先测定其转动惯量。

（5）操作其他必要的键位，如机型（汽油机、柴油机）选择键、缸数选择键和测试键等。

2）功率测试方法

发动机无负荷测功常用的测试方法有怠速加速法和启动加速法两种。

（1）怠速加速法。发动机在怠速下稳定运转，然后突然将加速踏板踩到底，发动机转速急速上升，当转速超过终止转速时，仪表显示出所测功率值。该方法既适用于汽油机，又适用于柴油机。

检测时应注意：① 发动机达到规定转速后，应立即松开加速踏板，以避免发动机长时间高速运转；② 为保证测试结果可靠，一般重复测量三次，取其平均值。

（2）启动加速法。首先将加速踏板踩到底，然后启动发动机使其自由加速运转，当转速超过终止转速后，仪表显示出测试值。该方法可避免因迅猛加速操作发动机而引起的测量误差。

3）使用注意事项

（1）发动机当量转动惯量 J 值要准确。仪器生产厂家提供的 J 值多为发动机台架试验测得，试验时通常不带风扇和空气滤清器，与就车测试时不同。因此，必须使用有关部门提供的就车测试的发动机当量转动惯量 J 值。

（2）发动机加速区间的转速 n_1、n_2 选取要适当。通常起始转速 n_1 高于发动机怠速转速，终止转速 n_2 取额定转速。

（3）检测时，踩加速踏板的速度和力度要均匀，重复性要好。

（4）无负荷测功的结果仅是发动机动力性的一个方面，不能全面评价发动机的动力性。

（5）无负荷测功的精度不高，作为发动机维修后的质量判断较为有效。

3.1.4　各缸功率均衡性检测

各缸功率均衡性是判断发动机技术状况的另一个重要指标，是发动机检测诊断的一个重要内容。各缸功率均衡性可通过单缸功率检测和单缸断火后转速变化的检测来评价。

当测得发动机有效功率较小时，测试发动机的单缸功率，可以发现引起发动机动力性下降的具体原因和部位。

1. 单缸功率检测

首先测出各缸都工作时的发动机功率，然后在某气缸断火（或断油）情况下，再测量发动机功率。两功率之差即为断火气缸的单缸功率。

采用将各缸轮流断火的方法，测试发动机各单缸功率，可以判断各缸技术状况是否良好。各缸单缸功率相同，则说明发动机各缸功率均衡性好；若某缸断火后，测得的功率没有变化，则说明其单缸功率为零，该缸不工作；若发动机单缸功率偏低，则一般系该缸点火、喷油技术状况不佳、气缸密封性不良所致。

2. 单缸断火后转速变化的检测

发动机在一定转速下运行时，若某缸突然断火，则发动机的指示功率减少，导致克服原转速的摩擦功率不够，从而使发动机重新平衡运转的转速降低。因此，可以利用在单缸断火情况下测得的发动机转速下降值，来评价各缸的工作状况。

检测时应注意：①断火试验时，发动机转速下降的程度与起始转速有关；②对于汽油机，由于某缸断火后，进入该缸的汽油混合气不参与燃烧，汽油会洗刷气缸壁上的润滑油膜，使气缸磨损加剧，同时流入油底壳的汽油会稀释机油。因此，断火试验时间不宜过长或频繁进行。

需要说明的是：①无负荷测功通常情况下测量的是发动机的额定功率；②仪器数据库中未涉及的发动机，无法实施无负荷测功（由于转动惯量等参数未知）。

3.1.5　发动机动力性能检测结果分析

1. 动力性能检测标准

（1）GB 7258—2012《机动车运行安全技术条件》规定，在用车发动机功率不得低于原标定功率的 75%。

（2）GB/T 15746.2—1995《汽车修理质量检查评定标准——发动机大修》规定，大修后发动机最大功率不得低于原设计标定值的 90%。

（3）GB 18344/T—2001《汽车维护、检测、诊断技术规范》要求，汽车二级维护时发动机动力性能的评价指标：

①最大功率不低于标定功率的 80%。

②发动机转速为 1200r/min 时，单缸转速降应大于 90r/min。

③各缸转速降差值不应超过 25%。

2. 检测结果分析

通常在发动机各缸工作都正常的情况下，以某一平衡转速下单缸断火（或断油）时发动机转速下降的平均值作为诊断标准。若各缸轮换断火（或断油）时，转速下降幅度大而且基本相同，说明各缸工作状况良好，各缸功率均衡性好；若各缸转速下降的幅度差别很大，则说明各缸功率均衡性差，有些缸工作不正常；若某缸转速下降的幅度较标准小，说明其单缸功率小，该缸工作状况不良；若某缸转速下降值等于零，则说明其单缸功率为零，该缸不工作。

对于缸数多的发动机不适宜作单缸断火（或断油）检测，因为气缸数越多，单缸断火（或断油）后的转速下降值就越小，测量误差就越大，判断各缸工作性能的难度就越大。表 3-1 列出不同气缸数发动机单缸断火后的转速下降平均值。

表 3-1 发动机单缸断火后转速下降平均值

气 缸 数	转速下降平均值/（r/min）	允许偏差/（r/min）
4 缸	80 ~ 100	± 20
6 缸	60 ~ 80	± 10
8 缸	40 ~ 60	±5

当发动机功率检测值偏低时，可按图 3-3 所示的诊断流程对发动机故障进行分析、诊断。

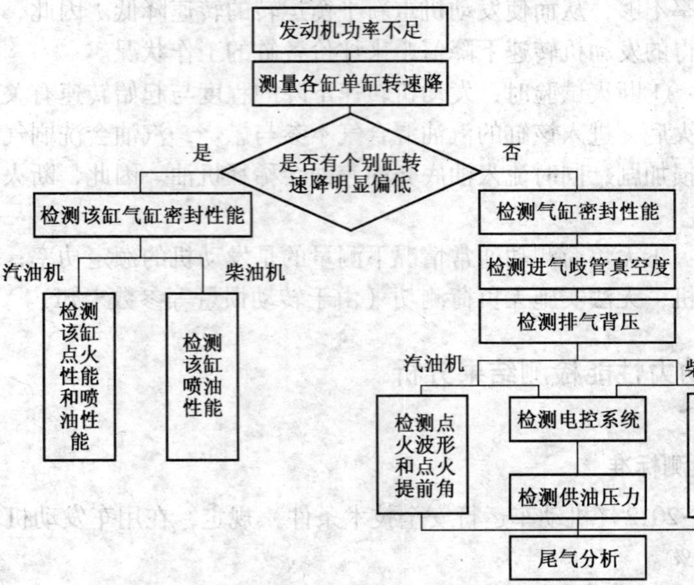

图 3-3 发动机功率不足的诊断流程

3.2　气缸密封性检测与故障诊断

气缸密封性与气缸、气缸盖、气缸衬垫、活塞、活塞环和进排气门等零件的技术状况有关，这些零件组合（以下简称为“气缸组”）起来，成为发动机的心脏。在发动机使用过程中，由于上述零件的磨损、烧蚀、结胶、积炭等原因，引起了气缸密封性下降。气缸密封性差的主要表现是：发动机启动困难甚至不能启动；发动机燃料与润滑油消耗增加，排烟增多；汽车达不到最高车速、加速距离延长、最大爬坡能力下降等。通常通过检测气缸压缩压力、进气管真空度来诊断气缸的密封性。

3.2.1　气缸压缩压力检测与故障诊断

检测活塞到达压缩上止点时气缸压缩压力（以下简称为“气缸压力”）的大小，可以表明气缸的密封性。检测气缸压力所使用的检测设备主要有气缸压力表、气缸压力检测仪。

1. 用气缸压力表检测

1）气缸压力表的结构与工作原理

由于气缸压力表具有价格低廉、轻便小巧、实用性强和检测方法简便等优点，因此在汽车维修企业中应用非常广泛。

气缸压力表是一种气体专用压力表，它一般由压力表头、导管、单向阀和接头等组成。压力表头多为鲍登管（Bourdon-tube）式，其驱动元件是一根扁平的弯曲成圆圈状的管子，一端为固定端，另一端为活动端。活动端通过杠杆、齿轮机构与指针相连。当气体压力进入弯管时，弯管伸直。于是，通过杠杆、齿轮机构带动指针运动，在表盘上指示出压力的大小。

气缸压力表的接头有两种形式：一种为螺纹管接头，可以拧紧在火花塞螺纹孔内；另一种为锥型或阶梯型的橡胶接头，可以压紧在火花塞或喷油器孔上。接头通过导管与压力表头相连通。导管也有两种：一种为软导管；另一种为金属硬导管；软导管适用于螺纹管接头与压力表头的连接，硬导管适用于橡胶接头与表头的连接。

气缸压力表还装有能通大气的单向阀。当单向阀处于关闭位置时，可保持压力表指针位置以便于读数。当单向阀处于打开位置时，可使压力表指针回零。气缸压力表外形图如图 3-4 所示。

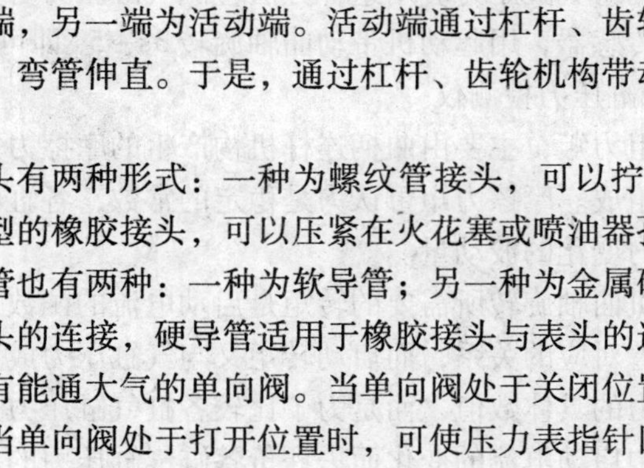

图 3-4　气缸压力表外形图

2）气缸压力表的使用方法

（1）检测条件。发动机应运转至正常工作温度；用起动机带动已拆除全部火花塞或喷油器的发动机运转，其转速应符合原厂规定要求。

（2）检测方法。发动机达到正常的工作温度（水温 80℃～90℃，油温 70℃～90℃）。拆下空气滤清器，用压缩空气吹净火花塞或喷油器周围的脏物，拆下全部火花塞或喷油器，并按气缸顺序放置。然后，把气缸压力表的橡胶接头插在被测缸的火花塞或喷油器孔内，扶正压紧。将节气门置于全开位置，用起动机带动卸除全部火花塞的发动机运转，转速为 200r/min～300r/min（或按原厂规定），运转 3s～5s（不少于 4 个压缩行程），待压力表头指针指示并保持最大压力后停止转动。取下气缸压力表，记录读数，按下单向阀使压力表指针回零。

按上述方法依次测量各缸，每缸测量不少于 2 次，每缸测量结果取算术平均值。

就车检测柴油机气缸压力时，应使用螺纹接头的压力表。如果该机要求在较高转速下测量，此种情况除受检气缸外，其余气缸均应工作。其他检测条件和检测方法同于汽油机。

2. 用气缸压力检测仪检测

气缸压力检测仪主要有压力传感器式、起动电流式、电感放电式等多种型式，用于评价各缸气缸压力的均衡情况。

1）压力传感器式气缸压力检测仪

它是利用压力传感器拾取气缸内的压力信号，经 A/D 转换器进行模、数转换，再送入显示装置，即可测得气缸压力。用这种方法检测气缸压力时，需拆下被测缸的火花塞，旋上仪器配置的传感器，用起动机带动曲轴旋转 3s～5s 即可。

2）启动电流式气缸压力检测仪

发动机启动时的阻力矩，主要由曲柄连杆机构产生的摩擦力矩和各缸压缩行程受压气体的反力矩两部分组成。摩擦力矩可认为是稳定的常数，各缸压缩行程受压气体的反力矩是随各缸气缸压力变化的波动量。

启动机带动发动机曲轴旋转所需要的转矩是启动电流的函数，启动电流的变化与气缸压力的变化间存在着对应的关系，而启动转矩又与气缸压力成正比。因此，只要不是为了获得各缸气缸压力的具体数值，而是为了比较各缸气缸压力是否均衡，完全可以采用通过测量启动过程中启动电流的变化而去评价各缸气缸压力的方法。

如元征 EA－2000 型发动机综合性能检测仪，可以把启动电流的波形变成柱方图来更直观地显示各缸的气缸压力。检测时，启动发动机，仪器自动全部断油，屏幕上显示出发动机转速、启动电流，同时绘出启动电流曲线和相对气缸压力的柱方图（见图 3-5）。

3）电感放电式气缸压力检测仪

它是一种通过检测点火系二次电感放电电压来确定气缸压力的仪器，仅适用于汽油机。汽油机点火系工作中，随着初级电流切断，二次电压随即上升击穿火花塞间隙，并维持火花塞放电。火花放电电压也称为火花线，属于点火系电容放电后的电感放电部分。电感放电的电压与气缸压力之间对应变化，接近线性关系。因此，各缸火花放电电压可作为检测各缸气缸压力的信号，该信号经变换处理后即可显示气缸压力。

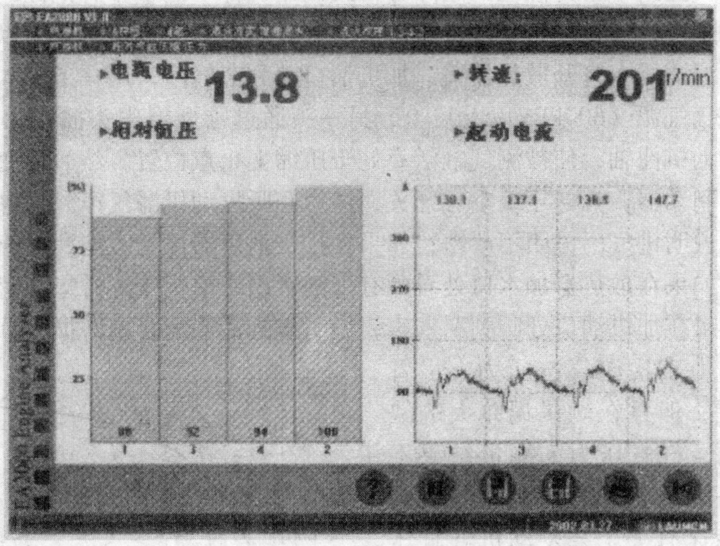

图 3-5 启动电流波形柱方图

使用以上气缸压力测试仪检测气缸压力时，发动机不应着火工作。汽油机可切断喷油器电源或按测试仪要求处理，柴油机可旋下喷油器高压油管接头断油，即可达到目的。

3. 诊断参数标准

对于在用汽车发动机，按照 GB 18565—2001《营运车辆综合性能要求和检验方法》的规定，发动机各气缸压力应不小于原设计规定值的 85%；每缸压力与各缸平均压力的差：汽油机应不大于 8%；柴油机应不大于 10%。对于大修竣工发动机，按照国家标准 GB/T 15746. 2—1995《汽车修理质量检查评定标准——发动机大修》附录 B 的规定：大修竣工发动机的气缸压力应符合原设计规定；每缸压力与各缸平均压力的差：汽油机不超过 8%；柴油机不超过 10%。

4. 检测结果诊断

气缸压力的检测结果如高于原设计值，并不一定表明气缸密封性好，要结合使用和维修情况进行分析。这种情况有可能是燃烧室内积炭过多、气缸衬垫过薄或缸体与缸盖结合平面经多次修理加工过甚造成。气缸压力测得的结果如低于原设计值，说明气缸密封性降低，可向该缸火花塞或喷油器孔内注入 20ml ~ 30ml 机油，然后用气缸压力表再测气缸压力，进行深入诊断并记录。如果：

（1）第二次测得的结果比第一次高，接近标准压力，表明是气缸、活塞环、活塞磨损过大或活塞环对口、卡死、断裂及缸壁拉伤等原因造成了气缸不密封。

（2）第二次测出的结果与第一次略同，即仍比标准压力低，则表明进排气门或气缸衬垫不密封。

（3）若两次测量结果均表明某相邻两缸压力都很低，则说明该两缸相邻处的气缸衬垫烧损窜气。

以上仅为气缸组不密封部位的故障分析或判断，并不能十分有把握地确诊。为了准确地测出故障部位，可在测量完气缸压力后，针对压力低的气缸，采用以下方法进行确诊：拆下空气滤清器，打开散热器盖、加机油口盖和节气门，用一条3 m长的胶管，一头接在压缩空气气源（600kPa以上）上，另一头通过锥型橡皮头插在火花塞或喷油器孔内。摇转发动机曲轴，使被测气缸活塞处于压缩上止点位置。然后将变速器挂入低速挡，拉紧驻车制动器，打开压缩空气开关，注意倾听发动机漏气声。如果在进气管口处听到漏气声，说明进气门关闭不严密；如果在排气消声器口处听到漏气声，说明排气门关闭不严密；如果在散热器加水口处看到有气泡冒出，说明气缸衬垫不密封造成气缸与水套沟通；如果在加机油口处听到漏气声，说明气缸活塞配合副磨损严重。

用气缸压力表检测气缸压力，尽管应用极为广泛，但存在测量误差大的缺点。研究表明，气缸压力的测量结果不但与气缸内各处的密封程度有关，而且还与曲轴的转速有关。某发动机气缸压力与曲轴转速的关系曲线如图3-6所示。从图中可以看出，只有当曲轴转速超过1500r/min以后，气缸压力曲线才变得比较平缓。但在低转速范围内，即在检测条件中由起动机带动曲轴达到的转速范围内，即使较小的Δn，也能引起气缸压力测量值较大的变化。

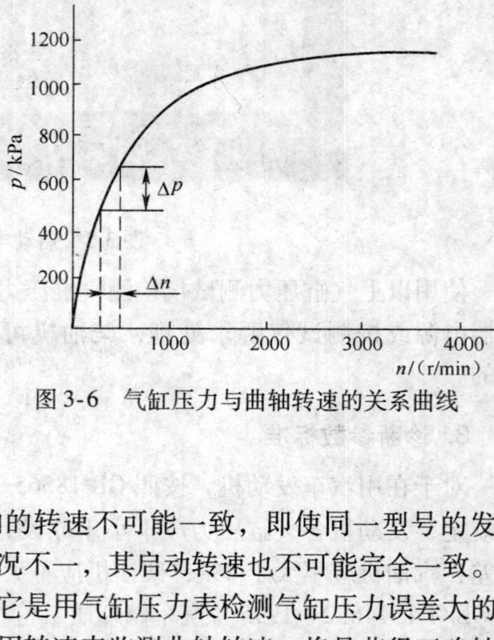

图3-6 气缸压力与曲轴转速的关系曲线

不同型号的发动机，由起动机带动曲轴的转速不可能一致，即使同一型号的发动机，由于蓄电池、起动机和发动机的技术状况不一，其启动转速也不可能完全一致。这就出现了检测转速是否符合规定值的问题，它是用气缸压力表检测气缸压力误差大的主要原因之一。因此在检测气缸压力时，应该用转速表监测曲轴转速，将是获得正确结果分析的重要保证。

3.2.2 进气管真空度检测与故障诊断

发动机进气管的真空度，是随其自身密封性和气缸密封性的变化而变化的。因此，在确认进气管自身密封性良好的情况下，利用真空表检测进气管的真空度值，或利用示波器观测真空度波形的变化，可用来分析、判断气缸的密封性，并能诊断故障。

1. 用真空表检测真空度

1）真空表结构与工作原理

真空表由表头和软管组成。真空表的表头与气缸压力表表头一样，多为鲍登管。当真空（负压）进入表头内弯管时，弯管更加弯曲。于是，通过杠杆和齿轮机构等带动指针动作，在表盘上指示出真空度的大小。真空表表头的量程为0～101.325kPa（旧式表头量程：公制为0～760mmHg，英制为0～30inHg）。软管的一头固定在表头上，另一头连接在节气门后方的进气管专用接头上。

2）进气管真空度的检测方法

（1）发动机应预热到正常工作温度。

（2）把真空表软管连接在节气门后方的进气管专用接头上。

（3）发动机怠速运转。

（4）读取真空表上的读数。考虑到进气管真空度有随海拔高度增加而降低的现象（一般海拔每增加 1000m，真空度将减少 10kPa 左右），因此真空度检测中应根据所在地海拔高度修正真空度标准值。

3）进气管真空度检测标准

根据 GB/T 15746.2—1995《汽车修理质量检查评定标准——发动机大修》的规定，大修竣工的汽油发动机在怠速时，进气歧管真空度应在 57kPa ~ 71kPa 范围内。进气歧管真空度波动：六缸汽油机不超过 3kPa，四缸汽油机不超过 5kPa（大气压力以海平面为准）。

4）进气管真空度诊断

检测中真空表指针的位置和动作如图 3-7 所示。图中，白针表示指针稳定，黑针表示指针漂移。通过对进气管真空度检测结果分析，可诊断发动机的技术状况和故障。

（1）若真空表指针稳定在 57kPa ~ 71kPa，如图 3-7（a）所示，则表明气缸密封性正常。海拔高度每升高 500m，真空度应相应降低 4kPa ~ 5kPa。

（2）怠速时，若真空表指针跌落 3kPa ~ 23kPa，如图 3-7（b）所示，而且指针有规律地摆动，则表明气门与气门座密封不良。

（3）怠速时，若真空表指针有规律地迅速跌落 10kPa ~ 16kPa，如图 3-7（c）所示，则表明气门与导管卡滞。

（4）怠速时，若真空表指针在 33kPa ~ 74kPa 范围内迅速摆动，如图 3-7（d）所示，则表明气门弹簧弹力不足；若某一只气门弹簧折断，则真空表指针将相应地产生快速波动。

（5）怠速时，若真空表指针较正常值低 10kPa ~ 13kPa，且缓慢地在 47kPa ~ 60kPa 范围内摆动，如图 3-7（e）所示，则表明气门导管磨损严重。

（6）当发动机转速升至 2000r/min 时，突然关闭节气门，真空表指针迅速跌落至 6kPa ~ 16kPa 以下；当节气门突然开启并关闭时，指针不能回复到 83kPa，如图 3-7（f）所示，则表明活塞环磨损严重。当迅速开启节气门时，指针不低于 6kPa ~ 16kPa，则表明活塞环工作良好。

（7）怠速时，若真空表指针从正常值突然跌落至 33kPa，随后指针又恢复至正常值，在发动机运转过程中，真空表指针总是这样来回的波动，如图 3-7（g）所示，则表明气缸衬垫窜气。

（8）怠速时，若真空表指针不规则跌落，如图 3-7（h）所示，则表明发动机的混合气过稀；若真空表指针缓慢摆动，则表明发动机的混合气过浓。

（9）怠速时，若真空表指示值比正常值低 10kPa ~ 30kPa，如图 3-7（i）所示，则表明进气歧管衬垫漏气；若发动机转速升至 2000r/min，突然关闭节气门，真空表指针从 83kPa 跌落至 6kPa 以下，并迅速回至正常，则表明排气系统堵塞。

（10）怠速时，若真空表指针稳定地指示在 47kPa ~ 57kPa，如图 3-7（j）所示，则表明发动机点火过迟。

（11）怠速时，若真空表指针稳定地指示在 27kPa ~ 50kPa，如图 3-7（k）所示，则表明发动机气门开启过迟。

（12）怠速时，若真空表指针缓慢地摆动在 47kPa ~ 54kPa，如图 3-7（l）所示，则表明火花塞电极间隙太小。

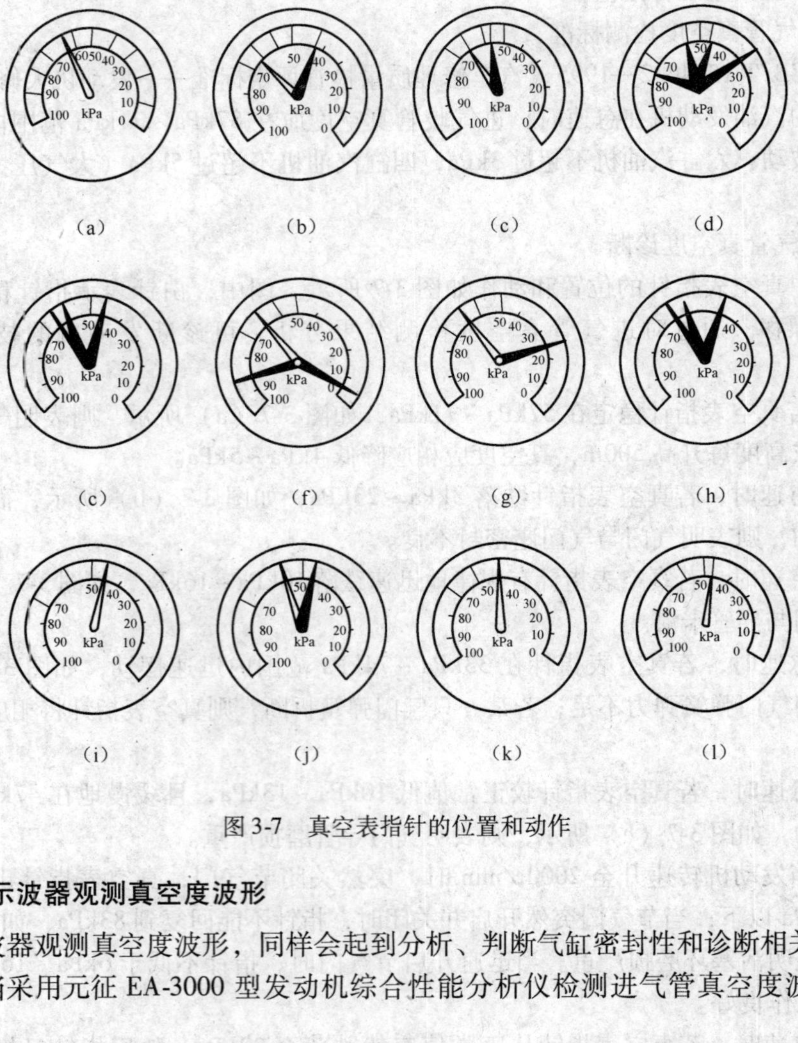

图 3-7　真空表指针的位置和动作

2. 用示波器观测真空度波形

用示波器观测真空度波形，同样会起到分析、判断气缸密封性和诊断相关机件故障的作用。当采用元征 EA-3000 型发动机综合性能分析仪检测进气管真空度波形时，方法如下：

（1）发动机运转至正常工作温度。

（2）将分析仪真空度传感器的橡胶软管通过三通接头连接到发动机的真空管上。

（3）使发动机转速稳定在 1700r/min 左右。

（4）在主菜单下的副菜单上选择“进气管内真空度”，进入真空度检测状态，检测界面如图 3-8 所示。

（5）按下检测界面下方的“检测”按钮，分析仪高速采集进气管真空度值，并显

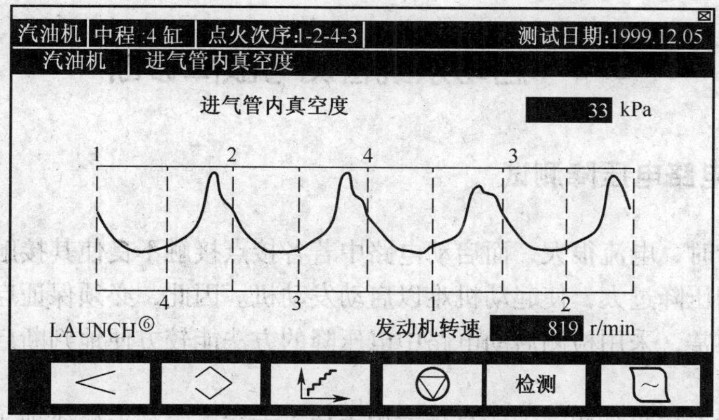

图 3-8　进气管真空度检测界面

示出被检发动机的真空度波形。

（6）对波形观测、分析和判断。

（7）再按下“检测”按钮，高速采集结束。

（8）必要时可按下 F4 按钮，分析仪提供 4 缸、6 缸或 8 缸的进气管真空度标准波形。其中，4 缸和 6 缸发动机进气管标准波形分别如图 3-9 和图 3-10 所示。除此之外，还提供了进气门开启不良、进气门漏气、排气门开启不良和排气门关闭不良等故障波形，以供观测波形时对照、分析和判断。4 缸发动机第 4 缸进气门严重漏气波形图，如图 3-11 所示。

（9）按 F2 按钮可对数据进行存储，按 F3 按钮可进行图形存储，按 F6 按钮可进行图形打印。

（10）按 F1 按钮，返回主菜单。

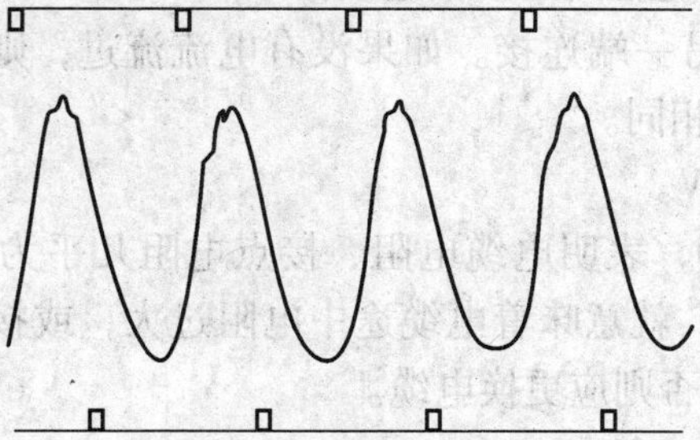

图 3-9　4 缸发动机进气管标准波形

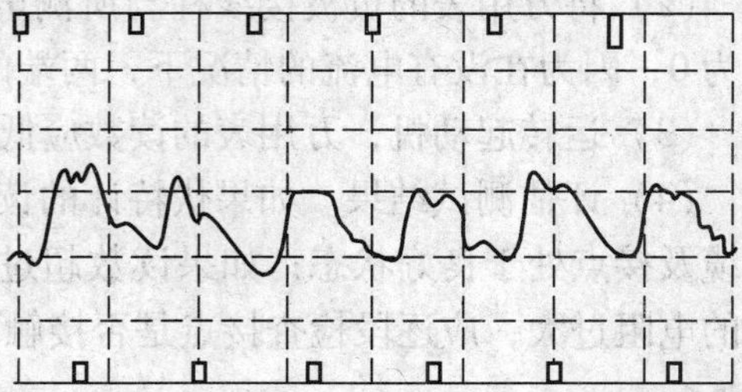

图 3-10　6 缸发动机进气管标准波形

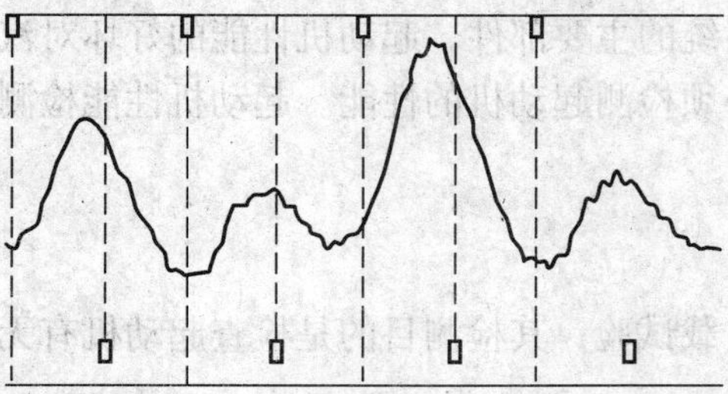

图 3-11　4 缸发动机第 4 缸进气门严重漏气波形图

3.3 启动系统检测与故障诊断

3.3.1 启动电路电压降测试

起动机运转时，电流很大，而启动电路中若各接点接触不良使其接触电阻较大，则会导致接点处的压降过大，使起动机难以启动发动机。因此，必须保证启动电路中各接点接触良好。通常，采用检测启动电路中电压降的方法能较方便地判断启动电路中各接点的接触状态。

启动电路中电压降的测试方法是将万用表接入有高电阻的电缆线端头，然后运转起动机进行测量。图3-12为一般启动电路可能接触不良点电压降发生处，各接点处的电压降一般不允许超过0.1V~0.2V。

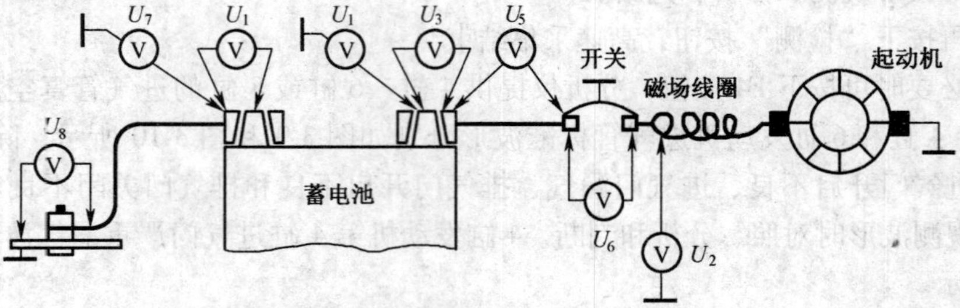

图3-12 启动电路接触不良点电压降发生处

启动电路电压降测量步骤如下：

（1）将万用表的正极接线柱与电缆最接近蓄电池的正极端连接。

（2）将万用表的负极接线柱与所测电缆的另一端连接。如果没有电流流过，则读数为0，因为在没有电流的情况下，两端的电位相同。

（3）运转起动机，万用表的读数应低于0.2V。

（4）评估测试结果。如果伏特计的读数为0，表明电缆电阻、接点电阻几乎为0，电缆及接点处于良好状态；如果读数超过0.2V，就意味着电缆途中电阻过大，或接点处的电阻过大，应逐段检查接点是否接触不良，否则应更换电缆。

3.3.2 起动机性能检测

起动机是汽车启动系统的主要部件，起动机性能的好坏对汽车的启动性具有决定性作用，因此实际应用中必须检测起动机的性能。起动机性能检测包含空载性能检测和制动性能检测。

1. 空载性能检测

空载性能检测也称空载试验，其检测目的是检查起动机有无机械及电气故障。

1）检测方法

汽车起动机一般都装在发动机侧面，将其安装到汽车上操作十分不便。为了检查起动机维修质量和减少维修工作量，修复后的起动机最好在专用试验台上检测。若无专用试验台，则可固定在虎钳上，按图 3-13 所示的连接线路进行简易的空载性能检测，其检测方法如下：

(1) 备好蓄电池及直流电压、电流表，蓄电池应充足电，电流表的量程应在 0～100A 以上。

(2) 将起动机夹紧，接上电源。

(3) 接上开关，起动机运转。

(4) 测量电流、电压和转速。

注意：每次空载检测时间不要超过 1min，以免起动机过热。

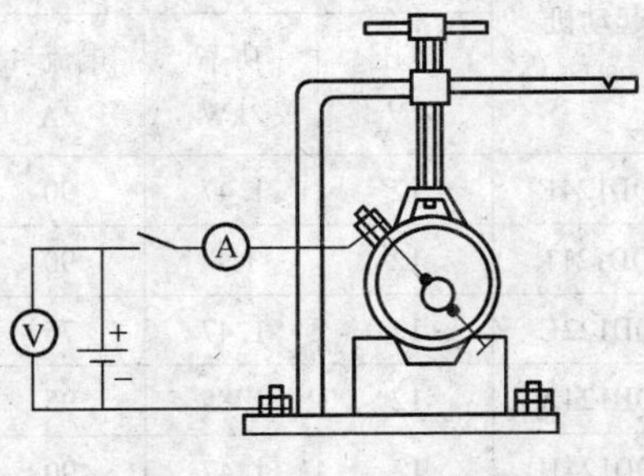

图 3-13 起动机的空载性能检测

2) 检测标准

(1) 起动机运转应均匀、电刷无较强火花。

(2) 测量的电流、电压和转速应符合标准规定，常用起动机的空载性能参数标准如表 3-2 所列。

3) 检测分析

(1) 若电流大、转速低，则可能是起动机存在机械故障或电气故障。其机械故障的原因有：轴承（或铜套）磨损过多使电枢轴与轴承不同心，电枢轴弯曲使电枢与磁极发生摩擦，装配过紧使摩擦阻力矩过大等。其电气故障的原因有电枢绕组、磁场绕组有短路或搭铁现象。

(2) 若电流和转速都低，则说明起动机内部电路有接触不良之处。其故障原因有电刷与换向器接触不良或电刷弹簧压力不足等。

2. 制动性能检测

制动性能检测又称转矩试验，是一种锁止起动机驱动齿轮，接通电枢电流使其输出转矩的试验。其检测目的是检验起动机的启动性能是否良好，有无电气故障。

1) 检测方法

起动机的制动性能检测应在专用试验台上进行，其检测原理如图 3-14 所示。检测时确保蓄电池充足电，检测方法如下：

(1) 将起动机固定在专用试验台上。

(2) 给起动机驱动齿轮加上负载，如测力弹簧。

(3) 给起动机通电，然后迅速测量电流表、电压表和弹簧秤的示值。

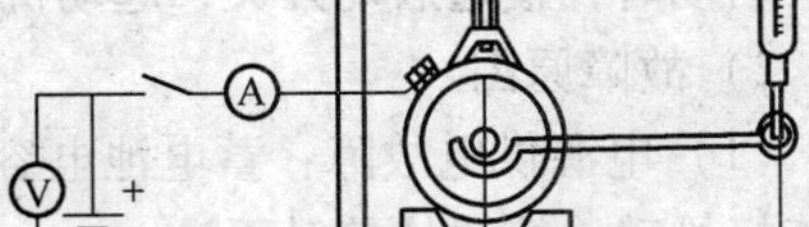

图 3-14 起动机的制动性能检测

注意：检测制动性能时，起动机工作电流大，动作要迅速，一次试验时间不要超过 5s，以免烧坏起动机线圈和对蓄电池造成不利影响。

2) 检测标准

起动机制动性能检测时的工作电流、电压和转矩应符合标准规定，常用的起动机制动性能参数标准如表 3-2 所列。

表 3-2 常用起动机性能参数

起动机型号	额定参数		空载特性		制动特性			适用车型
	电压/V	功率/kW	电流≤/A	转速≥/(r/min)	电压/V	电流≤/A	转矩≥/(N·m)	
QD124F	12	1.47	90	5000	8	650	29.4	东风 EQ1090
QD1211	12	1.8	90	5000	7.5	750	34	东风 EQ1090
QD122C	12	1.47	75	4700	8	600	29.4	东风 EQ2100
QD124A	12	1.85	95	5000	8	600	24	解放 CA1091
QD124H	12	1.47	90	5000	8	600	29.4	解放 CA1091
QD1238A	12	1.1	75	7500	8	480	12.7	跃进 J1041C
QD121	12	1.1	100	5000	8	525	15.7	北京 BJ2020
QD1225	12	0.96	45	6000	7	480	13	上海桑塔纳
DW1.4	12	1.4	67	2900	9.6	160	13	北京切诺基
QD25	24	3.5	90	6000	9	900	34.3	跃进 NJ1061
QD2754	24	5.4	80	5500	12	1450	78.4	斯太尔系列

3）检测分析

（1）若电流大、转矩小，则说明磁场绕组或电枢绕组有匝间短路或搭铁故障，导致产生转矩的有效线圈匝数减少。

（2）若转矩和电流都小，则说明起动机内接触电阻过大或主电路接触不良，如电刷与换向器接触不良或电刷弹簧压力不足等。

（3）若检测过程中电枢轴能转动，则说明起动机的单向离合器打滑。

3.3.3 启动系统常见故障诊断

1. 起动机不转

1）故障现象

启动时，接通启动开关，起动机不转。

2）故障原因

（1）电源供电故障：蓄电池电容量不足；启动电路有短路、断路；启动电路各导线连接松动，接线柱接触不良。

（2）起动机故障：换向器与电刷接触不良；磁场绕组或电柜绕组有断路或短路；绝缘电刷搭铁。

（3）电磁开关故障：电磁开关线圈断路、短路、搭铁；电磁开关触点烧蚀、接触不良。

（4）启动继电器故障：启动继电器线圈断路、短路、搭铁；启动继电器触点接触不良。

3）故障诊断

（1）启动前，先按喇叭和开大灯，如喇叭声响不正常，灯光暗，说明电源供电存在故障或蓄电池电量不足。

（2）如喇叭声响、灯光正常，则用旋具将起动机电磁开关上的起动机电源接线柱与连接起动机内部绕组的接线柱短接，若起动机不转，则说明起动机内部有断路或接触不良故障；若起动机空转正常，则进行下步检查。

（3）用旋具将电磁开关接线柱与起动机电源接线柱相连，若起动机不转，则说明起动机电磁开关有故障；若起动机运转正常，则说明故障在启动继电器及其有关线路，可进行下步检查。

（4）用旋具将启动继电器上连接蓄电池和连接起动机的两接线柱直接相连，若起动机不转，则说明两接线柱至电磁开关的线路断路或接触不良；若起动机能正常运转，则进行下步检查。

（5）将启动继电器上连接蓄电池和连接点火开关的两接线柱直接相连，若起动机能正常运转，则故障在启动继电器至点火开关的导线或点火开关；若起动机不转，则说明是启动继电器故障，可能是其触点接触不良或继电器磁力线圈断路，应拆修或更换启动继电器。

2. 起动机转动无力

1）故障现象

起动机转动缓慢无力，启动转速过低，启动发动机困难。

2）故障原因

（1）电源供电故障：蓄电池电容量不足；启动电路导线连接松动，接线柱接触不良。

（2）起动机故障：换向器与电刷接触不良；磁场绕组或电枢绕组有局部短路现象。

（3）电磁开关故障：电磁开关接触盘和触点烧蚀、接触不良。

3）故障诊断

（1）检查起动机电源，查看各接线柱是否接触不良，确保供电正常。

（2）检查启动电磁开关接触盘、触点，是否烧蚀或接触不良。

（3）若上述检查正常，而故障依存，则需拆修起动机。

3. 起动机空转

1）故障现象

启动发动机时，起动机转动，发动机不转。

2）故障原因

（1）传动叉脱槽，不能拨动小齿轮进入啮合。

（2）起动机的电磁开关铁芯行程太短。

（3）单向离合器打滑。

（4）飞轮齿严重磨损或打坏。

3）故障诊断

起动机空转有两种原因：一种是起动机驱动小齿轮不与飞轮齿啮合的空转，故障主要在起动机的操纵和控制部分；另一种是起动机驱动小齿轮已与飞轮齿啮合，由于单向离合器打滑而空转，故障主要在起动机单向离合器。

（1）当驱动小齿轮未与飞轮齿啮合空转时，若将发动机飞轮转一角度其故障消失，则为个别飞轮齿严重磨损或打坏所致，应检修飞轮齿环。

（2）当飞轮齿环正常，而驱动小齿轮未与飞轮齿啮合而空转，应检查起动机电磁开关主回路接触盘的行程是否过小。该行程过小会使主回路提早接通，造成电枢提前高速旋转而使小齿轮不能进入啮合。

（3）若起动机的操纵和控制部分正常，其起动机驱动小齿轮可与飞轮齿啮合而空转，则故障为单向离合器打滑，此时应检修起动机单向离合器。

3.4 点火系统的诊断与检测

汽油机在不同工况下工作时，不仅需要一定数量和浓度的可燃混合气，而且需要按点火次序适时地供给强电火花，以点燃可燃混合气，使发动机产生动力。如果汽油机点火系统技术状况不佳，甚至出现了故障，不但严重影响发动机的动力性、经济性、排气净化性，而且无法正常工作。实践证明，点火系统是汽油机各机构、系统中故障率较高者之一，往往是诊断与检测的重点对象。

点火系统常见故障有缺火、断火和火弱等故障。故障的部位分为一次（初级）线路和二次（次级）线路两部分。按照课程分工，点火系统常见故障的现象、原因和诊断方法，由《汽车电气与电子设备》课讲授，本书不再赘述。

3.4.1 点火波形观测方法

已如前述，汽油机点火示波器可专门用来检测、诊断汽油机点火系统的技术状况。它能将每个气缸的点火电压随时间的变化关系用波形的形式直观地表现出来，以便于观察、分析和判断。使用点火示波器显示点火系统波形，除了操作简单和测试迅速外，另一个重要优点是能描绘出点火的全过程。以下以传统点火系统（带机械式断电器触点，下同）为例，介绍点火波形的观测、分析方法。

1. 次级电压的标准波形

在点火线圈的初级线圈周期性通电和断电的过程中，初、次级线圈都因电流变化而感应电动势，而初、次级电压随时间变化的规律也是相似的。次级线圈点火电压波形如图 3-15 所示。

图 3-15 波形上各点的意义如下：

a 点：断电器触点断开或电子点火器输出断开，点火线圈初级突然断电，导致次级电压急剧上升。

ab 段：为火花塞击穿电压。传统点火系统击穿电压为 12kV ~ 20kV，电子点火系统击穿电压可达 15kV ~ 25kV。

cd 段：为火花塞电极间混合气被击穿之后，维持火花放电所需电压，一般为几千伏。

de 段：火花消失，点火线圈中剩余磁场能量在线路中维持一段衰减振荡。此段为第一次振荡波。

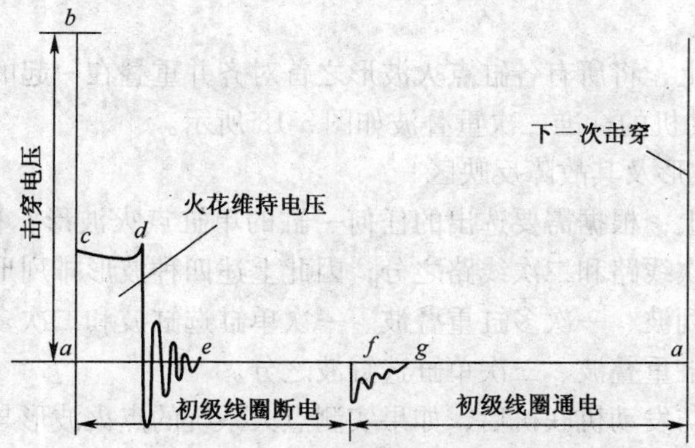

图 3-15　次级线圈点火电压波形

f 点：断电器触点闭合或电子点火器输出导通，使点火线圈初级电路有电流通过，初级电流开始增加，引起次级电压突然增大。*a*、*f* 点次级电压的方向相反，且大小也不相同。

fg 段：因初级电流接通而引起回路电压出现衰减振荡，这段称为第二次振荡。

2. 波形排列形式

点火示波器采集到点火信号后，通过多缸平列波、多缸并列波、多缸重叠波和单缸选缸波 4 种排列形式，分别显示点火系统波形，以便于检测人员从不同排列形式波形中观测、分析、判断点火系统技术状况。

1）多缸平列波

在示波器屏幕上，从左至右按点火次序将所有各缸点火波形首尾相连的一种排列形式，称为多缸平列波。6 缸发动机的标准二次平列波如图 3-16 所示。

2）多缸并列波

在示波器屏幕上，从下至上按点火次序将所有各缸点火波形之首对齐并分别放置的一种排列形式，称为多缸并列波。6 缸发动机的标准二次并列波如图 3-17 所示。有的点火示波器将各缸点火波形按点火次序以三维的排列形式显示出来，可称为三维多缸并列波。

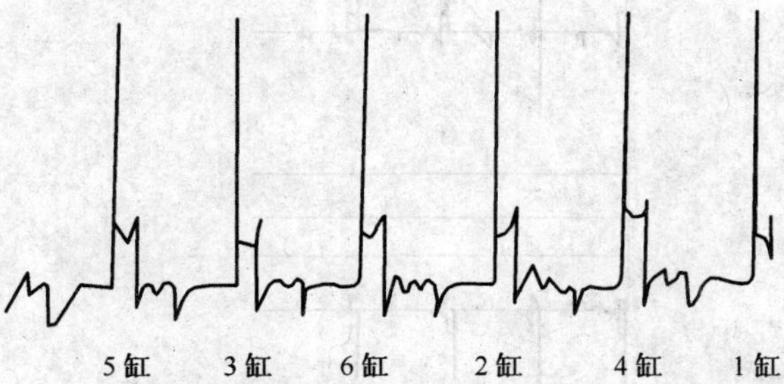

图 3-16　标准二次平列波

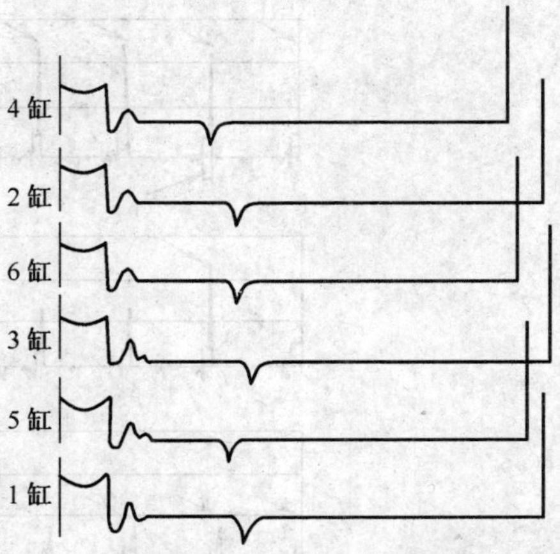

图 3-17　标准二次并列波

3）多缸重叠波

在示波器屏幕上，将所有各缸点火波形之首对齐并重叠在一起的排列形式，称为多缸重叠波。6 缸发动机的标准二次重叠波如图 3-18 所示。

4）单缸选缸波形及其故障反映区

在示波器屏幕上，根据需要选出的任何一缸的单缸点火波形，称为单缸选缸波形。由于点火系统有一次线路和二次线路之分，因此上述四种波形排列形式又有一次多缸平列波、一次多缸并列波、一次多缸重叠波、一次单缸选缸波和二次多缸平列波、二次多缸并列波、二次多缸重叠波、二次单缸选缸波之分。

当点火示波器与发动机联机后，如果实测点火系统的点火波形与标准波形相比有差异，说明点火系统有故障。传统点火系统在点火波形上有 4 个故障反映区，如图 3-19 所示。

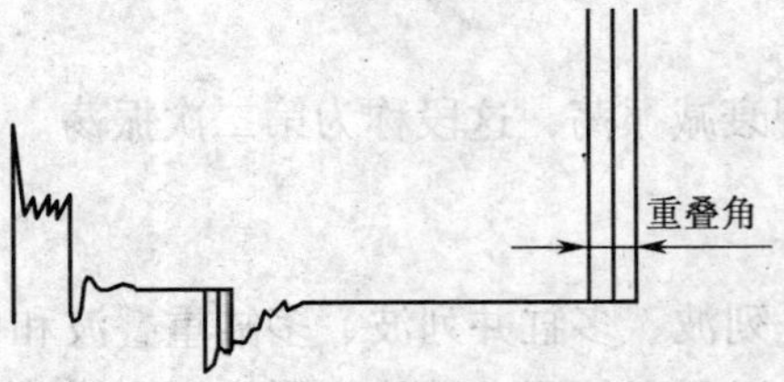

图 3-18　多缸重叠波

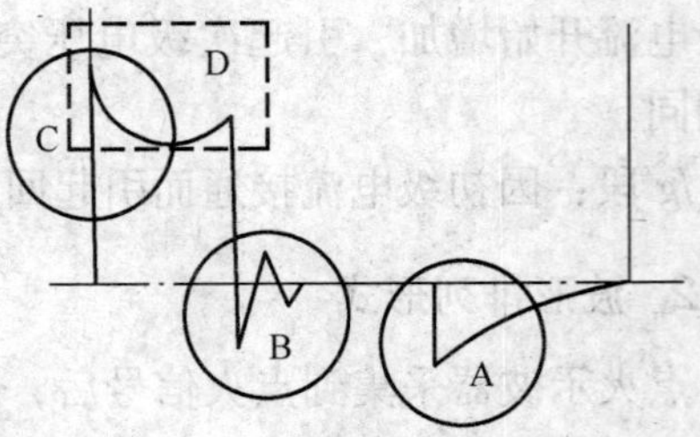

图 3-19　波形上的故障反映区

图中 A 区为断电器触点故障反映区，B 区为电容器、点火线圈故障反映区，C 区为电容器、断电器触点故障反映区，D 区为配电器、火花塞故障反映区。

3. 典型次级电压的故障波形分析

以多缸发动机各缸点火状况的平列波为例，该波形可用于比较检测。如某 4 缸发动机波形按点火次序排列为 1-2-4-3，图 3-20 为该 4 缸发动机常见的几种故障波形。

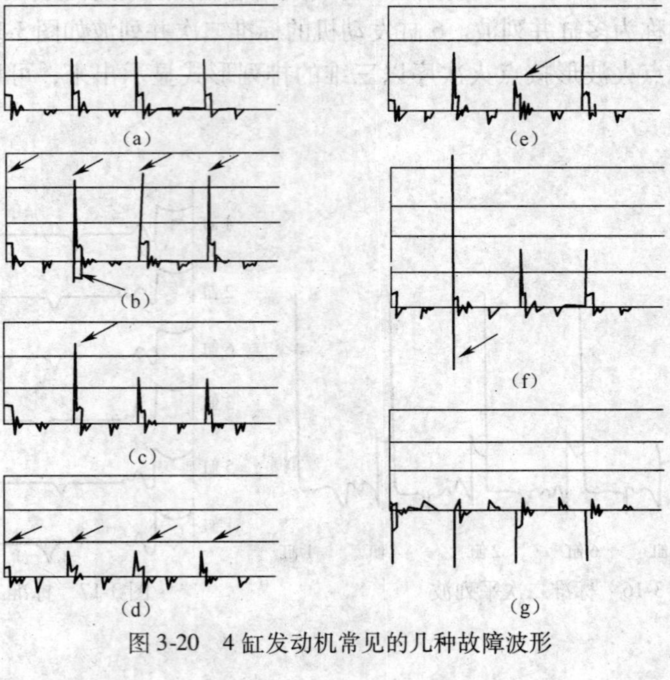

图 3-20　4 缸发动机常见的几种故障波形

（1）4 缸发动机正常平列波形，如图 3-20（a）所示。

（2）各缸点火电压均高于标准值，如图 3-20（b）所示，说明高压回路有高阻，多为点火线圈的高压线插孔、分电器高压线插孔及分火头等有积炭，或高压线内有高阻（断线、接插不牢固）等。个别缸在点火线下端出现多余波形，为该缸火花塞故障（如图 3-20（b）中的第 2 缸），火花塞电极烧毁或间隙增大。

（3）个别缸点火电压过高，如图 3-20（c）中的第 2 缸，为该缸火花塞间隙偏大，或高压线接触不良，以及分火头与该缸高压线接触刷间隙过大。

（4）全部气缸点火电压低于标准，如图 3-20（d）所示，为火花塞脏污或间隙太小。

（5）个别缸点火电压低，如图 3-20（e）中的第 4 缸为该缸火花塞间隙小或脏污，以及该缸高压线（绝缘损坏）或火花塞（瓷芯破裂）有漏电等情况。

（6）为诊断点火线圈发火能力，可拔掉某缸高压线，如图 3-20（f）中第 2 缸。此时，该缸点火电压应高达 20kV 以上为点火线圈性能良好，而且点火电压线下端伸长应为上端的 1/2 左右。

（7）全部平列波上下颠倒，如图 3-20（g）所示，为点火线圈极性接反所致。

4. 示波器检测电子点火系统与传统点火系统波形的区别

电子点火系统用示波器检测其波形，其检测原理和方法与触点式点火系统基本相同，但有以下区别：

（1）电子点火系统的一次和各种二次电压波形与传统的触点式点火系统的波形相似，由于电子点火系统除了少数配有电容器，用于抑制点火时的高频振荡波对无线电的干扰外，大都无电容器，故其振荡波会比传统点火系统少些。

（2）电子点火系统无触点、电容等，有的电子点火系统无分电器。因此，与这些有关的故障原因就没有了。

（3）目前的一些电子点火器都具有闭合角可控功能，故在检测闭合角时，闭合角度变化是正常的，而不变化则说明电子点火器闭合角可控电路已失效。因此，在检测前应了解电子点火系统是否有闭合角可控功能。

（4）对于不同的电子点火系统，其正常的电压波形会有一些差异。为了在检测时能够迅速而准确地进行判断，平时应注意查看各种型号汽车维修手册中点火电压波形说明，或用示波器记录下各型汽车在正常工作状态下的点火电压波形。

3.4.2　点火正时的检测

点火提前角是从火花塞发出电火花，到该缸活塞运行至压缩上止点时曲轴转过的角度。当点火时刻正确时，点火提前角处于最佳状态。最佳点火提前角是随着转速、负荷和汽油的辛烷值等因素的变化而变化的。发动机的点火正时是非常重要的，将直接影响到发动机的动力性、燃料经济性和排气净化性。

初始点火提前角也称为初始点火正时，是点火提前自动调节装置进入工作状态前的基础。发动机最佳点火提前角往往也决定于初始点火提前角。

1. 点火正时检测

发动机点火正时的检测方法，有经验法、闪光法和缸压法三种。在此以闪光法为例检测点火正时。

1）闪光正时检测仪基本结构与工作原理

用闪光法制成的点火正时检测仪，系利用闪光时刻与1缸点火同步的原理，测出发动机的点火提前角。闪光正时检测仪一般由正时灯（氖灯或氙灯）、传感器、中间处理环节和指示装置等组成，在汽车维修企业应用比较广泛。

正时灯是一种频率闪光灯，每闪光一次表示1缸火花塞跳火一次，因此闪光与1缸点火同步。当正时灯对准发动机1缸压缩终了上止点标记，并按实际跳火时间进行闪光时，可以看到运转中的发动机在闪光的照耀下，其转动部分（飞轮或曲轴传动带盘）上的标记还未到达固定指针，即1缸活塞还未到达压缩终了上止点。此时，若调整正时灯上的电位器，使闪光时刻逐渐推迟至转动部分上的标记正好对准固定指针时，那么推迟闪光时刻的时间就是点火提前角的时间，将其显示在表头上，便可读出要测的点火提前角。

用闪光法制成的点火正时检测仪，既可以制成单一功能便携式，又可以和其它仪表组合成多功能综合式。其指示装置既可以是指针式，也可以是带显示屏的数码式，带有打印功能的还可以打印输出。指示装置应有显示瞬时转速的功能，以便在规定的转速下测得点火提前角。

2）闪光正时检测仪使用方法

（1）准备工作。

①仪器准备。

a. 将闪光正时检测仪（以下简称“正时仪”）的两个电源夹，夹到蓄电池（12V）的正、负电极上，红正、黑负。

b. 将正时仪的外卡式传感器，卡在1缸的高压线上。

c. 将正时仪的电位器退回到初始位置，打开开关，正时灯应闪光，指示装置应指示零位。

②发动机准备。

a. 事先擦拭飞轮或曲轴传动带盘上1缸压缩终了上止点标记，以便在闪光照耀下看清。

b. 发动机运转至正常工作温度。

（2）检测方法。

①发动机在怠速下稳定运转，打开正时灯并对准飞轮或曲轴传动盘上的标记，如图3-21所示。

②调正时仪上的电位器，使飞轮或曲轴传动带盘上的活动标记逐渐与固定指针对齐，此时正时仪指示装置上的读数即为发动机怠速运转时的点火提前角。

③用同样的方法，分别测出发动机不同工况时的点火提前角。

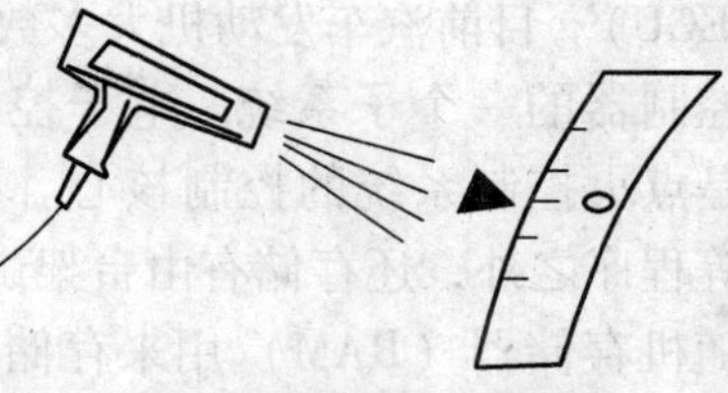

图 3-21 闪光正时检测仪检测点火正时

3.4.3 电控燃油喷射发动机点火系统故障检测与诊断

1. 电控点火系统的组成和类型

1）组成

电子控制点火系统也称微机控制的点火系统，是现代轿车广泛应用的一种新型点火系统。电子控制的点火系统主要由监测发动机运行状况的传感器，处理信号和发出点火指令的电控单元，对点火指令作出响应的点火器和点火线圈等组成，如图 3-22 所示。

（1）传感器。传感器用来检测与点火有关的发动机工作的状况信息，并将检测结果输入给 ECU，作为计算和控制点火时刻的依据。这些传感器大多与燃油喷射系统、怠速控制系统等电子控制系统共用。

传感器主要有空气流量计、曲轴位置传感器、凸轮轴位置传感器、节气门位置传感器、水温传感器、爆震传感器等。

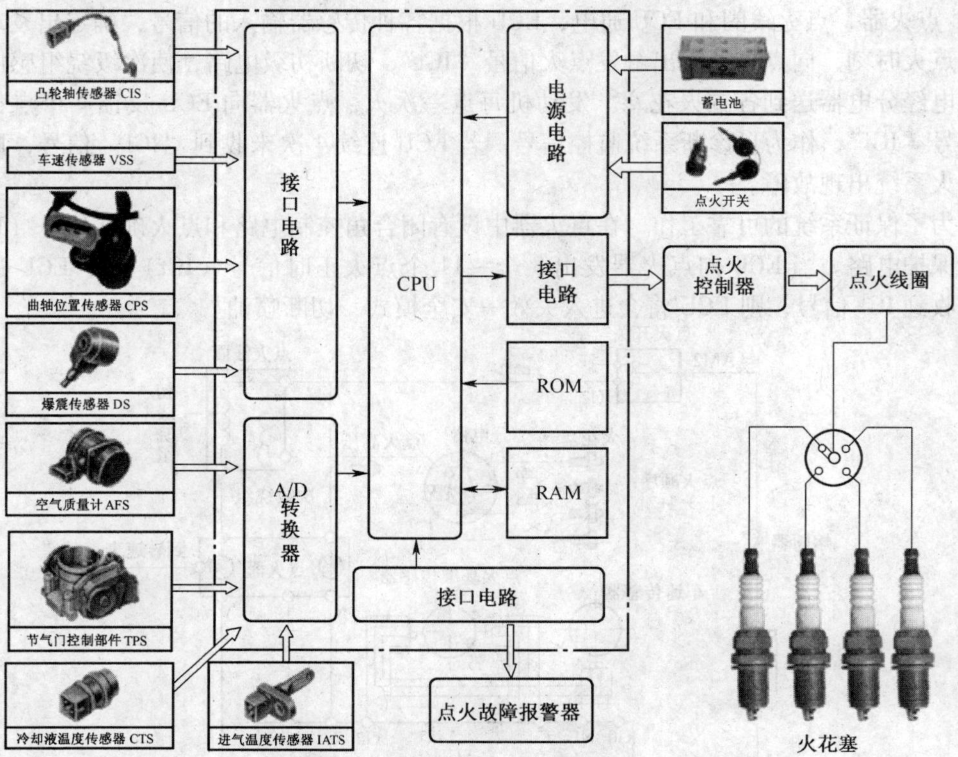

图 3-22 电控点火系统的组成

（2）电子控制单元（ECU）。目前汽车发动机大多数都采用集中控制系统，其中微机控制点火系统仅是电子控制器的一个子系统。电子控制单元（ECU）既是燃油喷射控制系统的控制核心，也是点火控制系统的控制核心。在 ECU 的只读存储器（ROM）中，除存储有监控和自检等程序之外，还存储有由台架试验测定的该型发动机在各种工况下的最佳点火提前角。随机存储器（RAM）用来存储微机工作时暂时需要存储的数据，如输入/输出数据、单片机运算得出的结果、故障代码、点火提前角修正数据等，这些数据根据需要可随时调用或被新的数据改写。CPU 不断接收上述各种传感器发送的信号，并按预先编制的程序进行计算和判断后，向点火控制器发出最佳点火提前角和点火线圈初级电路导通时间的控制信号。

（3）点火执行器。

点火执行器：是电控点火系统的执行元件，也称点火器。它可将电子控制系统输出的点火信号进行功率放大，驱动点火线圈工作。

点火线圈：可将火花塞跳火所需的能量存储在线圈的磁场中，并将电源提供的低压电转变为足以在电极间产生击穿点火的 15kV ~20kV 高压电。在有分电器的电控点火系统中，只有一个点火线圈，而无分电器点火系统中则有多个点火线圈。

分电器：在有分电器的电控点火系统中，分电器根据发动机的点火顺序，将点火线圈产生的高压电依次输送给各缸火花塞。

火花塞：主要是利用点火线圈产生的高电压产生电火花，点燃气缸内的混合气。

2）点火系统类型

（1）有分电器式。有分电器式点火系统工作原理如图 3-23 所示，点火开关接通 IG2，点火器、点火线圈和 ECU 通电，ECU 根据各种传感器输入的信号，确定出发动机最佳点火时刻，向点火器发出触发点火信号“IGt”，切断初级电路，使次级绕组感应出高压电经分电器送到各缸火花塞。发动机每点一次火，点火器向 ECU 反馈一个点火确认信号“IGf”，作为自诊断系统监控信号。若 ECU 连续 4 次未收到“IGf”信号，即判定点火系统出现故障。

为了保证系统的可靠工作，在点火器中设有闭合角控制电路和点火确认信号（IGf）安全保护电路。当 ECU 向点火器发出 8 个 ~11 个点火正时信号（IGt）后，ECU 还没有接收到 IGf 信号，则 ECU 将会进入失效—安全模式，切断喷油。

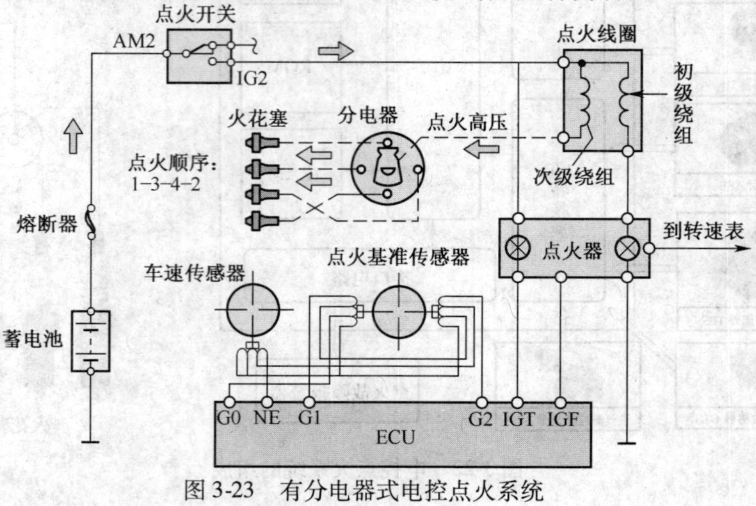

图 3-23 有分电器式电控点火系统

（2）无分电器式。

①同时点火。

a. 二极管分配式。二极管分配高压电的双缸同时点火电路原理如图 3-24 所示。

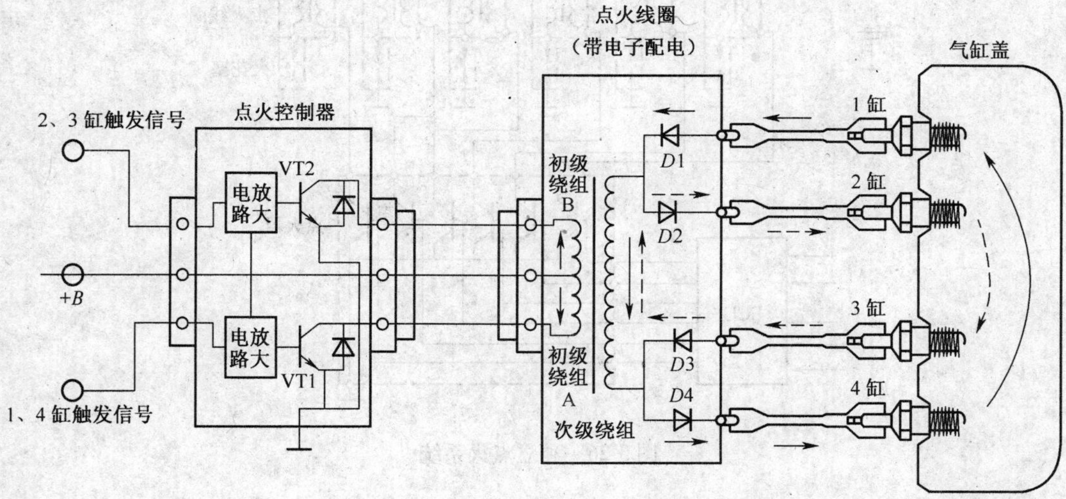

图 3-24　二极管分配式同时电控点火系统

b. 线圈分配式。两个点火线圈点火，1、4 缸共用一组，2、3 缸共用一组，如图 3-25所示。

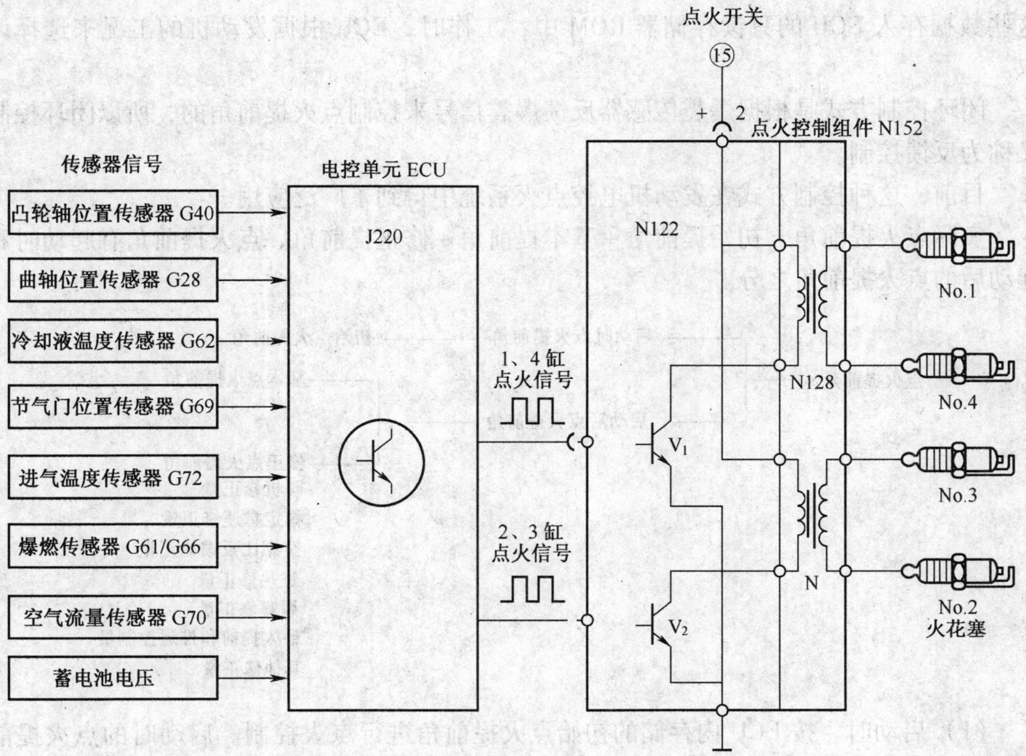

图 3-25　线圈分配式同时电控点火系统

②独立点火。每缸一个点火线圈单独点火，如图3-26所示。

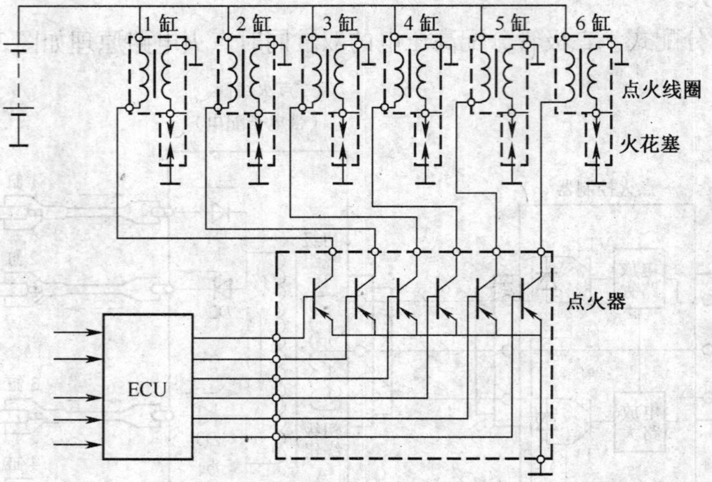

图3-26　独立点火系统

2. 电控点火系统的控制功能

1）点火提前角控制

点火提前角的控制可分为开环控制和闭环控制两种。

开环控制的基本点火提前角是靠预先在台架上用实验方法测得的数据来确定的。这些数据存入ECU的只读存储器ROM中，工作时，ECU根据发动机的工况来选择调取。

闭环控制方式是根据爆震传感器反馈爆震信号来控制点火提前角的，所以闭环控制又称为反馈控制。

目前，这种控制方式在发动机电控点火系统中得到了广泛应用。

实际点火提前角＝初始提前角＋基本提前角＋修正提前角。点火提前角有起动时和起动后的点火提前角之分。

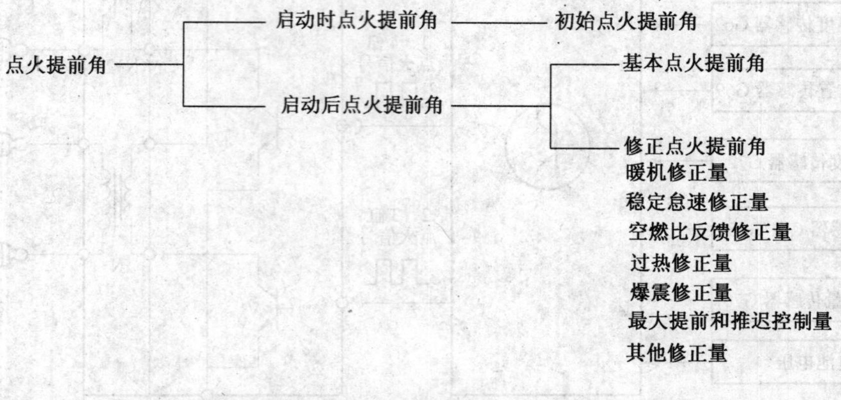

（1）启动时。按ECU内存储的初始点火提前角进行点火控制。启动时的点火提前角一般是固定的，为10°左右。

（2）启动后。基本点火提前角控制由转速和负荷确定。部分负荷工况时，根据冷却液温度、进气温度和节气门位置等信号来修正点火提前角；满负荷工况时，则根据爆震传感器的反馈信号来控制点火提前角，以免产生爆震。

最大和最小提前角的控制：微处理器计算的点火提前角必须控制在一定范围内，否则发动机很难正常运转。

2）闭合角的控制

闭合角控制电路的作用是：根据发动机转速和蓄电池电压调节闭合角，以保证足够的点火能量。在发动机转速上升和蓄电池电压下降时，闭合角控制电路使闭合角加大，即延长一次侧电路的通电时间，防止一次侧电路储能下降，确保点火能量。

点火线圈的次级电压是和初级电路断开时的初级电流成正比。通电时间短时，初级电流小，会使感应的次级电压偏低，容易造成失火。初级电流大，对点火有利；但通电时间过长，会使点火线圈发热，甚至烧坏，还会使能耗增大。因此要控制一个最佳通电时间。

3）发动机爆震的控制

闭环控制所用的反馈信息可以是发动机的爆震信号、转速信号或气缸的压力信号等。最常见的是利用发动机的爆震信号作为反馈信息，用来控制大负荷等工况下的点火提前角；爆震传感器将发动机的爆震状况反馈给 ECU，一旦爆震程度超过规定的标准，ECU 立即推迟点火；当爆震程度低于规定的标准时，ECU 又会将点火时刻提前，循环调节点火时刻的结果，使发动机始终处于临界爆震的工作状态。

若用发生爆震的循环次数与实际工作循环的次数之比值（爆震率）来衡量爆震强度，可以定量地把爆震分为四个等级：爆震率在 5% 以下时为微爆震；5% ~10% 为轻爆震；10% ~25% 为中爆震；25% 以上为重爆震。

当发动机出现 1% ~5% 的轻微爆震时，其动力性、经济性接近最佳值。闭环控制方式即按轻微爆震来确定最佳点火提前角。

一定时间内无爆震时，就逐步增大点火提前角，直至发生轻微爆震；爆震率大于 5% 时，又将点火提前角减小，直至爆震消除。

3. 电控点火系统的故障诊断

1）电控点火系统检测注意事项

（1）点火系统次级高压能产生 30000V 或更高的电压，发动机运转时避免身体直接接触次级高压部件。

（2）曲轴位置传感器是点火系统的重要部件，如果该传感器损坏了，发动机将无法起动。

（3）曲轴位置传感器的间隙大小非常重要，传感器元件任何时候不能碰到信号转子。

（4）无分电器点火系统初始点火正时是不可调的。

（5）注意在检测点火系统时不要损坏次级高压线和火花塞，拆卸火花塞或高压线采用规范方法，以避免损坏。进行跳火测试时，将高压导线插入一只备用火花塞，然后通过火花塞外壳搭铁，从火花塞电极间隙观察是否跳火。进行发动机性能测试时（例如检测气缸压力），应将点火线圈的高压线直接搭铁，不允许断开，应确保点火线圈产生的能量安全地释放掉，以避免损坏点火线圈。

2）电控点火系统故障诊断的步骤

(1) 基本检查：配线连接（高压和低压）；各缸怠速点火、加速点火工作情况；检查并排除电控点火系统以外的故障，确认故障是由点火系统引起的。

(2) 自诊断：利用电控系统自诊断功能读取故障代码，根据故障码查找故障。

(3) 点火数据流、波形检测、尾气分析：利用解码器读取点火系统以及相关数据流；利用示波器检测点火波形以及传感器波形；利用尾气分析仪检测尾气排放中 HC 含量，若很高则大多为点火系统故障。

(4) 点火系统及其零部件检测：检测点火提前角；各缸点火高压；各缸火花塞工作情况；点火线圈阻值、点火控制器等。

(5) 分析判断：综合上述检测，确定故障部位和原因，修理或更换失效零部件。

(6) 验证：排除故障后试车。

3）点火系统的主要零部件检测

(1) 点火控制器。点火控制模块（ICM）工作不良将导致失火，造成发动机不能起动、怠速不稳、加速不良、排放超标等故障。

检查方法：排除法 + 替换法。

检测：用万用表或示波器检查发动机 ECU 相应端子间电压。

修理方法：更换。

(2) 点火线圈和分电器。点火线圈：点火线圈损坏或工作不良将导致失火，造成发动机不能起动、怠速不稳、加速不良、排放超标等故障。

检查方法：目视 + 测量电阻值。

检测：拆开点火线圈上的线束，用万用表检查点火线圈电阻，应符合规定，否则说明点火线圈有故障。

修理方法：更换。

分电器：电控点火系统所用的分电器，其功用、结构、工作原理、检修方法与传统点火系统基本相同。

(3) 火花塞。

①间隙：火花塞间隙太大，会引起缺火，加速不良；若间隙太小，则会引起怠速不稳，并导致电极过早地被烧蚀。

检查方法：目视或间隙规检测。

修理方法：调整或更换。

说明：白金火花塞的火花间隙不能调整。

②火花塞积垢：即绝缘体、电极或外壳被厚厚灰黑色的粉状及绒状沉积物覆盖，导致失火，造成怠速不稳、加速不良、排放超标等故障。

检查方法：目视检查。

修理方法：更换更热型火花塞。

③中心电极烧蚀：导致失火，造成怠速不稳、加速不良、排放超标等故障。

检查方法：目视检查。

修理方法：更换火花塞。

④绝缘体有裂纹：导致点火电压下降，造成怠速不稳、加速不良、排放超标等故障。

检查方法：目视检查。

修理方法：更换火花塞。

⑤电极熔化、绝缘体多孔或绝缘体呈灰白色：导致失火，造成怠速不稳、加速不良、排放超标等故障。

检查方法：目视。

修理方法：更换更冷型火花塞。

火花塞是点火系统的重要器件，其工作性能好坏直接影响到发动机动力性、燃油经济性和尾气排放性能。应严格按照原厂使用说明书给定的规格型号使用，超过规定行驶里程应及时更换。

（4）输出信号不正常：造成起动困难、不能起动、怠速不稳、加速不良、动力不足、排放超标等故障。

检查方法：万用表 + 示波器。

修理方法：调整、清洁或更换。

4）点火正时检测

点火正时的检测（针对有分电器的电控发动机）主要步骤有：①点火正时检测前的条件；②点火正时灯的连接；③判断第 1 缸；④点火正时的读取；⑤点火正时的调整。

电控点火系统点火正时检测方法和传统点火系统点火正时相同。

5）用发动机综合分析仪诊断电控点火系统故障

衡量汽油机点火系统技术状况好坏的参数主要有：①发动机转速；②点火提前角；③闭合角；④重叠角；⑤点火提前角；⑥点火波形。

通过发动机综合分析仪测得点火系统的参数和波形，与标准参数和波形进行对比，从而判断点火系统的技术状况，波形分析方法和传统点火系统波形分析方法相同。

3.5　电控汽油发动机的检测与诊断

3.5.1　电控汽油发动机故障诊断的基本原则和一般诊断程序

1. 故障诊断的基本原则

（1）先机后电原则。应首先确定是发动机机械故障还是电子控制系统故障。先排除机械故障，再检测诊断电控系统故障。

（2）先外后内原则。从简单的外部接口部位及线路检查开始，确认正常后，再检查内部故障。

（3）先查后诊原则。先读取故障码，并进行相关的检查。

（4）根据故障症兆诊断原则。虽然有故障码但并不一定可靠，还应根据故障症兆进行诊断。

2. 电控汽油发动机检测诊断的一般程序

（1）客户调查。向用户询问故障发生的时间、症状、条件、过程，是否已检修过，动过什么部位等。

（2）资料查阅。在对发动机进行检测前，一定要掌握该车型的有关数据、所要检查部件的准确位置、接线图、接线和检测方法以及检测仪器的使用。

（3）直观检查。目的是为了在进入更为细致的检测和诊断之前，能消除一些一般性的故障因素。直观检查的内容包括如下项目。

①检查电控系统周围是否有脏物。

②检查真空软管是否破裂、老化或挤坏；检查真空软管经过的途径和接头是否恰当。

③检查电子控制系统电线线束的连接状况。传感器或执行器的导线及插接器是否完好。检视传感器和执行器，是否有明显的损伤。

④运转发动机（如可以），并检视进排气歧管及氧传感器处是否漏气，对检查发现的故障进行必要的排除。

（4）基本检查。基本检查主要包括基本怠速和基本点火正时的检查与调整。在进行基本检查时，必须使发动机冷却液温度达到正常工作温度（约80℃以上），同时，关闭车上所有附加电器装置，如空调、除霜等。还应在散热器风扇未动作时执行检查与调整，以免风扇动作的电源消耗，影响怠速的正确性。

（5）读取故障码和数据流。按照该车所要求的操作程序进入自诊断状态，调取故障码，以作为故障判断的依据。最好采用解码器先读取故障码，若有码，按故障码确定故障类型；若无码，再读取数据流，通过偏离正常值（或错误）的数据流分析，确定故障类型。必要时借助尾气分析仪测试尾气排放值，通过尾气排放值分析，结合数据流分析综合确定故障类型，可省时省力，达到事半功倍的效果。

（6）检测。只有在进行检测后才能最终判定故障的位置和找到产生故障的原因。检测包括的内容很多，如信号检测、数据检测、压力检测、执行器动作检测等。

（7）试验。通过检修或更换失效的（或替换被怀疑的）故障零部件后，试验其性能并验证结果，若故障消失，测试数据正常，则故障排除。清除故障代码并再次验证。

3. 发动机电控系统检测与故障诊断注意事项

（1）拆卸前清楚发动机电子控制系统结构、原理和检修方法。

（2）拆卸电源线前读取故障码，记录需要的信息。

（3）点火开关接通时，不允许拆开任何12V电器线路，以防线圈自感产生的瞬时电压损坏ECU或传感器。

（4）拆开线束连接器时，不可盲目用力硬拉。安装时注意插接到位。

（5）电子控制单元一般不易损坏，也不易维修，所以不要随意拆检。

（6）对ECU进行检测诊断，要采取措施将人体静电屏蔽。

（7）对电路或元件进行检查时，除特殊指明外，必须使用高阻抗数字万用表检查电压、电流和电阻。

（8）不能用刮火的方法来检测电路通断。

（9）应注意保持各线束连接器清洁、连接可靠。
（10）蓄电池安装时注意正负极不能接反。
（11）不能使用除标准电压蓄电池以外的任何起动电源来起动发动机。
（12）进气系统管路不能有裂纹、漏气现象。

3.5.2　电控汽油发动机故障诊断的常用仪器设备

1. 常用工具

1）跨接线

作用：主要用于电路故障诊断，如图 3-27 所示。

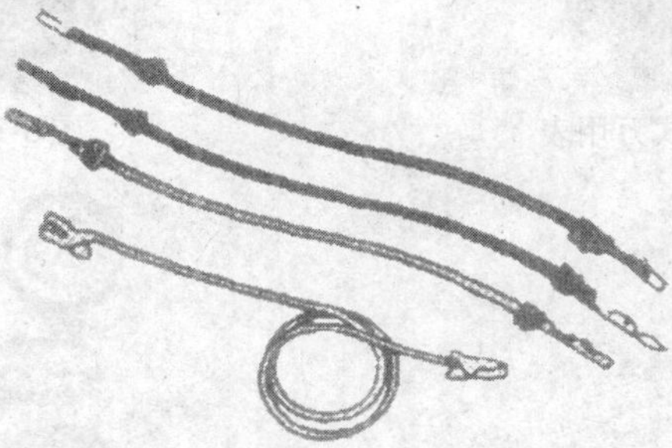

图 3-27　跨接线

2）测试灯

作用：用来检查电控元件电路的通断，如图 3-28 所示。

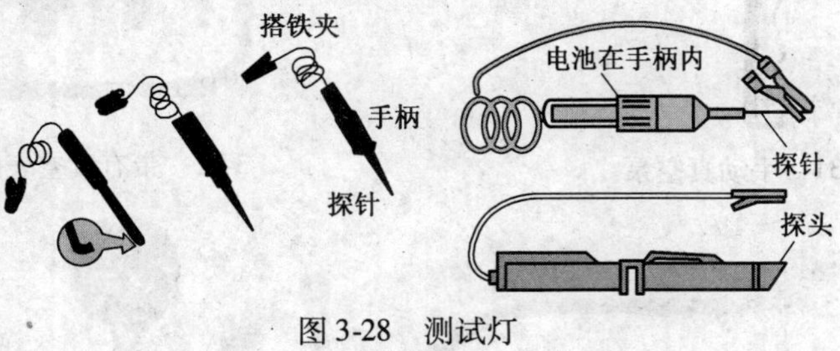

图 3-28　测试灯

3）数字万用表

作用：用于测量电阻、电压、电流等参数。

分类：分普通型和汽车专用型两种。

普通数字式万用表如图 3-29 所示，它具有测量精度高、测量范围广等特点，应用十分广泛。汽车万用表如图 3-30 所示，它除测量电阻、电压、电流外，还能测量转速、频率、温度、电容、闭合角、占空比等项目，并具有自动断电、自动变换量程、数据锁定、波形显示等功能。

4）手动真空泵

作用：又称手持式真空测量仪，用来抽取或测量发动机电控系统中的真空。一般带有显示真空度的真空表、各种连接软管和接头等附件（图 3-31、图 3-32）。

5）燃油压力表

作用：用来测量燃油供给系统燃油压力的专用工具，如图 3-33 所示。

图 3-29　普通数字式万用表

图 3-30　汽车万用表

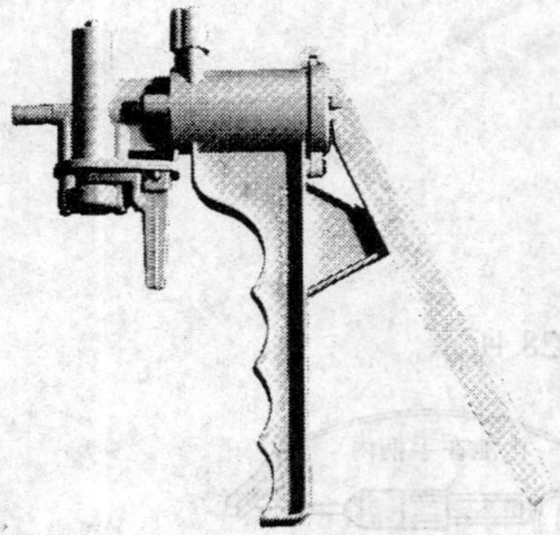

图 3-31　手动真空泵

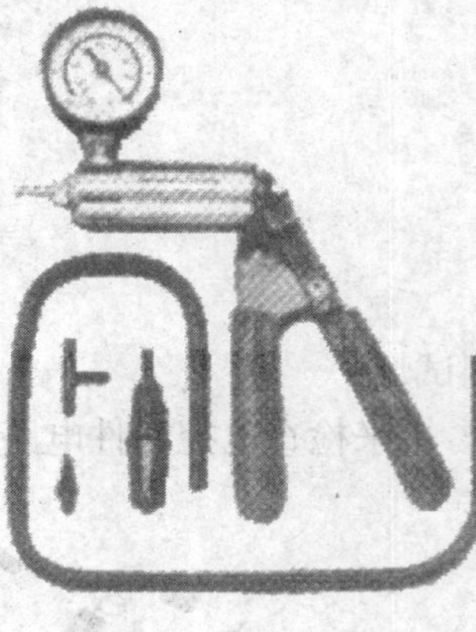

3-32　带有真空表的手动真空泵

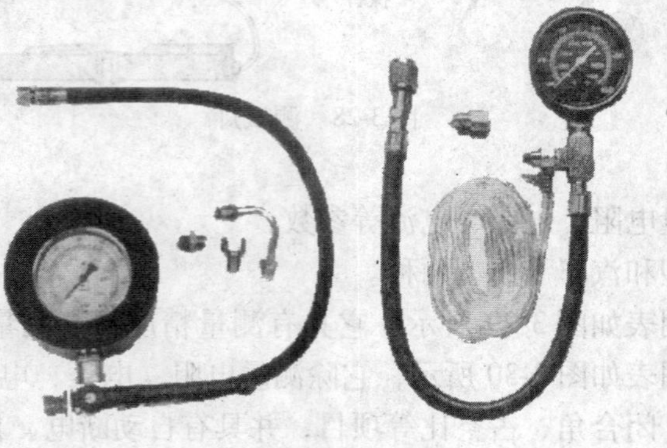

图 3-33　燃油压力表

2. 常用仪器

1）喷油器清洗仪

作用：除用来清洗喷油器外，还具有喷油器滴漏检查和喷油量检查功能（图 3-34）。

图 3-34　喷油器清洗仪

2）故障诊断仪

故障诊断仪又称电脑解码器，分专用型和通用型两种。故障诊断仪的功能为：

（1）读取或清除故障码。

（2）对发动机控制系统进行动态测试，显示瞬时信息，为诊断提供依据。

（3）向电控系统各执行元件发出动作指令，以便检查执行元件的工作状况。

（4）在车辆允许或路试时监测并记录数据流。

（5）具有示波器功能、万用表功能和打印功能。

（6）有的还能显示系统控制电路图和维修指导，以供诊断和检修时参考。

（7）能对发动机控制单元 ECU 进行某些数据的重新输入和更改。

专用型是汽车制造公司为自己生产的汽车而专门设计制造的（图 3-35），一般只适合在特约维修站配备。通用型是为适应诊断检测多种车型而设计制造的（图 3-36），一般配有不同车系的测试卡和适合各种车型的检测连接电缆连接器，适合综合性维修企业使用。

图 3-35　大众专用 VAG1552 解码器

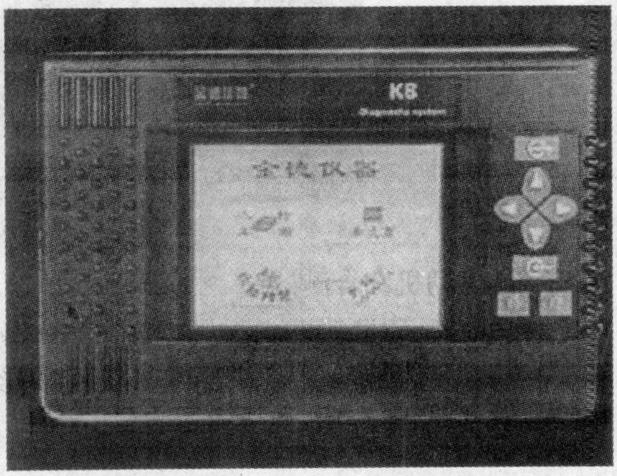

图 3-36　金德 K8 通用解码器

3）示波器

作用：显示控制系统中输入、输出信号的电压波形（图 3-37）。

示波器比一般电子设备的显示速度快，是唯一能显示瞬时波形的检测仪器，是电控系统故障诊断中的重要设备。其主要性能特点是：

(1) 菜单功能选项的操作，操作简单。

(2) 在任何测试情况下坐标刻度可自动设定，将获取的信号，自动地以最适合的刻度显示。

(3) 可同时测试点火系统两个波形，使点火系统的波形分析更加简单，可轻易地判断点火系统的故障所在。

(4) 具有气缸相对压力的分析功能，找出压缩力较低的气缸。

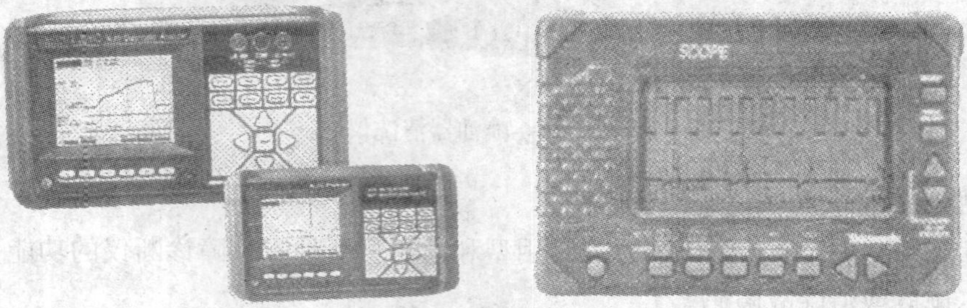

图 3-37 便携式示波器

4) 信号模拟检验仪

作用：模拟发动机控制系统各传感器信号，尤其对电控系统传感器及其线路故障的诊断，利用此类检验仪可简化分析过程、缩短诊断时间（图 3-38）。

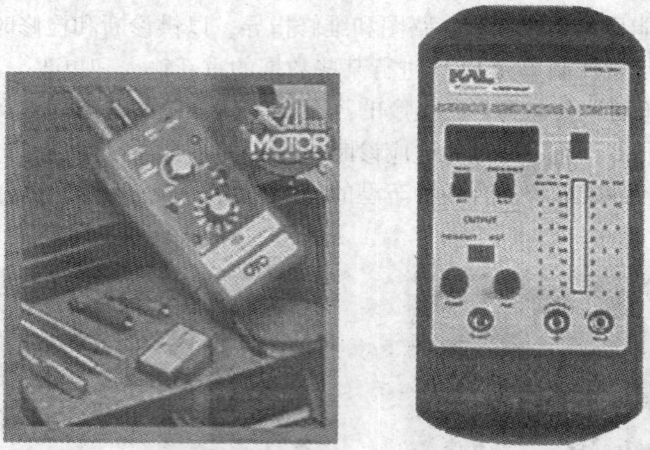

图 3-38 信号模拟检验仪

5) 发动机综合测试仪

作用：又称发动机综合性能检测仪。它能对发动机进行不解体综合测试，并配备有标准的数据及专家分析系统，可通过对测试结果与标准数据比较，判断发动机整机或部分系统工作好坏（如图 3-39）。

3.5.3 电控汽油发动机故障诊断基本方法

1. 直接观测诊断

1) 故障症兆模拟法

在利用故障码诊断法进行故障诊断时，有时读不出故障码，但故障却确实存在，且

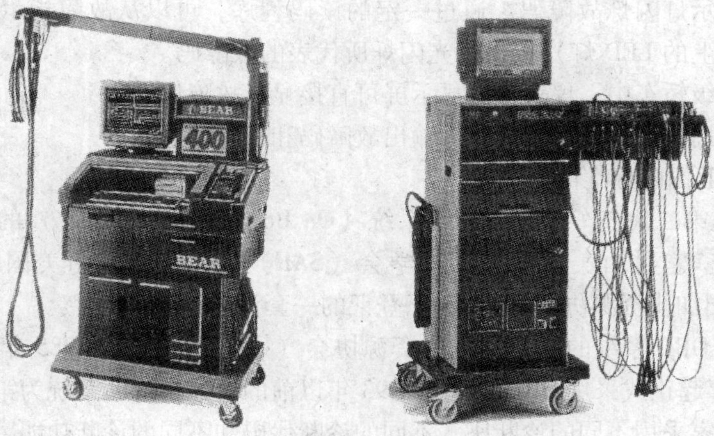

图 3-39　发动机综合测试仪

没有明显的故障症兆。在这种情况下，故障症兆模拟法就是一种行之有效的方法。参见第 1 章相关内容。

2）查故障症兆一览表法

当故障既不能在诊断代码检查中得到证实，也不能在基本检查中得到证实的时候，可利用查故障症兆一览表的方法来诊断发动机的故障。

2. 故障码诊断法

1）汽车自诊断系统概述

现代汽车电子控制系统都具有故障自诊断功能，当系统出现故障时，ECU 会使“CHECK ENGINE”（检查发动机警告）灯点亮，同时将故障码信息存入存储器。检修人员对车辆进行检修时，借助于 ECU 的故障诊断接口（插座），按特定的程序，用人工跨接的方法或使用故障诊断仪，将 ECU 存储器中的故障代码调出。

通过进一步检测，迅速准确地确定故障的性质和部位，有针对性地去检查有关元件和线路，将故障排除。

（1）自诊断原理与故障码。汽车在运行时，电子控制系统输入、输出信号的电压值都有一定的变化范围，当某一信号的电压值超出了这一范围，并且这一现象在一定时间内不会消失，ECU 便判断为这一部分出现故障。ECU 把这一故障以代码的形式存入内部存储器中，这样检修人员在检修发动机时，可以“读出”，使检修人员知道故障的范围，以便进一步地检查、修理。

注意：故障代码只表明故障的结果，它可以指明故障的大致范围，但不能直接确定故障的确切部位。在获取故障代码后，还需进一步检查，以找出发生故障的部位和线路。

（2）自诊断故障信息显示。

①故障指示灯报警。仪表盘上的“检查发动机（CHECK ENGINE）”指示灯、ABS 故障灯、安全气囊灯可以在本系统发生故障时亮起。故障指示灯在点火开关接通后，一般都会亮起，这是指示灯的自检程序，并不代表发生了故障。发动机启动后，故障指示灯应熄灭，如果仍亮或闪烁，表示该系统有故障。

②故障指示灯闪烁故障码。通过一定的读码程序，可以从故障指示灯（仪表盘的指示灯或电脑上的 LED 灯）读出灯光闪烁所代表的故障码。

③某些高级轿车中，仪表盘的显示屏可直接显示故障信息。

④使用专用仪器，通过诊断接头输出故障码和故障信息

2）OBD-Ⅱ国际标准简介

OBD-Ⅱ是第二代随车电脑自诊断系统（On Board Diagnostics-Ⅱ）的缩写，中文意思是自我诊断。它是由美国汽车工程学会（SAE）制定的，经由美国环境保护机构（EPA）及美国加州资源协会（CARB）登记的一套汽车标准。

最先使用 OBD 系统的是加州空气资源协会（CRAB），它从 1985 年开始逐渐有要求，从 1988 年起正式采用 OBD 系统。1993 年以前的电控自诊断系统为第一代自诊断系统，由于各厂家采用不同的诊断座、不同的诊断代码和不同的诊断功能，给检测诊断带来许多不便。1993 年以后，美国加州要求销售到该地区的车辆，不论欧、美、日等国的汽车均必须符合 OBD-Ⅱ标准。1994 年全球约有 20% 的汽车制造厂商已采用 OBD-Ⅱ标准，1995 年约有 40% 的汽车制造厂商采用 OBD-Ⅱ标准。从 1996 年起，全球所有的汽车制造厂商都全面采用 OBD-Ⅱ标准，该标准要求各汽车厂家提供统一的诊断模式，统一的诊断座，统一的诊断代码，只要一台诊断仪器就可检测诊断所有车种。

一般来讲 OBD-Ⅱ系统有三方面的要求：①仪表中有警示车主的指示灯，给车主提示车辆的控制系统存在故障；②系统有记忆和传送有关排放的故障代码；③能对 EGR 阀、燃油系统和其他有关废气排放系统进行测试维护。

在新的 OBD-Ⅱ标准公布后，世界各汽车厂家纷纷采用，形成了国际标准。因此，了解、掌握和使用 OBD-Ⅱ国际标准，将会大大简化汽车检测诊断、维护修理工作。

（1）OBD-Ⅱ随车诊断系统的目标和要求

OBD-Ⅱ随车诊断系统要求：

①具有统一诊断座，OBD-Ⅱ诊断座如图 3-40 所示。

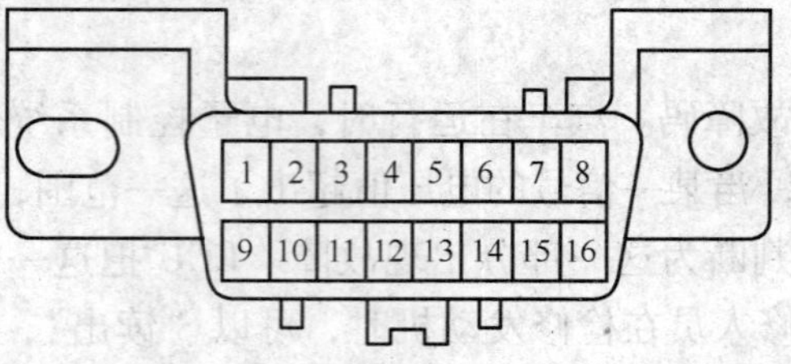

图 3-40 OBD-Ⅱ诊断座

1—生产厂家自行设定；2—BUS + 线，SAEJ-1850；3—生产厂家自行设定；4—底盘搭铁；5—信号搭铁；6—生产厂家自行设定；7—K 线，ISO9141；8—生产厂家自行设定；9—生产厂家自行设定；10—BUS-线，SAEJ-1850；11—生产厂家自行设定；12—生产厂家自行设定；13—生产厂家自行设定；14—生产厂家自行设定；15—L 线，ISO9141；16—蓄电池正极。

②具有统一诊断座位置。

③解码器和车辆之间采用标准通信规则。

④统一诊断含义。

⑤具有行车记录器功能。

⑥监控排放控制系统。

⑦解码器能够读码、记录数值、清码等。

⑧标准的技术缩写术语，定义系统的工作元件。

为符合 OBD-Ⅱ标准，随车诊断系统必须能够监控由于排放增加而导致工作元件恶化失效的问题，故障指示灯必须在 HC 排放为美国联邦测试过程 FTP 的 1.5 倍时亮起，其他排放系统的要求也同样适用。

任何常见的解码器都可以连接到诊断座并且能访问诊断数据流，在 16 个片脚中（图 3-40），其中 7 个是标准定义的信号片脚，其余 9 个由生产厂家自行设定，大部分的系统只用 7 个片脚中的 5 个具体定义好的片脚，第 7 号和第 15 号片脚是 ISO1994－2 标准传送资料的，而 SAEJ-1850 标准则为诊断座中的第 2 和第 10 号脚。

（2）OBD-Ⅱ随车诊断系统诊断代码的组成与结构。OBD-Ⅱ随车诊断系统诊断代码由 1 位字母和 4 位数字组成，结构如下：

①第 1 位为英文字母，表示诊断代码的系统划分，使用的字母有 4 个，划分如下：B-车身系统；C-底盘系统；P-动力系统；U-未定义。

②第 2 位为数字，表示诊断代码类型，共计 4 个数字，类型如下：0-美国汽车工程师学会（SAE）定义的（通用）诊断代码；1-汽车生产厂家定义的（扩展）诊断代码；2-SAE 未定义；3-SAE 未定义。

③第 3 位为数字，表示故障的系统识别（SYSTEM IDENTIFICATION），共计 10 个数字，识别如下：1—燃油或进气系统故障；2—燃油或进气系统故障；3—点火系统故障；4—排放控制系统故障；5—速度控制系统故障；6—电或输出电路故障；7—变速器控制系统故障；8—变速器控制系统故障；9—SAE 未定义；10—SAE 未定义。

④第 4、5 位为数字，两位数字组合在一起使用，表示具体故障的代码界（CODE DEFINITION），SAE 把不同传感器、执行器和电路分配了不同区段的两位数代码，以较小数字表示通用故障，即通用故障码；较大数字表示扩展故障，即扩展故障码。扩展故障码较通用故障码提供的故障信息更为具体，诊断的针对性更强。

OBD-Ⅱ随车诊断系统诊断代码的读取方法，可使用解码器等专用检测仪显示，也可采用跨接等方法显示。如通用车系，跨接 OBD-Ⅱ诊断座的 5、6 脚，由仪表板“发动机报警灯”显示代码；福特车系，跨接 OBD-Ⅱ诊断座的 5、13 脚，由仪表板“发动机报警灯”显示代码；丰田车系，跨接 OBD-Ⅱ诊断座的 5、6 脚，由仪表板“发动机报警灯”显示代码。

3）人工法读取故障码

人工法读取故障码时，首先应使自诊断系统进入自诊断测试状态，自诊断测试状态是利用自诊断系统对电控系统的故障进行诊断。进入自诊断测试状态后方可读取故障代码，再由故障代码表查出该代码所代表的故障。由于汽车制造厂家的不同，进入自诊断测试状态读取故障码的方法也有一定的区别，归纳起来大体有以下几种：

（1）跨接导线读取法。有些电控系统在进入自诊断状态时，需要将“诊断输入接头”和“搭铁接头”用跨接导线进行跨接，才能读到故障代码。

（2）打开专用诊断开关读取法。在有些车上，设有“按钮式诊断开关”，或在微机控制装置上设置有“旋钮式诊断开关”，当需要读取故障码时，按下或旋转这些诊断开关，即可由显示器件上读取故障代码。

(3) 打开兼顾诊断开关功能的共用开关进行故障码的读取。在另外一些系统中，空调控制面板上的控制开关，可用作诊断开关，一般是将“OFF（关机）”和“WARM（加温）”两个键同时按下，即可使系统进入自诊断读码状态。

(4) 利用点火开关的约定操作读取。

故障码清除：故障排除后，同样按特定的程序，用人工方法，将存储在 ECU 存储器中的故障代码清除掉，以免与新产生的故障代码混淆，给检修带来困难。

4）用电脑故障诊断仪读取故障码

(1) 仪器使用注意事项

①一定要按照诊断仪制造厂的使用说明书进行操作。

②在点火开关 ON 的情况下，不要连接或断开任何插接器和部件，包括诊断仪电源线，诊断仪与 DLC 的连接等。

③不要将电气系统的端子短接或搭铁，除非制造厂允许这样做。

④如果计算机插接器要拆下，必须先拆下诊断仪插接器。

(2) 读取故障码前的准备工作

①检查故障指示灯。接通点火开关，故障指示灯应点亮，否则应检查其线路。

②做好安全工作。实施动态模式测试时，应确认汽车制动状态良好，变速杆置于驻车挡或空挡，必要时用三角木块将汽车车轮塞住。

③检查机械件的连接是否良好。

④检查蓄电池电压（电压值不应低于 11V）。

⑤关闭所有辅助电器。

⑥适时关闭节气门。

在暖机完成后，开始检测之前，应使节气门处于全关闭状态。

(3) 解码器的使用

①确定车型和诊断座形式。

②选择合适的测试接头。

③连接设备和汽车诊断座。

④启动设备。

⑤根据界面提示操作。

先选择车系、车型（年代）、发动机系统，然后选择功能，即读码、清码、数据流、基本设定、元件测试等（大众车系专用解码器要先输入地址码，然后输入功能码，根据测试目的选取，按确定键进入）。

(4) 读取故障码的注意事项

①正确清除故障码。

②控制合适的水温（水温在 85℃ ~95℃时读码最为可靠）。

③正确的读码顺序（先静态读码，再动态读码）。

④注意读码后的记忆修正。在汽车车况正常情况下，连续重复启动、行驶、熄火一定次数，使得汽车的相关性能逐渐得到恢复。

⑤某些与故障无关的故障码不必在意。

5）发动机数据流分析

数据流就是由车辆其中一个电脑（ECU）发送并由另外一个电脑（解码器）接收并显示出来的电子编码信息，这些信息代表发动机运行工况参数。如发动机转速、冷却液温度、进气流量（或压力）、节气门开度、喷油脉宽、氧传感器反馈电压、点火提前角等。

根据发动机故障自诊断系统原理，自诊断系统仅能够查找出发动机微机控制系统中大部分传感器、执行器或电控单元线路短路、断路以及元件损坏等所导致的无输出信号的故障。并不能监测传感器特性的变化。所以不能检测出微机控制系统所有类型的故障，特别是无法检测出大部分执行器以及传感器精度误差等方面的故障。

事实上，各种传感器出现的模拟性故障，例如，工作不正常和偏差严重等是无法靠故障代码功能检测出来的，因此，在诊断故障时不能完全依赖故障代码功能检测诊断，而只能把它作为检测诊断时的一种重要参考依据。

数据流可以将车辆运行中各种传感器和执行器的输入、输出信号的瞬时数值以数据表的方式通过解码器显示屏显示出来。这样，可以根据车辆工作过程中发动机电子控制系统各种数据的变化情况来判断发动机微机控制系统的工作是否正常。例如，动态测试中一般都有点火提前角的数据显示，点火提前角应该随着节气门的开度或发动机的转速变化而增大或减少，否则与之相关的方面可能有问题。可见，有些情况故障代码并不一定能反映出来，但可利用数据流功能较为准确地判断故障的类型和发生部位。

下面以 V. A. G. 1551/1552 发动机故障检测仪检测上海桑塔纳 2000 GSi 轿车 AJR 发动机微机控制系统数据流为例，介绍解码器检测数据流及其分析故障的方法。

（1）数据流检测方法和步骤。

①数据流检测条件为：冷却液温度不低于 80℃；数据流检测时，散热风扇不允许转动；空调应关闭；其他用电设备应关闭；故障存储器中应没有故障存储。

②连接 V. A. G. 1552 微机故障检测仪，并让发动机怠速运转。选择地址代码“01”，进入“发动机电子控制系统”。屏幕显示：

车辆系统测试　　　　　　帮助
选择功能 × ×

③输入“读测量数据块”功能代码“08”，按“Q”键确认，屏幕显示：

读测量数据块　　　　　　帮助
输入组别号 × ×

④输入相关的显示组号（如 000），按“Q”键确认，屏幕即显示相关的数据块。例如，输入“基本功能”的显示组号 000，按“Q”确认，屏幕即显示：

读测量数据块　00　　　　→
1　2　3　4　5　6　7　8　9　10

⑤输入显示组号 001，按“Q”键确认，或在组号 000 基础上按“→”，则显示：

读测量数据块 01 →

800/min	2.20ms	3∠°	12°bef. TDC
(第1位)	(第2位)	(第3位)	(第4位)

以此类推显示其他组别数据流，显示形式同⑤。

(2) 发动机数据流分析。桑塔纳2000GSI的发动机机型为AJR，控制系统为M3.8.2，在进入发动机系统后，选择［读测量数据流］功能，即可读取电脑的运行数据，并以数据组号的形式显示。每个组号有4个显示区域，每个显示区域的数据有其各自的含义。

显示组号00（或000）

①冷却液温度：正常值170~204（相当于80℃~105℃）。

②发动机负荷：正常值20~50（相当于1ms~2.5ms）。

③发动机转速：正常值70~90（相当于700r/min~900r/min）。

④电瓶电压：正常值146~212（相当于10V~14.5V）。

⑤节气门角度：正常值0~12（相当于0°~5°）。

⑥怠速空气质量控制值：正常值118~138（相当于-2.5kg/h~+5kg/h）。

⑦怠速空气质量测量值：正常值112~144（相当于-4.0kg/h~+4.0kg/h）。

⑧混合气成分控制值（λ控制值）：正常值78~178（相当于-10%~+10%）。

⑨混合气成分测量值（λ测量值）：正常值115~141（相当于0.64ms~6.4ms）。

⑩混合气成分测量值（λ测量值）：正常值118~138（相当于-8%~8%）。

显示组号01（或001）

①发动机转速：正常怠速值为800±30（r/min），若怠速超出规定，检查怠速。

②发动机负荷：怠速时正常值为1.00ms~2.50ms。若小于1.0ms，可能进气系统有泄漏；燃油系统压力过高。

③节气门角度：怠速时正常值为0°~5°。若大于5°，可能节气门控制部件J338没有进行系统基本调整；油门拉线过紧，需调整；节气门控制部件损坏。

④点火提前角：怠速时正常值为（12±4.5）°（BTDC）。若小于12°（BTDC）：发动机负荷过大。

显示组号02（或002）

①发动机转速：正常怠速值为（800±30）r/min，若怠速超出规定，检查怠速。

②发动机负荷：怠速时正常值为1.00ms~2.50ms。若小于1.00ms，可能进气系统有泄漏；燃油系统压力过高。

③发动机每循环喷油时间：怠速时正常值为2.0ms~5.0ms。若小于2.0ms，可能碳罐净化系统排气比例过高；若大于5.0ms，发动机负荷过大。

④进入的空气质量：怠速时正常值为2.0g/s~4.0g/s，若小于2.0g/s，可能进气系统有泄漏；若大于4.0g/s，可能发动机负荷过大。

显示组号03（或003）

①发动机转速：正常怠速值为（800±30）r/min，若怠速超出规定，检查怠速。

②电瓶电压：正常值为10.0V~14.5V，若电压值超出规定值，检查电脑的供电压。

③冷却液温度：正常值为80℃～105℃，若小于80℃，可能发动机未达到此温度或检查温度传感器。

④进气温度：若读值在19.5°C不变化，可能进气温度传感器信号有故障。

显示组号04（或004）

①节气门角度：怠速时正常值为0°～5°。若大于5°，可能节气门控制部件J338没有进行系统基本调整；油门拉线过紧；节气门控制部件损坏。

②怠速空气质量测量值（手动变速箱N挡位置）：－1.70g/s～＋1.70g/s。若小于－1.70g/s，节气门有泄漏；若大于＋1.70g/s，进气系统有泄漏。

③怠速空气质量测量值（自动变速箱D挡位置）：0.00g/s（手动变速箱无效）。

④工作状态：在发动机怠速时，应显示怠速，否则应检查怠速开关。

显示组号05（或005）

①发动机转速：正常怠速值为（800±30）r/min，若怠速超出规定，检查怠速。

②怠速转速规定值：正常值为800r/min，应保持不变。

③怠速控制：正常值为－10%～＋10%。

④进入的空气质量：怠速时正常值为2.0g/s～4.0g/s，若小于2.0g/s，可能进气系统有泄漏；大于4.0g/s，可能发动机负荷过大。

显示组号06（或006）

①发动机转速（测量值）：正常怠速值为（800±30）r/min，若怠速超出规定，检查怠速。

②怠速控制：正常值为－10%～＋10%。

③混合气λ控制：正常值为－10%～＋10%，若超出规定值，检查λ控制。

④点火提前角：怠速时正常值为（12±4.5）°（BTDC）。若小于12°（BTDC）：发动机负荷过大。

显示组号07（或007）

①混合气λ控制：正常值为－10%～＋10%，若超出规定值，检查λ控制。

②λ传感器电压：正常值为该电压值不断的在0～1.0V间变化。若电压为0.1V～0.3V：排气中残余氧气太多，混合气过稀；若电压为0.7V～1.0V：排气中残余氧气太少，混合气过浓；若电压保持在0.45V～0.5V：表示λ传感器未工作。

③碳罐净化电磁阀N80占空比：百分比值表示电磁阀的控制状态，0%表示电磁阀完全关闭，99%表示电磁阀完全打开。

④碳罐净化时的混合气修正系数：小于1.00时，碳罐净化系统送出浓混合气，λ控制减少喷油时间；等于1.00时，油箱未排或送出标准混合气（λ＝1）；大于1.00时，碳罐净化系统送出稀混合气，λ控制增加喷油时间。

显示组号08（或008）λ调节值

① 发动机每循环喷油时间：怠速时正常值为2.0ms～5.0ms。若小于2.0ms，可能碳罐净化系统排气比例过高；若大于5.0ms，发动机负荷过大。

②怠速的λ调节值：正常值－10%～＋10%，若控制超出范围，检查λ控制。

③部分负荷时λ调节值：正常值－8%～＋8%，若控制超出规定值，检查λ控制。

④碳罐净化系统：TE active 净化电磁阀N80动作；TE not active 净化电磁阀N80关

闭；λ adaption 净化电磁阀 N80 关闭，λ 调节起作用。

显示组号 09（或 009）λ 调节值

①发动机转速（测量值）：正常怠速值为（800 ± 30）r/min，若怠速超出规定，检查怠速。

②混合气 λ 控制：正常值为 -10% ~ +10%，若超出规定值，检查 λ 控制。

③λ 传感器电压：正常值为该电压值不断的在 0 ~ 1.0V 之间变化。若电压为 0.1V ~ 0.3V：排气中残余氧气太多，混合气过稀；若电压为 0.7V ~ 1.0V：排气中残余氧气太少，混合气过浓；电压保持在 0.45V ~ 0.5V：表示 λ 传感器未工作。

④怠速时 λ 调节值：正常值 -10% ~ +10%，若超出范围，检查 λ 控制。

显示组号 10（或 010）

①碳罐净化电磁阀 N80 占空比：百分比值表示电磁阀的控制状态，0% 表示电磁阀完全关闭，99% 表示电磁阀完全打开。

②碳罐净化时的混合气修正系数：小于 1.00 时，碳罐净化系统送出浓混合气，λ 控制减少喷油时间；等于 1.00 时，油箱未排或送出标准混合气（λ = 1）；大于 1.00 时，碳罐净化系统送出稀混合气，λ 控制增加喷油时间。

③碳罐充满程度：-3% 表示碳罐没有燃油蒸气；+32% 表示碳罐已充满燃油蒸气。

④ACF 阀供给空气的比例。0.00 表示 ACF 阀关闭；0.30 表示 ACF 阀供应空气比例占 30%。

显示组号 11（或 011）

①发动机转速：正常怠速值为（800 ± 30）r/min。

②发动机负荷（曲轴每转喷油时间）：正常值为 1.00ms ~ 2.50ms。

③车速：显示车速值。

④燃油消耗：正常值（无附加负荷）为 0.5L/h ~ 1.5L/h。

显示组号 12（或 012）

①发动机转速：正常怠速值（800 ± 30）r/min。

②电瓶电压：正常值为 10.0V ~ 14.5V。

③燃油消耗：正常值（无附加负荷）为 0.5L/h ~ 1.5L/h。

④点火提前角：怠速时正常值为（12 ± 4.5）°（BTDC），若小于 12°（BTDC），发动机负荷过大。

显示组号 13（或 013）

①一缸爆震控制点火延迟角：正常值 0° ~ 15°。

②二缸爆震控制点火延迟角：正常值 0° ~ 15°。

③三缸爆震控制点火延迟角：正常值 0° ~ 15°。

④四缸爆震控制点火延迟角：正常值 0° ~ 15°。

显示组号 14（或 014）

①发动机转速：正常怠速值为（800 ± 30）r/min。

②发动机负荷：正常值为 1.00ms ~ 2.50ms。

③一缸爆震控制点火延迟角：正常值为 0° ~ 15°。

④二缸爆震控制点火延迟角：正常值为 0° ~ 15°。

显示组号 15（或 015）

①发动机转速：正常怠速值为（800 +30）r/min。

②发动机负荷：正常值为 1.00ms ~2.50ms。

③三缸爆震控制点火延迟角：正常值为 0°~15°。

④四缸爆震控制点火延迟角：正常值为 0°~15°。

显示组号 16（或 016）

①一缸爆震传感器信号电压：正常值为 0.3V ~1.4V。

②二缸爆震传感器信号电压：正常值为 0.3V ~1.4V。

③三缸爆震传感器信号电压：正常值为 0.3V ~1.4V。

④四缸爆震传感器信号电压：正常值为 0.3V ~1.4V。

注：各缸爆震信号电压之差不应大于 50%，在猛踩油门时，爆震传感器信号电压最高可达 5.1V。

显示组号 17（或 017）

①发动机转速

②发动机负荷（曲轴每转喷油时间）

③催化加热能量平衡

④点火提前角

各显示区说明：本组数据主要反映催化器加热的状态，因本车型未装催化器，故省略。

显示组号 18（或 018）

①发动机转速：正常怠速值为（800 ±30）r/min，若怠速超出规定，检查怠速。

②发动机负荷（未修正）：怠速时正常值为 1.00ms ~2.50ms。若小于 1.00ms，可能进气系统有泄漏；燃油系统压力过高；若大于 2.50ms，可能发动机负荷过大。

③发动机负荷（已修正）：没有规定值。

④按空气密度修正的海拔高度修正系数。在海平面为 0%；在 2000m 海拔高度为 -20%。

显示组号 19（或 019）

①发动机转速

②发动机负荷（曲轴每转喷油时间）

③变速箱挡位信号

④点火提前角

各显示区说明：该组数据反映自动变速箱挡位信号，因该车现未装自动变速箱，故省略。

3.5.4　燃油供给系统油压检测

燃油供给系统油压测试内容有：供油压力、调节压力、最大油压、供油量、系统残压、密封测试。

1. 电控汽油喷射发动机燃油供给系统的基本元件组成

油箱→油泵→滤清器→供油总管→油压调节器→回油管→余油返回油箱
↓
喷油器

注意：现在有许多车将油压调节器集成在油箱内部，在外部油管上已经无法看到了。

2. 燃油供油系统燃油压力检测步骤

1）卸压

（1）把燃油泵继电器或熔断丝或燃油泵导线插头拔下，启动发动机直到自动停机（目的停止供油，靠发动机将油管中的残余的燃油燃烧掉，这样管中就几乎没有油压了）。

（2）再次启动发动机2次~3次，直至启动不着为止。

2）连接油压表

（1）用棉纱头把油管接头包住，然后拆开油管接头，以防仍有油压而飞溅。

（2）按正规操作将油压表安装在管路中。

（3）油压建立方法：①在发动机停机情况下，有跨接插头的，用跨接线连接FP和+B两端子约1min。②反复开、关点火开关ON挡5次~6次使燃油泵工作几次。③启动发动机使其运行建立油压。④检查有无漏油处。

多点喷射油压表连接如图3-41所示。

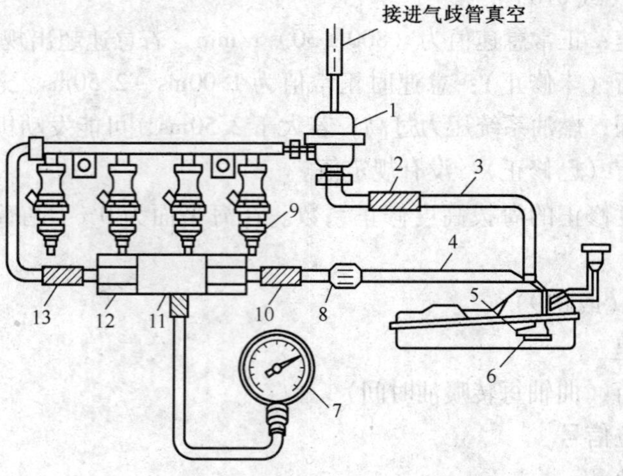

图3-41 多点喷射系统燃油压力检测示意图

1—燃油压力调节器；2、10、13—软管；3—回油管；4—进油管；5—燃油泵；6—燃油泵滤网；7—油压表；8—燃油滤清器；9—喷油器；11—三通管接头；12—管接头。

3）油压检测与分析

（1）供油压力。供油压力指发动机怠速运转中燃油系统的实际工作油压。测试时油压表指针应稳定，如果指针剧烈摆动，油压可能不正常。一般压力值应在260kPa且相当稳定。

（2）调节压力。

①指发动机怠速运转中将油压调节器真空管拆开后燃油系统升高的油压减去供油压力的差值，应在 4psi ~ 10psi（28kPa ~ 70kPa）。一般来说拆掉调节器真空管时的油压应比怠速时真空管连通时高 50kPa 为正常（也就是说怠速时没有真空管连接时为怠速最高供油油压应比未拆真空管时高 50kPa）。

②油压调节随动性能测试：在节气门、空气滤清器工作正常时，做急加速试验，油压表的读数应随节气门的突然开大迅速上升。若不跟随节气门的开度急剧上升，则证明油压调节器反应迟顿，可能是管路有堵塞、燃油泵性能下降或者燃油泵的进油滤网有堵塞，造成缓加速时能慢慢上升，急加速时供油量不足，易造成混合气在急加速时过稀，出现回火放炮现象。

（3）最大油压。最大油压指发动机怠速运转中，将回油管夹住时燃油系统的油压，应为供油压力的 2 倍 ~3 倍。

（4）供油量。供油量指在发动机怠速运转中，读取燃油系统的供油压力，然后急加速到 3000r/min 以上，此时立刻读取油压值，应不得低于供油压力 3psi（1psi = 6. 8946kPa）以上。如果低于此值，表示供油量不足（一般情况下供油量不足，多数问题均出在燃油滤清器堵塞和管道弯曲变形上，其次才是燃油泵和泄漏）。

（5）系统残压（保持压力）。系统残压指在发动机怠速运转中，读取燃油系统油压，然后将发动机熄火，并等待 20min 后，系统油压应保持在 150kPa 以上。

①如果无法保持残压时，再将发动机发动，建立油压后熄火，然后将回油管夹住后，即能保持正常残压，表示油压调节器漏油；如果夹住进油管时，才能保持正常残压，则表示燃油泵（单向阀）内漏；如果同时夹住进油管及回油管仍无法保持残压，表示喷油器漏油（另外，由于油压调节阀脏污会造成油压工作时超高且油压表表针会发抖，但停机时却无法保压，这时工作会油耗增加，启动时间长）。

②判断哪一缸喷油器漏油器的方法：将发动机加速，并保持在 1500r/min 以上 2min ~ 3min，然后熄火，并拆下火花塞观察，如果在陶瓷体表面有一边黑而一边白色，则表示该缸喷油器漏油。

（6）喷油器密封性测试。喷油器密性测试指判断喷油器是否滴油正常的测试，拆下油轨（供油总管），喷油器保持在上面，当燃油系统油压保持在供油压力以上（不发动），观察喷油器，在 1min 内不得有滴油现象。

4）油压表拆除

停止电动汽油泵工作，将油压表上的回油管一端放置容器中，压下油压表上的回油按钮，使系统管路中油压释放，用棉纱头包住油管接头，拆下油压表，恢复管路连接。

3. 5. 5　汽油发动机电子控制元器件检测

电控燃油喷射系统 EFI 的电子控制器 ECU、传感器和执行器的技术状况，多表现在断路、短路、接触不良和元器件损坏上，可以通过万用表检测其电压、电阻和通过示波器观测其信号电压波形等方法，找出故障的原因和部位。借助万用表和示波器，被测电子器件在给定的模拟环境下，通过测量电阻、电压以及波形等参数，即可判定其工作是否失效。

1. 空气流量传感器检测

空气流量传感器是测量发动机吸入空气量并转换成电信号送至计算机的装置。进气量用来计算基本喷油持续时间和基本点火提前角。根据测量原理不同，有叶片式（现已淘汰）、卡门涡旋式、热线式及热膜式空气流量传感器。

1）热线式空气流量传感器检测

热线式空气流量传感器连接器有5端子和6端子。下面以6端子日产尼桑MAXIMA轿车VG30E型发动机热线式空气流量传感器接线图3-42为例，其他车型装用的热线式空气流量传感器接线及电路结构与此基本相同，检测方法差别不大。

在图3-42中，热线式空气流量传感器上各引脚字母所代表的作用为如下。

E端子：为蓄电池供电电压输入端，一般为12V；B端子：为热线式空气流量传感器的信号输出端，输出的信号提供给微型计算机集中控制装置ECCS作控制检测信号；D端子：为热线式空气流量传感器接地（即搭铁）端；F端子：自清信号输入端，信号来自ECCS控制电路。每当点火开关关闭后，ECCS通过F端子向流量计输入一个自清信号，使流量计内的加热电阻丝在5s内升温至1000℃左右，并在保持1s时间后停止，以便将残留在热线上的污垢和油渍等烧掉，以保证流量计的准确性；A端子：为调整CO（一氧化碳）的可变电阻输出端子。

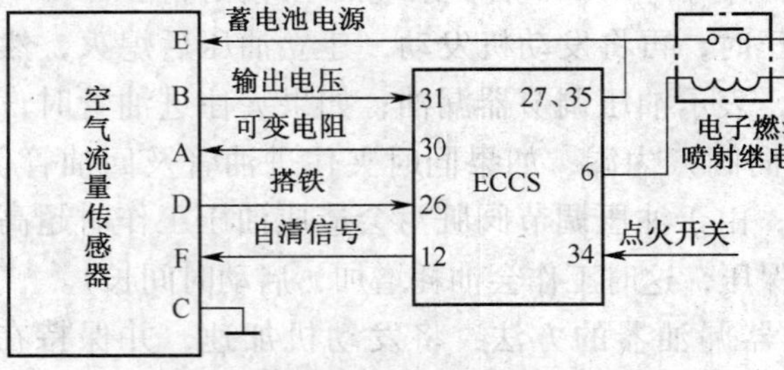

图3-42 热线式空气流量传感器接线图

（1）开路检测。清除空气流量传感器外部的尘垢，拔下线束插头，拆下与空气流量传感器相连的空气滤清器。将空气流量传感器出口处空气软管上的卡箍松开，并卸下空气流量传感器的固定螺栓。将空气流量传感器小心取下。

对拆下的空气流量传感器进行外观检查，检查其护网有无堵塞或破裂，并从进口处查看铂丝热线是否脏污、折断。

如图3-43所示，将蓄电池正极与空气流量传感器插座内的E端子相接，负极与插座内的D端子相连，并将万用表置于10V直流电压挡，两表笔测量插座的B、D两端子间的电压，其值应为（1.6±0.5）V。

如测得值与规定值不符，应更换或修理空气流量传感器。

（2）动态检测。保持上述接线状态不变，用电吹风向空气流量传感器进口吹入空气的同时，用电压表测量B、D端间的电压，其值应为2V~4V。如测得值与规定值不符，应换装新的空气流量传感器。

（3）就车检测。

①接通点火开关，不启动发动机。测量图3-43插座内E与D之间的电压应为12V

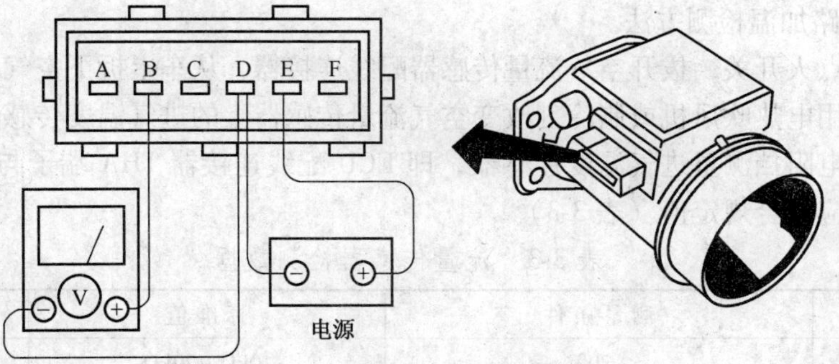

图 3-43　流量计测量电路

左右。

②如果测量 E 与 D 间无电压，再测量 E 与 C 之间的电压，其值若为 12V，则说明 D 端子搭铁不良，应检查 D 与 ECCS 之间的导线或 ECCS 的搭铁线是否良好。

③测量 B 与 D 之间电压，应为（1.6 ± 0.5）V。启动发动机，测量 B、D 之间电压，应在 2V ~ 4V 之间变化。

④检查自洁电路，对自洁电路的检查有两种方法。

方法一：直观检查法

a. 启动发动机，并使其以 2500r/min 以上的转速运转。

b. 使发动机怠速运转，拆下空气滤清器和空气流量传感器进口处的管道。

c. 关断点火开关，从空气流量传感器进口部位查看流量传感器内的铂丝热线是否在熄灭 5s 内被加热至发出红光，并持续 1s 时间。

方法二：万用表测量法

a. 使发动机水温上升至 60℃ 以上，发动机转速超过 1500r/min。

b. 用万用表 10V 挡，将其两表笔接在插座的 F 与 D 之间。

c. 关闭点火开关，电表上的示值电压应回零并在 5s 后又跳跃上升，1s 后再回到零。

如检测结果与上述要求不符，且进一步检查微电脑与空气流量传感器连接导线均无问题，可更换一只流量传感器再重新测试。

2）卡门涡旋式空气流量传感器检测

卡门涡旋式空气流量传感器根据其检测空气流量方式不同，可分为反光镜检测式和超声波检测式两种。反光镜检测式空气流量传感器电路连接方法如图 3-44 所示。

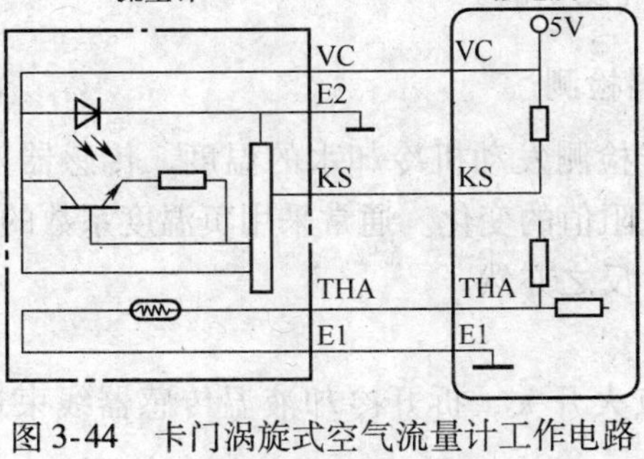

图 3-44　卡门涡旋式空气流量计工作电路

（1）开路加温检测方法。

①关闭点火开关，拔开空气流量传感器配线连接器，从车上拆下空气流量传感器。

②一边用电热吹风机或制冷剂改变空气流量传感器上的进气温度传感器的温度，一边用万用表电阻挡测量进气温度传感器，即ECU配线连接器THA端子与E2端子间的电阻，其值应符合规定值（表3-3）。

表3-3 流量传感器检测数据

测量端子	测量条件	标准值	备注
THA与E2	-20℃	10kΩ~20kΩ	
	0℃	4kΩ~7kΩ	
	20℃	2kΩ~3kΩ	
	40℃	0.9kΩ~1.3kΩ	
	60℃	0.4kΩ~0.7kΩ	
	怠速20℃	0.5V~3.5V	
VC与E1	脱开流量计，点火开关ON	4.5V~5.5V	
KS与E1	脱开流量计，点火开关ON	4.5V~5.5V	
	连接流量计，点火开关ON	2V~4V	
	连接流量计，怠速		脉冲信号

如果测得值与表3-3规定值不符，说明进气温度传感器有故障，应修理或更换新件。

（2）就车检测。

①接通点火开关，但不要启动发动机，用万用表电压挡测量ECU配线连接器KS、E2两端子间的电压，其值应为4V~6V。

②接通点火开关，启动发动机使其运转（或怠速运转），用万用表电压挡测量ECU配线连接器KS、E2两端子间的电压，其值应为2V~4V。KS信号为光学检测方式的卡尔曼涡流式空气流量传感器传送给ECU的脉冲信号，测量时该电压既不是0，也不是5V，进气量越大，电压越高。

③如果测得值与上述规律不符，则应检查空气流量传感器与ECU间的配线和连接器；如果测得ECU配线连接器KS与E2两端子间的2V~4V电压正常。可进一步利用ECU的故障自诊断功能进行自诊断。

④接通点火开关，发动机怠速运转时，应测得ECU配线连接器THA与E2两端子间电压应为0.5V~3.5V（20℃时）。

2. 冷却液温度传感器检测

冷却液温传感器用于检测发动机冷却水的温度，传感器安装在发动机冷却水通路上，水温的变化将引起电阻值的变化。通常采用负温度系数的热敏电阻，所以当水温升高时，电阻值将会下降；反之亦然。

1）开路检测

（1）断开（OFF）点火开关，拆开冷却液温传感器线束连接器，从发动机上拆下冷却液温传感器。

（2）用万用表电阻挡测量冷却液温传感器 THW、E2 两端子与传感器外壳之间的电阻，其电阻值均应为无穷大。

（3）将冷却液温传感器放在盛有水的烧杯内，如图 3-45（a）所示，用电热器加热烧杯中的水。

（4）用万用表电阻挡测量传感器两端子间的电阻，其电阻值随温度变化的规律，应符合特性曲线相应温度下的电阻值，如图 3-45（b）所示，车型同时不会有些差别，表 3-4 为两种车型的比较情况。

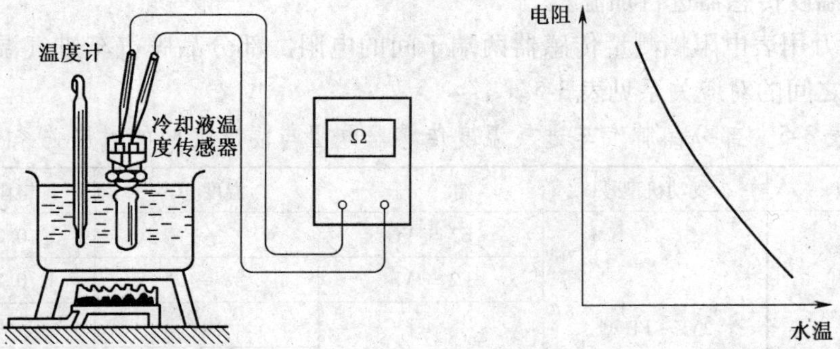

（a）　（b）

图 3-45　冷却液温传感器检测示意图与特性曲线图

表 3-4　冷却液温度传感器两端子间不同温度下的电阻

温度/℃	车　型	电阻/kΩ	车　型	电阻/kΩ
-20	桑塔纳 2000GLi	14 ~ 20	北京切诺基	85.85 ~ 108.39
0		5 ~ 6.5		29.33 ~ 35.99
10		3.3 ~ 4.2		17.99 ~ 21.81
20		2.2 ~ 2.7		11.37 ~ 13.62
30		1.4 ~ 1.9		7.37 ~ 8.75
40		1.0 ~ 1.4		4.90 ~ 5.75
50		0.72 ~ 1.0		3.33 ~ 3.88
60		0.53 ~ 0.65		231 ~ 2.67
70		0.38 ~ 0.48		1.63 ~ 1.87
80		0.28 ~ 0.35		1.17 ~ 1.34
90		0.21 ~ 0.28		0.86 ~ 0.97
100		0.17 ~ 0.20		0.64 ~ 0.72

2）随车检测

（1）拆下传感器插头，打开点火开关，测量插头上 THW 与 E2 之间的电压应为 5V。若无电压，则应检查 ECU 连接器上 THW 端子与 E1 的电压，若为 5V，则为 ECU 与传感器之间线路接触不良；若无 5V 电压，则为 ECU 有故障。

（2）插回插头，启动发动机，测量传感器 THW 与 E2 之间在不同温度下的电压，应在 0.5V ~ 4V 之间变化，温度越低时电压越高，温度越高电压越低。

3. 进气温度传感器检测

对进气温度传感器的检查可采用开路检测或随车方式。

1）开路检测

（1）断开（OFF）点火开关，拔出进气温度传感器线束连接器，从发动机上拆下进气温度传感器。

（2）可用制冷剂或压缩空气对进气温度传感器进行降温，也可采用电吹风加温的方法对进气温度传感器进行加温。

（3）用万用表电阻挡测量传感器两端子间的电阻。部分品牌汽车进气温度传感器电阻与温度之间的对应关系见表3-5。

表3-5　部分品牌汽车进气温度传感器电阻与温度之间的对应关系

车　型	发动机型号	端　子	温度/℃	电阻值/kΩ
丰田佳美	2VZ－FE型 2.5L发动机	E2与VC	—	0.2～0.4
		E2与VS	—	0.2～0.6
		E2与THA	0	4～7
			20	2～3
			40	0.9～1.3
			60	0.4～0.7
丰田LS400	1UZ－FE型电喷发动机	E2与THA	－20	10～20
			0	4～7
			20	2～3
			40	0.9～1.3
			60	0.4～0.7
奥迪	1.8L电喷发动机	进气温度传感器两端子	0	5～6.5
			20	2.2～2.75
			40	1～1.45

2）随车检测

（1）拔下传感器插头，打开点火开关，测量插头上THA端子与E2之间的电压应为5V。若无电压，则应检查ECU连接器上THA端与E2间电压。若此电压为5V，则为ECU与传感器之间线路有故障；若无5V电压，则为ECU有故障。

（2）插回插件，启动发动机，测量传感器THA端与E2之间在不同温度下的电压应在0.5V～4V之间变化（车型不同电压略有不同，变化规律基本相同）。如果测得值与规定值不符，说明进气温度传感器有故障或者损坏，应重换新件。

4. 进气绝对压力传感器

进气绝对压力传感器一般安装在节气门后部的进气管上。进气绝对压力传感器按工作原理可分为电磁式、压阻效应式和电容式三种。常用压阻效应式进气绝对压力传感器。

压阻效应式进气绝对压力传感器与 ECU 连接如图 3-46 所示，检测方法如下：

（1）拔下传感器连接器插头，打开点火开关，测量连接器上 VC 端子与 E2 端子之间的电压，电压应为 4.5V ~ 5.5V。若无电压，则应检查 ECU 相应端子上的电压；若 ECU 相应端子上电压正常，则为 ECU 至传感器之间线路故障；否则为 ECU 故障。

（2）插回传感器连接器插头，拆下传感器上的软管，打开点火开关，测量 ECU 连接器上 PIM 与 E2 端子间的大气压下输出的电压，应符合图 3-47 所示的输出特性。

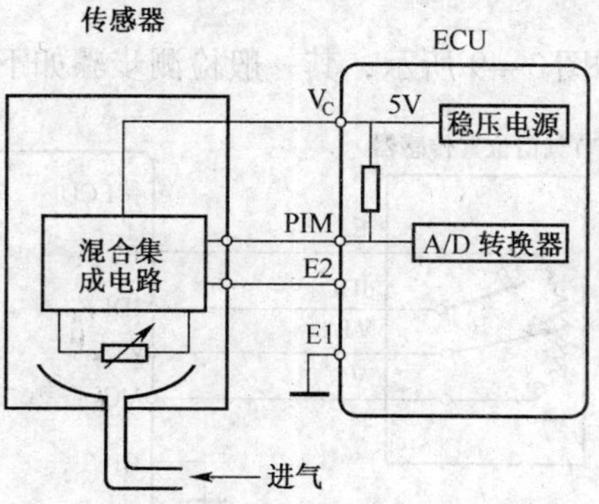

图 3-46　进气绝对压力传感器的原理电路

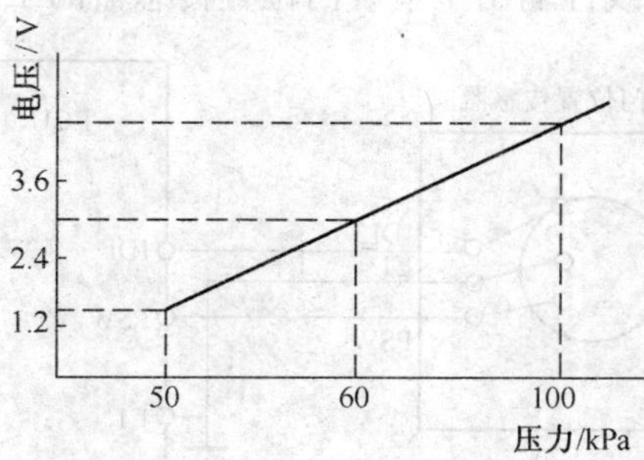

图 3-47　进气压力与输出特性关系

（3）对传感器加以 13.3kPa ~ 66.7kPa 的负压，再测试 ECU 连接器上 PIM 与 E2 端脚间的电压，应符合表 3-6 所列值的变化规律。如果不符合表 3-6 所列值的变化规律，且相差较大，则可能是进气压力传感器损坏。

表 3-6　不同进气压力下 PIM 与 E2 端脚间的电压

真空度/kPa	13.3	26.7	40	53.5	66.7
电压/V	0.3 ~ 0.5	0.7 ~ 0.9	1.1 ~ 1.3	1.5 ~ 1.7	1.9 ~ 2.1

5. 节气门位置传感器检测

节气门位置传感器安装在节气门体上，它将节气门打开的角度转换成电压信号送到 ECU，以便在节气门不同开度状态时控制喷油量。节气门位置传感器有线性输出型、开关量输出型和综合型等。

1）开关输出型节气门位置传感器的检测

开关输出型节气门位置传感器的工作电路如图 3-48 所示，其检测步骤如下。

（1）检查搭铁电路：断开点火开关，拆开传感器插接器，用万用表欧姆挡测量线束插接器 E1 端子与车身之间的电阻，其电阻值应为零，否则应检查微电脑 E1 端子与搭铁部位之间是否导通。

（2）检查工作电压：接通点火开关，用电压表分别检测线束插接器另外两个端子与车身之间的电压。电路正常时应有 12V 左右的电压，若没有电压，则说明传感器的电源线路有故障。此时应检测传感器电源线、微电脑电源线、主继电器以及熔断丝等。

（3）检查传感器：在节气门限位螺钉与限位杆之间插入规定厚度的塞尺，用万用表欧姆挡检查各端子之间的导通情况，正常时应符合表 3-7。否则应更换节气门位置传感器。

表 3-7 开关输出型节气门位置传感器端子情况

节气门限位螺钉与限位杆之间的间隙	IDL 与 E1	PSW 与 E1	IDL 与 PSW
0.5mm	通	不通	不通
0.9mm	不通	不通	
节气门全开	不通	通	

2）线性输出型节气门位置传感器的检测

线性输出型节气门位置传感器的工作电路如图 3-49 所示，其一般检测步骤如下。

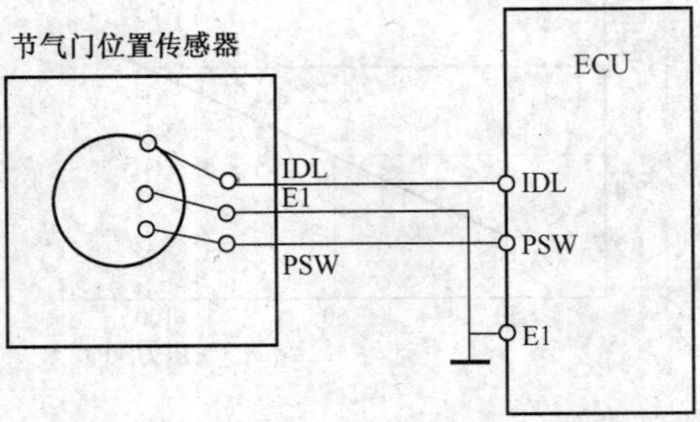

图 3-48 开关输出型节气门位置传感器工作电路

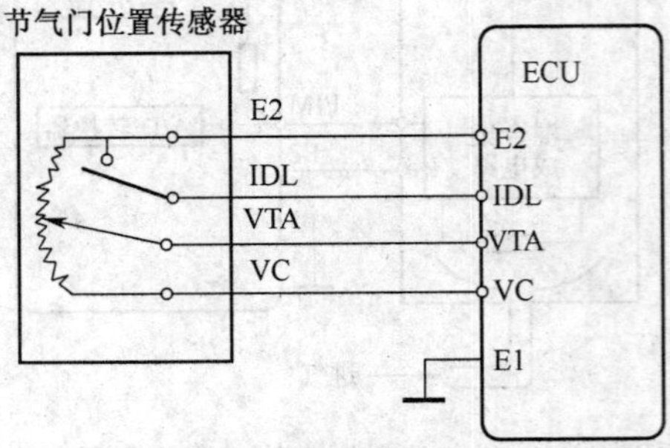

图 3-49 线性输出型节气门位置传感器工作电路

（1）检查搭铁电路：断开点火开关，拆下传感器插接器。然后用万用表欧姆挡检查下列各段电路：节气门位置传感器线束插接器 E2 端子到微电脑 E2 端子之间的导线，微电脑 E1 端子到车身搭铁部位之间的导线。

（2）检查工作电压：接通点火开关，打开节气门，用万用表电压挡分别检测线束插接器 VC、IDL 两端子与车身之间的电压。线路正常时，这两个端子与车身之间应有电压。其中 VC 端子与车身之间的电压为 5V，IDL 端子与车身之间的电压为 12V；若无电压，应检查下列电路：节气门位置传感器到微型计算机 VC、IDL 端子之间的导线、微型计算机电源线等。

（3）检查传感器：在节气门限位螺钉和限位杆之间插进塞尺，用万用表欧姆挡检查各端子间的电阻，应符合表 3-8。

表 3-8 线性输出型节气门位置传感器端子情况

节气门限位螺钉与限位杆之间的间隙	端 子	电阻/kΩ
0mm	VTA 与 E2	0.34 ~ 6.3
0.45mm	IDL 与 E2	≤0.5
0.55mm	IDL 与 E2	∞
节气门全开	VTA 与 E2	2.4 ~ 11.2
任一位置	VC 与 E2	3.1 ~ 7.2

6. 曲轴位置传感器检测

曲轴位置传感器是发动机集中控制系统中最主要的传感器，是控制点火时刻（点火提前角）确认曲轴位置不可缺少的信号源。其检测并输入发动机微机控制装置的信号包括活塞上止点及曲轴转角等，同时也是提供测量发动机转速的信号源。曲轴位置传感器可分为磁脉冲式、光电式和霍耳式三大类。就其安装部位有在曲轴前端、凸轮轴前端、飞轮壳上的，车辆不同，所采用的结构型式不完全一样。

1）磁脉冲式曲轴位置传感器检测（图 3-50）

（1）（卸下接头）把数字万用表打到欧姆挡，两表笔分别接传感器 2#、3#针脚，20℃时额定电阻为 770Ω ~ 950Ω。

（2）（接上接头）把数字万用表打到交流电压挡，两表笔分别接传感器 2#、3#针脚，启动发动机，此时应有电压输出。

2）光电式曲轴位置传感器检测（图 3-51）

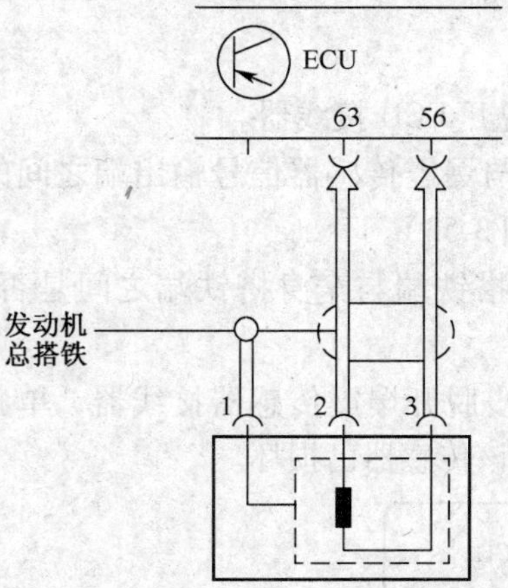

图 3-50　磁脉冲式曲轴位置传感器工作电路

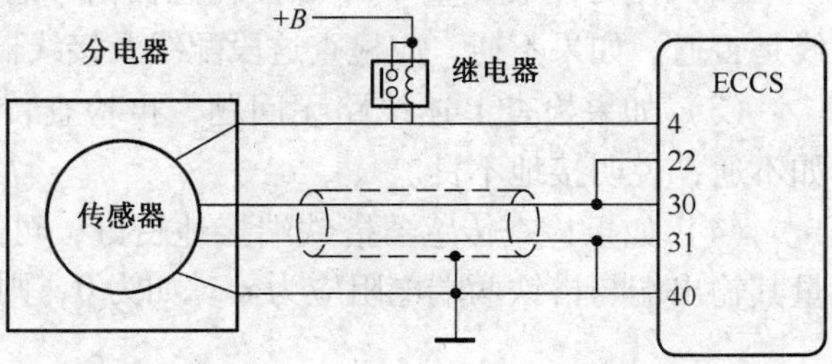

图 3-51　光电式曲轴位置传感器工作电路

（1）从发动机上拆下分电器（曲轴位置传感器线束插接器应保持连接，无需拆开）。

（2）将点火开关置于 ON 位置。

（3）用手缓慢地转动分电器轴并用万用表检查信号输出端子与车身搭铁之间的电压，正常时万用表电压应在 0 ~ 5V 范围内，否则应更换分电器总成（连同凸轮轴位置传感器一同更换）。

（4）检查曲轴位置传感器信号转子盘是否积尘或损坏，必要时应加以清洗或更换。

3）霍耳式曲轴位置传感器检测（图 3-52）

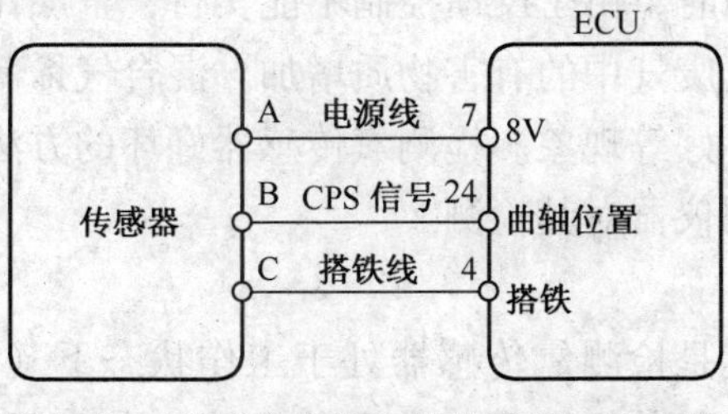

图 3-52　霍耳式曲轴位置传感器工作电路

（1）检查曲轴位置传感器的信号电压：接通点火开关，启动发动机并使其怠速运转，用万用表测量端子 B 与 C 之间的电压，正常情况下该电压值应在 0. 3V ~ 5V 范围内变化。否则，应进一步检查传感器的电源电压以及传感器与微电脑之间导线的连接情况。也可在端子 B 与 C 之间串联一只发光二极管（正极连接 B 端子）和一只 330Ω 电阻。发动机正常运转时，发光二极管应当间歇闪亮；否则，应进一步检查传感器的电源电压以及传感器与电脑之间导线的连接情况。

（2）检查曲轴位置传感器的电源电压：接通点火开关，用万用表测量端子 A 与 C 之间的电源电压。正常时该电压值约为 8V，否则应检查电脑与传感器之间的连接线路。

（3）检查传感器的连接导线：用万用表测量传感器与电脑之间的连接线路，正常情况下其阻值应小于 0.5Ω。如果阻值为无穷大，说明线路断路，应更换导线。

7. 爆震传感器检测

爆震传感器按结构可分为磁致伸缩式和压电式两种。

万用电表检测法：

（1）切断点火开关，脱开爆震传感器接线端，脱开 ECU 接线器。

（2）用万用表测量 ECU 爆震传感器信号输入端与爆震传感器信号输出端之间的连线是否通。如果不通，应检查这段配线及接线器（图 3-53）。

（3）如果检查上述线路无问题，再检查传感器搭铁端与车身搭铁端之间是否通。如不通，说明接地不良。

（4）如果检查传感器搭铁端接地良好，可进一步脱开爆震传感器接线器，单独测量其输出端与搭铁两端电阻应为∞。如为 0，则说明该传感器已损坏。

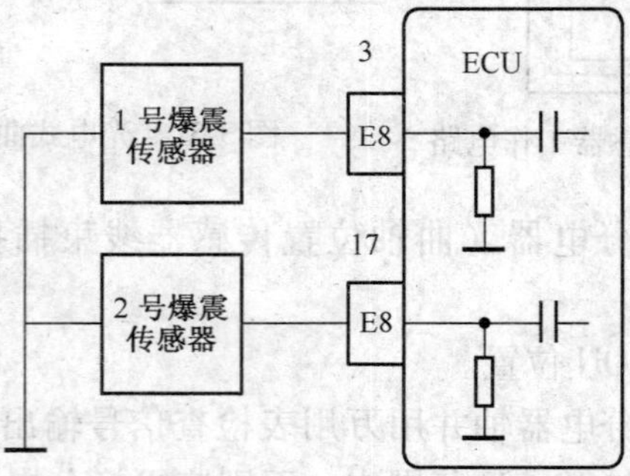

图 3-53 爆震传感器与 ECU 接线示意图

8. 氧传感器检测

当氧传感器出现故障时，由于反馈控制不能实行，空燃比不能被正确地控制，三元催化的净化能力则下降，废气中的有害物质增加。混合气稀薄和混合气过浓，都会导致怠速不稳或燃油经济性不好等现象。检测氧传感器好坏的方法较多，通常可用万用表对其进行检查，也可用专用仪器对其检测。

1）万用表检测法

采用万用表检测法就是检测氧传感器处于工作状态下（使 ZrO_2 处于 400℃ 以上的温度）信号输出端电压。具体方法是，使发动机转速在 2500r/min 运行约 90s，用万用表测氧传感器信号输出端电压，该电压正常值应为：当发动机尾气浓时，氧传感器输出电压为 0.9V ~ 1V；当发动机尾气稀时，氧传感器输出电压为 0 ~ 0.1V；当氧传感器工作温度低于 360℃ 时，氧传感器呈开路状态，无信号输出。

此外，还可以通过万用表测试氧传感器的阻抗特性来判断其在暖机状态和非暖机状态下的电阻值，判断其是否损坏。正常氧传感器的电阻值为：充分暖机状态电阻值约在 300kΩ；不在暖机状态时电阻值约为无穷大。

2）检测仪检测法

用氧传感器检测仪检测氧传感器时，检测方法同上，仅是用氧传感器检测仪代替上述的万用表。由氧传感器检测仪上 OX 灯的闪和灭情况，即可知其是否处于正常工作状态。

3）汽车万用表检测法

将汽车专用万用表（以美国 OTC 公司 300 型万用表为例）功能开关置于 4V 量程，按动 DC/AC 按钮于 DC 状态，万用表 COM 插孔中的黑色线接地，V-Ω-Hz 插孔中的红色测试线接氧传感器的信号线。

将汽车发动机置于快怠速（2000r/min）预热发动机，使氧传感器工作温度达 360℃以上。当发动机尾气浓时，氧传感器输出电压 0.8V ~ 0.9V；排出的尾气稀时，输出电压 0.1V ~ 0.2V；在氧传感器工作温度低于 360℃时，呈开路状态，无信号输出。如果测得的电压符合上述规律，说明氧传感器无问题；反之则说明该传感器已损坏。另外还可以用电子示波器检测氧传感器输出的信号波形，可以很直观地确定氧传感器是否正常。

9. EGR 位置传感器检修

1）一般检查

在冷机启动后，立即拆下 EG R 阀上的真空软管，发动机转速应无变化，用手触试真空软管口应无真空吸力；发动机温度达到正常工作温度后，怠速时按上述方法检查，其结果应与冷机时相同；发动机在正常工作温度下，若将转速提高到 2500r/min 左右，折弯真空软管后并从 EGR 阀上拆下软管，发动机转速应有明显提高（因中断废气再循环）。如果不符合上述要求，说明 EGR 系统工作不正常，应查明故障原因，加以排除。

2）EGR 电磁阀的检查

在冷态下测量电磁阀电阻，一般应为 33Ω ~ 39Ω。电磁阀不通电时，从通进气管侧插头吹入空气应畅通；从通大气的滤网处吹入空气应不通。当给电磁阀接通蓄电池电源电压时，吹气通畅情况应与上述相反。若不符合上述要求，应更换电磁阀。

3）EGR 阀的检查

如图 3-54 所示，给 EGR 阀膜片上方施加约 15kPa 的真空度时，EGR 阀应能开启；不施加真空度时，EGR 阀应能完全关闭。若不符合上述要求，应更换 EGR 阀。

10. 喷油器检测

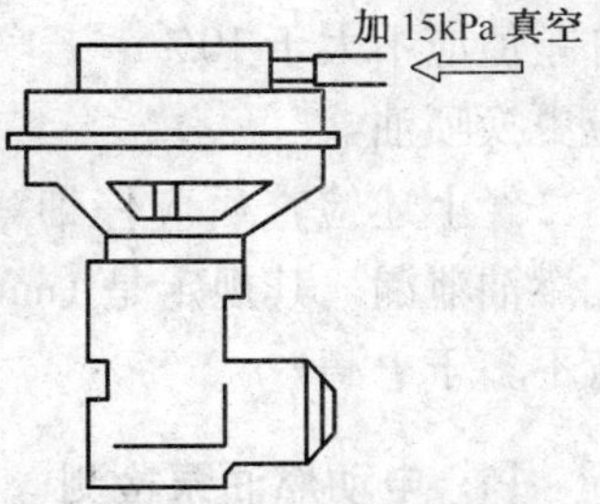

图 3-54　EGR 阀检查

判断喷油器是否正常的方法较多，一般可分为就车（或称在路）或离车（或称开路）检测两种方式。通常先通过就车检测方法，确认喷油器有问题后再采用离车检测以进一步确诊。

1）就车检查

喷油器的工作情况一般可通过以下方式进行判断，检查过程为：

（1）启动发动机，并使其怠速运转，用手摸喷油器工作时的振动情况，即检查喷油器针阀的开闭情况。如果喷油器工作正常，手指应有强烈而均匀的振动感。

（2）发动机热车后，依次拔下各缸喷油器的线束插头，使喷油器停止喷油。如果拔下某缸喷油器线束插头后，发动机转速明显下降，表明该缸喷油器工作正常；如果拔下某缸喷油器线束插头后，发动机转速无明显变化，表明该缸喷油器工作不良或未工作，应修理或更换。

发动机正常工作时，可听到喷油器有节奏的“嗒嗒”振动声，这是喷油器在电脉冲的作用下的喷油动作声。如果喷油器发出的声音清脆而均匀，表明喷油器工作正常。如果喷油器发出的声音很小，表明该喷油器工作不正常。出现这种现象，多半是由于针阀卡滞所致，应进一步检查排除。

如果听不到某一喷油器工作的声音，说明该喷油器未工作。此时，应检查喷油器控制线路或电磁线圈。如喷油器控制线路、喷油器电磁线圈工况良好，则表明喷油器针阀卡死，应检修或更换喷油器。

2）喷油器电阻检测

关闭发动机，拔下喷油器线束插头，用万用表欧姆挡测量喷油器两接线端间的电阻。

如果两端子间导通，说明电磁线圈未断路。但应有一定的电阻值；对于电压驱动式高阻抗型喷油器，其电阻值应为12Ω~17Ω；对于电压驱动式低阻抗型喷油器，其电阻值应为3Ω~5Ω；对于电流驱动式喷油器，其电阻值应为0.6Ω~3Ω；如果测得的电阻值为∞，表明喷油器电磁线圈开路。

3）喷油器喷油量检查

进行车下喷油器喷油量检查时，应先拆下蓄电池的负极搭铁线，拔下喷油器上的电线插头，拆下主输油管和喷油器，从主输油管上拆下进油管，装上专用的软管连接头和检查用软管，连接头和软管间要拧紧。然后把喷油器压力调节器、油管用连接头和连接卡夹连接好。在喷油器喷口处套上塑料管，使塑料管伸入量筒中，然后进行下列检查。

用连接线把检查连接器中的+B与FP端子连接起来，重新装上蓄电池搭铁线以使电动机汽油泵工作。然后按图3-55所示的方法给喷油器供电，每次接通15s，用量筒测一次喷油量，每个喷油器测2次~3次。15s标准喷油量为70mL~80mL，各喷油器间喷油量允许差值应不大于10%。若喷油量不符合标准，应更换喷油器。

经上述检查后应仔细察看喷油器喷口有无燃油泄漏。其规定是1min内喷油器漏油量应不多于1滴。

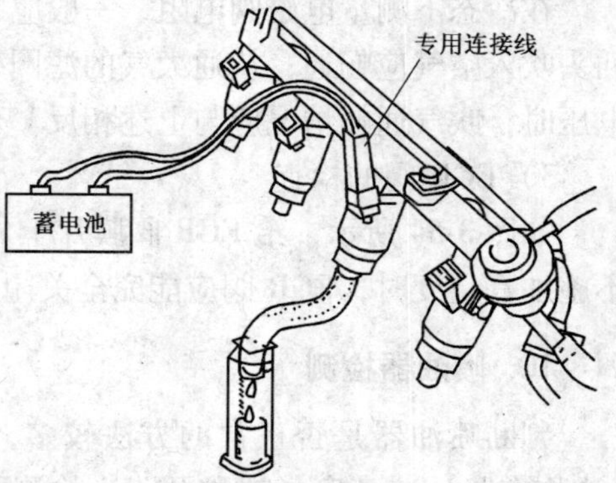

图3-55 喷油器喷油量检查

11. 电动燃油泵检测

由于拆卸电动燃油泵很是不便，故对电动燃油泵的检测，一般都是先在车上在路检测，待确认其损坏或怀疑其有问题时，才将其拆下来进行开路检测。

1）就车直观判断法

（1）先用一根专用导线将检测插座内电动燃油泵的两个检测插孔短接，并接通点火开关，但不要启动发动机。

（2）卸下油箱盖，仔细静听是有否电动燃油泵运转的响声。如听不清，可用手指捏住供油软管检查有无供油压力。

（3）如果既听不到电动燃油泵运转的响声，手在供油软管处也感觉不到有供油压力，则说明电动燃油泵未工作。应检查电动燃油泵电源熔断丝是否熔断，继电器有否损坏，控制电路是否断路。如果没有发现上述故障，应检修或更换电动燃油泵后再检查。

2）就车测压判断法

（1）释放燃油系统中的油压，拆下蓄电池负极接柱上的导线，将检测用油压表接在燃油管路上，并夹住回油管。

（2）装回蓄电池负极接柱上的导线，并用专用导线将故障检测插座内电动燃油泵的两个检测插孔短接。

（3）接通点火开关，但不要启动发动机，持续约 10s 左右，使电动燃油泵工作，并查看油压表的指示值。该压力即为电动燃油泵的最大压力，其数值应比发动机运转时的燃油压力高出 200kPa ~ 300kPa，一般为 490kPa ~ 640kPa。如与规定值不符，应检修或更换电动燃油泵。

（4）断开点火开关，过 5min 后查看燃油压力表指示值，该压力即为电动燃油泵的保持压力，其数值应大于 340kPa。如与规定值不符，应检修或换新的电动燃油泵。

3）开路检测法

首先拆卸电动燃油泵，然后再对电动燃油泵进行检测。

（1）电阻检测法：用万用表电阻挡测量电动燃油泵两接线柱间的电阻，其电阻值应为 2Ω ~ 3Ω。如阻值过大，说明有断路或接触不良之处；如阻值过小，说明有短路或搭铁故障。

（2）电压检测法：用导线将蓄电池两极与电动燃油泵两接线柱连接起来，仔细观察和听电动燃油泵有无运转声。如听不到高速运转声，说明燃油泵未工作。

（3）浸液检测法：将电动燃油泵浸在不可燃的专用喷油嘴检验液中，用带绝缘层的导线将蓄电池与电动燃油泵连接起来。接通后，观察电动燃油泵的工作状态，此时电动燃油泵出油口应有大量燃油泵出。否则，说明该电动燃油泵有故障，应对其进行检修或更换。

浸液检测法的液体也可用燃油，但用燃油进行上述检测时，应在空旷、通风的场地上进行，并使蓄电池远离电动燃油泵，而且导线要连接牢固，以防接触不良处跳火产生的电火花引起火灾。

12. 汽油发动机控制单元检测

1）发动机控制单元 ECU 检修注意事项：

（1）在检修之前，应先检查 ECU 系统各个熔断器及线束连接器插头是否完好。

（2）点火开关在 ON 时，蓄电池电压不得低于 11V。

(3) 检查时应使用高阻抗数字式万用表，阻抗应大于10MΩ/V。

(4) 测量ECU各端子间电压，应在点火开关处于ON位置，在ECU和连接器插头连接时进行。测量ECU各端子的电压时，万用表的表笔应从导线连接器插头侧向插入。

(5) 测量电阻时，应关闭点火开关，不拔下ECU的线束连接器时进行，否则会损坏ECU。

(6) 当需要拔下ECU线束连接器测量控制线路时，应先拆下蓄电池负极搭铁线，否则会损坏ECU。

2) 发动机控制单元ECU各端子间电压的测量

ECU各端子间电压检测法是指通过测量电脑端子间电压来判断故障部位的方法。其一般检测步骤为：

(1) 蓄电池电压应在11V以上。

(2) 拆下ECU线束连接器，但应保持在连接的状态下进行电压检查。

(3) 应使点火开关在ON位置。

(4) 应使万用表笔从线束连接器侧向插入，测量ECU各端子与搭铁之间的电压。

(5) 测量结果应与标准值比较，如果与标准值差别很大，说明ECU或控制线束存有故障。

3) 替换法

在有条件的情况下，用相同车型、相同规格的元件（如传感器、执行器、点火线圈、点火控制器以及电脑等）来替换被怀疑有故障的元件。若替换后故障消除，说明原零件损坏；若替换后故障现象依旧，则说明该零件无故障。此时，应换回原件，再做下一个替换。这种方法就是替换法。

4) 应用传感器模拟测试仪检测

传感器模拟测试仪的基础功能是可以模拟电脑控制系统的传感器信号输出，对传感器及其线路故障进行对比分析。例如，在故障诊断过程中，当怀疑某传感信号不良时（但究竟是传感器故障还是传感器至电脑的配线故障，需进一步确认），可使用传感器模拟测试仪，模拟该传感器向微电脑输入信号。如果输入模拟信号后发动机工作状况改善或故障消失，即可判断为该传感器故障。若故障症状无改善，可直接由电脑线束插接器相应端子将信号输入。若故障症状消失，则说明该传感器至电脑的配线有故障。

3.6 高压共轨柴油机电控系统故障诊断

传统柴油机存在的主要缺陷是：柴油机在高转速时，其燃油喷射时间很短，且在喷射过程中高压油管各处的压力随时间和位置的不同而变化，同时高压油管中燃油产生压力波动，使得实际的喷油状态与喷油泵所规定的柱塞供油规律有较大的差异。油管内的压力波动有时还会在主喷射之后，使高压油管内的压力再次上升，产生二次喷油现象。由于二次喷油不可能完全燃烧，于是增加了碳烟和碳氢化合物的排放量，油耗增加。此外，每次喷射循环后，高压油管内的残压都会发生变化，随之引起不稳定的喷射，尤其在低转速区更容易产生上述现象，严重时不仅喷油不均匀，而且会发生间歇性不喷射现象。工作粗暴、冒黑烟、噪声大、工作均匀性差、冷启动困难是传统柴油机的致命缺点。

柴油机电控技术是在解决能源危机和排放污染两大难题的背景下，在飞速发展的电子控制技术平台上发展起来的，其开发研究从 20 世纪 70 年代开始，经历了三代：位置控制、时间控制、时间—压力控制。

位置控制：第一代电子控制式燃油喷射装置中，将机械式调速器和提前器换成电子控制的机构。高压油建立机构和机械式燃油系统相同，仍采用凸轮压油。

时间控制：第二代电控喷油装置是在第一代位置控制式的基础上发展起来的。采用高速电磁阀对喷油量和喷油时间进行时间控制，虽然采用凸轮压油，但在柱塞上取消了调节油量的油槽。

压力—时间控制：第三代柴油机电控燃油系统是第二代的进一步发展，将喷油量和喷油时间控制融为一体，使燃油的升压机构独立，亦即燃油压力与发动机转速、负荷无关，具有可以独立控制压力的蓄压共轨。喷油量、喷油时间等参数直接由装在各个气缸上的喷油器控制。

目前国内使用的柴油电控技术主要有：德尔福电控单体、共轨，博世共轨，电装共轨，康明斯电控共轨，博世单体泵、衡阳单体泵和威特单体泵等。

本书以博世共轨为例介绍柴油机电控系统故障检测与诊断。

3.6.1　高压共轨电控系统原理与控制功能

1. 电控高压共轨柴油机的基本知识

“电控”是指燃油喷射系统由柴油机 ECU 控制，ECU 对每个喷油器的喷油量、喷油时刻进行精确控制，使柴油机的燃油经济性和动力性达到最佳状态。

“高压”是指喷油系统压力比传统柴油机要高出几倍，最高能达到 200MPa（传统柴油机喷油压力只有几十 MPa）。压力大使得雾化好、燃烧充分，从而提高了动力性，最终达到省油的目的。

“共轨”是通过公共油管同时供给各个喷油器，喷油量由 ECU 经过精确的计算，向各个喷油器提供的燃油品质、压力相同，使柴油机运转更加平顺，从而优化了柴油机综合性能。而传统柴油机由各缸单独喷油，喷油量和压力不一致，使得运转不均匀，造成燃烧不平稳、噪声大、油耗高。

2. 柴油机电控共轨燃油喷射系统的组成

1）电控高压共轨燃油喷射系统

电控高压共轨燃油喷射系统（图 3-56）是在柴油机气缸盖上安装一个燃油共轨管（长管状密闭容器），各缸喷油器都安装在其上，共同使用这一燃油共轨管，即所谓共轨。高压喷油泵通过单向阀不断地向共轨管内部泵入高压柴油，共轨管类似于制动系统的储气罐。压力传感器将共轨管内压力值反馈给 ECU，ECU 控制燃油计量电磁阀的开闭，通过调节高压泵进油端油量，以调节共轨管内的压力。共轨管内的压力即喷油器的喷油压力，可达 140MPa～160MPa，甚至更高。油压的产生方式与柱塞泵完全不同。喷油正时由喷油器电磁阀控制，喷油量由电磁阀的持续开启时间控制，所以该系统既不需要提前器也不需要调速器，所有这些均由 ECU 控制。因此，电控高压共轨柴油机的动力性较好、省油，加速时无烟色发黑的现象，但是电控装置的成本较高。

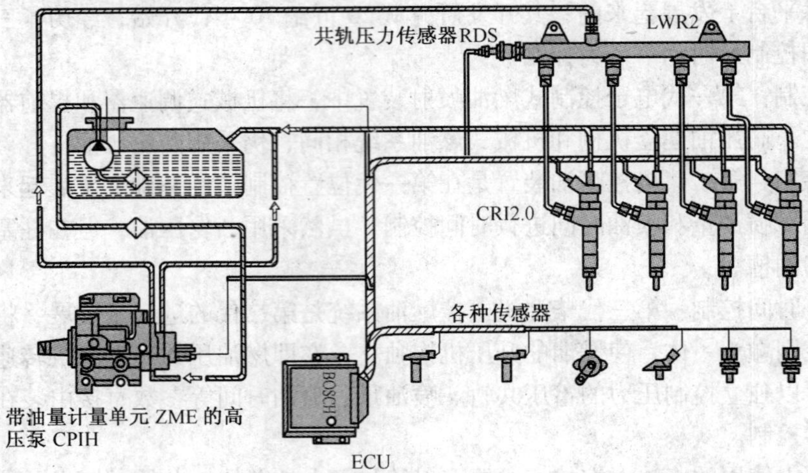

图 3-56　4 缸电控高压共轨柴油机燃油喷射系统的组成

2）共轨式电控燃油喷射技术的特点

柴油机共轨式电控燃油喷射技术集计算机控制技术、现代传感检测技术以及先进的喷油器结构于一身。它不仅能达到较高的喷射压力、实现喷射压力和喷油量的控制，而且还能实现预喷射和分段喷射，从而优化喷油特性、减低柴油机噪声并大大减少了废气中有害成分的排放量。其特点为：

（1）先进的电子控制装置并配有高速电磁开关阀，使得喷油过程的控制十分方便，并且可控参数多，有利于柴油机燃烧过程的全程优化。

（2）共轨方式供油，喷油系统压力波动小，各喷油器间相互影响小，喷射压力控制准确度较高，喷油量控制较准确。

（3）电磁开关阀频率高、控制灵活，使得喷油系统的喷射压力可调范围大，并且能方便地实现预喷射等，为优化柴油机喷油规律、改善其性能和降低废气排放提供了有效手段。

（4）结构移植方便、适应范围广，尤其是与目前的小型、中型及重型柴油机均能很好匹配，因而市场前景广阔。

（5）独立的柔性控制喷油正时，配合高压喷射（压力为 120MPa ~ 200MPa），目前常用的 BOSCH 公司的共轨系统，轨道压力为 145MPa，可同时控制 NOx 和微粒（PM）在较小的数值内，以满足排放要求。

3. 高压共轨燃油喷射系统主要部件及工作原理

高压共轨燃油喷射系统借助各种传感器（转速、加速踏板位置、冷却液温度传感器等）检测柴油机工况，并将信号传给 ECU，利用 ECU 综合控制相应的燃油喷射量、喷射定时、喷射速率和喷射压力等，使柴油机在最佳状态下运行。高压共轨系统从功能上可分为电子控制系统和燃油喷射系统。

1）电子控制系统

（1）基本工作原理与控制功能。电子控制系统 ECU 接收安装在柴油机及车辆上的各种传感器采集的数据，并与其存储的最佳喷油量、喷油时间和喷油规律的数据进行比较分析，计算出当前状态的最佳参数，以控制喷油器、流量计量单元等机构工作。电子控制系统包括传感器、ECU 和执行器，其控制原理如图 3-57 所示。

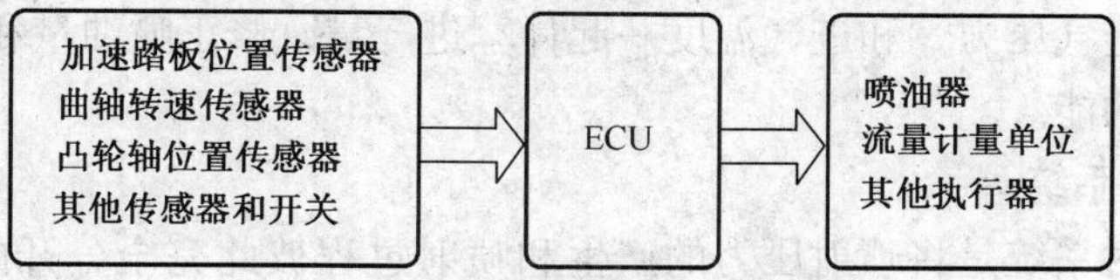

图 3-57　电子控制系统控制原理

ECU 的控制功能如图 3-58 所示。

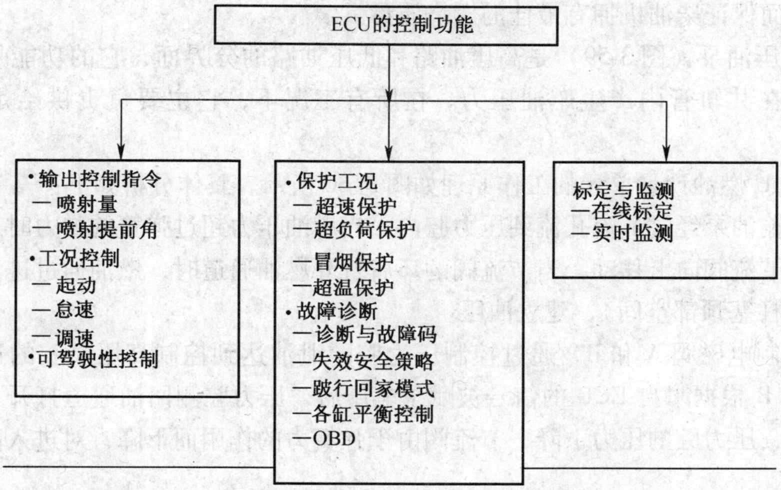

图 3-58　ECU 的控制功能

（2）主要传感器。

①曲轴位置传感器利用飞轮上的信号孔通过传感器部位时，传感器线圈的磁力线发生变化，线圈中产生交流电。此信号检测柴油机的转速和曲轴转角。

作用：精确计算曲轴位置，用于喷油时刻、喷油量和转速计算。

②凸轮轴位置传感器与曲轴位置传感器一样，也应用了线圈磁力线的变化产生交流电的原理。曲轴位置传感器和凸轮轴位置传感器脉冲信号组合，可识别柴油机的第 1 缸。

作用：判缸、确定喷油时刻和曲轴传感器失效时用于跛行回家。

③加速踏板位置传感器将加速踏板的踩下角度转变为电子信号发送到 ECU。

作用：将驾驶员的意图送给控制器 ECU。

④冷却液温度传感器利用热敏电阻检测柴油机冷却液温度，并将其转变成电子信号发送给 ECU。

作用：测量冷却水温度，用于冷启动、目标怠速计算等，同时还用于修正喷油提前角、过热保护等。

⑤轨压传感器由一个半导体元件组成，利用压力施加到硅元件上时电阻发生变化的

压电效应原理制成，输出信号随压力的增加而增大。

作用：测量共轨管中的燃油压力，保证油压控制稳定。

⑥进气增压压力温度传感器提供进气压力与进气温度参数，进气压力传感器为压敏电阻式，它所测量的压力与输出电压成正比；进气温度传感器为负温度系数的热敏电阻，与增压压力传感器集成一体。

作用：监测进气压力，和进气温度一起计算进气量，修正喷油量和喷油正时，同时具有过热保护等功能。

2）燃油喷射系统

共轨燃油喷射系统是将喷射压力的产生和喷射过程彼此完全分开的一种供油方式。由高压油泵把高压燃油输送到共轨管，通过共轨管把恒定的高压燃油分送到每个喷油器，并借助于集成在每个喷油器上的高速电磁阀的开启与闭合，定时、定量地控制喷油器喷油，从而保证柴油机拥有最佳的燃烧质量。

（1）高压油泵（图3-59）是高压油路和低压油路的分界面，它的功能是通过控制燃油输出量在共轨管内产生燃油压力。在所有工况下，它主要负责供给足够的高压燃油。

（2）FMU燃油计量单元的工作原理如图3-60所示，具体分析如下：

燃油从输油泵经过节流孔流到压力腔内，当燃油压力超过弹簧的弹力时，节流阀被向上推起。节流阀向上移动，当节流阀的环肩打开燃油通道时，燃油通过进油阀输送到高压泵腔（柱塞顶部空间），建立油压。

ECU控制电磁阀A和B，通过控制压力腔的泄油达到控制高压泵腔的进油量。当电磁阀A和B根据来自ECU的信号被赋予电压后，压力腔侧回油通道打开，燃油从回油通道流出，压力腔的压力下降，节流阀由于弹簧力的作用而下降，对进入高压泵腔燃油节流。

由于ECU对电磁阀A和B采用占空比控制，从节流阀进入高压泵腔燃油量亦受占空比控制。

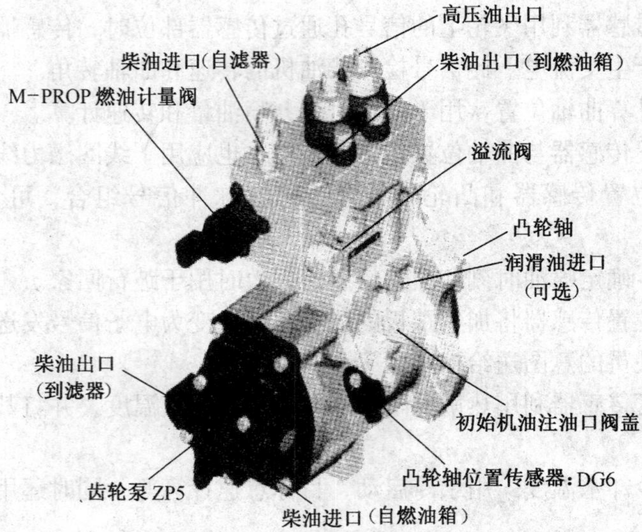

图3-59 Bosch共轨高压油泵

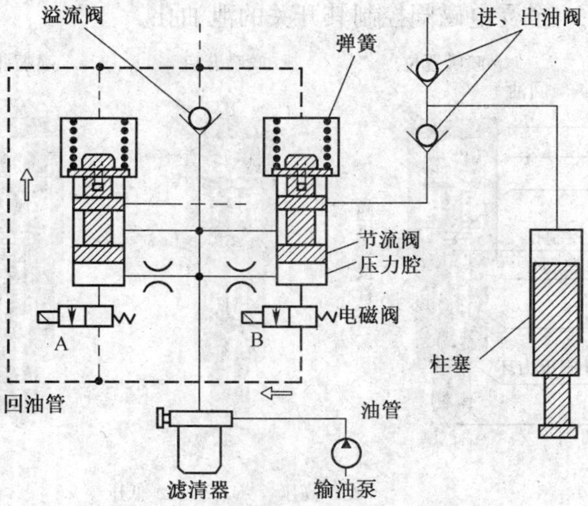

图 3-60　FMU 燃油计量单元的工作原理

当轨压传感器监测到共轨管内油压超过调整压力时，ECU 向电磁阀 A、B 通电电流增大，电磁阀开度增大，压力腔压力降低，节流阀进入高压泵腔燃油量减少，轨压下降；当轨压传感器监测到共轨管内油压低于调整压力时，ECU 向电磁阀 A、B 通电电流减小，电磁阀开度减小，压力腔压力上升，节流阀进入高压泵腔燃油量增加，轨压上升。

共轨管内油压由 ECU 根据发动机转速和喷油量决定，根据不同工况而变化。

(3) 共轨管。共轨管将供油泵提供的高压燃油分配到各喷油器中，起蓄压器的作用，BOSCH 系统的共轨管如图 3-61 所示。它的容积应能削减高压油泵的供油压力波动和每个喷油器由喷油过程引起的压力振荡，使高压油轨中的压力波动控制在 5MPa 之下。但其容积又不能太大，以保证共轨管有足够的压力响应速度以快速跟踪柴油机工况的变化。

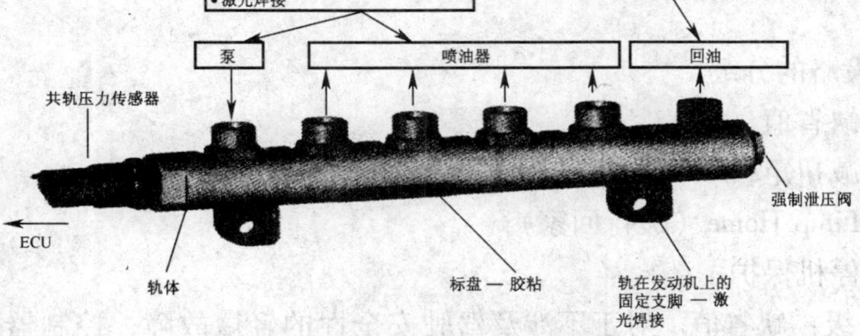

图 3-61　BOSCH 系统的共轨管

共轨管上装有共轨压力传感器，其作用是检测轨道压力，参与共轨压力控制。共轨压力异常时，强制泄压阀（DBV）打开，柴油机跛行（带故障运行）回家。

(4) Common rail 喷油器。喷油器结构原理如图 3-62 所示。

喷油器可以被拆分为一系列功能部件：孔式喷油嘴，液压伺服系统和电磁阀。

燃油来自于共轨管，经高压油管流向喷油嘴，同时经节流孔流向控制腔，控制腔与燃油回路相连，途径一个受电磁阀控制其开关的泄油孔。

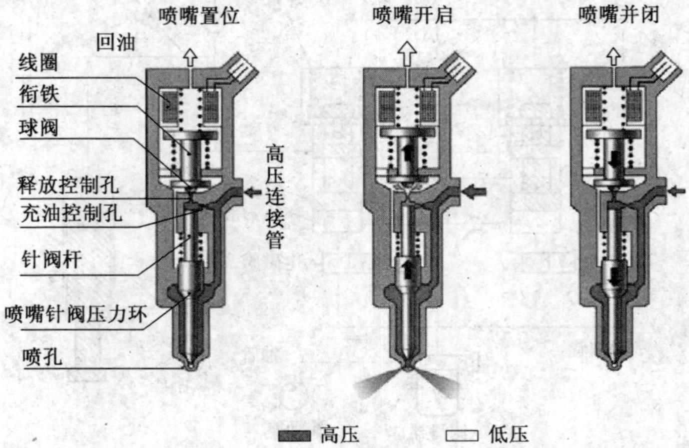

图 3-62 Common Rail 喷油器工作原理

泄油孔关闭时，作用于针阀控制活塞的液压力超过了它在喷油嘴针阀承压面的力，结果针阀被迫进入阀座且将高压通道与燃烧室隔离、密封。

当喷油器的电磁阀被触发，泄油孔被打开，这引起控制腔的压力下降，结果活塞上的液压力也随之下降，一旦液压力降至低于作用于喷油嘴针阀承压面上的力，针阀被打开，燃油经喷孔喷入燃烧室。这种对喷油嘴针阀的不直接控制采用了一套液压力放大系统，因为快速打开针阀所需的力不能直接由电磁阀产生，所谓的打开针阀所需的控制作用，是通过电磁阀打开泄油孔使得控制腔压力降低，从而打开针阀。

此外，燃油还在针阀和控制柱塞处产生泄漏，泄漏的燃油量经连接回油管，会同高压泵和压力控制阀的回油流回油箱。

4. 博世高压共轨电控系统失效策略简介

1）失效策略

电控系统故障状态下的运行策略，兼顾了故障后的驾驶安全性，继续驾驶性以及排放性能。

2）失效策略的分级

第一级：缺省值；

第二级：减扭矩；

第三级：Limp Home（跛行回家）；

第四级：停机保护。

（1）第一级：缺省值。对于不涉及驾驶安全性的轻微故障，控制器仅使用缺省值代替真实值；发动机运行的转速和扭矩输出正常。

（2）第二级：减扭矩。

①进入条件。

a. 增压压力/温度传感器损坏或信号线路开路、短路。

b. 冷却水温传感器损坏或信号线路开路、短路。

c. 轨压传感器信号飘移。

d. 油轨压力闭环控制故障。

e. 传感器参考电压故障。

f. 凸轮信号错误。

g. 燃油有水报警。

h. 起动机驱动电路故障。

i. 轨压泄压阀打开。

②ECU 处理措施。

a. 点亮故障灯，产生相应故障码。

b. 在限制范围内，油门仍然起作用。

c. 外特性油量会减小一个百分比。

d. 转速限制小于 1800r/min（图 3-63）。

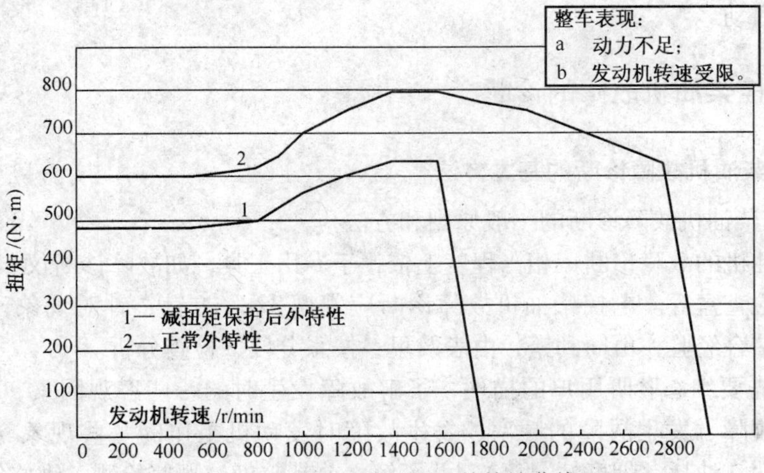

图 3-63　发动机减扭矩后外特性曲线

③第二级失效策略示例：水温信号失效策略。

a. 进入条件：ECU 判断水温信号错误；水温传感器损坏；水温传感器信号线损坏（开路或短路）。

b. ECU 处理措施：点亮故障灯；产生故障码 P0115、P0116、P0117、P0118；发动机采用缺省水温值，外特性油量会减小一定百分比；怠速有所提升（根据不同机型略有不同）；在限制范围内，油门仍然起作用。

（3）第三级：Limp Home（跛行回家）。

①Limp Home 失效策略：对于部分严重电喷系统故障，发动机运行于较危险情况，控制器采用特殊的失效方式运行，依据故障严重程度，限制发动机的扭矩和转速，避免运行危险，同时保持继续驾驶性。

②当发动机处于以下几种情况时，控制策略将进入 Limp Home 状态。

a. 曲轴传感器损坏或信号线路开路、短路。

b. 凸轮相位传感器损坏或信号线开路、短路。

c. 共轨油压传感器损坏或信号线开路、短路。

d. 高压油泵燃油量计量阀（MeUN 或 Metering Unit）损坏或驱动线开路、短路。

e. 电子油门传感器损坏或信号线开路、短路。

③第三级失效策略示例：曲轴传感器失效策略。

a. 进入条件为 ECU 判断曲轴传感器信号故障：传感器损坏；信号线损坏（开路或短路）。

b. ECU 处理措施：点亮故障灯；产生故障码 P0008、P0335、P0336；发动机依靠凸轮传感器继续工作；对动力性能没有明显影响；启动时间可能会较正常状况稍长；油门感觉正常；运行没有明显影响，但油耗和排放可能会变差。

（4）第四级：停机保护。

①进入条件为 ECU 判断出现下述故障：监视狗故障；A/D 模数转换错误；多缸停喷；ECU 计时处理单元错误；点火开关信号丢失；轨压超高泄压阀不能开启；EEPROM 错误；油轨压力持续超高（如持续 2s 超过 1600bar）。

②ECU 处理措施：点亮故障灯（闪烁）；产生相关故障码；发动机停机；故障状态下无法再次启动。

3.6.2 电控柴油机故障的诊断

1. 电控柴油机故障诊断的基本方法

1）电控柴油机故障诊断的一般原则和方法

电控柴油机的故障诊断，相当程度上依赖于专用工具，如故障诊断仪、万用表、示波器、线束检查盒等。电控柴油机故障诊断应遵循 32 字方针：针对现象，联系原理；善用工具，结合经验；由简到繁，由表及里；按系分段，检查分析。

（1）首先要细心聆听用户的描述，了解故障发生时的一些客观因素，如在什么情况下会发生故障、发生故障的频率、发生故障时发动机工作的一些现象（包括声音、振动、动力性、油耗、烟度情况等），并了解之前都曾做过哪些检测、维修等。

（2）根据了解到的现象，从电控柴油机工作原理入手，分析可能出现这些故障的各种因素，初步判断故障模式和故障部位。

（3）利用诊断仪，获取发动机的各种参数，包括是否出现故障码、各个开关值，各个传感器的电压值和发动机运行数据（如转速、冷却液温度、油压、进气温度压力等），并根据参考资料和维修经验，判断这些参数是否正常。

（4）还可以利用万用表、示波器、线束检查盒等工具对各传感器、电磁阀的信号以及各传感器的电阻值和线束通断等情况进行检查。

（5）诊断维修时应该遵循由简单到复杂，先外围部件再到内部零件的顺序进行。

（6）进行故障分析时应采取按系统分段，逐段检查的原则，如发动机无法启动，可以分为进排气系统、电路系统、油路系统、柴油机本体等几段，再根据实际情况逐段进行分析。

2）电控柴油机故障诊断的一般方法

（1）观察法：通过观察柴油机的排烟等故障特征，判断故障情况。

（2）听诊法：根据柴油机异常声音凭听觉判断故障部位性质及程度。

（3）断缸法：停止某缸工作，借以判断故障是否出现在该缸。断缸法一般是将怀疑有故障的气缸停止供油，比较断缸前后发动机的状态变化，以便进一步查找故障部位、原因，缩小检查范围。

（4）比较法：更换某些总成或零部件以确定其是否存在故障。

（5）故障指示灯：当车辆出现故障时，可以通过整车仪表盘上的故障指示灯读出故障码（俗称闪码），参照故障码表初步判断错误原因。

①车辆故障诊断开关及故障指示灯位置如图 3-64 所示。

图 3-64　车辆故障诊断开关及故障指示灯位置

②故障码读取操作：当点火开关处于接通位置时按下一松开故障诊断请求开关，故障指示灯将报出故障码。每一次操作只闪烁一个故障码（图 3-65），直至循环至第一个为止。故障码由三位数字组成，故障码 324 的读取方法如图 3-65 所示。

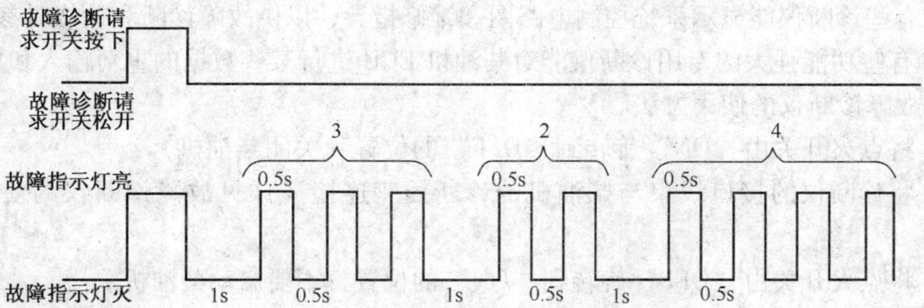

图 3-65　故障码 324 的读取方法

故障码闪烁时间和间隔时间由柴油机生产厂商自行定义。

（6）专用诊断仪：用专用故障诊断仪可更进一步的判断。

特别说明：判断柴油机故障形成的原因是一项很仔细的工作，在未弄清楚故障原因之前，对柴油机不得乱拆乱卸，否则不仅不能消除故障，反而会因拆卸后装配不当造成更严重的故障。对高压油泵、增压器等关键零部件，维修检查不仅要有专用的仪器设备，还需要具有一定经验的人员，因此没有经验和条件的人员不要对柴油机随意进行拆卸调整。

2. 电控柴油机的故障症状与检测

1）柴油机常见故障症状

柴油机常见故障症状即柴油机运行过程中产生各类故障后所表现出来的各种异常现象，可以通过听觉、视觉等感觉器官被识别出来，如看到柴油机冒黑烟、听到柴油机有异响等。柴油机运行过程中的常见故障症状有：启动困难、突然熄火、加速无力、加速失效、排烟异常、冷却液温度异常、燃油压力异常、油耗异常、声音异常、故障灯闪亮等。

2）电控柴油机故障的检测

(1) 故障指示灯读取故障码。

①将点火开关由“OFF”旋转到“ON”的位置，不要启动柴油机，仪表盘上的各种指示灯（包括柴油机故障指示灯）应点亮。

②启动柴油机，如果柴油机运行正常，电控系统无故障，柴油机故障指示灯点亮3s后应熄灭；如果柴油机故障指示灯没有熄灭，说明柴油机控制系统有故障。

③ 打开故障诊断请求开关，故障指示灯以故障码的形式显示故障。

(2) 故障诊断仪读取故障码。

① 故障诊断仪的主要功能。

a. 快速、方便地读取或清除故障码。

b. 对柴油机控制系统进行动态测试，显示瞬时信息，为诊断故障提供依据。

c. 能在静态或动态下向电控系统各执行元件发出检修作业需要的动作指令，以便检查执行元件的工作状况。如柴油机某一缸停止喷油。

d. 在车辆运行或路试时监测并记录数据流。

e. 具有示波器功能、万用表功能和打印功能。

f. 有些诊断仪能显示系统控制电路图和维修指导，以供故障诊断和检修时参考。

g. 有些功能强大的专用诊断仪能对柴油机 ECU 进行某些数据的重新输入和更改。

②故障诊断仪的使用方法。

a. 将点火开关由“ON”旋转到“OFF”的位置（关闭柴油机）。

b. 将诊断仪的接口线束与柴油机的诊断插座连接（详见故障诊断仪的使用说明书）。

c. 将点火开关由“OFF”旋转到“ON”的位置，不要启动柴油机。

d. 打开诊断系统界面，选择柴油机（或 ECU）生产商并确认。

e. 在诊断仪显示的功能选择界面中选择“故障诊断”。

f. 在常规选择界面中选择“读取故障码”。

g. 诊断仪显示所读的故障码。如冷却液温度传感器信号电压太高等。

h. 根据故障码对相关零部件的故障进行检测。

i. 故障排除后，清除原故障码，用故障诊断仪对电控燃油喷射系统再进行一次故障诊断，确认无故障后交付使用。

3）电控柴油机常见故障诊断

(1) 柴油机故障诊断的基础。

要诊断柴油机故障，特别是电控柴油机故障，以下几项必须掌握：

①熟悉柴油机的常见故障及故障可能发生的部位。

②熟悉柴油机的结构及工作原理，特别是要熟悉电控柴油机的电气系统原理。

③熟悉电控柴油机的线束和控制策略等。

(2) 电控柴油机常见故障原因。

①柴油机不能启动：燃油量不足；低压油路进入空气；ECU 电源故障；输油泵损坏；进气温度压力传感器损坏（拔开插接件立即可以起动）；热保护起作用，导致启动

油量过低（先检查引起热保护的原因）；ECU 损坏。

②柴油机运转无力：增压压力不够；进气管松脱、增压压力传感器损坏、增压器损坏；燃油、冷却液、进气温度过高，产生热保护；燃油不够，包括燃油箱的燃油不足、滤网和燃油滤清器堵塞、燃油箱内有杂质或其他异物；进出油管径过小，引起供油不足。

③柴油机的怠速高：电子加速踏板线束松脱或接错；整车线束插接件体和电子加速踏板插接件体进水；所配电子加速踏板非生产厂家指定的专用电子加速踏板。

注意：由于冷却液温度低、蓄电池电压低引起的怠速转速提升属于正常现象，是一种控制策略。

④达不到最高转速（油门开度只有33%左右）：电子加速踏板的线束接错；油路堵塞；转速信号有干扰。

⑤高速时车辆发抖：曲轴位置传感器与凸轮轴位置传感器信号不同步，或传感器损坏或曲轴正时齿轮移位；行车过程中出现踩加速踏板时感觉一下没油，车向前冲一下，可能是曲轴位置传感器与凸轮轴位置传感器信号不同步，传感器间隙不够或脏污及损坏。

⑥柴油机自动熄火：缺少燃油，低压油路进入空气较多；电路出现故障，所配电子加速踏板非生产厂家指定的专用电子加速踏板。

⑦跛行回家判断和临时解决措施：

a. 加速踏板位置传感器损坏。现象：高怠速，踩加速踏板没有反应。处理：耐心开到维修站检修。

b. 曲轴位置传感器跛行回家。现象：怠速或某一高转速不稳，似有缺火，功率不足、难启动。处理：脱开曲轴位置传感器恢复正常，开到维修站检修。

c. 凸轮轴位置传感器跛行回家。现象：怠速或某一高转速不稳，似有缺火，功率不足。处理：脱开凸轮轴位置传感器恢复正常，开到维修站检修。

⑧柴油机冒白烟：有1缸~2缸没有工作，多数是机械故障，如气门推杆损坏或脱落等；油路供油不足。

⑨柴油机冒黑烟：喷油嘴损坏；空气滤清器滤芯堵塞；ECU 故障。

3.7　润滑系统检测与诊断

运动副之间的摩擦阻力是发动机启动和运转时的主要内部阻力，为此，必须重视改善发动机的润滑状况，提高发动机输出的有效功率；同时，润滑状况不良时，发动机做相对运动的配合副磨损加剧，正常配合间隙被破坏，还容易产生发动机“拉缸”或“烧瓦”等破坏性故障。润滑系统检测的主要参数为：机油品质、机油压力和机油消耗量。这些参数既可表征润滑系统的技术状况，又可反映曲柄连杆机构有关配合副的技术状况。

3.7.1　机油品质检测与分析

在机油使用过程中，由于杂质污染、燃油稀释、高温氧化、添加剂消耗等原因，其品质会逐渐变坏。在外观上，还表现为颜色变黑、粘度上升或下降。

引起机油污染的杂质主要来自摩擦表面的磨损微粒、外界尘埃以及积炭等；发动机工作不正常、不完全燃烧或缺火可使未燃燃油流入油底壳使机油受到稀释；发动机工作过程中产生的高温，特别是当发动机气缸活塞组磨损严重而间隙增大，在燃烧行程有高温、高压气体窜入曲轴箱时，会加剧机油氧化，生成氧化产物和氧化聚合物而使机油变质。机油中的清净分散剂是机油的一种重要添加剂，具有从发动机摩擦表面分散、移走磨损微粒、积炭等的能力，使之悬浮在机油中而不沉淀在摩擦表面，以减轻摩擦表面的磨损。由于机油在使用过程中清净分散剂的消耗及性能降低，也会逐渐失去其清净分散作用。

机油品质变坏会使发动机润滑变差、磨损加剧，甚至引发严重机械故障，因而应加强对发动机机油品质的定期检测与分析，实行按质换油，以保证发动机良好润滑。更为重要的是，通过对机油品质的检测，可分析并监控发动机技术状况的变化。

机油品质检测与分析的常用方法有机油不透光度分析法、介电常数分析法、滤纸油斑试验法和光谱分析法等。

1. 机油不透光度分析法

发动机在使用过程中，润滑油的品质逐渐变坏，杂质含量增多，粘度下降或增加，添加剂性能丧失。从外表看，润滑油会逐渐变黑。机油污染程度越大，变黑的程度也越大。根据这一现象，可通过测量一定厚度机油膜的不透光度来检测机油的污染程度。

机油污染测定仪的结构原理如图 3-66 所示。稳压电源保证光源和电桥电路的电压稳定。油池由两块玻璃构成，具有确定的间隙，以放入机油样品确定厚度的机油膜。电桥的一个臂上装有光导管，当电源发出的光线透过油膜照射到光导管上时，作为一个桥臂的光电管电阻发生相应变化。

测定机油污染程度时，首先在油池内放入所测机油的标准油样（清洁机油），调整参比电阻使电桥平衡，此时透光度计指示为零，然后把发动机刚停车后曲轴箱油尺上的机油作为测试油样滴入油池，由于测试油样已受到污染，油池内测试油样油膜与标准油样有差异，光源照到光导管上的光线强度也有差异，从而引起光导管阻值的变化使电桥失去平衡。测试油样污染程度越大，电桥不平衡程度越大，电桥输出的电流越强，透光度计指针偏转越大，从而就反映出了机油的污染程度。

2. 介电常数分析法

电容的电容值除与两极板间的面积和极板间的距离有关外，还与极板间填充的物质有关。对于一个已经确定了极板面积和距离的电容，极板间充填物质对于电容值的影响可用一个系数反映，称为介电常数 ε，即

$$C = \varepsilon S/\delta \tag{3-6}$$

式中：C 为电容；S 为极板间相互覆盖的面积；δ 为极板间距离；ε 为介电常数。

每种物质都有其自身的介电常数，润滑油也不例外。清洁机油不含有杂质，有其较为稳定的介电常数，而使用中的机油，由于污染程度不同，机油中所含杂质成分和数量不同，其介电常数也会发生变化。因此，介电常数值可反映润滑油的污染程度。被测机油的介电常数与清洁机油介电常数的差别越大，表明机油的污染程度越大。

国产 RZJ-2A 型润滑油检测仪是按上述原理制成的，其外形见图 3-67。该检测仪的关键元件为安装在油槽底部的螺旋状电容。测试时，机油作为电容介质。当机油污染后，其介电常数发生变化，引起该电容的电容值变化。以该电容作为传感器并使其作为检测仪测试电路的一部分，传感器电容的变化引起测试电路中电量的变化，电信号通过专用数字电路转变为数字信号，送入微机处理并与参考信号比较。当数字显示屏显示值为零时，表明所测机油无污染；显示值不为零时，表明所测机油有污染；显示值越大，表明机油污染程度越大。用 RZJ-2A 型润滑油检测仪测试机油污染程度时，所推荐的换油标准为：汽油机油的显示值大于 4.2；柴油机油的显示值大于 5.0。

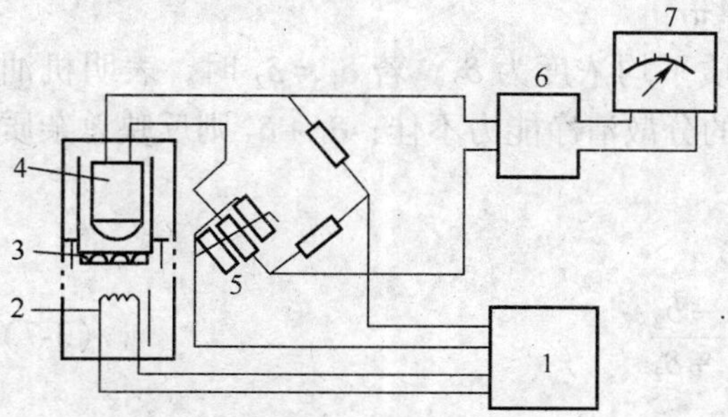

图 3-66　机油污染测定仪结构原理

1—稳压电源；2—光源；3—油池；4—光电管；5—参比电阻；6—直流放大器；7—透光度计。

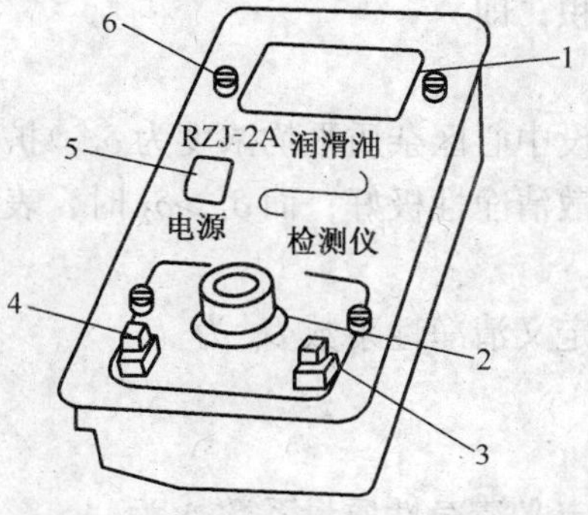

图 3-67　RZJ-2A 型润滑油检测仪外形

1—数字显示屏；2—机油传感器；3—清零按键；4—测量按键；5—电源开关；6—固定螺钉。

用 RZJ-2A 型润滑油检测仪测试机油污染程度的操作步骤为：

（1）用脱脂棉彻底清洁传感器油槽。

（2）将 3 滴 ~5 滴与被测机油同牌号的清洁机油置于油槽中，使油充满油槽底部。

（3）等油扩散完后，按“清零”按钮，仪器自动标定零位，显示“0.00”。

（4）再次清洁传感器油槽，将 3 滴 ~5 滴被测机油置于油槽中，等油扩散完后，按“测量”按钮，即可显示出测量值。

以上两种润滑油品质检测分析方法的共同特点是，仅能检测润滑油的污染程度，但不能反映机油清净性分散剂的消耗程度及其性能，也难以判断引起机油污染杂质的种类。

3. 滤纸油斑试验法

滤纸油斑试验法利用现代电测方法可快速测定机油的污染程度和清净性添加剂的消耗程度及性能，但不能对机油中各种杂质的成分进行测定。

滤纸油斑试验法是把使用中的机油按规定要求滴在专用滤纸上，油滴逐渐向四周浸润扩散，最终形成中央有深色核心的颜色深浅不同的多圈环形油斑，如图 3-68 所示。若机油所含杂质的浓度和粒度不同及清净分散能力不同，所形成油斑每一环形区域的颜色深浅亦有不同。如果机油中杂质粒度小，且清净分散剂性能良好，则杂质颗粒就会扩散到较远处，中心区与扩散区的杂质浓度及颜色深浅程度差别较小；若机油中杂质粒度大，且清净分散剂性能丧失，则机油中杂质就越来越集中于中心区，中心区与扩散区的杂质浓度和颜色深浅程度的差别也就越大。因此，油斑上中心区杂质浓度反映机油的总污染程度，而中心区单位面积的杂质浓度与扩散区单位面积杂质浓度之差可反映机油中残余清净分散剂的清净分散能力，为了实际测定机油油斑中心区杂质浓度及扩散区杂质浓度，必须控制油斑尺寸并确定油斑的尺寸规律。对实际油斑尺寸的统计分析表明，油滴在滤纸上扩散终了时，扩散区的最大半径 r_{max} 取决于滴棒的尺寸（直径），所以应使用统一规格的滴棒。

为了比较中心区杂质浓度和扩散区杂质浓度，根据试验确定中心区中心圆半径 r_z，一般略小于中心区平均尺寸。同时在扩散区上确定四个均匀分布的半径为 r_s 的小圆，其圆心都在 $r_z \sim r_{max}$ 之间，同心圆半径为 r_k 的圆周上，四个小圆的面积之和等于中心圆的面积，即

$$\pi r_z^2 = 4\pi r_s^2$$

设中心区杂质平均浓度为 δ_1，扩散区杂质平均浓度为 δ_2。若 $\delta_1 = \delta_2$ 时，表明机油的分散清净性极好；而 $\delta_1 \gg \delta_2$ 时，表示机油的分散清净能力不佳；$\delta_1 + \delta_2$ 则反映总杂质浓度。

定义清净性系数 D_d 为

$$D_d = \frac{\delta_1 - \delta_2}{\delta_1 + \delta_2} \tag{3-7}$$

定义清净性质量系数 Δ 为

$$\Delta = 1 - D_d = \frac{2\delta_2}{\delta_1 + \delta_2} \tag{3-8}$$

当 $\delta_1 = \delta_2$ 时，$D_d = 0$、$\Delta = 1$，表示机油的分散清净性极好；而 $\delta_2 = 0$ 时，$D_d = 1$、$\Delta = 0$，表示机油的分散清净性极差。因此，机油的分散清净性好坏可用 0 ~ 1 间的数字表示。

油斑中心区和扩散区的杂质浓度可用两区域的不透光度评价。不透光度小，则杂质浓度小；反之，则杂质浓度大。测试两区域不透光度所采用的滤纸油斑检验光度计的原理如图 3-69 所示。

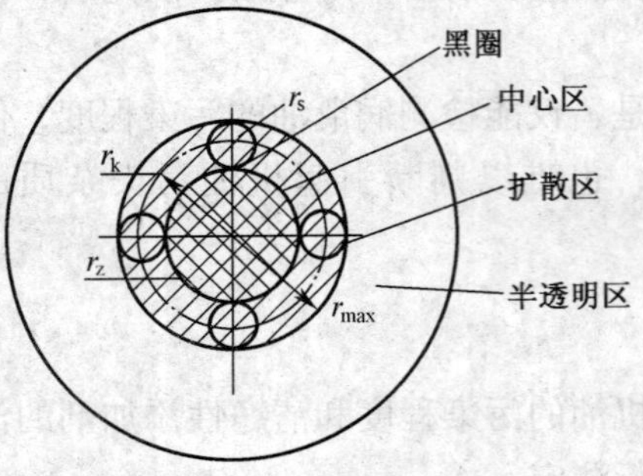

图 3-68 油斑痕迹

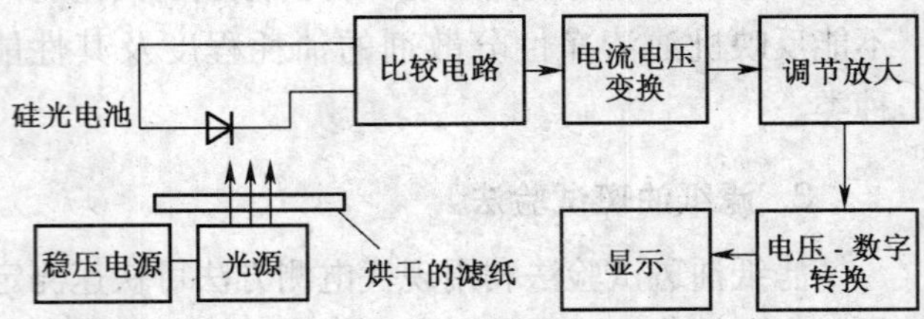

图 3-69 滤纸油斑检验光度计框图

测试时，从发动机正常热机工况下取出油样放入试管，用规定尺寸的滴棒（直径 2mm、长度 150mm 尖端光滑的金属棒）插入试管油面下一定深度，取出滴棒后，把第三滴油滴在专用滤纸上，形成油斑并置于烘干箱中保温以加速油滴扩散，待油滴扩散终了滤纸烘干后，把滤纸放在光度计测试平台上压紧，硅光电池制成的传感器正对油斑。传感器可装两种遮光片，一种具有直径为 r_z 的中心孔，另一种具有圆心在半径为 r_k 的圆周上、半径为 r_s 的均布小孔。使用中心孔半径为 r_z 的遮光片时，光源发出的光线透

过中心区照在硅光电池上，硅光电池产生的电压经放大后在显示器上显示出来，从而测得中心区的不透光度 O_1，采用四小孔遮光片时，光线透过扩散区上与中心区相同面积的区域照在光电池上，从而测得扩散区的不透光度 O_2。然后采用下式计算出机油用不透光度表达的清净性质量系数 Δ，即

$$\Delta = \frac{2O_2}{O_1 + O_2} \tag{3-9}$$

仪器标定时，光线完全通过，不透光度为 0；光线被完全阻挡时，不透光度为 100。当中心区和扩散区的不透光度无差别时，$\Delta = 1$，表示机油的分散清净性好；反之，当 $O_2 = 0$，$\Delta = 0$ 时，说明机油已无分散清净能力。

关于清净性质量系数 Δ 的诊断标准，则应通过试验确定。即利用大量达到换油污染程度的机油样品实际测定 Δ 的值，然后经统计分析合理确定其许用值。

4. 光谱分析法

发动机工作时，摩擦表面的磨损微粒被循环工作的机油带至油底壳并悬浮在机油中，其磨损微粒在机油中的含量与机件磨损量直接相关。因此，检测机油中金属微粒的含量，不仅能表明机油被机械杂质污染的程度，还可用来确定机件磨损的程度，同时，机油中金属微粒含量的变化速度又可反映有关零件摩擦表面的磨损速度。

由于机油中金属微粒的含量很低且种类多，一般采用灵敏度高的光谱分析法测定机油中的金属微粒含量。

光谱分析法是利用机油中金属元素微粒受电能或热能激发后发出特征光谱的性质，根据金属元素发射出的相应特征光谱光线的强度，对机油中金属元素的种类和含量进行定量分析的方法。在这里，不同金属元素激发后发出的特征光谱是分辨机油中金属微粒种类的基础，而所发出特征光谱光线的强度是确定相应金属微粒在机油中含量的依据。

图 3-70 为机油光谱测定分析仪原理图。测试时，被测油样放于油样槽中，回转石墨圆盘浸入油样并作为高压激发源的一个电极，其外圆表面距高压激发源杆式电极的距离为 1.5mm～2mm，当石墨电极回转时，机油不断地被带入到两电极之间，在高压激发电压（15000V）作用下，两电极间隙被击穿，产生电弧，使处于电极间电弧区的机油及其所含杂质一起焚烧，每种金属元素在焚烧中都发出具有一定特征光谱的光或辐射能。发射出的光谱由入口缝隙照射到凹面衍射光栅上，经光栅反射后把入射光线分解成具有不同特征光谱的单色光光线，每种特征光谱对应于一种金属元素焚烧时发出的光谱。反射分解后的不同单色光线聚集于焦点曲线，经出口缝隙照在相应光电传感器上，传感器输出的电信号强度与具有相应特征光谱的光线强度有关，而不同特征光谱的光线强度取决于焚烧机油中相应金属元素的浓度。因此，传感器输出的电信号可反映机油中相应金属元素的浓度。光电传感器输出的电信号传输到信号积分仪、信号处理仪放大并处理后，可由打印机打印出油样中每种金属的含量。

光谱分析的测试步骤如下：

（1）按使用说明书的要求对仪器预热、调零。

（2）发动机运转至正常热机工况后停车。

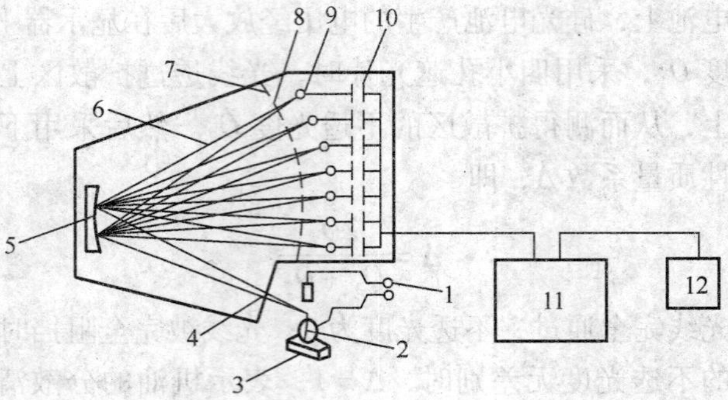

图 3-70 光谱测定分析仪原理图

1—高压激发源；2—回转石墨盘；3—油样池；4—入口缝隙；5—光栅；
6—特征光谱；7—焦点曲线；8—出口缝隙；9—光电传感器；
10—信号积分仪；11—信号处理器；12—打印机。

（3）用专用注射器从机油加注口吸取 100g ~ 150g 油样，放入量筒中，并贴上标签，写明油样粘度、汽车车牌号和行驶里程等。

（4）测试前，反复摇晃油样或用超声波处理使所含杂质在机油中均匀分布，然后取 6g ~ 8g 机油油样放入油样池。

（5）按使用说明书的要求操作仪器，打印出测试结果。

光谱分析仪能确定所测油样中金属元素的种类和含量，并不能反映金属微粒产生的原因、部位及有关摩擦表面的磨损程度。因此必须对测试结果进行进一步的分析。

试验表明，发动机气缸与活塞环配合副的磨损产物，约占机油中全部金属微粒的 85%。所以，机油中铁含量过高时，说明气缸与活塞环磨损严重；其次，当曲轴、凸轮轴的各轴颈和挺杆与凸轮配合副磨损时，也使机油中铁含量增加；若缸套镀铬或活塞环镀铬，则当机油中铬含量增加时，也可表明气缸、活塞环的磨损情况。但铬含量远比铁含量要小。活塞磨损使机油中铝含量增加。

发动机曲轴和凸轮轴使用的滑动轴承多为锡基、铅基、铜基、铝基铸造合金，当机油中锡、铅、铜、铝等元素增多时，若可知发动机的轴承材料配方，即可判断滑动轴承的磨损情况。

机油中某金属元素含量突然增加时，说明发动机内有关摩擦副异常磨损，应视为紧急情况进行处理，待排除故障后，发动机才能继续使用，以免引起破坏性故障或使发动机寿命急剧缩短。

定期用机油中金属微粒含量多少评价发动机磨损速度和磨损程度是有效的，但该法对磨损程度的评价，只能表明摩擦表面磨损量的总值，而无法确切知道磨损量在具体部位的分布情况和磨损部位尺寸、形状及强度等方面的变化情况。

3.7.2 机油压力和机油消耗量检测

一般汽油机机油压力应为 196kPa ~ 392kPa，柴油机应为 294kPa ~ 588kPa。汽油发动机温度较高或转速 2000r/min 时，油压应不低于 200kPa；汽油发动机温度较低或转速较高时，油压应不高于 400kPa；汽油发动机怠速时，油压应不低于 100kPa。具体参数可参考各车维修手册规定。

1. 机油压力的检测

1）车载仪表检测

当打开点火开关时，机油压力表指针指示为“0”，如装有机油压力指示灯则灯亮。发动机启动后，油压指示灯在数秒内熄灭，机油压力表则指示为某一较高的数值，并随发动机温度上升应逐渐指示正常。

2）外接机油压力检测

（1）拔下机油压力传感器的线束插头，拆下机油压力传感器。

（2）将机油压力表的软管接头拧入安装机油压力传感器的螺孔内，并拧紧接头。

（3）将机油压力表放置在不会接触到发动机旋转部件及高温部件的地方。

（4）启动发动机，检查机油压力表接头处有无漏油，如有漏油，应熄火后重新拧紧接头。

（5）运转发动机使之达到正常的工作温度，分别在怠速和2000r/min时检查油压表的读数，并与标准压力值进行比较。

2. 机油消耗量检测

机油消耗量的检测目前实际使用的是油尺测定法和质量测定法两种。

1）油尺测定法

测试前，汽车置于水平地面上，预热后停机，将机油加至油底壳规定的液面高度，然后在油尺上清楚地划上刻线，以记住这一油面位置。其后汽车投入实际运用，使机油消耗至下限或行驶一定里程时，停止运行，仍置汽车于原地点，按原测试条件，向油池内加入已知量（质量或体积）的机油，使油面仍升至油尺上的刻线，所加油量为机油消耗量。

此测定方法简单，但测量误差较大。

2）质量测定法

预热发动机至正常温度，按测试条件打开油底壳的放油螺塞放出油底壳内的机油，至机油由流变成滴时，记下放油时间，然后将已知质量的机油加入油底壳至规定的液面，使汽车投入实际运行。汽车行驶若干公里后，当需要测试机油消耗量时，只要按同样的测试条件和放油时间，放出油底壳内的在用机油，并称量出其质量就可以了。加入和放出的质量之差即为机油消耗量。

此测定法费力费时，但测量精度较高。每次检查时都发现机油减少，当平均消耗量超过0.6L/1000km时即为机油消耗异常。

3.7.3　润滑系统常见故障诊断

1. 机油压力过低故障

1）故障现象

（1）发动机启动后，机油压力迅速降低。

（2）发动机在运转过程中，机油压力低于规定值。

2）故障原因

（1）机油黏度太低或机油存量不足。

（2）限压阀弹簧过软或折断。

（3）机油滤清器旁通阀弹簧过软和折断。

（4）润滑油进油管接头松动或油管破裂。

（5）机油泵工作不良，机油油路严重泄漏。

（6）气缸衬垫损坏，冷却水漏入曲轴箱，使润滑油变质，黏度下降。

（7）曲轴主轴承、连杆轴承及凸轮轴承配合间隙过大而泄漏。

（8）机油滤清器堵塞，使旁通阀开启压力过高或卡住，机油不能进入主油道。

（9）机油集滤器堵塞。

3）诊断方法

（1）拔出机油尺，检查机油油面。

（2）检查机油压力传感器。

（3）发动机运转时，机油压力突然降低，应及时停车熄火，检查有无机油泄漏，如机油滤清器衬垫损坏、油管断裂等。

（4）拆下机油压力传感器（或压力开关）作短暂发动，若机油喷出无力，应检查机油滤清器、集滤器及机油泵等。

2. 机油压力过高故障

1）故障现象

（1）发动机启动后机油压力上升至490kPa以上。

（2）发动机运转中机油压力突然增高。

（3）机油滤清器胀裂或机油传感器冲裂。

2）故障原因

（1）机油黏度过大，限压阀卡住或调整不当。

（2）气缸体主油道堵塞。

（3）机油滤清器芯堵塞，旁通阀不开启。

（4）机油压力表或油压传感器工作不良。

（5）曲轴主轴承，连杆轴承间隙过小。

（6）曲轴箱机油加注过多、机油太脏。

3）诊断方法

（1）拔出机油尺，察看机油黏度是否过大。

（2）机油油压突然增高，应检查机油滤清器芯是否堵塞，旁通阀弹簧是否过硬，润滑油道是否堵塞，机油泵限压阀是否卡死。

（3）接通点火开关，机油表有压力指示，应检查机油表传感器是否完好。

3. 机油变质故障

1）故障现象

（1）机油变黑并有杂质。

（2）油滴外缘呈黄色，而核心呈黑色。

（3）机油严重稀释，出现燃油气味，机油高温氧化有刺激的气味。

2）故障原因

（1）机油高温氧化，含有酸性物质、胶质铁屑、沥青等杂质。

（2）外部灰尘渗入曲轴箱，与机油搅动形成油泥。

（3）燃烧室废气和未燃混合气漏入曲轴箱，使机油稀释。

（4）机油滤清器性能不佳。

（5）选用的机油品质不佳或牌号不符。

3）诊断方法

（1）防止脏物、杂质侵入润滑系统，在保管和加注时，应注意保洁，加注润滑油口的盖要严密。

（2）定期更换机油和机油滤清器，必要时清洗油道。

（3）曲轴箱通风装置，要完好有效，要定期检查并清洗通风阀、通风管，防止机油过热和汽油冲淡机油。

（4）正确诊断机油变质情况：查看机油黏度、颜色；有无汽油、水分和杂质渗入。可用手捻油性，检视机油是否变黑，或同时滴一滴机油在滤纸上，视其扩散情况，中心为粗粒杂质沉淀区，若机油受到严重污染则呈黑色，并有金属粒或沙粒。若机油没有污染，其扩散越宽，油质越好。若机油有水，会出现明显的水痕。

（5）正确选择机油，重视其品质和黏度要求。

4. 机油消耗异常故障

1）故障现象

（1）发动机或空气压缩机有漏油处。

（2）排气管排蓝烟，机油加注口冒脉动蓝烟。

（3）每天检查机油量，均会有明显减少。

2）故障原因

（1）活塞与缸壁配合间隙过大。

（2）活塞环严重磨损使泵油现象加重。

（3）活塞环装反了。

（4）气门导管磨损严重且气门油封损坏。

（5）曲轴箱通风不良。

（6）发动机曲轴后端漏油。

（7）发动机正时齿轮室盖处漏油。

（8）油底壳裂纹。

（9）涡轮增压器轴承油封损坏。

3）诊断方法

（1）检查外部有无泄漏，特别是油底壳、曲轴前后端。

（2）查看排气管是否排蓝烟。

当踏下加速踏板发动机高速运转时，若排气管大量排蓝烟，机油加注口也冒出大量烟雾，说明活塞、活塞环与缸壁磨损过甚，应拆检活塞连杆组。

当发动机大负荷运转，若排气管大量排蓝烟，机油加注口无烟雾冒出，这是飞溅到气门杆上的汽油，沿气门杆与导管间的间隙被吸入燃烧室的结果。

3.8 冷却系统检测与诊断

3.8.1 冷却系统的检测

1. 冷却系统密封性检测

1）检测目的

检测的目的主要是检查冷却系统的渗漏情况。冷却系统渗漏分为外部渗漏和内部渗漏。渗漏导致的后果是冷却液消耗过多、发动机过热。外部渗漏主要有软管接头、散热器、盖阀、水泵、密封垫等处渗漏。内部渗漏主要有气缸体、缸盖裂纹，气缸垫密封不严等原因产生。

2）直观检查

启动发动机，中等转速运转，打开散热器盖，观察冷却液翻腾情况，闻是否有烟味；查看排气管烟色是否发白。运行一段时间后，停机检查，停机查机油尺，查看机油中有无水分。

3）压力试验

发动机不工作时，将发动机冷却系统试验仪装到散热器加液口上保持密封（图 3-71），加压至 100kPa，观察指针，指针不动表明冷却密封良好；指针慢慢回落，轻微渗漏；指针迅速回落，严重渗漏（图 3-72）。

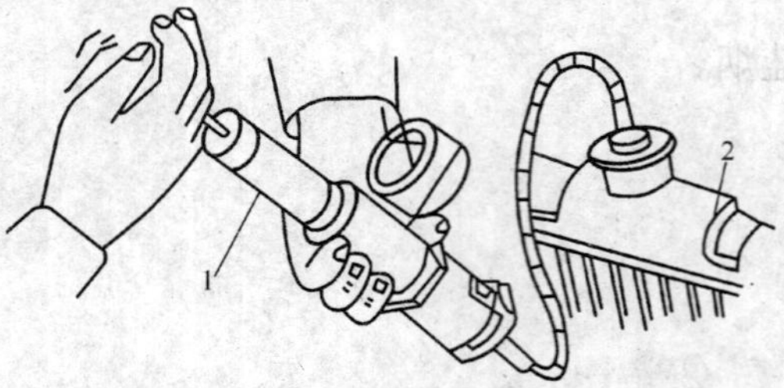

图 3-71 散热器渗漏检查

1—散热器；2—检测器。

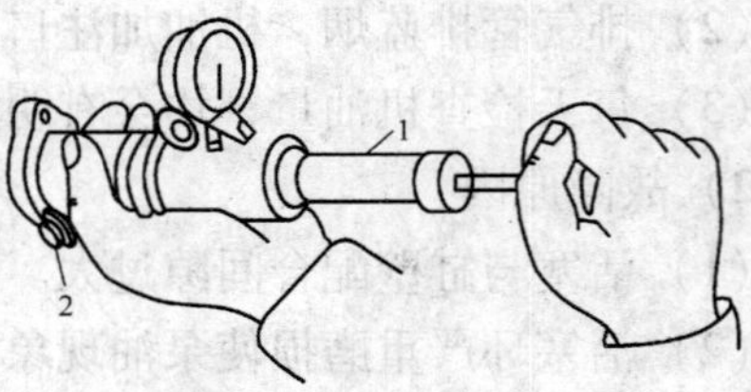

图 3-72 散热器盖的检查

1—检测器；2—盖。

2. 节温器性能检查

节温器作用：随冷却液温度的高低，自动调节流经散热器的冷却液，从而使冷却液温度保持平衡。节温器常见故障：主阀门不能开启、开启温度过高、关闭不严、主阀门开度逐渐减小等。导致后果是水温过高，或温度不能保持。检查方法如下。

1）就车检查法

（1）在冷却液升高过程中检测。冷车启动后冷却液应很快升温（80℃ ~ 90℃）；若升温较慢，应检查工作中有无小循环。

（2）在发动机高温时检查。手触气缸盖的冷却液出口和散热器进口处的温度差，若温差太大，则节温器可能主阀门不能开启。

2）离车检查法

拆下节温器，按图 3-73 所示方法检查检查节温器的开启温度、全开温度、全开升程。

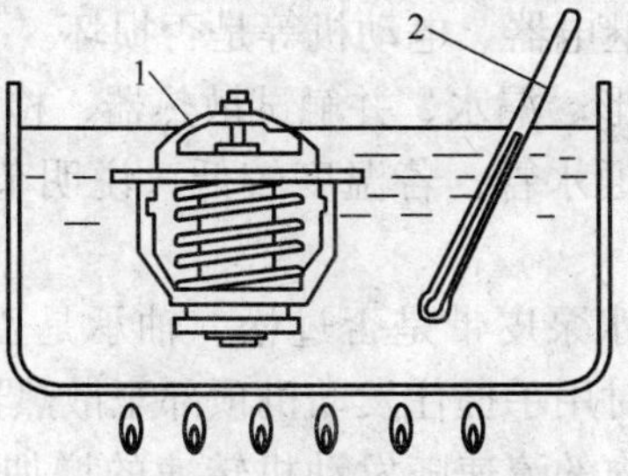

图 3-73　节温器检查

1—节温器；2—温度计。

3.8.2　冷却系统常见故障的诊断

1. 发动机温度过高

1）故障现象

汽车在运行中，水温表指针经常指在 100℃以上或指针长时间处在红区，水温警示灯闪亮，并伴随有冷却液沸腾现象，且发动机易产生爆振，怠速不稳，易熄火等。

2）故障原因

（1）冷却液液面过低，循环水量不足，或冷却系统严重漏水。

（2）冷却液中水垢过多，致使冷却效能降低。

（3）冷却液温度表或警示灯指示有误，如传感器损坏、线路搭铁、脱落或指示表失灵等。

（4）散热器芯管堵塞、漏水、水垢过多或散热器片变形导致冷却效果下降。

（5）风扇皮带松弛或因油污打滑，风扇离合器失效，温控开关、风扇电机损坏，叶片变形等。

（6）水泵泵水量不足，水泵皮带过松或油污打滑，轴承松旷，水泵轴与叶轮脱转，水泵叶轮、叶片破损，水泵密封面、水封漏水，水泵内有空气等。

（7）节温器失效，不能正常开启，致使冷却液大循环工作不良。

（8）冷却水套、分水管等积垢过多、堵塞、锈蚀等。

（9）点火过迟或过早、混合气过稀或过浓、润滑不良等。

（10）压缩比过大、缸压过高、突爆或进、排气不畅等。

（11）使用不合理，如经常超负荷工作等。

3）故障诊断

（1）检查冷却液液面高度，冷却液规格、质量是否符合要求，检查液质。检查冷却液中锈皮或水垢是否过多等。

（2）检查冷却液指示装置。就车诊断时，将传感器中心电极与发动机机体搭铁，若搭铁后水温表指针摆动，说明水温表良好，则传感器有故障；否则说明水温表有故障。

(3) 检查风扇皮带是否过松、叶片有无变形、风扇离合器是否失效等。对电动风扇，应先检查温控开关，若将其短接后风扇立即转动，说明温控开关损坏；若风扇仍然不转，应检查线路熔断器、继电器、电动机等是否损坏。

(4) 检查散热器是否变形、漏水，并触试散热器，检查其各部温度是否均匀。

(5) 触试散热器及上下通水管，若温度较低，说明节温器大循环阀门打不开，应拆检节温器。

(6) 检查水泵。先检查水泵皮带是否过松、轴承是否松旷、水泵是否漏水等，再就车检测水泵的性能。检查时用手握住发动机顶部至散热器的通水管，然后由怠速加速到某一高速，如感到通水管内的流速随发动机转速的增加而加快，说明水泵工作正常；反之，说明水泵工作不良，应拆检水泵。

(7) 检查发动机点火系统、燃油供给系统、机械方面、润滑系统及使用方面的故障。

2. 冷却液温度过低或升温缓慢

1) 故障现象

汽车在运行中，水温表指示经常指在75℃以下（水温过低），发动机工作时，水温表指示长时间达不到85℃~95℃正常位置（升温缓慢）。

2) 故障原因

冷却液温度过低或升温缓慢的主要原因为节温器不良、水温指示装置失效。

(1) 水温表或水温传感器损坏，指示有误。

(2) 在冬季或寒冷地区行驶时，未关闭百叶窗或未采取车身保温措施。

(3) 节温器漏装或阀门黏结不能闭合。

3) 故障诊断

(1) 若环境温度较低，应检查百叶窗是否关闭，是否采取了保温措施。

(2) 检查水温表、传感器及线路是否正常。

(3) 拆检节温器，若损坏应更换。

3. 冷却液消耗过多

1) 故障现象

发动机有漏水现象，冷却液液面下降过快，需经常添加冷却液。

2) 故障原因

(1) 散热器损坏，水泵密封不良和管路接头损坏、松动等造成冷却系统外部渗漏。

(2) 气缸垫损坏、气缸体、气缸盖水套破裂、气缸盖翘曲、缸盖螺栓松动等造成冷却系统内部渗漏。

(3) 用冷却水代替防冻液。

3) 故障诊断

(1) 检查冷却系统有无外部渗漏现象。重点检查软管、接头、散热器芯和水泵等部位。

(2) 检查冷却系统有无内部渗漏。一般内部渗漏时会伴随有发动机无力、排气管排白烟、散热器有气泡、机油液面升高、机油呈乳白色等现象，应拆检缸体、缸盖和缸垫。

(3) 是否错用冷却水。

3.9 发动机异响的诊断

技术状况良好的发动机，运转中仅能听到均匀的排气声和轻微的噪声，这是正常响声。如果发动机在运转中出现异常响声，表明有关部位出现了故障，对于有异响的发动机，应根据故障现象，分析产生的原因，找出异响的部位，准确的将其诊断出来。

3.9.1 概述

1. 异响类别

发动机常见的异响，主要有机械异响、燃烧异响、空气动力异响和电磁异响等。

(1) 机械异响：主要是运动副配合间隙太大或配合面有损伤，运动中引起冲击和振动造成的。因磨损、松动或调整不当造成运动副配合间隙太大时，运转中引起冲击和振动，产生声波，并通过机体和空气传给人耳，于是我们听到了响声。如曲轴主轴承响、连杆轴承响、凸轮轴轴承响、活塞敲缸响、活塞销响、气门脚响、定时齿轮响等，多是因配合间隙太大造成的。但有些异响也可能是配合面（如定时齿轮齿面）有损伤或其他原因造成的。

(2) 燃烧异响：主要是发动机不正常燃烧造成的。如汽油发动机产生爆燃或表面点火时，柴油发动机工作粗暴时，气缸内均会产生极高的压力波。这些压力波相互撞击并撞击燃烧室壁和活塞顶，发出了强烈的类似敲击金属的声响，是典型的燃烧异响。

(3) 空气动力异响：主要是在发动机进气口、排气口和运转中的风扇处，因气流振动而造成的。

(4) 电磁异响：主要是发电机、电动机和某些电磁器件内，由于磁场的交替变化，引起机械中某些部件或某一部分空间产生振动而造成的。

2. 异响的影响因素和诊断条件

发动机的异响与其转速、温度、负荷和润滑条件等有关。

(1) 转速。一般情况下，转速越高机械异响越强烈（活塞敲缸响是个例外）。尽管如此，在高速时各种响声混杂在一起，听诊某些异响反而不易辨清。所以，诊断时的转速不一定是高速，要具体异响具体对待。如听诊气门响和活塞敲缸响时，在怠速下或低速下就能听得非常明显；当主轴承响、连杆轴承响和活塞销响较为严重时，在怠速和低速下也能听到。总之，诊断异响应在响声最明显的转速下进行，并尽量在低转速下进行，以便于听诊并减小不必要的噪声和损耗。

(2) 温度。有些异响与发动机温度有关，而有异响与发动机温度无关或关系不大。在机械异响诊断中，对于热膨胀系数较大的配合副要特别注意发动机的热状况，最典型的例子是铝活塞敲缸。在发动机冷启动后，该异响非常明显，然而一旦温度升起，响声即减弱或消失。所以，该异响诊断应在发动机低温下进行。热膨胀系数小的配合副所产生的异响，如曲轴主轴承响、连杆轴承响、气门响等，发动机温度的变化对异响的影响不大，因而对诊断温度无特别要求。

发动机温度也是燃烧异响的影响因素之一。汽油发动机过热时，往往产生点火敲击声（爆燃或表面点火）；柴油发动机温度过低时，往往产生着火敲击声（工作粗暴）。

（3）负荷。许多异响与发动机的负荷有关。如曲轴主轴承响、连杆轴承响、活塞销响、活塞敲缸响、气缸漏气响、汽油机点火敲击响等，均随负荷增大而增强，随负荷减小而减弱；柴油机着火敲击声随负荷增大而减小。但是，也有些异响与负荷无关，如气门响、凸轮轴轴承响和正时齿轮响等，负荷变化时异响并不变化。

（4）润滑条件。不论什么机械异响，当润滑条件不良时，异响一般都显得比较明显。

发动机异响是发动机内声源发生振动产生声波而传播的。在发动机内，不同的机件、不同的部位和不同工况下，声源所产生的振动是不相同的，因而发出的异响在音调、音高、音频、音强，出现的位置和次数等方面也是不相同的。我们利用异响的这些特点和规律，在一定的诊断条件下，即可将发动机异响诊断出来。

3.9.2 常见异响及经验诊断法

发动机常见异响，主要有曲轴主轴承响、连杆轴承响、活塞销响、活塞敲缸响、气门响、汽油机点火敲击响和柴油机着火敲击响等。

1. 曲轴主轴承响

1）故障现象

汽车加速行驶或发动机突然加速时，发动机发出沉重而有力的“铛、铛、铛”或“刚、刚、刚”的金属敲击声，严重时机体发生很大振动；响声随发动机转速的提高而增大，随负荷的增加而增强，产生响声的部位在曲轴箱上与曲轴轴线齐平处；单缸断火时响声无明显变化，相邻两缸同时断火时，响声明显减弱或消失；温度变化时响声变化不明显；响声严重时，机油压力明显降低。

2）故障原因

（1）曲轴主轴承盖固定螺钉松动。

（2）曲轴主轴承减磨合金烧毁或脱落。

（3）曲轴主轴承和轴颈磨损过甚、轴向止推装置磨损过甚，造成径向和轴向间隙过大。

（4）曲轴弯曲未得到校正，发动机装合时不得不将某些主轴承与轴颈的配合间隙放大。

（5）机油压力太低、黏度太小或机油变质。

3）诊断方法

出现曲轴主轴承响，可按图 3-74 所示的流程图对故障进行诊断。

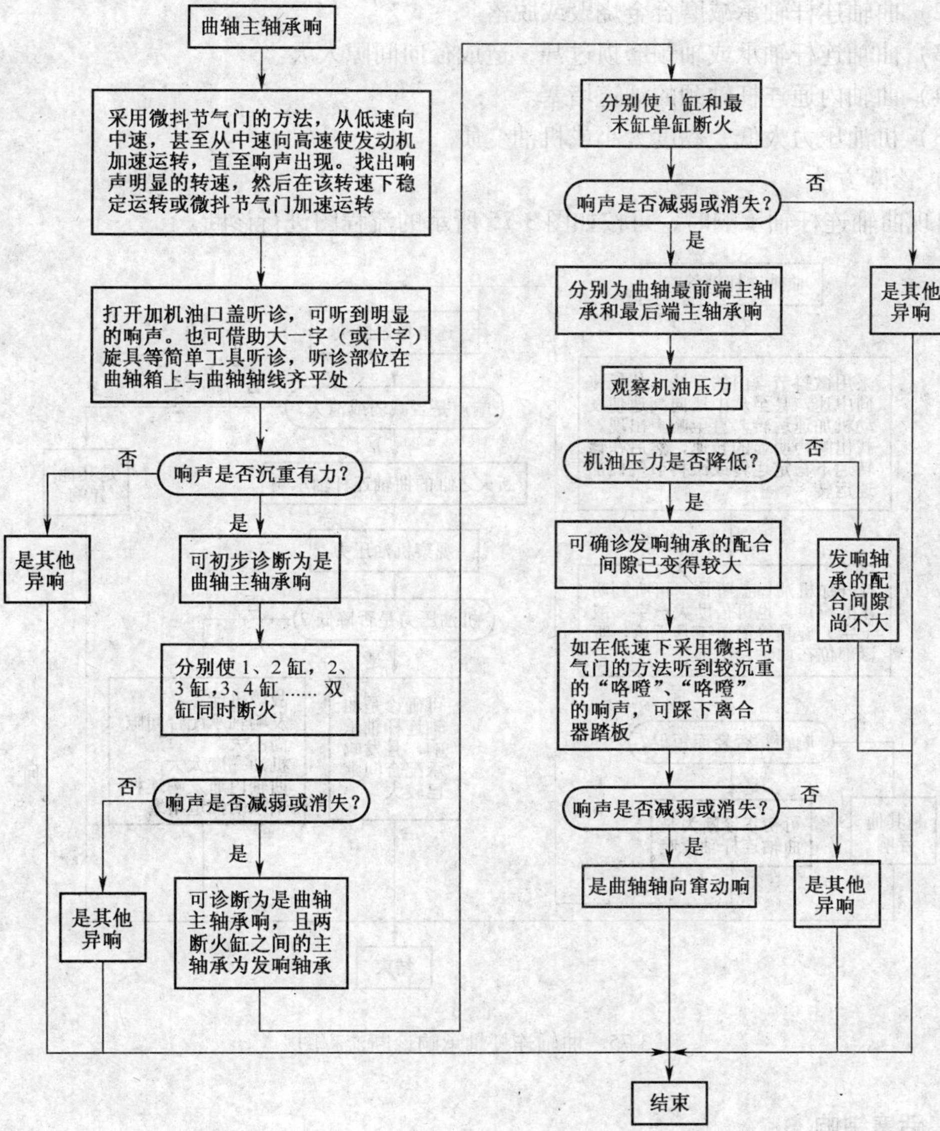

图3-74 曲轴主轴承响诊断流程图

2. 曲轴连杆轴承响

1）故障现象

汽车加速行驶和发动机突然加速时，发动机发出“铛、铛、铛”连续明显、轻而短促的金属敲击声（这是连杆轴承响的主要特征）；连杆轴承严重松旷时，怠速运转也能听到明显的响声，且机油压力降低；发动机温度变化时，响声变化不明显；响声随发动机转速的提高而增大，随负荷的增加而增强，产生响声的部位在曲轴箱上部；单缸断火，响声明显减弱或消失，但复火时又重新出现，即具有所谓响声“上缸”现象。

2）故障原因

（1）曲轴连杆轴承盖的固定螺栓松动或折断。

（2）曲轴连杆轴承减磨合金烧毁或脱落。

（3）曲轴连杆轴承或轴颈磨损过甚，造成径向间隙太大。

（4）曲轴内通连杆轴颈的油道堵塞。

（5）机油压力太低、黏度太小或机油变质。

3）诊断方法

出现曲轴连杆轴承响时，可按如图 3-75 所示的流程图进行诊断。

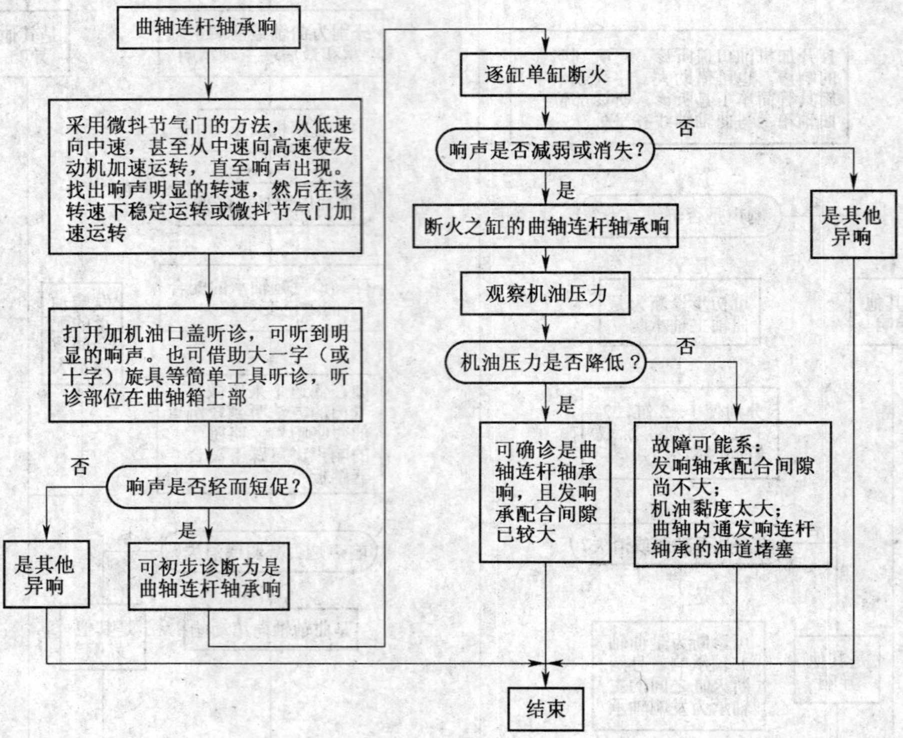

图 3-75　曲轴连杆轴承响诊断流程图

3. 活塞销响

1）故障现象

发动机在怠速、低速或从怠速、低速向中速微抖节气门时，可听到清脆而连贯的“嗒、嗒、嗒”的金属敲击声；响声随转速的升高而增大，随负荷的增大而加强；发动机温度变化时，对响声稍有影响但影响不大；响声严重时，机油压力不降低；单缸断火时响声明显减弱或消失，复火瞬间响声又立即出现，甚至连续出现两个响声。

2）故障原因

（1）活塞销与连杆小头衬套配合松旷。

（2）衬套与连杆小头承孔配合松旷。

（3）活塞销与活塞销座孔配合松旷。

3）诊断方法

出现活塞销响时，可按图 3-76 所示的流程图进行诊断。

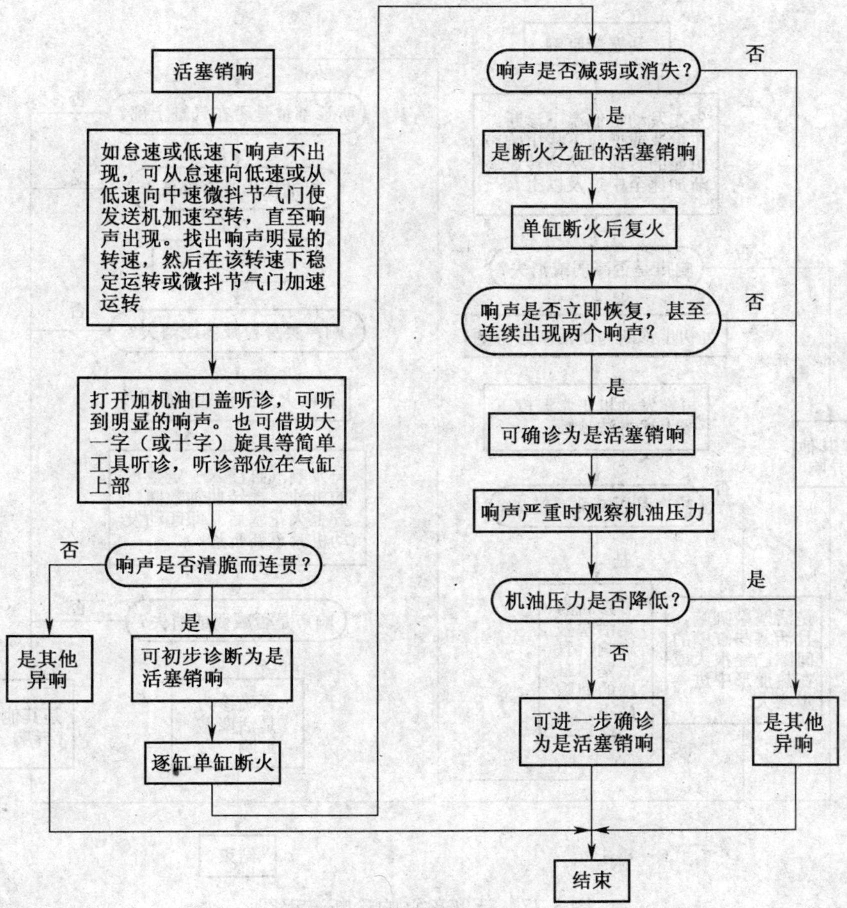

图 3-76　活塞销响诊断流程图

4. 活塞敲缸响

1）故障现象

发动机在怠速或低速运转时，在气缸的上部发出清晰而明显的“嗒、嗒、嗒”的金属敲击声，而中速以上运转时响声减弱或消失；发动机温度变化时响声亦变化，多数情况下响声冷车时明显，热车时减弱或消失；负荷越大时响声也越大；响声严重时，机油压力不降低；单缸断火，响声减弱或消失。

2）故障原因

（1）活塞与气缸壁配合间隙太大。

（2）活塞与气缸壁润滑状况太差。

（3）活塞销与活塞销座孔装配过紧。

（4）活塞销与连杆小头衬套装配过紧。

（5）连杆轴承装配过紧。

3）诊断方法

出现活塞敲缸响时，可按图 3-77 所示的流程图进行诊断。

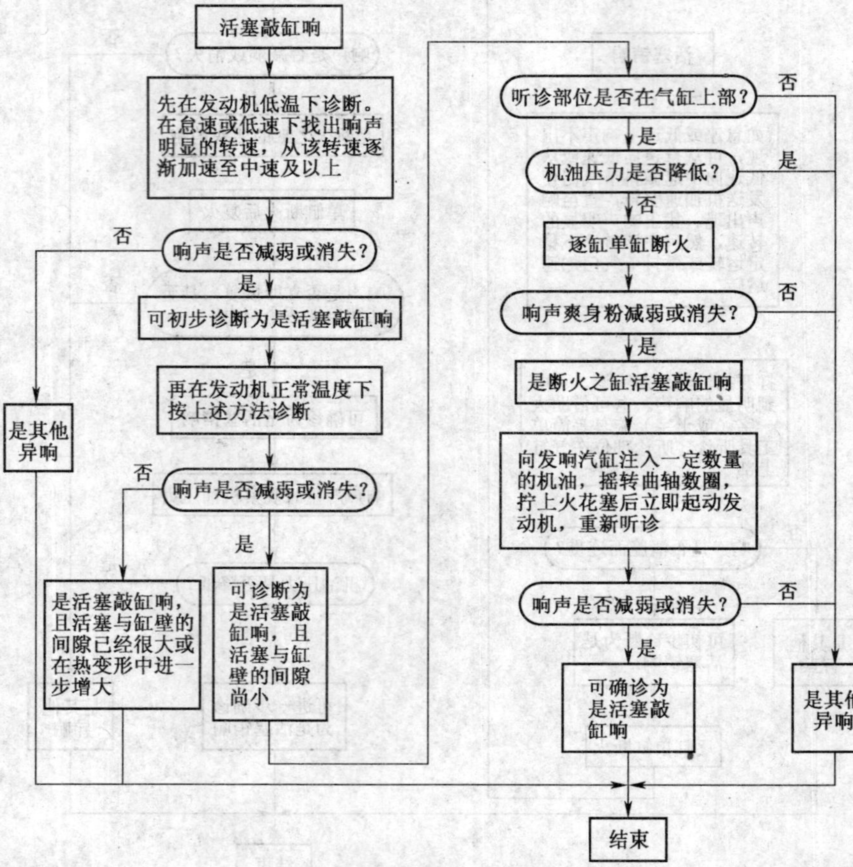

图 3-77　活塞敲缸响诊断流程图

3.9.3　发动机异响的仪器诊断

使用发动机异响诊断仪可以用来检测发动机的异响，它主要是根据异响的振动波形、振幅、频率来进行诊断的。如采用带相位选择的示波器显示异响诊断仪或具有异响诊断功能的发动机综合检测仪检测，通过对异响振动波形的检测对发动机异响故障进行诊断。

1. 便携式异响诊断仪

便携式异响诊断仪由传感器、前置放大器、双 T 型选频网络、功率放大器和显示仪表五部分组成，其方案图 3-78 所示。

异响诊断仪的传感器通常采用压电式加速度计，其结构如图 3-79 所示。传感器中由两片压电材料（如石英晶体或锆钛酸铅压电陶瓷）组成。压电材料片上置一铜制质量块，并用弹簧对质量块预加负荷。整个组件装于金属壳体内，壳体和中心引出端为二输出端。

当压电材料受到外力作用时，不仅其几何尺寸发生变化，而且内部极化，表面上有电荷出现，形成电场，当外力去掉时，其又恢复到原来状态，这种现象称为压电效应。

当加速度计受到振动时，质量块随之振动，同时会有一个因振动而产生的惯性力作用于压电材料片上，其惯性力的大小 F 与振动加速度 a 与质量块的质量 m 有关，即

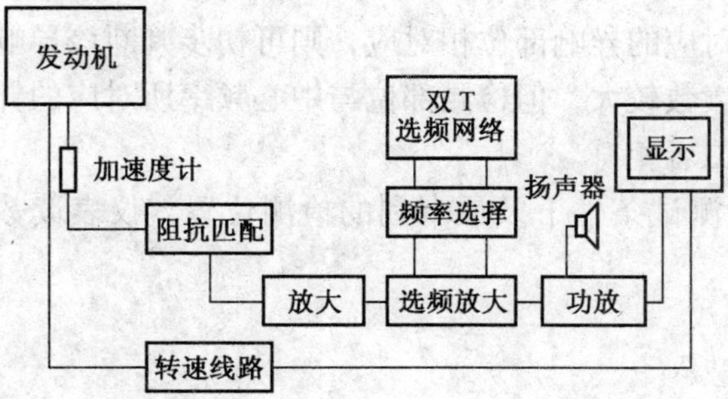

图 3-78　便携式异响诊断仪方案框图

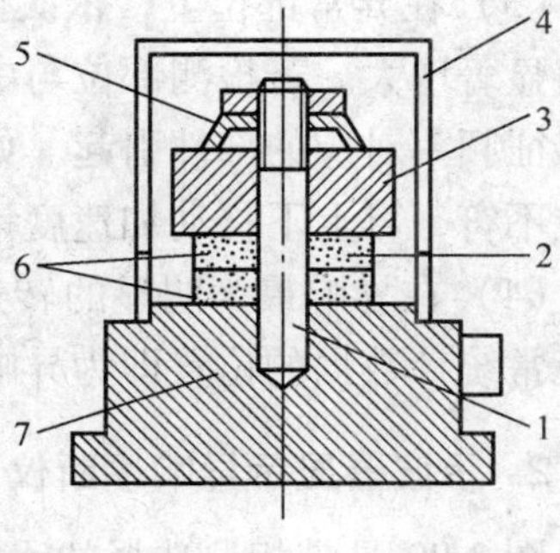

图 3-79　压电加速度计结构示意图

1—螺栓；2—压电片；3—质量块；4—壳体；5—弹簧；6—输出端；7—磁性基座。

$$F = ma \tag{3-10}$$

作用于压电材料片上的惯性力使表面产生电荷。在表面所积聚的电荷量与惯性力成正比，即

$$q = \mathrm{D}F \tag{3-11}$$

式中：q 为电荷量；F 为惯性力；D 为压电常数。

则

$$q = \mathrm{Dm}a \tag{3-12}$$

传感器结构一定时，D 和 m 均为常数，因此电荷量 q 与振动加速度成正比。显然，对于振动加速度来说，其大小、方向是周期性变化的，因此电荷量 q 也是周期性变化的。这样，带电表面与壳体间就会出现周期性变化的电压。其变化频率取决于振动频率，振幅越大，振动加速度越大，压电材料表面产生的电荷量越大，输出电压越高。因此，输出电压信号的变化频率可表示振动频率，而电压高低反映振动幅度。若振动由异响引起，则电压值就可反映异响的强弱。

压电加速度计常制成两种类型：一是具有磁座，可将其吸附在发动机壳体上；二是制成手握式，通过与加速度计相连的探棒接触检测部位并传递振动。

为了诊断异响，必须把异响振动所产生的电压信号从各种不同噪声振动所产生的信号中分离出来。为此，压电加速度计输出信号经屏蔽导线连接到有高输入阻抗的前置放大器输入端，再经差动放大器放大后输入双 T 型选频网络。该网络实质上是一组具有不同中心频率的选频放大器，而且中心频率可用琴键开关变换对应于经试验研究确定的发动机各主要异响的特征频率。选频放大器的功能是放大电压信号中与中心频率相一致的部分，削弱或滤去与中心频率不一致的成分。经过选频放大，异响特征频率电压信号强度加强，再经功率放大输送给扬声器或耳机，同时由电压表指示电压信号峰值。

便携式异响诊断仪诊断异响的方法和步骤如下：

(1) 发动机预热过程开始，即把压电加速度计放在发动机缸盖上部气缸轴线位置（或用探棒顶在该位置），在怠速下用直放电路（不接通选频网络）检测有无金属敲击

异常声响。

（2）左右移动加速度计，观察显示仪表指示值有无明显增加的异常部位。

（3）在异常部位上，依次按下琴键开关，观察在何种异常的特征频率下，仪表指示值显著增大。若检测部位与中心频率对应的异响部位相对应，则可初步判断该异响由该特征频率对应的部件引起。如果仪表读数较大，但检测部位与中心频率所对应的异响部位不符，可上下移动加速度计，直至二者相符。

（4）在异响最为明显的转速、温度测试条件下及最有利的检测位置，仪表读数超过正常统计数据的位置即为异响振源。

2. 示波器显示异响诊断仪

图3-80是带相位选择的示波器显示异响诊断仪方案框图，其特点是相位选择在一定时刻让信号通过诊断装置，该时刻对应于故障机件出现异响振动的时刻，即把异响振动与曲轴转角联系起来，同时，异响振动波形可在示波器上显示出来。

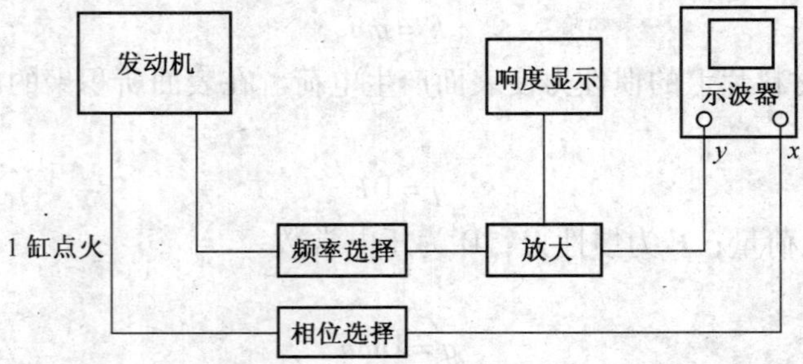

图3-80 相位选择示波器异响诊断仪方案框图

由于某缸配合机件的敲击振动总在该缸点火后发生，某一时刻结束，因此对于汽油机而言，可用转速传感器从一缸点火高压线上获得点火脉冲信号，用点火脉冲信号触发示波器的扫描装置，在开始点火的时刻使经选频后的异响振动电压信号导通。导通的相位和导通的时刻可以均匀调节。这样，相位选择装置便从时间及相位上的差异分辨异响得以实现，通过选频的振动信号输送到示波器垂直偏转放大器输入端，同时来自一缸高压线的点火脉冲信号触发相位选择器以控制示波器的扫描装置，从而在示波器屏幕上显示出经过相、频选择的振动波形，可用于直接观察振动波形的振幅、相位和延时。

一般情况下，在点火提前角正常时，活塞销响的异响故障波形出现在整个波形的前部（或中部），活塞敲缸异响故障波形出现在整个波形的中部（或前部），连杆轴承响出现在中后部，曲轴轴承响出现在波形最后部。因各种异响对应着不同振动频率，同时振动中的振幅大小变化过程存在差异，因此显示在示波器上的振动波形所对应的凸轮轴转角和形状有所不同。图3-81为活塞销响、活塞敲缸、连杆轴承响和曲轴主轴承响的故障波形。

采用带相位选择的示波器显示异响诊断仪或具有异响诊断功能的发动机综合检测仪，可通过对异响振动波形的检测对发动机异响进行诊断。在检测异响振动波形前，应首先阅读所使用仪器的使用说明书，按说明书的要求进行操作。

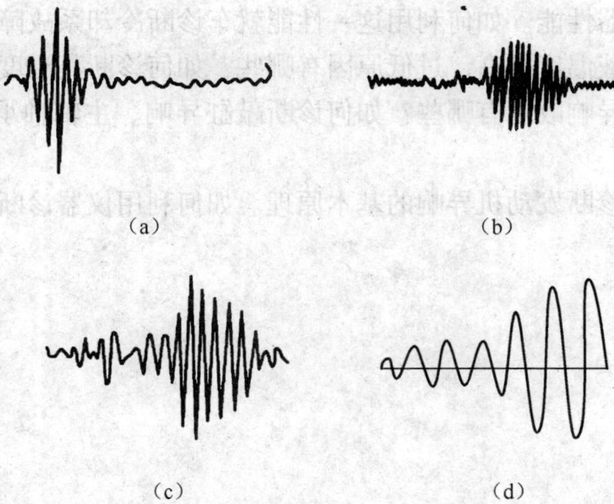

图 3-81　发动机常见异响故障波形

(a) 活塞销响；(b) 活塞敲缸响；(c) 连杆轴承响；(d) 曲轴主轴承响。

复习思考题

1. 何为稳态测功和动态测功？各有何特点？
2. 简述发动机无负荷测功的基本原理及测功方法。
3. 如何测量气缸压缩压力？如何分析其测量结果？
4. 当测量气缸压力偏低时，如何采用压缩空气对气缸漏气部位做进一步的检查？
5. 怎样根据进气歧管真空度值和波形来诊断发动机故障？
6. 启动系统常见故障有哪些？如何诊断？
7. 点火波形有哪几种类型？各有何用途？
8. 如何根据点火波形诊断故障？
9. 频闪法检测点火提前角的原理是什么？如何检测点火提前角？
10. ECU 控制的点火系中，不点火的原因有哪些？怎样进行诊断？
11. 如何检测电控汽油喷射系统中燃油供给系油压？如何利用其检测结果分析故障？
12. 简述电控汽油喷射系统故障诊断的一般程序和注意事项。
13. 何为数据流？以桑塔纳 AJR 发动机为例，试分析 01 ~06 组数据流含义。
14. 如何检测曲轴位置、节气门位置和水温传感器？
15. 解释 OBD-Ⅱ的含义。OBD-Ⅱ有何特点？
16. 简述柴油机高压共轨电控系统组成和控制功能。
17. 简述柴油机高压共轨电控系统控制策略。
18. 高压共轨柴油机动力不足原因有哪些？
19. 如何检测和评价发动机机油品质？
20. 发动机机油压力过高、过低原因有哪些？怎样检测机油压力过高、过低故障？

21. 试分析节温器性能。如何利用这一性能就车诊断冷却系故障？

22. 发动机冷却液温度过高、过低原因有哪些？如何诊断其温度过高、过低故障？

23. 常见发动机异响故障有哪些？如何诊断敲缸异响、主轴轴承异响、连杆轴承异响故障？

24. 试分析仪器诊断发动机异响的基本原理。如何利用仪器诊断发动机异响？

第4章 汽车底盘的检测与诊断

4.1 传动系统检测与诊断

传动系统是汽车底盘的主要组成部分，一般由离合器、变速器、传动轴、主减速器、差速器和半轴等构成，其作用是把发动机输出的动力传给驱动轮。传动系统的技术状况不良将使汽车的动力性和燃油经济性变差；同时，起步能力变坏和超车能力不足，易于造成安全行车隐患；离合器、变速器等主要部件性能不良对汽车的操纵方便性也有很大影响。

4.1.1 传动系统的检测

根据 GB 7258—2012《机动车运行安全技术条件》，汽车传动系统应满足如下要求：机动车的离合器应接合平稳、分离彻底，工作时不得有异响、抖动和不正常打滑等现象；踏板自由行程应符合整车技术条件的有关规定；换挡时齿轮啮合灵便，互锁和自锁装置有效，不得有乱挡和自行跳挡现象；运行中无异响；换挡时，变速杆不得与其他部件干涉，在变速杆上必须有驾驶员在驾驶座位上容易识别变速器挡位位置的标志；若变速杆上难以布置，则应布置在变速杆附近的易见部位；传动轴在运转时不得发生振抖和异响，中间轴承和万向节不得有裂纹和松旷现象。

传动系统的技术状况检测有经验检测法和仪器检测法两类。经验检测法是从上述规定和所测车型的有关技术数据出发，通过观察和实际操作，按一定步骤凭经验检测传动系统的技术状况，如离合器分离不彻底，变速器异响、乱挡、漏油等。

1. 汽车传动系统的功率损失与效率测量

汽车传动系统的功率损失可在具有储能飞轮的底盘测功机上或惯性式底盘测功机上对传动系统进行反拖试验而测得，根据所测得的驱动轮输出功率和传动系统功率损失，可换算出汽车传动系统的传动效率。在具有储能飞轮的底盘测功机滚筒上进行滑行试验，可测得汽车的滑行距离，可反映汽车传动系统传动阻力的大小。

利用试验台反拖可测得传动系统所消耗的功率。在惯性式底盘测功机或带有储能飞轮可模拟汽车在相应车速下行驶动能的底盘测功机上，若在测得汽车驱动车轮的输出功率后，立即踩下离合器踏板，储存在飞轮系统中的汽车行驶动能会反过来拖动汽车驱动轮和传动系统运转，运转阻力作用于滚筒，因此底盘测功机可测得反拖驱动轮和传动系统所消耗的功率。

如果将同一车速下驱动轮输出功率与反拖驱动轮和传动系统所消耗的功率相加，可求得该车速所对应的发动机转速下发动机的输出功率，根据发动机输出功率和汽车驱动轮输出功率可得到传动系统的机械效率。传动系统的传动效率检测，把汽车驱动轮输出功率与发动机输出的有效功率进行比较，可按下式求出传动系统的传动效率，即

$$\eta_K = \frac{P_K}{P_e} \tag{4-1}$$

式中：η_K 为传动系统的机械传动效率；P_K 为汽车驱动轮输出功率；P_e 为发动机输出功率。

正常情况下，汽车传动系统中的机械效率正常值如表4-1所列。需说明的是，在底盘测功机上试验时，车轮在滚筒上的滚动损失功率可达所传递功率的15%～20%，所测驱动轮功率仅占发动机输出功率的60%～70%（一般小轿车70%，装用双级主减速器或单级主减速器的载货汽车和客车分别为60%或65%）。当传动效率过低时，说明消耗于离合器、变速器、分动器、主减速器、差速器的功率增加，汽车传动系统的技术状况不良。

为了检验汽车大修竣工后的质量，GB/T 15746.1—1995《汽车修理质量检查评定标准整车大修》规定：汽车空载以初速度30km/h摘挡滑行时，其滑行距离应满足表4-2的要求。汽车在底盘测功机滚筒上进行滑行试验时，滚动阻力与道路试验时的滚动阻力有一定差别，因此应参照道路试验时对滑行距离的有关规定，通过对比试验确定其滑行距离的测试标准。底盘测功机对汽车滑行距离的测试精度，首先取决于飞轮机构、滚筒装置及其他旋转部件的旋转动能是否与道路试验时汽车在相应车速下的动能相一致。汽车以某一车速在滚筒上进行滑行试验时，汽车驱动轮首先带动滚筒装置、飞轮机构以相应转速旋转，此时滚筒装置和飞轮机构具有的动能与汽车道路试验时具有的动能相等。摘挡滑行后，储存在滚筒装置、飞轮机构中的动能释放出来驱动汽车驱动轮和传动系统旋转，滚筒继续转过的圆周长与汽车路试时的滑行距离相对应。滑行距离长短可反映汽车传动系统传动阻力的大小，据此可判断汽车传动系统的技术状况。

表4-1 汽车传动系统中的机械效率

汽车类型		传动效率/%
小轿车		0.90～0.92
载货汽车大客车	单级主减速器	0.90
	双级主减速器	0.84
4×4 越野汽车		0.85
6×4 载货汽车		0.80

表4-2 汽车的滑行距离

汽车的整备质量/t	滑行距离/m
≤4	≥160f
>4～5	≥180f
>5～8	≥220f
>8～11	≥250f
>11	≥270f

注：双轴驱动车辆，取 $f=0.8$；单轴驱动车辆，取 $f=1.0$

传动功率损失、传动效率和滑行距离可反映汽车传动系统的综合技术状况，但不能评价传动系统各组成部分的技术状况。

2. 传动系统角间隙的检测

汽车使用过程中，传动系统因传递动力，且配合表面或相啮合零件间有相对滑移而产生磨损，从而使间隙增大，如变速器、主减速器、差速器中的齿轮啮合间隙等。这些间隙都可使相关零件间产生相对角位移或角间隙，其角间隙之和构成传动系统的总角间隙。传动系统各总成和机件的磨损与其间隙存在密切的关系，总角间隙随汽车行驶里程近似呈线性增长。因此，总角间隙可作为诊断参数评价传动系统的技术状况。由于角间隙可分段检测，还可用角间隙对传动系统有关总成或机件的技术状况进行检测。

传动系统角间隙检测所用仪器有指针式角间隙检测仪和数字式角间隙检测仪两种。

1）指针式角间隙检测仪

如图 4-1 所示，指针式角间隙检测仪由指针、测力扳手和刻度盘构成。使用时，指针固定在主传动器主动轴上，而刻度盘固定在主传动器壳体上，如图 4-1（a）所示；测力扳手钳口可卡在传动轴万向节上，扳手上带有刻度盘和指针，以便指示出测力扳手所施加的力矩。测量角间隙时，测力扳手应从一个极限位置转至另一个极限位置，施加力矩不应小于 30N · m，角间隙的数值即为指针在刻度盘上的指示值。

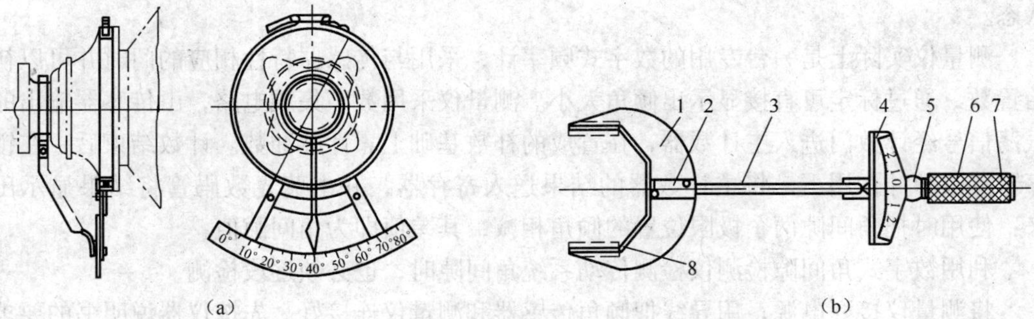

（a）　　（b）

图 4-1 指针式角间隙检测仪

（a）指针与刻度盘的安装；（b）测力扳手。

1—卡嘴；2—指针座；3—指针；4—刻度盘；5—手柄；6—手柄套筒；7—定位销；8—可换钳口。

传动系统角间隙的检测可分段进行：

（1）驱动桥角间隙的检测：变速器挂空挡位置，驻车制动器松开，行车制动器处于制动状态，测力扳手卡在驱动桥主动轴万向节的从动叉上，使其从一个极限位置转至另一个极限位置，从刻度盘上读取角间隙值。

（2）万向传动装置的角间隙的检测：放松车轮制动，必要时可支起驱动桥，拉紧驻车制动器，测力扳手卡在驱动桥主动轴万向节的从动叉上，使其从一个极限位置转至另一个极限位置，从刻度盘上读取角间隙值。

（3）离合器和变速器各挡位的角间隙的检测，放松车轮制动，必要时可支起驱动桥，离合器处于接合状态，依次挂入各挡，测力扳手卡在变速器后端万向节的主动叉上，使其从一个极限位置转至另一个极限位置，即可测得不同挡位下从离合器至变速器输出轴的角间隙。

(4) 传动系统的总角间隙的检测：以上三段角间隙之和即为传动系统的总角间隙。

2) 数字式角间隙检测仪

数字式角间隙检测仪由用导线相连的倾角传感器和测量仪构成。

倾角传感器的作用是将传感器感受到的倾角变化转变为线圈电感量的变化，从而改变检测仪电路的振荡频率。因此，传感器实际上是一个倾角—频率转换器。如图4-2所示，传感器外壳是一个上部带有V形缺口，并配有带卡扣尼龙带的长方形壳体，可固定在传动轴上，因此可随传动轴摆动，传感器内部结构是一个中心插有弧形磁棒的线圈。弧形磁棒由摆杆和心轴支承在外壳中夹板的两盘轴承上。在重心作用下，摆杆始终偏离垂线某一固定角度。弧形线圈则固定在外壳中的夹板上，当外壳随传动轴摆动时，线圈也随之摆动，因而线圈与磁棒的相互位置发生变化，从而改变了线圈电感值，电感的变化量则反映了传动轴的摆动量。当电感值可变化的线圈作为检测仪振荡电路中的一个元件时，传动轴的摆动所引起的线圈电感值的变化就改变了电路的振荡频率。传感器内的变压器油可使可动部分摆动后能迅速达到平衡状态。

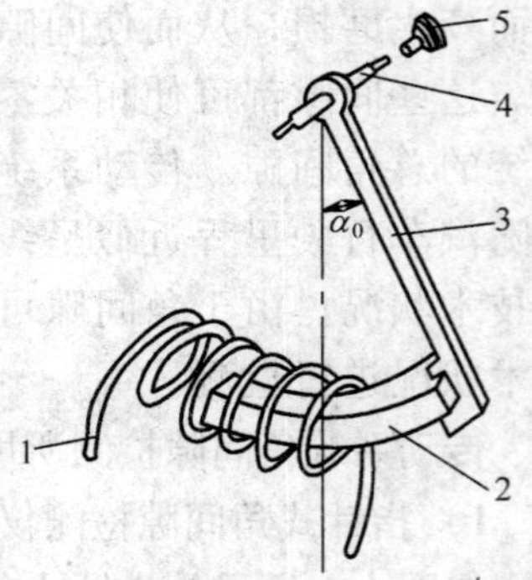

图4-2 倾角传感器结构示意图
1—弧形线圈；2—弧形磁棒；3—摆杆；4—心轴；5—轴承。

测量仪实际上是一台专用的数字式频率计，采用与传感器特性相应的门时并可以初始置数，通过标定可直接显示出倾角大小。测量仪采用数字集成电路，由传感器输出的振荡信号经计数门进入主计数器，在置成的补数基础上累计脉冲数。计数结束后，在锁存器接收脉冲作用下，将主计数器的结果送入寄存器，并由荧光数码管将结果显示出来：使用时把角间隙两个极限位置的倾角相减，其差值即为角间隙值。

利用数字式角间隙检测仪检测传动系统角间隙时，也必须逐段检测。

将测量仪接好电源，用导线把倾角传感器和测量仪连接好。先按仪器说明书的要求对仪器进行自校，再将转换开关扳到“测量”位置，传感器固定在传动轴上。

(1) 万向传动装置角的间隙的检测：拉紧驻车制动器处于制动状态，传动轴转至驱动桥角间隙中间位置（驱动桥角间隙一般远大于其他部位的角间隙）或将驱动桥支起，左、右旋转传动轴至极端位置，测量仪便显示出在该两个位置时传感器的倾斜角度，两个角度之差即为万向传动装置的角间隙。此角度不包括传动轴与驱动桥之间的万向节的游动角度。

(2) 离合器和变速器各挡位的角间隙的检测：接合离合器，变速器挂入选定挡位，放松驻车制动器，传动轴位于驱动桥角间隙中间位置或将驱动桥支起，左、右转动传动轴至极限位置，测量仪显示出的该两位置时传感器倾斜角之差减去已测得的万向传动装置角间隙，即为从离合器至变速器输出轴的角间隙。

(3) 驱动桥角间隙的检测：放松驻车制动，变速器挂入空挡，行车制动器处于制动状态，左、右旋转传动轴至极限位置，测量仪上所显示两角度之差则为驱动桥角间隙与传动轴至驱动桥之间万向节角间隙之和。

4.1.2　手动变速器的故障与检修

1. 变速器常见故障与诊断

随着变速器零件的磨损、变形的增加，变速器会出现异响、乱挡、发热、漏油等故障。

1）变速器的异响

变速器的异响主要是由于轴承磨损松旷和齿轮间不正常的啮合而引起的，表现为挂挡后发响。

（1）故障现象。

①变速器挂入挡位后发响。

②当汽车以高于 40km/h 的车速行驶时发出一种不正常声响，且车速越高，声响越大，而当滑行或低速时声响减小或消失。

（2）故障原因。

①轴的弯曲变形、轴的花键与滑动齿轮毂配合松旷。

②齿轮啮合不当或轴承松旷。

③操纵机构各连接处松动、变速叉变形。

④主从动锥齿轮配合间隙过大。

（3）故障诊断。

变速器产生响声是由齿轮或轴的振动及其他声源开始，扩散到变速器壳壁产生共振而形成的，诊断步骤为：

①发动机怠速运转，变速器空挡有异响，踩下离合器踏板后声响消失，多为常啮合齿轮啮合不良。

②变速器各挡均有声响，多为基础件、轴、齿轮、花键磨损使形位误差超限。

③挂入某挡后声响严重，则说明该挡齿轮磨损严重。

2）变速器乱挡

（1）故障现象。

汽车起步挂挡或行驶中换挡时，所挂挡与需要挡位不符，或虽然挂入所需挡位但不能退回空挡，或一次挂入两个挡位。

（2）故障原因。

①变速杆与变速杆拨动端松旷、损坏或变速杆拨动端内孔磨损过大。

②变速控制器弹簧压缩量达不到规定的要求。

③互锁销磨损过大，失去互锁作用。

（3）故障诊断。

①变速杆如能任意摆动，则为夹箍销钉折断或失落所致。

②挂挡时，变速杆稍偏离一点位置就会挂上不需要的挡位，这是变速杆拨动端工作面磨损过大导致。

③如果同时能挂上两个挡位，这是互锁机构失效所致。

3）变速器发热

(1) 故障现象。

汽车行驶一段路程后，用手触摸变速器时，有烫手的感觉。

(2) 故障原因。

①轴承装配过紧。

②齿轮啮合间隙过小。

③缺少齿轮油或齿轮油黏度太小。

(3) 故障诊断。

应结合发热部位，逐项检查予以排除。

4）变速器漏油

(1) 故障现象。

变速器内的齿轮油从轴承盖或接合部位渗漏出来。

(2) 故障原因。

①变速器各部密封衬垫密封不良、油封损坏或紧固螺栓松动。

②变速器壳破裂。

③齿轮油过多。

④变速器放油螺栓或通气孔堵塞。

(3) 故障诊断。

可根据油迹部位来诊断漏油原因。

4.1.3 离合器检测与故障诊断

1. 离合器打滑的检测

离合器打滑使发动机动力不能有效地传递至驱动轮，汽车动力性下降，摩擦片磨损严重，同时也影响汽车的正常行驶。造成汽车起步困难；加速时，车速不能随发动机转速的提高而迅速上升；负载上坡传递大转矩时，打滑更为明显，严重时会烧坏摩擦片。

采用离合器打滑测定仪可对离合器打滑进行检测。如图4-3所示，该仪器由闪光灯、高压电极、电容、电阻等构成。

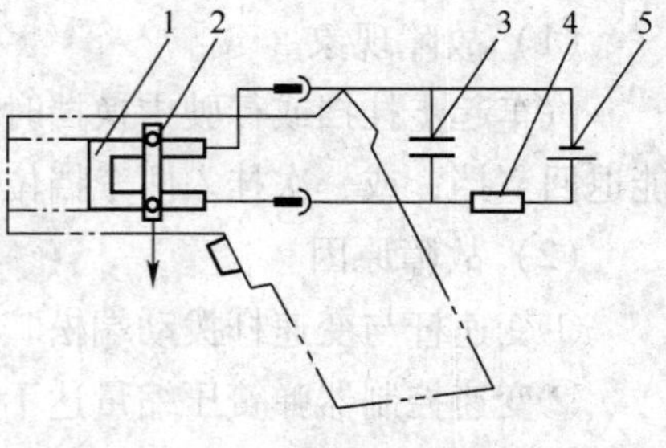

图4-3 离合器打滑测定仪

1—闪光灯；2—高压电极；3—电容；4—电阻；5—蓄电池。

离合器打滑测定仪的基本工作原理是频闪原理，即如果在确定时刻，照射一束光脉冲于转动零件的某一转角位置，转动零件的旋转频率与光脉冲的频率相同或成整数倍时，由于人的视觉暂留现象，似乎觉得零件静止不动。

检测时，可把驱动轮置于底盘测功机或车速表试验台滚筒上，也可支起驱动桥，汽车变速器挂直接挡，此时若离合器不打滑，发动机转速与传动轴转速相同。必要时，可用行车制动器或驻车制动器增加传动系统负荷和离合器所传递的转矩。测定仪以汽车蓄电池作为电源，由发动机火花塞或一缸点火高压线通过电磁感应给测定仪的高压电极输入信号脉冲，控制闪光灯的闪光时间，因此闪光灯的闪光频率与发动机转速成整数倍。若把闪光灯发出的光脉冲投射到传动轴某一点，传动轴与发动机转速相同时，光脉冲每次照射该点，使人感到传动轴并不旋转；离合器打滑时，传动轴转速比发动机转速慢，光脉冲每次照射点均位于上次照射点的前部，使人感觉传动轴慢慢向相反的方向转动，显然其转动的快慢即可反映离合器打滑的严重程度。

2. 离合器故障诊断

1）离合器分离不彻底

（1）故障现象。

①汽车起步时，将离合器踏到底仍感挂挡困难，或虽能强行挂上挡，但不抬踏板汽车就向前驶动或造成发动机熄火。

②行驶时变速器换挡困难或挂不进挡，并伴有变速器齿轮撞击声。

（2）故障原因。

①离合器踏板自由行程过大。

②从动盘翘曲、铆钉松动或新换的摩擦片过厚，或摩擦衬片破碎。

③分离杠杆内端（膜片弹簧分离指端磨损）不在同一平面上，个别分离杠杆或调整螺钉折断。

④双片式摩擦片中间主动盘限位螺钉调整不当，分离弹簧过软或折断。

⑤从动盘毂花键与变速器第一轴花键齿磨损严重或锈蚀发卡，影响从动盘的移动。

⑥离合器液压操纵机构油管内有空气。

（3）故障判断与排除。

①检查调整离合器踏板自由行程，如自由行程过大，需要重新调整。

②对于液压式操纵机构，应检查系统是否漏油，主缸、工作缸工作是否正常，工作行程是否合乎要求，并为系统放气。

③检查分离杠杆高低是否一致及分离杠杆支架螺栓是否松动，必要时进行调整或拧紧。

④双片式离合器应检查调整限位螺钉与中间主动盘的间隙，间隙不符合要求时，应进行调整。调整方法是：把限位螺钉拧到底，使其抵住中间主动盘，然后再退回 2/3 圈 ~5/6 圈（限位螺钉与锁片间发出 4 响 ~5 响）。

2）离合器打滑

（1）故障现象。

①完全放松离合器踏板，汽车不能起步或起步困难。

②汽车行驶中车速不能随发动机转速的提高而提高，感到行驶无力。

③上坡行驶或重载时，动力明显不足，严重时可闻到离合器摩擦片的焦臭味。

（2）故障原因。

离合器打滑的故障实质是离合器踏板完全放松时，主动盘与从动盘没有完全结合，离合器处于半分离状态，其主要原因为：

①离合器踏板自由行程过小或没有自由行程、踏板不能完全回位，分离轴承常压在分离杠杆上，使压盘处于半分离状态。

②离合器拉索失效，丧失自调功能。

③分离杠杆调整不当，弯曲变形。

④离合器摩擦衬片变薄、硬化，铆钉外露或沾有油污等。

⑤压紧弹簧过软或折断，膜片弹簧受热退火变软或变形，致使压紧力不足。

⑥离合器与飞轮连接螺栓松动。

⑦离合器压盘或飞轮表面翘曲变形。

（3）故障诊断与排除。

①启动发动机，拉紧驻车制动，挂上低速挡，缓缓放松离合器踏板，使离合器逐渐接合，若汽车不能起步，而发动机无负荷感能继续运转又不熄火，即为离合器打滑。

②汽车靠速行驶时，若发动机转速升高，而车速不随之相应升高，感到行驶无力，严重时有焦臭味或出现冒烟现象，则为离合器打滑。

3）离合器接合不平顺

（1）故障现象。离合器接合不平顺具体表现为汽车起步发抖或发闯。汽车用低速挡起步时，虽然逐渐放松离合器踏板，并缓缓踩下加速踏板，但离合器不能平顺接合，产生振抖；严重时整车出现振抖或突然闯出。

（2）故障原因。离合器发抖的实质是其主、从动盘之间接触不平顺，在同一平面内接触时间不同。离合器发闯则为主、从动盘突然接合之结果。

离合器发闯的主要原因为分离套筒迟滞、踏板回位弹簧折断或脱落、踏板轴锈涩等导致踏板回位不自如。而离合器发抖的主要原因为：

①离合器自由行程过小，分离杠杆内端面不在同一平面内。

②从动盘波形弹簧片损坏，摩擦片油污、破裂、凹凸不平或铆钉外露，接合时断时续。

③主、从动盘磨损不均或翘曲不平，接合时出现局部接触，压不紧而出现抖动现象。

④离合器压紧弹簧弹力不均，个别折断或高度不一致，膜片弹簧弹力严重不足。

⑤变速器与飞轮壳或发动机固定螺栓松动。

⑥从动盘扭转减振器损坏，膜片弹簧固定铆钉松动。

⑦从动盘、中间压盘因花键锈蚀、积污而移动发滞。

⑧分离叉轴及衬套磨损严重或分离叉支点破损。

（3）故障诊断与排除。

使发动机怠速运转，踩下离合器踏板，变速器挂入低速挡，再慢慢放松离合器踏板，轻踩加速踏板让汽车起步，若车身有明显的振抖，并发出“哐铛”的撞击声，则为离合器发抖；若汽车不是平顺起步，而是突然闯出，则为离合器发闯。

4）离合器异响

（1）故障现象。

离合器异响往往在发动机启动后、汽车起步前离合器接合和分离时产生。在汽车行驶过程中，踩下离合器踏板时发出异响，放松踏板时异响消失；或踩下、放松离合器踏板时都有异响。

（2）故障原因。

①分离轴承损坏或润滑不良。

②踏板回位弹簧过软、折断，离合器踏板无自由行程。

③分离轴承套筒与导管脏污，其回位弹簧过软、折断，使分离轴承回位不佳。

④分离叉或其支架销、孔磨损松旷。

⑤从动盘摩擦片铆钉松动、外露或摩擦片破裂、减振弹簧折断等。

⑥离合器盖与压盘配合松动，从动盘花键配合松旷。

⑦双片离合器中间压盘传动销、孔磨损松旷。

（3）故障诊断与排除

发动机怠速运转，拉紧驻车制动，变速器挂空挡，慢慢踩下离合器踏板，倾听响声变化；再缓缓放松离合器踏板，倾听响声变化。如此反复多次，均出现不正常响声，即为离合器异响。

4.1.4　自动变速器常见故障检查与排除

1. 自动变速器故障诊断注意事项

汽车自动变速器是一种机、液、电一体化的精密部件，对其故障的诊断与检修则是一项细心而认真的工作。在诊断过程中务必注意下列事项：

（1）必须确诊为自动变速器故障后方可拆卸检修。发动机、ECU、汽车底盘都会影响到变速器的工作性能，尤其是发动机动力性差或调整不当导致加速不良、制动不能及时解除等，都容易误诊为自动变速器的故障，因而要首先对其加以排除。

（2）换装保险时一定要确保规格相同，绝不使用超过或低于规定电流值的熔断丝，检查电器元件时应使用高阻抗的数字万用表。

（3）保持变速器的清洁。在分解变速器之前必须对外部进行认真的清洗，以防油泥污染内部零件，因为自动变速器的液压阀属精密偶件，即使是细小的杂物也会引起大的故障。

（4）所有零部件必须清洗干净，液压油道及小孔都要用压缩空气吹通，确保不被堵塞。

（5）一次性零件不可重复使用。在自动变速器中使用的一次性零件有开口销、密封垫、O 形圈、油封等，每次检修后都应换新。

（6）更换的新离合器、制动器在装配前应在自动变速器油中浸泡至少 15min。

（7）所有密封油环、离合器摩擦片、离合器钢片、旋转元件和滑动表面，在装配时都应用自动变速器油（ATF）涂抹。

（8）应确保 ATF 型号与加入量符合要求。

2. 自动变速器的试验

自动变速器的测试包含失速试验、迟滞试验、油压试验、道路试验以及手动换挡试验等内容。

1）自动变速器的失速试验

失速试验是检查发动机、变矩器及自动变速器中有关换挡执行元件的工作是否正常的一种方法。

(1) 准备工作。

①让汽车行驶至发动机和自动变速器均达到正常工作温度。

②检查汽车的脚制动和手制动，确认其性能好。

③检查自动变速器液压油高度，应正常。

(2) 试验步骤。

①将汽车停放在宽阔的水平地面上，前后车轮用三角木块塞住。

②拉紧手制动，左脚用力踩住制动踏板。

③启动发动机。

④将操纵手柄拨入 D 位置。

⑤在左脚踩紧制动踏板的同时，用右脚将油门踏板踩到底，在发动机转速不再升高时，迅速读取此时的发动机转速。

⑥读取发动机转速后，立即松开油门踏板。

⑦将操纵手柄拨入 P 或 N 位置，让发动机怠速运转 1min，以防止液压油因温度过高而变质。

⑧将操纵手柄拨入其他挡位（R、S、L 或 2、1），做同样的试验。

注意事项如下：

①在一个挡位的试验完成之后，不要立即进行下一个挡位的试验，要等油温下降之后再进行。

②试验结束后不要立即熄火，应将操纵手柄拨入空挡或停止挡，让发动机怠速运转几分钟，以便让液压油温度降至正常。

③如果在试验中发现驱动轮因制动力不足而转动，应立即松开油门踏板，停止试验。

不同车型的自动变速器都有其失速转速标准。大部分自动变速器的失速转速标准为 2300r/min 左右。若失速转速高于标准值，说明主油路油压过低或换挡执行元件打滑；若失速转速低于标准值，则可能是发动机动力不足或液力变矩器有故障。

2）自动变速器的迟滞试验

在发动机怠速运转时将操纵手柄从空挡拨至前进挡或倒挡后，需要有一段短暂时间的迟滞或延时才能使自动变速器完成挡位的接合（此时汽车会产生一个轻微的振动），这一短暂的时间称为自动变速器换挡的迟滞时间。延时试验就是测出自动变速器换挡的迟滞时间，根据迟滞时间的长短来判断主油路油压及换挡执行元件的工作是否正常。

试验步骤如下：

①让汽车行驶，使发动机和自动变速器达到正常工作温度。

②将汽车停放在水平地面上，拉紧手制动。

③检查发动机怠速。如不正常，应按标准予以调整。

④将自动变速器操纵手柄从空挡“N”位置拨至前进挡“D”位置，用秒表测量从拨动操纵手柄开始到感觉汽车振动为止所需的时间，该时间称为 N-D 延时时间。

⑤将操纵手柄拨至 N 位置，让发动机怠速运转 1min 后，再做一次同样的试验。

⑥做 3 次试验，并取平均值。

⑦按上述方法，将操纵手柄由 N 位置拨至 R 位置，测量 N-R 延时时间。

对于大部分自动变速器：N-D 延时时间小于（1.0～1.2）s，N-R 延时时间小于（1.2～1.5）s。若 N-D 延时时间过长，说明主油路油压过低，前进离合器摩擦片摩损过大或前进单向超越离合器工作不良；若 N-R 延时时间过长，说明倒挡主油路油压过低，倒挡离合器或倒挡制动器磨损过大或工作不良。

3）自动变速器的油压试验

油压试验是在自动变速器运转时，对控制系统各个油压进行测量。

油压过高，会使自动变速器出现严重的换挡冲击，甚至损坏控制系统；油压过低，会造成换挡执行元件打滑，加剧其摩擦片的磨损，甚至使换挡执行元件烧毁。

（1）前进挡主油路油压测试方法。

①拆下变速器壳体上主油路测压孔或前进挡油路测压孔螺塞，接上油压表。

②启动发动机。

③将操纵手柄拨至前进挡“D”位置。

④读出发动机怠速运转时的油压。该油压即为怠速工况下的前进挡主油路油压。

⑤用左脚踩紧制动踏板，同时用右脚将油门踏板完全踩下，在失速工况下读取油压。该油压即为失速工况下的前进挡主油路油压。

⑥将操纵手柄拨至空挡或停车挡，让发动机怠速运转 1min 以上。

⑦将操纵手柄拨至各个前进低挡位置，重复①～⑥的步骤，读出各个前进低挡在怠速工况和失速工况下的主油路油压。

（2）倒挡主油路油压测试方法。

①拆下自动变速器壳体上的主油路测压孔或倒挡油路测压孔螺塞，接上油压表。

②启动发动机。

③将操纵手柄拨至倒挡“R”位置。

④在发动机怠速运转工况下读取油压。该油压即为怠速工况下的倒挡主油路油压。

⑤用左脚踩紧制动踏板，同时用右脚将油门踏板完全踩下，在发动机失速工况下读取油压。该油压即为失速工况下的倒挡主油路油压。

⑥操纵手柄拨至空挡“N”位置，让发动机怠速运转 1min 以上。

4）自动变速器的道路试验

自动变速器的道路试验是诊断、分析自动变速器故障的最有效的手段之一。此外，自动变速器在修复之后，也应进行道路试验，以检查其工作性能，检验维修质量。自动变速器的道路试验内容主要有：检查换挡车速、换挡质量以及检查换挡执行元件有无打滑等。

在道路试验之前，应先让汽车以中低速行驶 5min～10min，让发动机和自动变速器都达到正常工作温度。在试验中，如特殊需要，通常应将超速挡开关置于 ON 位置（即超速指示灯熄灭），并将模式开关置于普通模式或经济模式的位置。

（1）升挡检查。将操纵手柄拨至前进挡“D”位置，踩下油门踏板，使节气门保持在 1/2 开度左右，让汽车起步加速，检查自动变速器的升挡情况。自动变速器在升挡时发动机会有瞬时的转速下降，同时车身有轻微的振动感。正常情况下，汽车起步后随着车速的升高，试车者应能感觉到自动变速器能顺利地由 1 挡升入 2 挡，随后再由 2 挡升入 3 挡，最后升入超速挡。若自动变速器不能升入高挡（3 挡或超速挡），说明控制系统或换挡执行元件有故障。

（2）升挡车速的检查。将操纵手柄拨至前进挡“D”位置，踩下油门踏板，并使节气门保持在某一固定开度，让汽车起步并加速。当察觉到自动变速器升挡时，记下升挡车速。

一般4挡自动变速器在节气门开度保持在1/2时由1挡升至2挡的升挡车速为（25~35）km/h，由2挡升至3挡的升挡车速为（55~70）km/h，由3挡升至4挡（超速挡）的升挡车速为（90~120）km/h。

由于升挡车速和节气门开度有很大的关系，即节气门开度不同时，升挡车速也不同，而且不同车型的自动变速器各挡位传动比的大小都不相同，其升挡车速也不完全一样，因此，只要升挡车速基本保持在上述范围内，而且汽车行驶中加速良好，无明显的换挡冲击，都可认为其升挡车速基本正常。若汽车行驶中加速无力，升挡车速明显低于上述范围，说明升挡车速过低（即过早升挡）；若汽车行驶中有明显的换挡冲击，升挡车速明显示高于上述范围，说明升挡车速过高（即太迟升挡）。

（3）升挡时发动机转速的检查。在正常情况下，若自动变速器处于经济模式或普通模式，节气门保持在低于1/2开度范围内，则汽车在由起步加速直至升入高速挡的整个行驶过程中，发动机转速都将低于3000r/min。通常发动机在加速至即将要升挡时的转速可达到（2500~3000）r/min，在刚刚升挡后的短时间内发动机转速将下降至2000r/min，说明升挡时间过早或发动机动力不足；如果在行驶过程中发动机转速始终偏高，升挡前后的转速在（2500~3500）r/min之间，且换挡冲击明显，说明升挡时间过迟；如果在行驶中发动机转速过高，常高于3000r/min，在加速时达到（4000~5000）r/min，甚至更高，则说明自动变速器的换挡执行元件（离合器或制动器）打滑，应拆修自动变速器。

（4）换挡质量的检查。换挡质量的检查内容主要是检查有无换挡冲击。正常的自动变速器只能有不太明显的换挡冲击，特别是电子控制自动变速器的换挡冲击应十分微弱。若换挡冲击太大，说明自动变速器的控制系统或换挡执行元件有故障，其原因可能是油路油压高或换挡执行元件打滑，应做进行一步的检查。

（5）锁止离合器工作状况的检查。可以采用道路试验的方法进行检查。让汽车加速至超速挡，以高于80km/h的车速行驶，并让节气门开度保持在低于1/2的位置，使变矩器进入锁止状态。此时，快速将油门踏板踩下至2/3开度，同时检查发动机转速的变化情况。若发动机转速没有太大的变化，说明锁止离合器处于结合状态；反之，若发动机转速升高很多，则表明锁止离合器没有结合，其原因通常是锁止控制系统有故障。

（6）发动机制动作用的检查。检查自动变速器有无发动机制动作用时，应将操纵从手柄拨至前进低挡（S、L或2、1）位置，在汽车以2挡或1挡行驶时，突然松开油门踏板，检查是否有发动机制动作用。若松开油门踏板后车速立即随之下降，说明有发动机制动作用；否则说明控制系统或前进强制离合器有故障。

（7）强制降挡功能的检查。检查自动变速器强制降挡功能时，应将操纵手柄拨至前进挡“D”位置，保持节气门开度为1/3左右，在以2挡、3挡或超速挡行驶时突然将油门踏板完全踩到底，检查自动变速器是否被强制降低一个挡位。在强制降挡时，发动机转速会突然上升至4000r/min左右，并随着加速升挡，转速逐渐下降。若踩下油门踏板后没有出现强制降挡，说明强制降挡功能失效。若在强制降挡时发动机转速升高反常，达（5000 ~ 6000）r/min，并在升挡时出现换挡冲击，则说明换挡执行元件打滑，应拆修自动变速器。

5）手动换挡试验

对于电子控制自动变速器而言，为了确定故障存在的部位，区分故障是由机械系统、液压系统引起，还是由电子控制系统引起的，可进行手动换挡试验。

所谓手动换挡试验就是将电子控制自动变速器所有换挡电磁阀的线束插头全部脱开，此时电脑不能通过换挡电磁阀来控制换挡，自动变速器的换挡取决于操纵手柄的位置。

手动换挡试验的步骤如下：

（1）脱开电子控制自动变速器的所有换挡电磁阀线束插头。

（2）启动发动机，将操纵手柄拨至不同位置，然后做道路试验（也可以将驱动轮悬空，进行台架试验）。

（3）观察发动机转速和车速的对应关系，以判断自动变速器所处的挡位。

（4）若操纵手柄位于不同位置时，自动变速器所处的挡位与表 4-3 中相同。说明电子控制自动变速器的阀板及换挡执行元件基本上工作正常。否则，说明自动变速器的阀板或换挡执行元件有故障。

表 4-3　自动变速器不同挡位时发动机转速和车速的关系

挡　位	发动机转速/（r/min）	车速/（km/h）
1 挡	2000	18 ~ 22
2 挡	2000	34 ~ 38
3 挡	2000	50 ~ 55
超速挡	2000	70 ~ 75

（5）试验结束后，接上电磁阀线束插头。

（6）清除计算机中的故障代码，防止因脱开电磁阀线束插头而产生的故障代码保存在计算机中，影响自动变速器的故障自诊断工作。

3. 自动变速器故障诊断

1）换挡粗暴

（1）故障现象。

①在起步时，由停车挡或空挡挂入倒挡或前进挡时，汽车振动较严重。

②行驶中，在自动变速器升挡的瞬间汽车有较明显的冲击。

（2）故障原因。

①发动机怠速过高。

②节气门拉索或节气门位置传感器调整不当，使主油路油压过高。

③升挡过迟。

④真空式节气门阀的真空软管破裂或松脱。

⑤主油路调压阀有故障，使主油路油压过高。

⑥减振器活塞卡住，不能起减振作用。

⑦单向阀钢球漏装，换挡执行元件（离合器或制动器）接合过快。

⑧换挡执行元件打滑。

⑨油压电磁阀不工作。

⑩计算机有故障。

(3）故障诊断与排除。

导致自动变速器换挡冲击大的故障原因很多，情况也比较复杂。故障原因可能是调整不当等，对此，只要稍作调整即可排除；也可能是自动变速器内部的控制阀、减振器或换挡执行元件有故障，对此，必须分解自动变速器，予以修理，还可能是电子控制系统有故障，对此，必须对电子控制系统进行检测，才能找出具体原因。因此，在诊断故障的过程中，必须循序渐进，对自动变速器的各个部分做认真的检查。一定要在全面检测的基础上，有针对性地进行分解修理，不可盲目拆修。

①检查发动机怠速。装用自动变速器的汽车的发动机怠速一般为750r/min左右。若怠速过高，应按标准予以调整。

②检查节气门拉索或节气门位置传感器的调整情况。如不符合标准，应重新予以调整。

③检查真空式节气门阀的真空软管。如有破裂，应更换；如有松脱，应接牢。

④做道路试验。如果有升挡过迟的现象，则说明换挡冲击大的故障是升挡过迟所致。如果在升挡之前发动机转速异常升高，导致在升挡的瞬间有较大的换挡冲击，则说明离合器或制动器打滑，应分解自动变速器检修。

⑤检测主油路油压。如果怠速时的主油路油压过高，则说明主油路调压阀或节气门阀有故障，可能是调压弹簧的预紧力过大或阀芯卡滞，如果怠速时主油路油压正常，但起步进挡时有较大的冲击，则说明前进离合器或倒挡及高挡离合器的进油单向阀阀球损坏或漏装。

⑥检测换挡时的主油路油压。在正常情况下，换挡时的主油路油压会有瞬间的下降。如果换挡时主油路油压没有下降，则说明减振器活塞卡滞。对此，应拆检阀板和减振器。

⑦电子控制自动变速器如果出现换挡冲击过大的故障，应检查油压电磁阀的线路以及油压电磁阀工作是否正常、计算机是否在换挡的瞬间向油压电磁阀发出控制信号。如果线路有故障，应予以修复；如果电磁阀损坏，应更换电磁阀；如果计算机在换挡的瞬间没有向油压电磁阀发出控制信号，说明计算机有故障，应更换计算机。

2）发动机启动后汽车无法行驶

(1）故障现象。

①无论操纵手柄位于倒挡、前进挡或前进低挡，汽车都不能行驶。

②冷车启动后汽车能行驶一小段路程，但稍一热车就不能行驶。

(2）故障原因。

①自动变速器油底壳被撞坏，液压油全部漏光。

②操纵手柄和手动阀摇臂之间的连杆或拉索松脱，手动阀保持在空挡或停车挡位置。

③油泵进油滤网堵塞。

④主油路严重泄漏。

⑤油泵损坏。

(3) 故障诊断与排除。

①拔出自动变速器的油尺，检查自动变速器液压油的油面高度。若油尺上没有液压油，说明自动变速器内的液压油全部漏光。对此，应检查油底壳、液压油散热器、油管等处有无破损而导致漏油。如有严重漏油处，应修复后重新加油。

②检查自动变速器操纵手柄与手动阀摇臂之间的连杆或拉索有无松脱。如有松脱，应予以装复，并重新调整好操纵手柄的位置。

③拆下主油路测压孔上的螺塞，启动发动机，将操纵手柄拨至前进挡或倒挡位置，检查测压孔内有无液压油流出。

④若主油路测压孔内没有液压油流出，则应打开油底壳，检查手动阀摇臂轴与摇臂有无松脱，手动阀阀芯有无折断或脱钩。若手动阀工作正常，则说明油泵损坏。对此，应拆卸分解自动变速器，更换油泵。

⑤若主油路测压孔内只有少量液压油流出，油压很低或基本上没有油压，则应打开油底壳，检查油泵进油滤网有无堵塞。如有堵塞，说明油泵或主油路严重泄漏。对此，应拆卸分解自动变速器，予以修理。

⑥若冷车启动时主油路有一定的油压，但热车后油压即明显下降，说明油泵磨损过甚，或自动变速器滤清器堵塞。对此，应更换油泵和自动变速器滤清器。

⑦若测压孔内有大量液压油喷出，则说明主油路油压正常。故障出在自动变速器的输入轴、行星排或输出轴。对此，应拆检自动变速器。

3) 只有倒挡没有前进挡

(1) 故障现象。

①汽车倒挡行驶正常，在前进挡时不能行驶。

②操纵手柄在D位时不能起步，在S位、L位（或2位、1位）时可以起步。

(2) 故障原因。

①前进离合器严重打滑。

②前进单向超越离合器打滑或装反。

③前进离合器油路严重泄漏。

④操纵手柄调整不当。

(3) 故障诊断与排除。

①检查操纵手柄的调整情况。如有异常，应按规定程序重新调整。

②测量前进挡主油路油压。若油压过低，则说明主油路严重泄漏，应拆检自动变速器，更换前进挡油路上各处的密封圈和密封环。

③若前进挡主油路油压正常，应拆检前进离合器。如摩擦片表面粉末冶金层烧焦或磨损过甚，应更换摩擦片。

④若主油路油压和前进离合器均正常，则应拆检前进单向超越离合器，查其安装方向是否正确以及有无打滑。如有装反，应重新安装；如有打滑，应更换新件。

4) 只有前进挡没有倒挡

(1) 故障现象。汽车在前进挡能正常行驶，但在倒挡时不能行驶。

(2) 故障原因。

①操纵手柄调整不当。

②倒挡油路泄漏。

③倒挡及高挡离合器或低挡及倒挡制动器打滑。

(3) 故障诊断与排除。

①检查操纵手柄的位置。如有异常，应按规定程序重新调整。

②检查倒挡油路油压。若油压过低，则说明倒挡油路泄漏。对此，应拆检自动变速器，予以修复。

③若倒挡油路油压正常，则应拆检自动变速器，更换损坏的离合器片或制动器片(制动带)。

5) 频繁跳挡

(1) 故障现象。

汽车以前进挡行驶时，即使油门踏板保持不动，自动变速器仍会经常出现突然降挡现象，降挡后发动机转速异常升高，并产生换挡冲击。

(2) 故障原因。

①节气门位置传感器有故障。

②车速传感器有故障。

③控制系统电路接地不良。

④换挡电磁阀接触不良。

⑤计算机有故障。

(3) 故障诊断与排除。

①对于电子控制自动变速器，应先进行故障自诊断。如有故障代码出现，按所显示的故障代码查找故障原因。

②测量节气门位置传感器。如有异常，应更换。

③测量车速传感器。如有异常，应更换。

④检查控制系统电路各条接地线的接地状态。如有接地不良现象，应予以修复。

⑤拆下自动变速器油底壳，检查各个换挡电磁阀线束接头的连接情况。如有松动，应予以修复。

⑥检查控制系统计算机各接线脚的工作电压。如有异常，应予以修复或更换。

⑦换一个新的阀板或电脑试一下。如果故障消失，说明原阀板或电脑损坏，应更换。

⑧更换控制系统所有线束。

6) 行驶中自动变速器有异响

(1) 故障现象。

①在汽车运转过程中，自动变速器内始终有一异常响声。

②汽车行驶中自动变速器有异响，停车挂空挡后异响消失。

(2) 故障原因。

①油泵因磨损过甚或液压油油面高度过低、过高而产生异响。

②变矩器因锁止离合器、导轮单向超越离合器等损坏而产生异响。

③行星齿轮机构异响。

④换挡执行元件异响。

（3）故障诊断与排除。

①检查自动变速器液压油油面高度。若太高或太低，应调整至正确高度。

②用举升器将汽车升起，启动发动机，在空挡、前进挡、倒挡等状态下检查自动变速器产生异响的部位和时刻。

③若在任何挡位下自动变速器前部始终有一连续的异响，则通常为油泵或变矩器异响。对此，应拆检自动变速器，检查油泵有无磨损、变矩器内有无大量摩擦粉末。如有异常，应更换油泵或变矩器。

④若自动变速器只有在行驶中才有异响，空挡时无异响，则为行星齿轮机构异响。对此应分解自动变速器，检查行星排各个零件有无磨损痕迹，齿轮有无断裂，单向超越离合器有无磨损、卡滞，轴承或止推垫片有无损坏。如有异常，应予以更换。

4.1.5　驱动桥的检测与诊断

1. 驱动桥的调整

1）主、从动锥齿轮轴承装配与轴承预紧度的调整

主、从动锥齿轮轴承安装时都应具有一定的预紧力，以消除轴承多余的轴向间隙，平衡前后轴承的轴向负荷，这对主、从动锥齿轮工作时保证正确的啮合和前后轴承获得比较均匀的磨损都是必要的。

（1）主动锥齿轮轴承装配与轴承预紧度调整。主动锥齿轮轴承的预紧度可以通过调整垫片调整。大多数情况两轴承距离已定，可用增减两轴承内圈或外圈之间的垫片调整轴承预紧度。

有的汽车不用调整垫片，而是通过精选隔套的长度来调整轴承的预紧度。

近年来有的汽车用弹性波形套替换隔套来调整预紧度。波形套采用冷拔低碳无缝钢管制造，其上有一波形框或其他容易产生轴向变形的结构，当轴承预紧后，波形套超过了弹性极限进入塑性变形范围，从而使轴承预紧度保持在规定范围内，所以弹性波形套是一种调整迅速、精确有效的装置。但由于塑性变形，波形套拆装一次就缩短一次，需要加一层垫圈，而一个垫圈经拆装 3 次 ~4 次就会因屈服点过分降低而报废，这是它的一个主要缺点。

主动锥齿轮轴承预紧度的检查是按预紧力矩来检查的，其装配和调整的方法大致相同。

装配时，先将轴承外圈涂上机油，压入轴承座孔内，并将后轴承压入主动锥齿轮轴颈上，装入轴承座孔，依次装入调整垫片、前轴承、万向节凸缘、平垫圈，然后按规定力矩拧紧锁紧螺母，检查轴承预紧度。安装锁紧螺母时应注意：一面转动轴承座壳；一面旋紧螺母，以免轴承在座上歪斜。

检查时，将轴承座壳夹在台虎钳上，用弹簧秤沿凸缘的切向测量所需的拉力。拉力值不符合规定时需调整。注意：测量时轴承应润滑，在顺一个方向旋转不少于 5 圈后

进行。

如无弹簧秤，也可凭经验检查，用手转动凸缘应转动灵活无阻滞，沿轴向推拉凸缘应感觉不到轴向间隙为合适。

(2) 从动锥齿轮轴承的装配与轴承预紧度的调整。根据主减速器的结构形式不同有所区别。一般是调整中间轴承盖两边的调整垫片的厚度来实现。将中间轴和轴承装入主减速器壳内，再装两边调整垫片和轴承盖，拧紧轴承盖固定螺钉。检查时用手转动从动锥齿轮应能灵活转动。将百分表固定在主减速器壳上，触头抵住从动齿轮背面，用撬棒左右撬动，表上指示的轴向移动量应小于0.05mm。如不用百分表，则撬动时感觉不到轴向移动即可。

还有的汽车是调整轴承盖上的调整螺母。

2) 主、从动锥齿轮啮合印痕和啮合间隙的调整

锥齿轮必须具有正确的啮合印痕和啮合间隙才能正常工作和达到正常的使用寿命。正确的啮合印痕和间隙是通过齿轮的轴向移动改变其相对位置来实现的。

主动锥齿轮可通过增减主动锥齿轮座与主减速器壳之间的调整垫片来调整，或是通过增减主动锥齿轮背面与轴承之间的垫片厚度来调整，这种结构形式在调整锥齿轮轴向位移的同时，也必须等量增减轴承预紧度调整垫片的厚度，使已经调好的轴承预紧度不会改变。

从动锥齿轮轴向位移的调整装置与轴承预紧度调整是共享的。在轴承预紧度调好之后，只要将左、右两侧的调整垫片从一侧调到另一侧，或是一侧的调整螺母松出多少，另一侧等量旋进多少，这样可以在保持轴承预紧度不变的情况下，达到啮合调整的目的。

调整齿轮啮合印痕和啮合间隙时，当印痕和侧隙出现矛盾时，应尽可能迁就印痕，侧隙可稍大些，但最大不可超过1mm，否则需重新选配齿轮。

2. 驱动桥常见故障诊断与排除

驱动桥的主减速器、差速器、半轴等不仅承受很大的径向力、轴向力，还要承受巨大的扭力，而且经常受到剧烈的冲击载荷，因此零件会产生磨损，破坏了原先完好的技术状况，造成驱动桥异响、发热、漏油等现象，影响汽车的正常使用。

1) 驱动桥异响

(1) 故障现象。

①当汽车以40km/h以上的车速行驶时，驱动桥会产生一种不正常的响声，响声会随车速的提高而增大，而滑行或低速时响声减小或消失。

②行驶时驱动桥有异响，脱挡滑行时响声仍存在。

③汽车直线行驶时无异响，但转弯时会有。

④汽车上坡或下坡时后桥有异响，或上、下坡时都有异响。

(2) 故障原因。

①齿轮或轴承严重磨损或损坏；齿轮副配合间隙过大；主、从动锥齿轮啮合不良或啮合间隙不均匀；半轴齿轮花键槽与半轴配合松旷。

②减速器主动齿轮或差速器的轴承松旷；后桥中某个轴承预紧力过大；主、从动锥齿轮调整不当、间隙过小。

③差速器行星齿轮与半轴齿轮严重磨损或啮合不良；行星齿轮支承垫圈磨薄或过厚使行星齿轮转动困难；主减速器从动齿轮与差速器壳的紧固螺钉松动。

④驱动桥某一部位的齿轮啮合间隙过小导致汽车上坡时发响；啮合间隙过大将导致下坡时发响；啮合不当或轴承松旷将导致上下坡时均发响。

（3）故障诊断及排除。

①停车检查：将驱动桥架起来，启动发动机并挂上挡，然后急剧改变车速，查听驱动桥响声的来源，判断故障的所在部位；随即将发动机熄火挂入空挡，在传动轴停止转动后，用手转动主动齿轮凸缘，若有松旷感觉则是齿轮啮合间隙过大；若基本没有活动量则说明齿轮间隙过小，应分别进行调整。

②路试检查：根据汽车行驶时不同的工况可能有不同的异响出现，查明故障的原因：若为齿轮啮合不良，要调整啮合间隙，调整后响声并未消失则应更换齿轮；若为轴承松旷，需更换轴承；若汽车行驶中驱动桥有突然响声，多为车轮损坏，应立即停车检查并排除，以免打坏齿轮造成汽车停驶。

2）驱动桥发热

（1）故障现象。汽车行驶一段路程之后，用手触摸后桥有烫手的感觉。

（2）故障原因。

①轴承装配过紧。

②齿轮啮合间隙过小。

③齿轮油过少或型号不对。

（3）故障诊断及排除。接合发热部位，逐项检查排除。

①手摸轴承部位烫手，说明轴承装配过紧，应重新调整。

②对于非轴承部位普遍过热，先检查桥壳内的油平面，油量不足应按规定将齿轮油加注；若油量足够，则是齿轮啮合间隙过小，应重新调整。

③对于双曲面齿轮式的主减速器，若齿轮油中含有较多的金属屑应进一步检查；若轮齿磨损呈顶状，则为油的型号不对，需更换规定的齿轮油；齿轮磨损严重的要更换齿轮。

3）驱动桥漏油。

（1）故障现象。齿轮润滑油从后桥减速器和半轴油封或其他衬垫处向外渗漏。

（2）故障原因。

①桥壳内油面太高。

②主减速器油封损坏。

③半轴油封安装不正或损坏。

④主减速器轴承预紧度过大，轴承运转中油温过高使油封老化变质，桥壳内腔压力升高也引起漏油。

⑤后桥壳盖接合面不平或衬垫损坏。

⑥后桥通气孔堵塞，桥壳内压升高。

⑦放油螺塞处漏油。

（3）故障诊断及排除。

①检查后桥润滑油油面，若过高应放出多余的油。

②检查后桥通气孔有无堵塞，主动齿轮和半轴齿轮的油封是否损坏，必要时予以疏通或更换。

③检查齿轮和轴承是否配合过紧，视情况予以调整。

④检查后桥壳盖平面及放油螺塞，若漏油则需修整或更换。

4.2 制动系统检测与诊断

汽车具有良好的制动性能，在紧急情况下可以化险为夷；在正常行驶时，由于制动系统的安全保障作用，可以提高汽车的平均行驶速度，从而提高汽车的运输生产效率。

制动系统一般由供能装置、控制装置、传动装置、执行装置（鼓式和盘式两种）四个基本部分组成。较为完善的制动系统还具有制动力调节装置、报警装置、压力保护装置等附加装置。

汽车上的制动系统按功用可分为行车制动系统、驻车制动系统、第二制动系统和辅助制动系统；按制动能源可分为人力制动系统、动力制动系统和伺服制动系统；按制动能量的传输方式还可分为机械式、气压式、液压式等。随着电子技术的发展和微型电子计算机在汽车上的运用，电子控制的汽车防抱死制动系统（ABS）在汽车上得到广泛应用，全面提高了汽车的制动性能。

4.2.1 气压制动系统故障诊断

1. 气压制动系统组成

气压制动系统的制动力源是压缩空气，驾驶员通过制动踏板操纵气压控制元件，给制动器提供动力。

气压制动系统通常由空气压缩机、储气筒、调压阀、制动控制阀、制动气室以及其他辅助装置及管路等组成。东风 EQ1090E 型汽车制动系统如图 4-4 所示。

图 4-4 东风 EQ1090E 型汽车制动系统示意图

1—空气压缩机；2—前制动气室；3—并列双腔式制动阀；4—储气筒单向阀；5—防水阀；6—湿储气筒；7—溢流阀；8—梭阀；9—挂车制动阀；10—后制动气室；11—挂车分离开关；12—连接头；13—快放阀；14—主储气筒（供前制动器）；15—低压报警器；16—取气阀；17—主储气筒（供后制动器）；18—双针气压表；19—气压调节阀；20—气喇叭开关；21—气喇叭。

2. 气压制动系统故障诊断

1）空气压力不足

发动机工作几分钟后，储气筒内气压就应达到额定气压，若工作几分钟后，储气筒气压不足，应检查空气压缩机至储气筒管路是否漏气（包括内部漏气），或者其他隐患。

（1）风扇皮带过松。气缸表显示压力不足，发动机中速返转一段时间后，压力不见上升，或上升很慢，踏下制动踏板后，放气声很小，或没有放气声，应查风扇皮带是否过松。一般用拇指施加 30N ~ 40N 的力量，应有 10mm ~ 15mm 的挠度。皮带过松时，可移动空气压缩机位置来调整。但空气压缩机的皮带轮和发动机风扇皮带轮必须对正，不可以歪斜。

（2）调压阀故障。

①调压阀上端通气孔漏气。储气筒的气压上升到额定值 0.63MPa ~ 0.83MPa 时，调压阀的膜片及芯杆在气压推动下向上抬起，膜片上腔室的空气由上盖的小通气孔排出。小通气孔出气应是微量的，短暂的，如小通气孔不停在向外大量漏气，说明调压阀的膜片已经不密封了。

②调压阀下端放气螺母漏气。调压阀向外突出部位装有滤网的进气管接头，应通过气管和湿储气筒相通，不装滤网的出气管接头和卸荷阀相通。一旦接错，储气筒里的压缩空气就会顺着出气管接头。经空气管与壳体导管之间的缝隙，从放气螺母的小孔中排入大气。

（3）储气筒气压保持不住。

发动机运转，既使不制动储气筒气压也不升高，发动机熄火后气压不断下降。

①储气筒至制动控制阀之间管路漏气。

②控制阀的进气阀密封不严。

在正常的情况下，制动控制阀处只有在解除制动的瞬间才能听到排气声，在没有制动的情况下，如果控制阀的排气口不断地有压缩空气排出，说明控制阀的进气阀门密封不严。密封阀门的橡胶面工作过程中，由于常和金属的阀门打交道，磨损出来的圆形沟到 0.5mm 时，就密封不严了。

（4）储气筒气压正常，踩下制动踏板后气压不断下降。

驾驶员踩下制动踏板时，控制阀不应向外排气，只有抬起踏板时（排气阀打开）控制阀才能向外排气，而且每一次制动只消耗储气筒内 0.05MPa。如踩下制动踏板后，控制阀就开始向外排气，而且每次制动，都使储气筒内的气压下降的比较多，那么故障可能是：未踩制动踏板时排气阀向外排气，说明进气阀不严。不制动时进气阀关闭，排气阀开启，只要进气阀密封良好，不制动时，排气阀处就不应有压缩空气排出。

踩下制动踏板，或维持制动时控制阀的排气阀向外排压缩空气，则说明排气阀密封不良，制动时，控制阀是先关闭排气阀，然后才开启进气阀，在维持制动时，就应是进气阀和排气阀双阀关闭，往下踩制动踏板和制动踏板保持不动时，排气阀均不应向外排气。

排气阀若是被污物垫起，可用变形酒精清洗，若橡胶垫片溶胀或损坏则必须更换。

2）制动失效

（1）故障现象。

汽车行驶时，踩下制动踏板，汽车无制动迹象，不能迅速减速和停车。

（2）故障原因。

①储气筒内无压缩空气。

②制动控制阀的进气阀门打不开或制动控制阀调整不当。

③制动控制阀、制动气室膜片破裂或制动软管断裂。

④制动踏板至制动控制阀的连接脱开。

⑤制动管路堵塞。

（3）故障诊断。

①查看气压表有无气压。若气压正常，则检查制动踏板与制动阀之间的连接是否脱开，若连接正常，可进行下步诊断。

②踩下制动踏板，是否有严重的漏气声。若有，则故障为制动系严重漏气所致。若无漏气声，则抬起制动踏板，察听制动控制阀是否有排气声。若有排气声，但整车仍无制动效能，则故障在制动控制阀至车轮的管路被严重堵塞；若无排气声，则为储气筒至进气阀的管路堵塞或进气阀打不开。此时可通过调整制动控制阀的最大气压调整螺钉，在确保进气阀打开的情况下，重新踩下并抬起制动踏板，若仍然听不到排气声，则说明故障是由储气筒至进气阀之间的管路严重堵塞所致；若能听到排气声，则说明故障是由制动控制阀调整不当使进气阀打不开所致。

③若气压表指示压力为“0”，则启动发动机并运转几分钟。当气压表仍无压力指示时，可拆下空压机的出气管，启动发动机，察听有无泵气声。若泵气声正常，应查明空压机出气管经储气筒至气压表一段有无严重漏气；若无泵气声，且空压机传动带性能正常，则故障在空气压缩机。

3）制动不灵

（1）故障现象。汽车行驶时，将制动踏板踩到底，汽车减速过慢，制动距离过长。

（2）故障原因。

①空压机工作不正常，储气筒内空气压力不足。

②制动管路及管接头漏气或不畅通。

③制动控制阀或制动气室膜片破裂以及排气阀关闭不严。

④制动踏板自由行程过大。

⑤制动臂调整不当，使制动气室推杆行程不合适。

⑥制动控制阀最大气压调整螺钉调整不当或平衡弹簧的预紧力过小。

⑦制动摩擦片与制动鼓间隙过大或接触面积过小。

⑧制动摩擦片质量不佳或使用中有表面硬化、黏有油污、铆钉外露等现象。

⑨制动鼓磨损过甚或变形严重。

⑩制动蹄与支承销或制动凸轮轴与其支承套锈蚀或卡滞。

（3）故障诊断。

①先让发动机中速运转数分钟，再观察驾驶室内气压表读数能否达到标准。如气压不足，应检查空压机传动带是否太松，空气压缩机排气阀关闭是否严密以及空气压缩机

至储气筒之间的管道是否被堵塞或接头漏气。

②若气压表指示压力正常，但发动机熄火后，气压自动下降，应检查制动控制阀是否漏气、制动控制阀至储气筒之间的制动管路是否漏气。

③若气压表指示压力正常，发动机熄火后，气压也能保持正常，但踩下制动踏板后，气压不断下降，则为控制阀至各制动气室之间有漏气之处，如制动控制阀排气阀关闭不严、管路接头漏气、制动气室膜片破裂漏气等，可根据漏气声判断故障所在。

④若气压表指示压力正常，但将制动踏板踩到底时，气压表的指示气压下降太少，说明制动控制阀的进气阀打开程度太小或平衡弹簧预紧力太小。检查并调整制动控制阀的最大气压调整螺钉。调整后若情况有所好转，则故障在该调整螺钉调整不当；若气压下降还是太少，则故障在平衡弹簧预紧力太小。

⑤若上述检查调整均正常，但制动效果仍然不好，则应检查制动踏板自由行程是否过大，检查制动气室推杆动作是否良好，检查制动器摩擦片与制动鼓之间间隙是否过大。经过这些检查及调整后，若车辆制动不灵现象依然存在，则故障是由车轮制动器内部所致，须解体后方能确诊故障部位。

4.2.2　液压制动系统的故障诊断

1. 液压制动系统组成

液压制动系统是利用制动液作为传力介质传递制动力的。液压制动系统通常由制动主缸、制动轮缸、车轮制动器等组成，如图 4-5 所示。

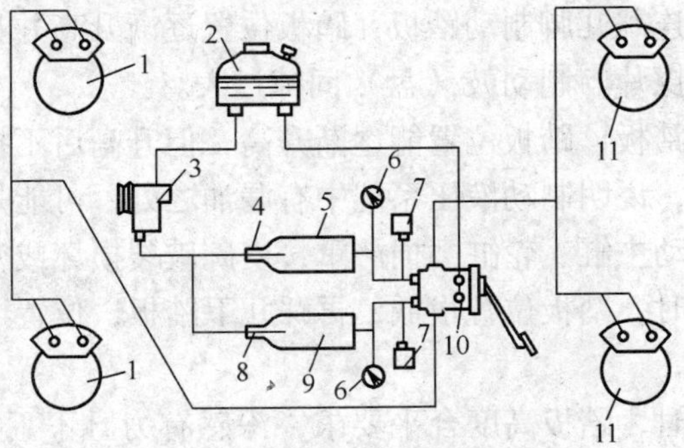

图 4-5　全液压动力制动回路示意图

1—前轮制动器；2—储液罐；3—液压泵；4、8—单向阀；5—后轮制动储能器；6—压力表；7—低压报警灯开关；9—前轮制动储能器；10—并列双腔液压制动阀；11—后轮制动器。

2. 液压制动系统故障诊断

1）制动失效

（1）故障现象。汽车行驶时，踩下制动踏板，汽车不能减速和停车。

（2）故障原因。制动主缸内无制动液或制动液严重不足；制动主缸皮碗踏翻或损坏；制动管路破裂或接头处严重泄漏；制动踏板至主缸的连接部位脱落。

（3）故障诊断。

①踩下制动踏板，如无连接感，则制动踏板至主缸之间的连接脱开。在车下检视，即可发现脱开部位。

②连续踩几下制动踏板，踏板不升高，同时又感到无阻力，应先检查制动主缸是否缺制动液，再检查前、后制动管路有无漏液和损坏部位，通常根据油迹可诊断故障所在。

③踩下制动踏板，稍有阻力感，则多为主缸无制动液或缺制动液所致。

④踩下制动踏板，有阻力感，但踏板位置保持不住，有明显的下沉现象，则多为主缸皮碗破裂所致。

⑤如上述情况良好，则故障可能是主缸皮碗踩翻或损坏，可分解制动主缸确诊。

2）制动不灵

(1) 故障现象。汽车行驶时，将制动踏板踩到底，汽车不能立即减速和停车，制动距离过长。

(2) 故障原因。制动踏板自由行程过大。制动管路和轮缸内有空气。制动管路或管路接头漏油。制动主缸、轮缸的皮碗、活塞、缸壁磨损过甚。制动主缸、轮缸的皮碗老化、发黏、发胀，使制动时阻滞力大。制动主缸阀门损坏或补偿孔、通气孔堵塞。制动摩擦片与制动鼓（盘）的间隙过大或接触不良。制动摩擦片硬化、铆钉外露或有油污。制动鼓（盘）磨损过甚或制动时变形严重。增压器、助力器效能不佳或失效。

(3) 故障诊断。

①检查储液罐的制动液是否太少或无制动液。若制动液过少，说明制动系统内可能有漏液故障，加满制动液后再诊断。

②连续踩几下制动踏板，踏板位置能逐渐升高，但升高后不抬脚继续踩，感到有弹力，则说明制动液压系统内有空气。

③一脚制动不灵，连踩几脚制动踏板，踏板位置逐渐升高并且效果良好，说明踏板自由行程过大或制动摩擦片与制动鼓（盘）间隙过大。

④连续踩几下制动踏板，踏板位置能逐渐升高，但升高后不抬脚继续踩，踏板无弹力感且下沉至很低位置，说明制动液压系统中有漏油之处，可能是制动主缸、轮缸、管路、管路接头漏油或制动主缸、轮缸磨损严重，皮碗破裂损坏或密封不良。

⑤当踩下制动踏板时，踏板位置很低，再踩几下踏板，位置还不能升高，一般为主缸通气孔或补偿孔堵塞。

⑥当踏下制动踏板时，踏板高度合乎要求，深感有力且不下沉，但制动效果不好，则为车轮制动器故障，多为摩擦片硬化、铆钉头露出、摩擦片油污、制动鼓（盘）磨损及变形引起；若踏板高度合适，但踩踏板时感到很硬，则故障可能是制动液太稠、管路内壁积垢太厚、油管凹瘪、软管内孔不畅通或增压器、助力器效能不佳所致。

3）制动跑偏

(1) 故障现象。汽车在平路上制动时，在转向盘居中情况下，自动向左或向右偏驶，紧急制动时尤为严重。

(2) 故障原因。左、右轮制动摩擦片与制动鼓（盘）间隙不同；左、右轮制动摩擦片与制动鼓（盘）接触面积相差过大；左、右轮制动摩擦片材质各异、新旧程度不同或安装修复质量不一样：左、右轮制动蹄回位弹簧拉力相差过大；左、右车轮气压不一致、直径有差异、轮胎新旧不一及磨损程度不同；个别轮缸活塞运动不灵活、皮碗发胀、油管堵塞或有空气；个别车轮摩擦片油污、硬化或铆钉外露。车身变形以及前、后车轴不平行或两边钢板弹簧刚度不等。

（3）故障诊断。

①进行路试：先进行减速制动，若汽车向左跑偏，则说明右边车轮制动迟缓或制动力不足；若汽车向右跑偏，则说明左边车轮有故障。再进行紧急制动，并观察车轮抱死后在地面上的印迹。若同一轴两边车轮印迹不能同时发生，其中印迹短的车轮为制动迟缓，印迹轻的为制动力不足。

②找出制动迟缓或制动力不足的车轮后，应仔细检查该轮制动管路有无碰瘪、漏油的现象，检查该轮的轮胎气压是否正常，轮胎磨损是否严重。

③若上述目检正常，则可对该轮轮缸进行放气。放气时若发现有空气或放完后制动跑偏现象消除，则故障在该轮轮缸内或管路内有气阻。

④若无气阻现象，则检查并调整该轮制动摩擦片与制动鼓（盘）之间的间隙。调整后若制动跑偏现象消除，则说明故障在该轮的制动器间隙调整不当。

⑤若上述制动器间隙符合要求，则应分解制动器及轮缸检查制动器的技术状况、轮缸活塞和皮碗的形态以及油管是否畅通，以确诊故障部位。

⑥若上述均正常，而故障现象依存，则说明制动跑偏的故障不在制动系统本身，而故障可能是由车身变形或其他系统（悬架系统、转向机构、行驶系统）的工作条件恶化所致。

4）制动拖滞

（1）故障现象。抬起制动踏板时，全部或个别车轮的制动作用不能解除或解除缓慢，致使汽车起步困难或行驶无力，制动鼓发热。

（2）故障原因。制动踏板无自由行程。制动踏板回位弹簧脱落、拉断、过软或踏板轴锈蚀、卡住而回位困难。制动主缸、轮缸皮碗发胀、发黏或活塞移动不灵活。主缸活塞回位弹簧折断，预紧力太小。制动鼓严重变形，制动摩擦片与制动鼓间隙过小，制动蹄回位弹簧过软。制动油管碰瘪、堵塞或制动液太脏、太稠而使回油困难。真空助力器的空气阀漏气。

（3）故障诊断。

①汽车行驶一段里程后，用手触摸各车轮制动鼓。若个别车轮制动鼓发热，则故障在车轮制动器；若全部车轮的制动鼓都发热，则进行下一步诊断。

②全部制动鼓发热时，应首先检查制动踏板自由行程。若自由行程符合要求，则检查制动主缸。可将主缸储液罐盖打开，并连续踩下和放松制动踏板，看其能否回液，若不能回液，则说明回油孔堵塞；若回液缓慢，则说明皮碗橡胶圈发胀或回位弹簧无力，则故障在制动主缸。同时还应观察制动踏板的回位情况，若制动踏板不能迅速回位，说明回位弹簧过软或折断。若制动主缸回液正常且制动踏板回位正常，则进行下一步诊断。

③做车轮转动试验。松开制动踏板，让各车轮悬空并用手转动车轮，若各轮的转动阻力很大，则说明故障在各轮制动摩擦片与制动鼓（盘）间隙过小或调整不当；若各轮的转动阻力较小处于正常，则对采用真空助力器的制动系统，可将汽车变速器置于空挡，使发动机处于怠速运转，在松开制动踏板的情况下，再次用手转动车轮，若此时阻力增大，则说明汽车制动拖滞的故障是由真空助力器的空气阀漏气所致。

④若故障在单个车轮制动器，则应先拧松该制动器放气螺钉，若制动液急速喷出。制动蹄回位，则为油管堵塞致使轮缸不能回液所致。若制动蹄仍不能回位，则应调整摩擦片与制动鼓之间的间隙。

⑤经上述检查调整均无效，则应拆下制动器检查轮缸活塞、皮碗、回位弹簧、制动鼓、制动摩擦片状况以及制动蹄片支承销的活动情况。

4.2.3 防抱死制动系统的检测与诊断

汽车防抱死制动系统（Anti-Lock Brake System，ABS），是提高汽车行驶安全性的重要装置。它能使汽车紧急制动时，在大多数道路条件下，防止车轮抱死以获取最大制动力并保持行驶方向的稳定性和转向时良好的操纵性。

ABS 由电子控制器（ABS ECU）、ABS 执行器、车速传感器和 ABS 报警灯等组成。其中，ABS 执行器由主继电器、泵马达继电器和三位电磁阀等组成。汽车紧急制动时，电子控制器能计算车轮的旋转速度并换算成车速，然后判断路面和轮胎的状况，使 ABS 执行器动作，把最适宜的制动液压力供给每个车轮制动器，避免车轮抱死，使车轮与地面的滑移率保持在 15% ~20% 的最佳范围之内，以达到最大制动效能。

1. ABS 防抱死制动系统故障检测与诊断的一般程序

ABS 防抱死制动系统故障检测与诊断的一般程序如图 4-6 所示。

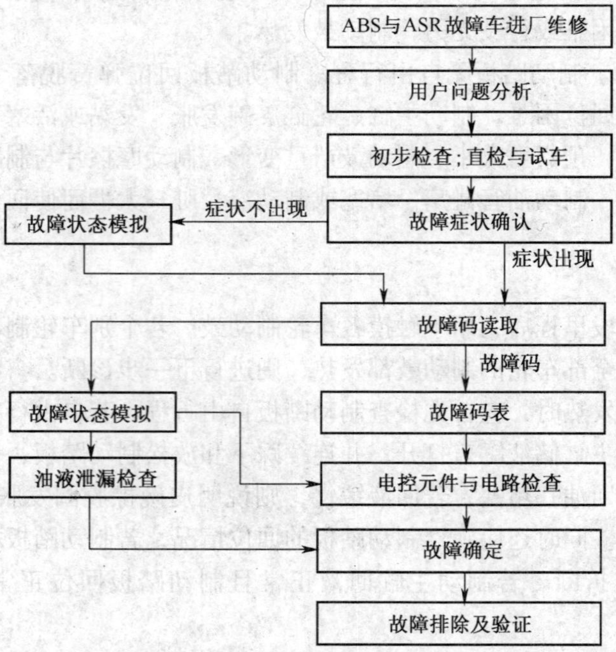

图 4-6　ABS 检测与诊断的一般程序

2. ABS 防抱死系统故障检测与诊断的基本方法

1）初步检查

初步检查是在 ABS 出现明显故障或感觉系统工作不正常时首先采用的检测方法。

初步检查的主要内容包括直观检查和试车检查。

（1）直观检查。

①检查驻车制动是否完全释放。

②检查制动储液罐液面是否符合规定。

③检查所有的制动管路有无损坏变形和泄漏迹象。

④检查 ABS 的所有熔丝是否完好，导线是否破损，插座是否牢固。

⑤检查蓄电池容量和电压是否符合规定，正负极导线的连接是否可靠。

⑥检查 ABS ECU 插接器连接是否牢靠。

⑦检查电路连接处是否腐蚀、损坏、松脱或接触不良，ABS 的各接地线接地是否可靠。

⑧检查轮胎磨损是否严重。

⑨检查车轮转动有无阻滞，轮毂轴承间隙是否正常。

（2）试车检查。通过路试检查，评价汽车的制动性能及 ABS 的工作情况，并确认故障症状。试车检查的方法是先以 30km/h 的车速减速制动使其停车，然后以 40km/h 的车速紧急制动，观察制动过程中发生的现象。

①根据故障指示灯判断故障。正常情况下，在点火开关置于 ON 位置时，ABS 故障指示灯应闪亮 4s 左右时间（因车型而异）再熄灭，而制动指示灯不亮；当点火开关置于 ON 位置而启动发动机时，两个灯均应亮，而启动完毕，制动指示灯应立即熄灭，而 ABS 故障指示灯应点亮 4s 左右。

在试车期间及停车过程中，两个灯均应保持熄灭。若任一指示灯亮，则应注意引起指示灯变亮的条件。若 ABS 故障指示灯点亮，则表明 ABS 有故障；若制动指示灯变亮，则表明常规制动系统存在故障，如液位过低等。

②根据制动的轮胎印迹判断故障。试车紧急制动时，若在路面上留下拖印痕迹，则说明 ABS 存在车轮抱死故障。

③根据制动时汽车的方向稳定性判断。试车时减速制动，汽车直线行驶，而紧急制动时有跑偏甚至侧滑现象，则说明 ABS 存在故障；若试车时减速制动，有跑偏现象，多为常规制动系统故障。

④根据制动踏板的感觉判断故障：发动机启动后，踩下制动踏板，制动踏板有反弹现象，说明 ABS 在工作，其踏板反弹是因 ABS 油泵运转时，储液器油液被压抽到制动主缸引起的。试车时，当踩下制动踏板时，感到有轻微的振动现象，表明 ABS 在工作，其踏板振动是因制动系统轮缸的油压经历着减压—保压—增压的循环过程引起的。否则，说明 ABS 有故障。

2）故障自诊断法

（1）故障自诊断功能。ABS 一般都具有自诊断功能，ECU 工作时能对自身和系统中的有关电器件进行测试。若 ECU 发现系统中存在故障，则点亮 ABS 警告灯，使 ABS 停止工作，恢复常规制动性能，同时将故障信息以代码的形式存入存储器，供检修时调出，以便查找故障。

（2）故障码的读取方法。

①跨接自诊断端子法。部分 ABS 中设有自诊断插座，维修人员可按规定的方法跨

接插座中的相应端子或其他方法，然后根据 ABS 警告灯、跨接线中的发光二极管或 ABS ECU 上的发光二极管的闪烁规律，读取故障代码，确定故障的基本情况。

②专用诊断仪法。借助专用诊断仪读取故障代码是借助专用诊断测试仪与 AKS 故障诊断通信接口相连，按照一定的操作规程，通过与 ABS ECU 双向通信，从检测仪的显示器或指示灯上显示故障代码。

汽车故障电子控制单元诊断仪不仅能读出和清除故障代码，而且还可以向 ABS ECU 传输控制指令，对 ABS 的工作进行模拟，对电控系统进行诊断测试，确定故障部位以及故障性质。目前，有的汽车只能用专用测试仪才可以读取 ABS 的故障代码或进行故障诊断。

③信息显示系统法。部分汽车仪表板上具有驾驶员信息系统，即中心计算机系统，检修人员可以按照一定的自检操作程序，从信息显示屏上显示 ABS 的故障代码或故障信息。

3）快速诊断法

快速诊断法一般在自诊断基础上进行，它是利用专用仪器或万用表等，对系统电路和元器件进行连续测试，以查找故障。

（1）利用 ABS 诊断测试仪进行测试。博世 ABS 常规电路参数测试仪，可对 ABS 的传感器、执行器等有关参数进行测试。测试仪上有程序选择开关、指示灯、数字屏等，采用该测试仪时需有万用表配合使用测试时，将测试仪连接到车上的 ABS ECU 上，然后按使用说明书规定的操作程序和步骤进行测试。根据测试仪显示的简明故障信息，按照故障诊断表，即可判断故障原因，并决定处理方法，如图 4-7 所示。

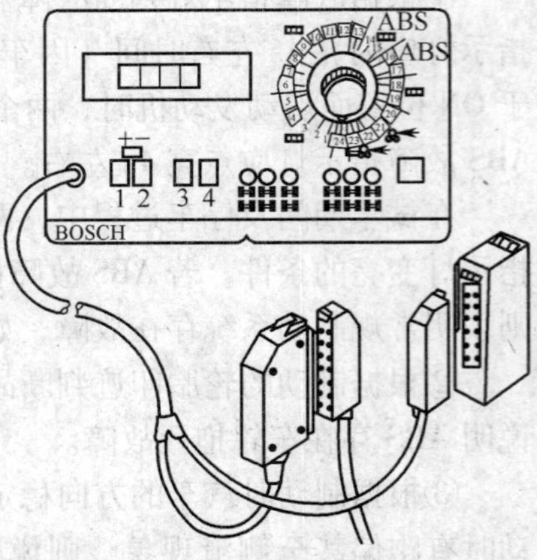

图 4-7　利用 ABS 诊断测试仪测试

（2）利用接线端子盒进行快速测试。由于大多数 ABS ECU 安装位置的缘故，一般 ABS ECU 线束插头不易接近，加之线束插头上的端子一般又没有标号，测试 ECU 端子比较困难，且测试结果不够准确，又会使端子变形或损坏，特别是当向某一端子加入电压时，如果操作失误还可能引起系统中的电气元件损坏，为此常采用接线端子盒。

如果测试戴维斯 35 端子 ABS 的性能，可将 ABS 线束插头从 ECU 插座上拔下，使线束插头与接线端子盒的插头相连接。此时，接线端子盒上的 35 个端子（测试点）标号与 ABS 线束插头端子编号一一对应。测试接线端子，就相当于测试 ABS 线束插头的相应端子。此时用万用表对各测试点进行测试非常方便，也可快速查出故障，如图 4-8 所示。

如果要测试戴维斯 35 端子 ABS 右前轮轮速传感器的性能，可根据快速检查表，用万用表欧姆挡对接线端子盒上的端子 7 与 25 进行测试。如果测量结果在 800Ω ~ 1400Ω 之间，一般说明传感器正常。否则，说明传感器有断路或短路故障，应对传感器进一步检查。

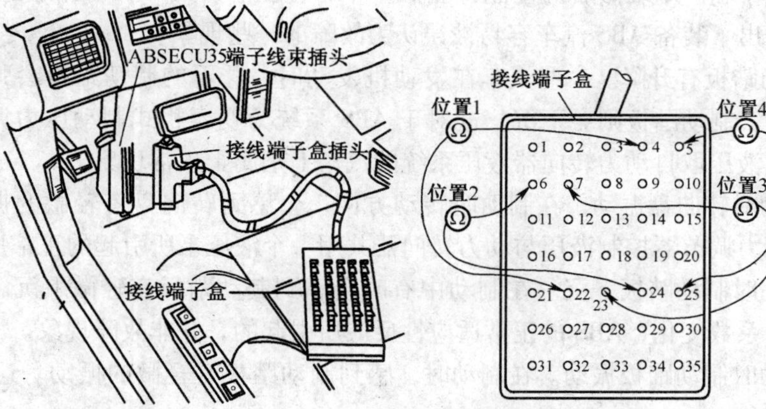

图 4-8 接线端子盒的使用

（3）用万用表检测法。如图 4-9 所示，在没有诊断测试仪和接线端子盒的情况下，为了查出故障部位和原因，也可直接用万用表对 ABS ECU 的线束端子进行测试。用这种方法测试速度比较慢，而且要求测试人员对 ABS ECU 各端子的位置、名称比较熟悉，测试时应使用高阻抗万用表。

（4）利用 ABS 故障警告灯诊断法。如图 4-10 所示，通过读取故障代码和快速检查，一般都能准确地诊断出故障部位及原因。在实际应用中，还经常利用故障警告灯进行诊断，即通过观察仪表板上的 ABS 警告灯和红色制动警告灯的闪亮规律，进行故障判断。

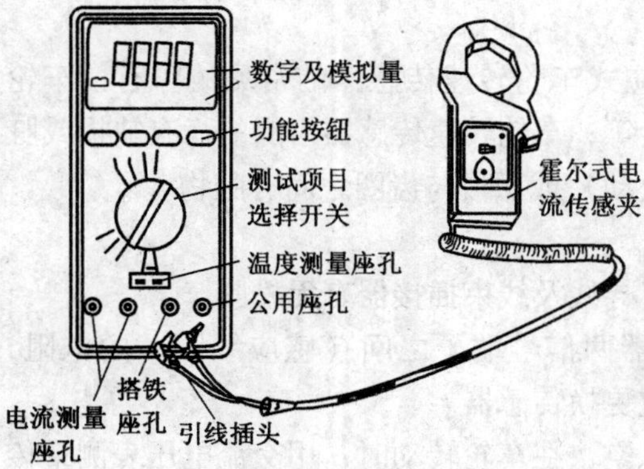

图 4-9 汽车专用高阻抗万用表

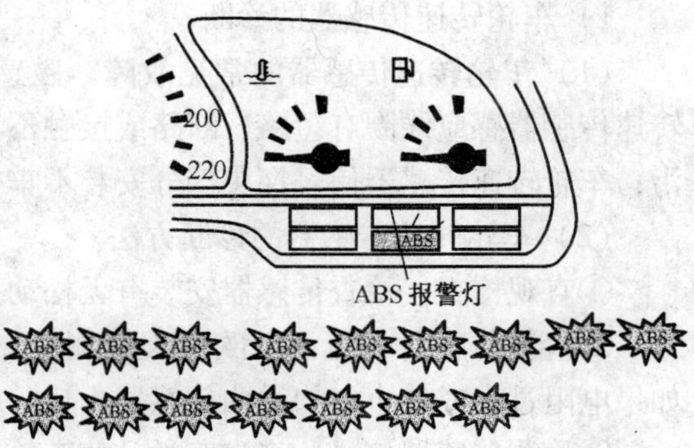

图 4-10 ABS 故障警告灯

通常情况下，在点火开关接通时，黄褐色 ABS 警告灯应闪亮，此时如果制动液不足，红色制动灯也会点亮；蓄能器压力低于规定值、驻车制动未释放时，红色制动灯也会点亮；当蓄能器压力、制动液液面符合规定且驻车制动完全释放时，红色制动灯应该熄灭。在发动机启动的瞬间，ABS 警告灯和红色制动警告灯都应亮；发动机启动后，两个警告灯应先后熄灭。汽车行驶过程中，两个警告灯都不应闪亮。情况如上所述，一般可以说明 ABS 处于正常状态。否则，说明 ABS 有故障或液压系统不正常。由于车型不同，采用 ABS 的形式不同，电路也不相同，其警告灯的闪亮规律也会有一些差异。

3. 防抱死制动系统检查注意事项

ABS 在工作中有些现象较容易误认为有故障，因此，在汽车使用中、汽车维修前的故障验证试车和汽车维修后的性能检验试车中，应注意辨别 ABS 正常反应与故障的不同。下面列出了装备 ABS 汽车容易被误认为故障的一些现象。

（1）制动踏板有升降。一些汽车在发动机发动时，踩下的制动踏板会弹起，而在发动机熄火时，制动踏板则会下沉。这对于 ABS 系统为变容积式制动压力调节器，在 ABS 系统控制液压取自动力转向器液压系统的汽车上是属于正常现象。

（2）制动时转向盘振动。在制动时转动方向，会感到转向盘有轻微的振动。这也是由于制动压力调节器控制液压与动力转向器共用一个液压泵所引起的正常反应。

（3）制动时制动踏板下沉。在制动中有时会感到制动踏板有轻微下沉。这是由于道路路面附着系数变化，ABS 的正常适应性反应所引起的，并非故障现象。

（4）制动时制动踏板振动。在制动时，感到制动踏板有轻微的振动。这是 ABS 起作用的正常现象。

（5）ABS 灯偶尔亮起。汽车在行驶中有时会出现 ABS 警告灯亮起，但过后又很快熄灭的现象。这是汽车在高速行驶中遇急转弯或冰滑路面，出现了车轮打滑现象，ABS 产生保护动作所引起，并非 ABS 电子控制系统有故障。

（6）车轮有完全抱死现象。在紧急制动时，出现了车轮被抱死留下的拖印。如果是制动后期短而淡淡的拖滑的印痕，这属于正常情况。因为在车速小于 10km/h 时，ABS 将不起作用，制动力完全由制动踏板力控制而使车轮被抱死了。

4. 防抱死制动系统主要部件的检查

1）车轮转速传感器的诊断

（1）车轮转速传感器的常见故障。磁感应式车轮转速传感器的常见故障有：车轮转速传感器感应线圈有短路、断路或接触不良等；车轮转速传感器齿圈的齿有缺损或脏污；车轮转速传感器信号探头部分安装不牢松动）或磁极与齿圈之间有脏物。

（2）车轮转速传感器的诊断方法。

①直观检查：检查传感器安装有无松动，导线及线束插接器有无松脱。

②检测传感器电阻：用欧姆表检测传感器两信号端子之间（感应线圈）的电阻，如果电阻过大或过小，均说明传感器不良，应更换传感器。

③检测传感器信号：将汽车举升使车轮悬空，在车轮转动时，用交流电压表测量传感器的输出信号电压，电压表应该有电压指示，其电压值应随车轮的转速的增加而升高；也可用示波器检测传感器的输出信号电压波形，正常的信号电压波形应是均匀稳定的正弦电压波形。如果信号电压低或无，信号电压波形无或有缺损，均说明传感器有故障，需拆检或更换传感器。

2）ABS 控制继电器的诊断

（1）ABS 控制继电器的常见故障。液压泵电动机和电磁阀继电器的常见故障有：触点接触不良、继电器线圈断路或短路等。

（2）ABS 控制继电器的诊断方法。

①检查继电器是否动作：对继电器线圈施加其正常的工作电压，看继电器能否正常动作；若能正常动作，则用电压表检测触点闭合电压，应小于 0.5V。如果触点闭合电压大于 0.5V，则说明触点接触不良，需更换继电器。

②检测继电器线圈电阻：用欧姆表检测继电器线圈的电阻，电阻值应在正常范围之内。

3）制动压力调节器的诊断

（1）制动压力调节器的常见故障。

制动压力调节器的可能故障有：制动压力调节器电磁阀线圈不良、阀有泄漏；液压泵电动机绕组不良等。

（2）制动压力调节器诊断方法。

①检测电磁阀电阻：用欧姆表检测电磁阀线圈的电阻，如果电阻无穷大或过小等，均说明其电磁阀有故障，需予以更换。

②检测电磁阀的工作：将各电磁阀加上其工作电压，仔细听阀能否动作。如果不能正常动作，则应更换制动压力调节器。

③检测电动机的电阻：检测电动机的电阻，看是否与标准值相符。如果电阻值过大、过小或断路，则需予以更换。

4）ABS 控制器的故障诊断

（1）ABS 控制器的常见故障。ABS 控制器的常见故障是内部输入电路、驱动电路等有元件损坏；微处理器有芯片烧坏；线路连接插接器锈蚀、松动等。

（2）ABS 控制器的诊断方法。

①检查线路连接：检查 ABS 控制器线束插接器有无松动，连接导线有无松脱。

②检测电压、电阻或波形：检查 ABS 控制器线束插接器各端子的电压值、波形或电阻，如果与标准值不符，检查与之相连的部件和线路，若均正常，则应更换控制器再进行检测。

③替换法检查：直接采用替换法检验，即在检查传感器、继电器、电磁阀及其线路均无故障而怀疑 ABS 控制器有故障时，可以用个新的控制器替代，如果故障现象消失，则原 ECU 有故障，需更换。

5. 几种常见故障的诊断方法

1）ABS 警告灯不亮

（1）故障现象。接通点火开关时，ABS 警告灯不亮。

（2）故障原因。

①ABS 警告灯烧坏、线路或熔断丝有断路。

②ABS 电子控制盒有故障。

（3）故障诊断。拔开 ABS 控制盒插接器，并接通点火开关，看 ABS 警告灯是否亮。如果灯亮，则需检查 ABS 控制盒插接器的端子（19、21 号端子）有无不良，若端子良好，则说明电子控制盒有故障，应予以更换；如果灯仍不亮，则需检查 ABS 警告灯、驾驶室内熔断器盒中的熔断丝、ABS 警告灯线路及插接器的开关等，端子如图4-11所示。

2）ABS 控制系统失效

（1）故障现象。制动时车轮出现抱死现象，说明 ABS 控制系统不起作用。

（2）故障原因。

①制动灯开关故障或其连接线路有断路。

②轮速传感器故障或其连接线路有断路、短路。

③ABS 控制盒电源线路或熔断丝有断路。

④ABS 电子控制盒（ABS 计算机、电磁阀与液压泵电动机继电器及内部电路等）有故障。

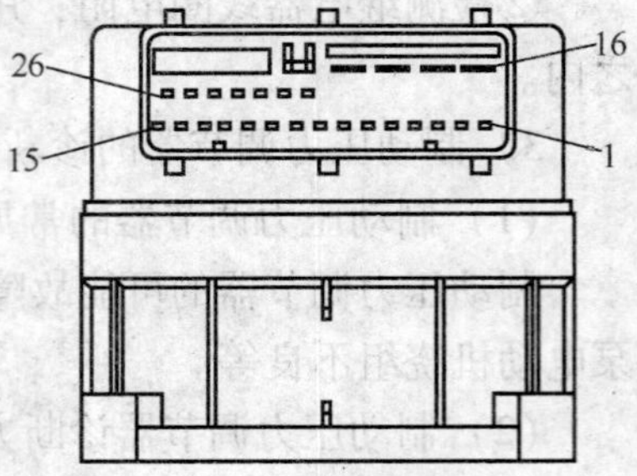

图 4-11 ABS 控制盒端子排列

（3）故障诊断。

①检查电磁阀与液压泵电动机继电器电源。拔开 ABS 控制盒插接器，测量插接器（线束侧）17 或 18 号端子与 16 号端子之间的电压，应为蓄电池电压。如果电压低或无，需检查继电器电源和搭铁线路及 ABS 熔断器；如果电压正常，则进行下一步诊断。

②检查 ABS 计算机电源。接通点火开关，测量插接器（线束侧）15 号端子对地电压，应为蓄电池电压。如果电压低或无，需检修 15 号端子与点火开关之间的线路；如果电压正常，则进行下一步诊断。

③在踩下制动踏板时，测量插接器（线束侧）14 号端子的对地电压，应为蓄电池电压。如果无电压，检查制动灯开关及线路；如果为蓄电池电压，则进行下一步诊断。

④检查轮速传感器信号。转动车轮，测量插接器（线束侧）6-7 端子、3-5 端子、8-9 端子、1-2 端子之间的电压，应为 0.1V 以上，电压应随车轮转速上升而增大。如果无电压或在车轮转速很高时电压仍很低，则需检查轮速传感器线路和传感器；如果轮速传感器信号电压正常，则需更换 ABS 控制盒。

3）制动效果不良

（1）故障现象。汽车在制动时感到制动效果差甚至失去制动作用，有时还伴有制动踏板异常抖动等现象。

（2）故障原因。

①普通制动系统有故障，如制动器不良、制动液内混有气泡、制动主缸不良等。

②ABS 部件或线路有故障。

（3）故障诊断。

①检验普通制动系是否正常。将 ABS 熔断器拔开，使 ABS 制动压力调节器电磁阀不能通电工作，让汽车以普通制动器工作方式制动，看制动不良是否消失。如果制动不良故障仍然存在，则说明普通制动系有故障，需检查制动液、制动器、制动主缸、制动踏板及制动管路等；如果制动不良故障消失，且紧急制动时车轮抱死，则说明是 ABS 有故障，进行下一步诊断。

②检查轮速传感器安装是否良好。如果有问题，将轮速传感器重新安装好；如果良好，进行下一步诊断。

③检查轮速传感器信号。如果信号电压低或无，检修轮速传感器线路及传感器；如果信号正常，则需更换 ABS 控制盒。

4. ABS 警告灯时亮时灭

（1）故障现象。在正常行驶或制动中，ABS 警告灯常出现亮后又马上熄灭的现象。

（2）故障原因。

①ABS 警告灯线路有接触不良之处。

②ABS 电子控制器有故障。

（3）故障诊断。检查 ABS 控制盒插接器、ABS 警告灯线路连接有无松动和接触不良。如果有，予以排除；如果 ABS 警告灯线路及 ABS 控制盒插接器均连接良好，则说明 ABS 电子控制器有故障，应予以更换。

4.2.4　ASR 的故障诊断

在制动过程中，轿车驱动防滑转（Accelerate Slip Regulation，ASR）系统采用流通调压方式对 4 个控制通道进行独立的防抱死制动压力调节；在驱动过程中，通过调节发动机副节气门的开度和对驱动车轮介入制动来进行驱动防滑转控制。

1. ASR 的组成与作用

1）ASR 的组成

如图 4-12 所示，ASR 控制系统主要由车轮转速传感器、ABS/ASR 电子控制装置（ABS/ASR ECU）、ABS 调压器、ASR 制动执行器（由 ASR 隔离电磁阀总成和 ASR 制动供能装置总成两部分组成）、主、副节气门开度传感器、副节气门控制执行器等组成。

2）ASR 的作用

ASR 的作用是当汽车加速时将轮胎滑动率控制在一定的范围内，从而防止驱动轮因为滑动而损失动力或因为过大动力输出造成一些安全问题。它的功能是①提高牵引力；②保持汽车的行驶稳定。行驶在易滑的路面上，没有 ASR 的汽车加速时驱动轮

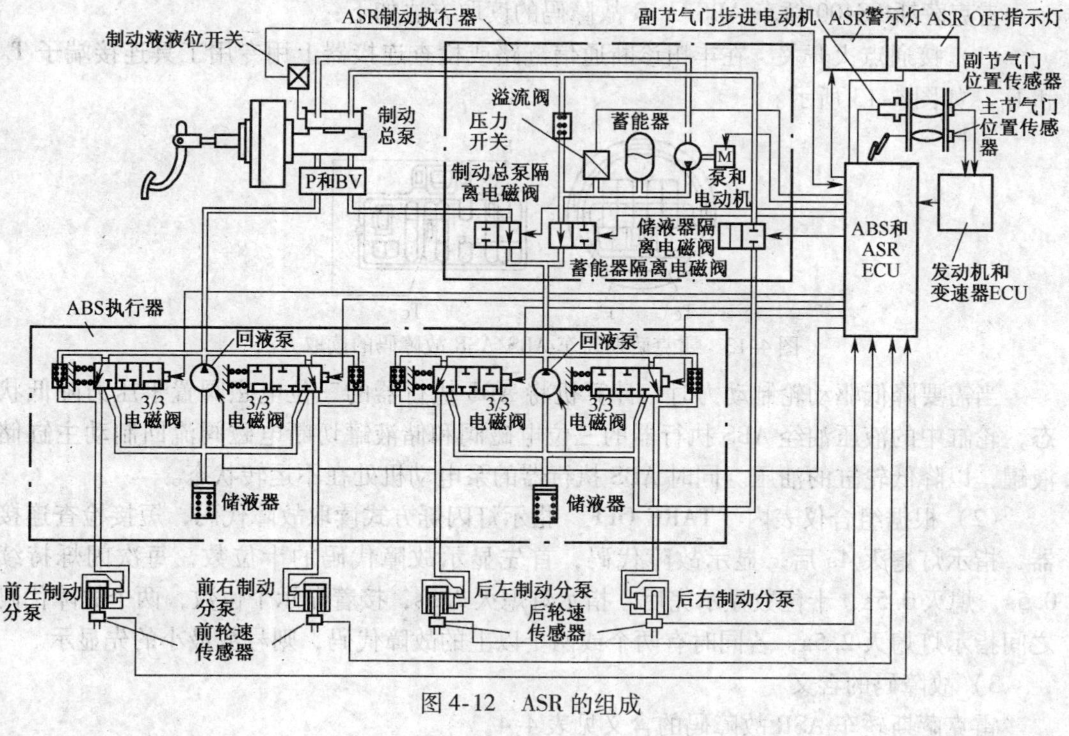

图 4-12　ASR 的组成

容易打滑；如是后驱动的车辆容易甩尾，如是前驱动的车辆容易方向失控。有 ASR 时，汽车在加速时就不会或能够减轻这种现象。

2. ABS/ASR 故障诊断步骤

（1）确认故障情况和故障症状。

（2）对系统进行直观检查，看是否有制动液渗漏、导线破损、制动液液位过低等现象存在。

（3）用电子控制单元诊断仪（解码器）或通过 ABS 报警灯及 ASR 关闭指示灯调取故障代码，从维修手册查找故障代码所代表的内容。

（4）根据故障代码揭示的故障情况，利用必要的工具和仪器对故障部位进行深入检查，确定故障部位和故障原因。

（5）排除故障。

（6）如果上述两灯仍然点亮，可能是系统中仍有故障存在，应排除故障；也可能是故障已经排除。

（7）ABS 报警灯或 ASR 工作指示灯不再持续点亮后，进行路试，以验证系统已经恢复正常工作。

3. ABS/ASR 的故障自诊断

1）检查指示灯

在点火开关置于 ON 时，ASR 指示灯应亮，3s 后应熄灭，否则应检查排除组合仪表的故障。

2）读取故障码

雷克萨斯 LS400 轿车 ABS/ASR 故障码的读取方法如下：

（1）接通点火开关，在丰田诊断通信链路或检查连接器上用专用工具连接端子 T_C 和 E_1，如图 4-13 所示。

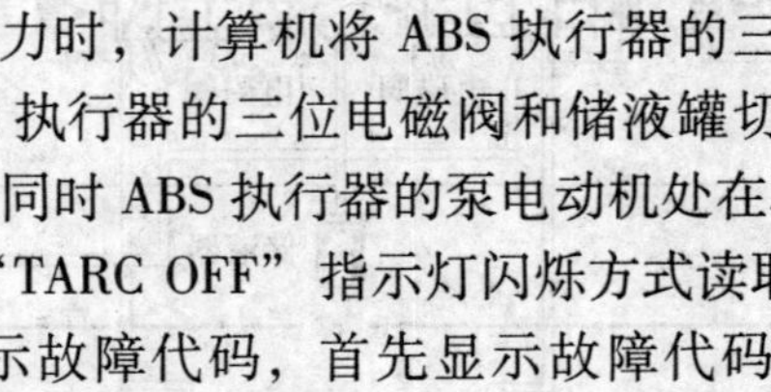

图 4-13　雷克萨斯轿车 ABS/ASR 故障码的读取方法

当需要降低驱动轮制动力时，计算机将 ABS 执行器的三位电磁阀置于压力降低状态，轮缸中的液压油经 ABS 执行器的三位电磁阀和储液罐切断电磁阀流回制动主缸储液罐，以降低轮缸的油压。同时 ABS 执行器的泵电动机处在不运转状态。

（2）根据组合仪表内“TARC OFF”指示灯闪烁方式读取故障代码，短接检查连接器，指示灯熄灭 4s 后，显示故障代码，首先显示故障代码的十位数，每次闪烁持续 0. 5s，熄灭 0. 5s，十位数显示完后，指示灯熄灭 2. 5s，接着显示个位数，两个故障代码之间指示灯熄灭 2. 5s，若同时有两个或两个以上的故障代码，则号数最小的先显示。

3）故障码的含义

雷克萨斯轿车 ASR 故障码的含义见表 4-4。

表 4-4　ASR 故障码

故障代码	故障含义
24	副节气门执行器电路断路或短路
25	步进电动机不能转至 ECU 所确定的位置
26	即使 ECU 将副节气门调节至完全张开的位置，副节气门仍不动
28	节气门电动驱动器通信电路失灵
29	节气门电动驱动器失灵
43	ABS 控制装置失灵
44	Ne 信号电路断路或短路
47	副节气门位置传感器电路失灵
48	副节气门位置传感器电路断路或短路
51	发动机和 ECT 的 ECU 失灵
52	制动液储油罐中油位低
53	发动机和 ECT 的 ECU 通信电路失灵
54	ASR 电动机继电器电路断路或短路
55	ASR 电动机继电器电路 B + 短路
56	ASR 电动机失灵
持续发亮	①AKS 和 ASR ECU 失灵；②“ASR OFF”开关接通

4）故障码的清除

清除故障码的步骤如下：

(1) 点火开关处于接通位置，丰田诊断通信链路或检查连接器端子 T_C 和 E_1 应处于短接状态，在 3s 内将制动踏板踩下不少于 8 次，即可清除故障代码。

(2) 检查“ASR OFF”指示灯，应显示出正常码，表示故障代码全部清除。

(3) 从丰田诊断通信链路或检查连接器上拆下专用工具。

4. ASR 常见故障诊断

1）ASR 主继电器电路故障

(1) ASR 主继电器电路图。ASR 主继电器电路图如图 4-14 所示。

(2) 相关的故障码，相关故障码为 11、12。

(3) 出现故障码 11 时，可能的故障部位。

①ASR 主继电器触点常开。②ASR 主继电器与电子控制单元之间的配线或连接器短路或断路。③主继电器与 ASR 执行器之间的配线或连接器断路。④ASR 主继电器与蓄电池之间的配线或连接器断路。⑤ASR 电子控制单元故障。

(4) 出现故障码 12 时的可能故障部位。

①ASR 主继电器触点常闭。②ASR 主继电器与 ASR 执行器之间的配线或连接器短路。③ASR 电子控制单元故障。

2）ASR 节气门继电器电路故障

(1) ASR 节气门继电器电路图。ASR 节气门继电器电路图如图 4-15 所示。

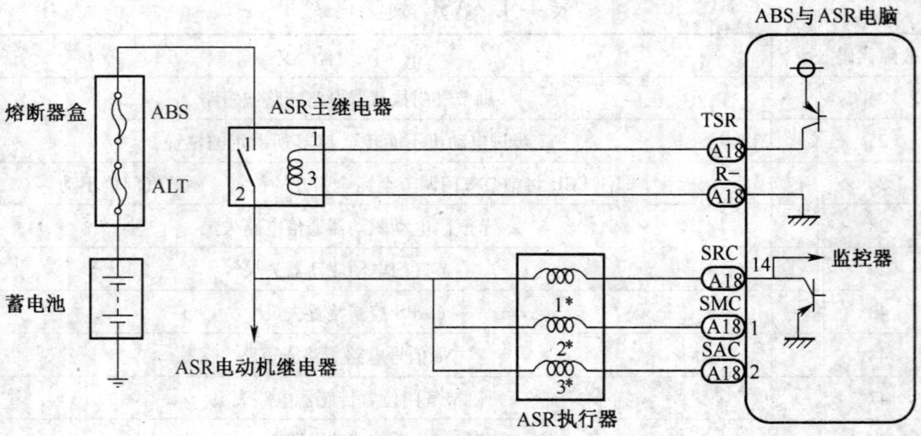

图 4-14　ASR 主继电器电路

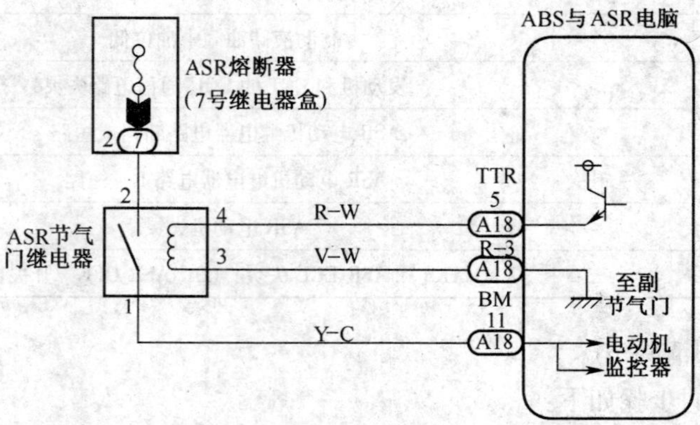

图 4-15　ASR 节气门继电器电路

（2）相关故障码。相关故障码为 13、14。

（3）出现故障码 13 时的可能故障部位。

①ASR 节气门继电器触点常开或触点接触不良。②ASR 节气门继电器与电子控制单元之间的配线或连接器短路或断路。③ASR 节气门继电器与蓄电池之间的配线或连接器短路或断路。④ASR 电子控制单元故障。

（4）出现故障码 14 时可能的故障部位。

①ASR 节气门继电器触点不能张开或线圈与电源短路。②ASR 节气门继电器与电子控制单元之间的配线或连接器短路或断路。③ASR 电子控制单元故障。

3）压力开关（传感器）电路故障

（1）压力开关（传感器）的电路图。压力开关（传感器）的电路图如图 4-16 所示。

（2）相关故障码。相关故障码为 15、16、17。

（3）出现故障码可能的故障部位。

①压力开关和压力传感器；②ASR 制动执行器与电子控制单元之间的配线或连接器短路或断路；③ASR 电子控制单元。

4）ASR 制动执行器电磁阀线圈电路故障

（1）ASR 制动执行器电磁阀电路图。ASR 制动执行器电磁阀电路图如图 4-17 所示。

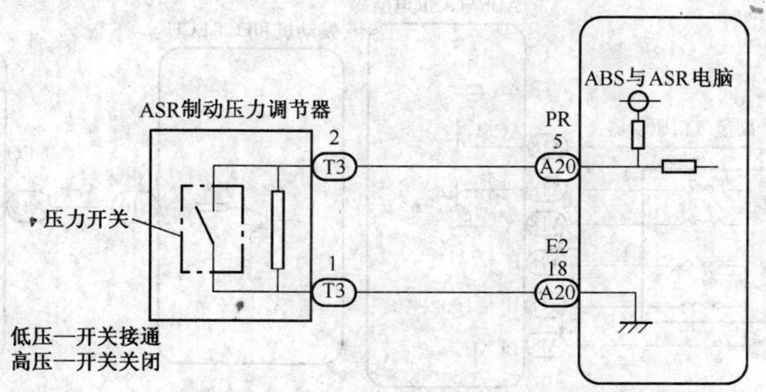

图 4-16　压力开关（传感器）的电路

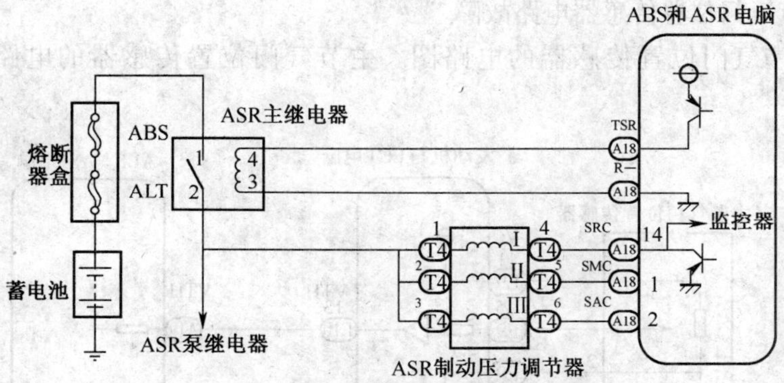

图 4-17　ASR 制动执行器电磁阀电路图

（2）相关故障码。相关故障码为 21、22、23。

（3）可能的故障部位。

①ASR 执行器；②ASR 主继电器与 ASR 制动执行器间的配线或连接器断路；③ASR 制动执行器与电子控制单元之间的配线或连接器短路或断路；④ASR 电子控制单元。

5）ASR 副节气门执行器电路故障

（1）ASR 副节气门执行器电路图。ASR 副节气门执行器电路图如图 4-18 所示。

（2）相关故障码。相关故障码为 24。

（3）可能的故障部位。

①副节气门执行器；②副节气门执行器与 ECU 间的配线或连接器短路或断路；③ASR电子控制单元。

6）发动机转速信号 Ne 的电路故障

（1）发动机转速信号 Ne 的电路图。发动机转速信号 Ne 的电路图如图 4-19 所示。

（2）相关故障码。相关故障码为 44。

（3）可能的故障部位。

①发动机电子控制系统；②ASR 电子控制单元与发动机控制系统电子控制单元之间的配线或连接器短路或断路；③ASR 电子控制单元；④发动机和 ECT ECU 故障。

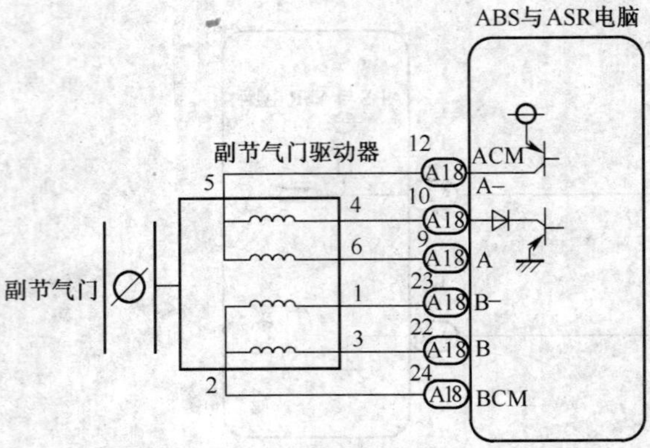

图 4-18 ASR 副节气门执行器电路图

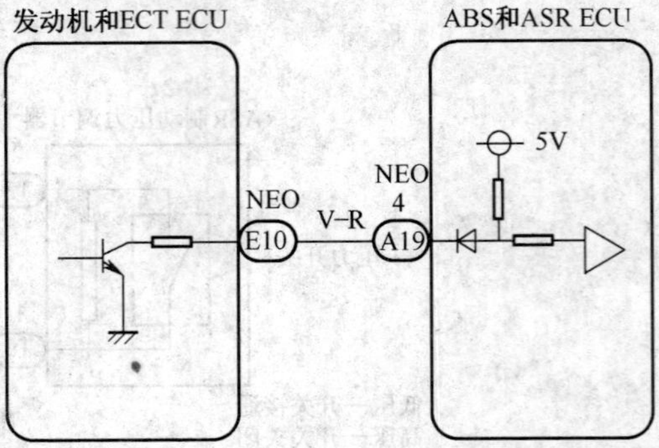

图 4-19 发动机转速信号 Ne 的电路图

7）主节气门位置传感器电路故障

（1）主节气门位置传感器的电路图。主节气门位置传感器的电路图如图 4-20 所示。

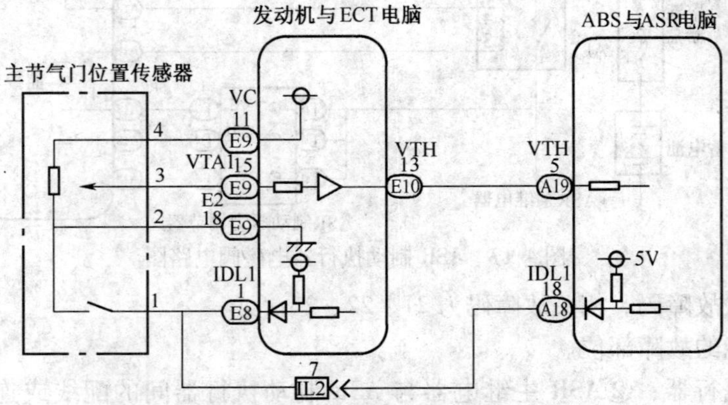

图 4-20 主节气门位置传感器的电路图

（2）相关的故障码。相关的故障码为 45、46。

（3）可能的故障部位。

①主节气门位置传感器；②ASR 电子控制单元与发动机控制系统电子控制单元之间的配线或连接器断路；③ASR 电子控制单元。

8）副节气门位置传感器电路故障

（1）副节气门位置传感器的电路图。副节气门位置传感器的电路图如图 4-21 所示。

（2）相关的故障码。相关的故障码为 47、48。

（3）可能的故障部位。

①副节气门位置传感器；②ASR 电子控制单元与发动机控制系统电子控制单元之间的线路及连接器；③ASR 电子控制单元。

9）发动机信息交换电路故障

（1）发动机信息交换的电路图。发动机信息交换的电路图如图 4-22 所示。

（2）相关的故障码。相关的故障码为 49。

（3）可能的故障部位。

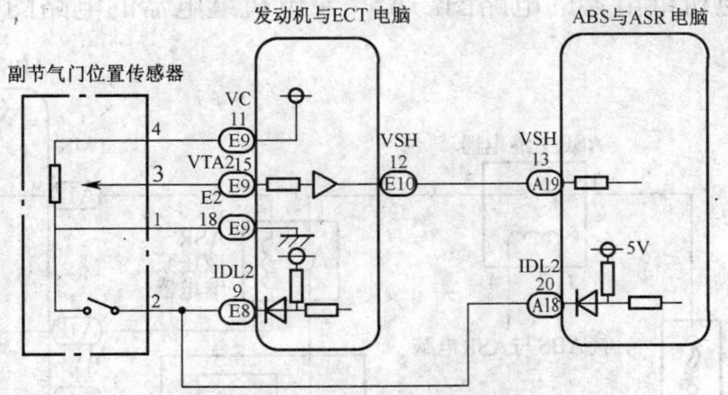

图 4-21　副节气门位置传感器的电路图

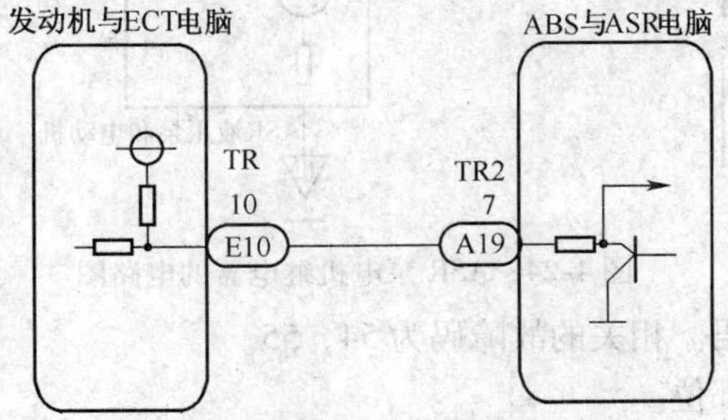

图 4-22　发动机信息交换的电路图

①ASR 电子控制单元与发动机控制系统电子控制单元之间的配线或连接器；②ASR 电子控制单元；③发动机控制系统电子控制单元。

10）辅助油位警告开关电路

（1）辅助油位警告开关电路图。辅助油位警告开关电路图如图 4-23 所示。

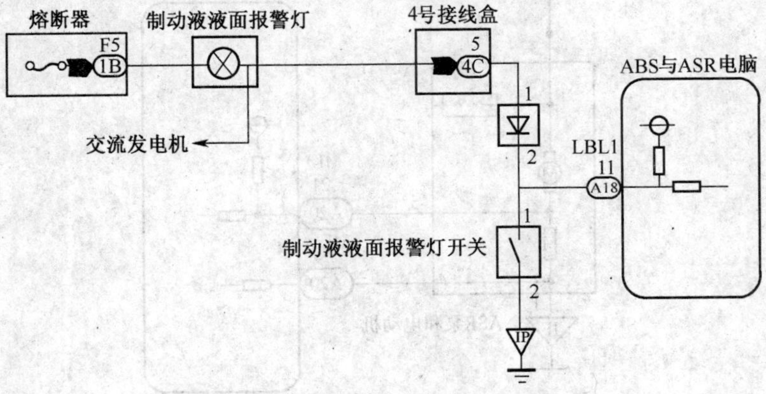

图 4-23　辅助油位警告开关电路图

（2）相关的故障码。相关的故障码为 52。

（3）可能的故障部位。

①制动液有泄漏；②制动液液面报警灯开关一直接通；③制动液液面报警灯开关与 ECU 之间的配线或连接器短路；④ASR 电子控制单元。

11）ASR 泵电机继电器电路故障

（1）ASR 泵电机继电器的电路图。ASR 泵电机继电器的电路图如图 4-24 所示。

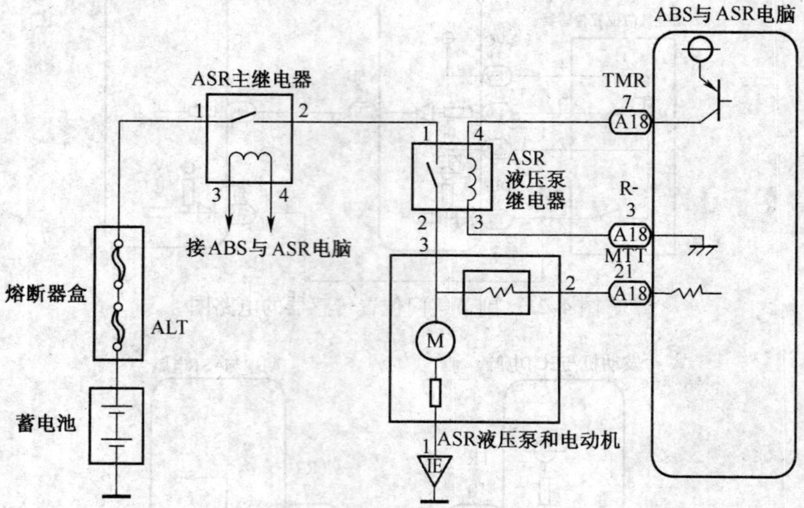

图 4-24　ASR 泵电机继电器的电路图

（2）相关的故障码。相关的故障码为 54、55。

（3）可能的故障部位。

①ASR 泵电机继电器。②ASR 泵电机继电器与电子控制单元之间的配线或连接器短路或断路。③ASR 泵电机与电子控制单元之间的配线或连接器。④ASR 电子控制单元。

12）ASR 泵电机监视电路故障。

（1）ASR 泵电机监视电路图。ASR 泵电机监视电路图如图 4-25 所示。

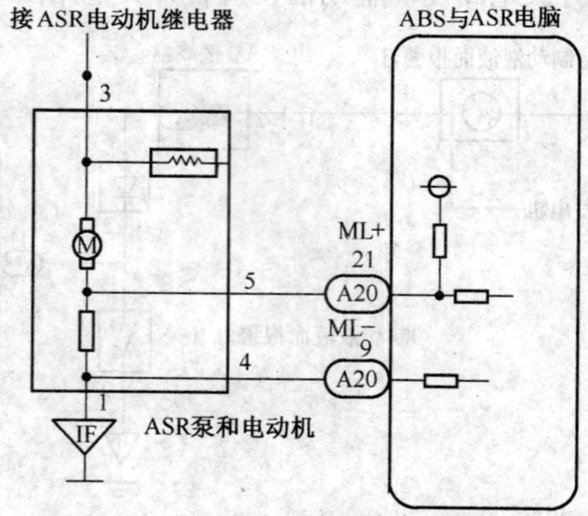

图 4-25　ASR 泵电机监视电路图

（2）相关的故障码。相关的故障码为 56。

（3）可能的故障部位

①ASR 泵电机；②ASR 泵电机与 ASR 搭铁之间的配线或连接器断路；③ASR 泵电机与 ASR 电子控制单元之间的配线或连接器断路；④ASR 电子控制单元。

4.2.5 ESP 的诊断

1. ESP 的功用与类型

1）ESP 功用

ESP 是英文 Electronic Stability Program 的缩写，称为汽车电子稳定程序系统，简称电子稳定系统。ESP 属于汽车主动安全系统，又称为行驶动力控制系统。

ESP 的功能是监控汽车的行驶状态，在紧急躲避障碍物或转弯时出现不足转向或过度转向时，使车辆避免偏离理想轨迹。

2）ESP 的类型

ESP 能自动地向一个或多个车轮施加制动力，在某些情况下每秒可进行 150 次制动，以确保汽车行驶在选定的车道内。

ESP 有三种类型：

（1）4 通道或 4 轮系统。能自动地向 4 个车轮独立施加制动力。

（2）2 通道系统。只能对 2 个前轮独立施加制动力。

（3）3 通道系统。对 2 个前轮独立施加制动力，对后轮一同施加制动力。

ESP 系统可大致分为 4 个部分：用于检测汽车状态和驾驶员操作的传感器部分；用于估算汽车侧滑状态和计算恢复到安全状态所需的旋转动量和减速度的 ECU 部分；用于根据计算结果来控制每个车轮制动力和发动机输出功率的执行器部分；用于告知驾驶员汽车失稳的信息部分，如图 4-26 所示。

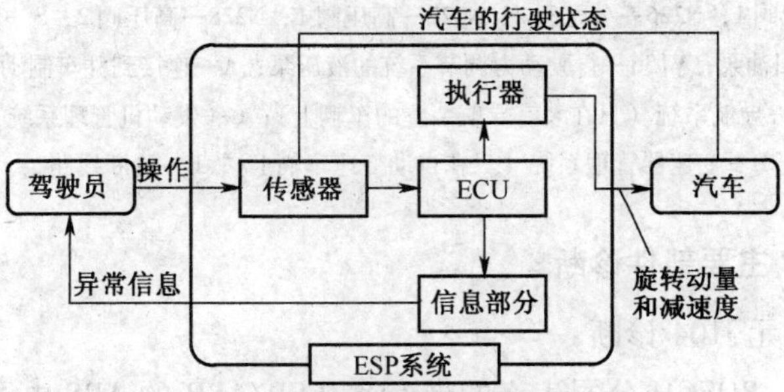

图 4-26 ESP 系统的结构流程图

ESP 系统的主要传感器及其功能如下：

（1）转向角传感器。监测转向盘旋转角度，帮助确定汽车行驶方向是否正确。

（2）轮速传感器。监测每个车轮速度，确定车轮是否打滑。

（3）偏转率传感器（或横摆率传感器）。记录汽车绕垂直轴线的运动，确定汽车是否在打滑。

（4）横向加速度传感器（或 G 传感器）。检测汽车转弯时产生的离心力，确定汽车通过弯道时是否打滑。

2. BOSCH ESP 电路图

以 BOSCH ESP 为例说明 ESP 系统的故障诊断，图 4-27 为 BOSCH ESP 电路图。

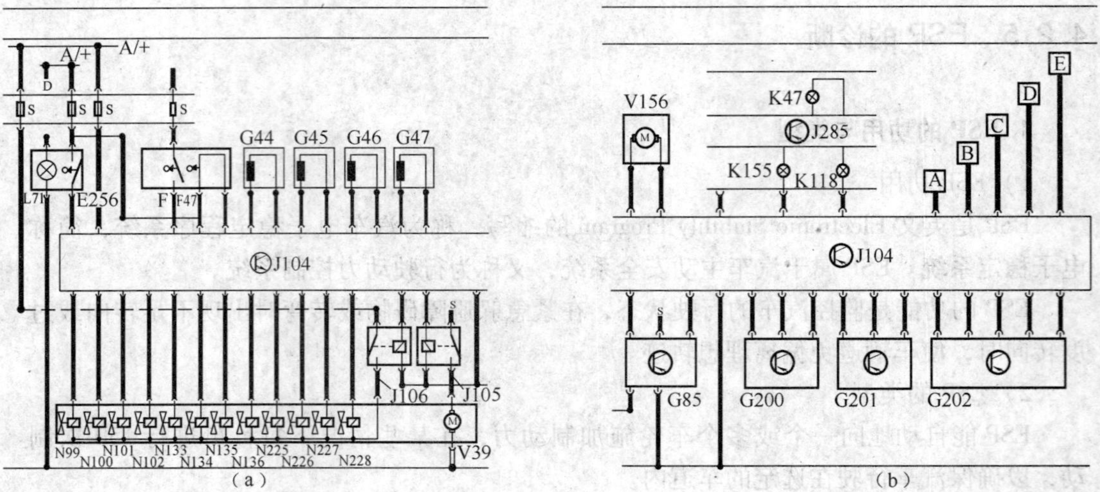

（a）　　　　　　　　　　（b）

图 4-27　BOSCH ESP 电路图

A/＋—电源正极接头；D—点火开关；E256—ESP/ASR 键；F—制动灯开关；F47—制动踏板开关；G44—轮速传感器（右后方）；G45—轮速传感器（右前方）；G46—轮速传感器（左后方）；G47—轮速传感器（左前方）；G85—转向角传感器；G200—横向加速度传感器；G201—制动压力传感器；G202—偏转率传感器；J104—带 EDS/ASR/EAP 和 ABS 电子控制单元；J105—ABS 回油泵继电器；J106—ABS 电磁阀继电器；J285—指示灯装置电子控制单元；K47—ABS 指示灯；K118—制动装置指示灯；K155—ESP/ASR 指示灯；N99—进油阀 ABS 右前方；N100—回油阀 ABS 右前方；N101—进油阀 ABS 左前方；N102—回油阀 ABS 左前方；N133—进油阀 ABS 右前后方；N134—进油阀 ABS 左后方；N135—回油阀 ABS 右后方；N136—回油阀 ABS 左后方；N225—分配阀 1；N226—分配阀 2；N227—高压阀 1；N228—高压阀 2；S—保险装置；V39—ABS 回油泵；V156—行驶动力调节系统的液压泵；A—连接到驻车制动控制开关；B—导航系统（只在装有导航装置的车辆上）；C—发动机管理系统；D—变速器管理系统（只在自动变速车辆上）；E—诊断线路。

3. BOSCH ESP 主要部件诊断

1）电子控制单元 J104 诊断

（1）安装位置。BOSCH 公司生产的带 EDS/ESP/ASR 的 ABS 电子控制单元 J104 是和液压调节单元分开的，它安装在右侧放脚空间的前部。

（2）功用。电子控制单元 J104 里面装有一台高速微型计算机。由于要求系统少出故障，所以系统由两个计算单元，一个自用的电压监视装置和一个诊断接口组成。

两台计算机共用同一软件进行数据处理，并互相监督，这种双配置的系统称为主动冗余系统。

（3）电路图。如图 4-28 所示，电子控制单元 J104 的正极，接在仪表板的电源线路上以获得电源电压。

（4）故障影响。在电子控制单元出现故障时，驾驶员可以使用不带 ABS、EBS、ASR 和 ESP 的普通制动系统。

（5）自诊断。下列故障可以识别：①电子控制单元失灵；②电压供给方面的故障。

2）转向角传感器 G85

（1）安装位置。如图 4-29 所示，转向角传感器 G85 安装在转向柱开关和转向盘之间的转向柱上，滑环式复位环（安全气囊用）和转向角传感器构成一个整体，并装在传感器的下面。

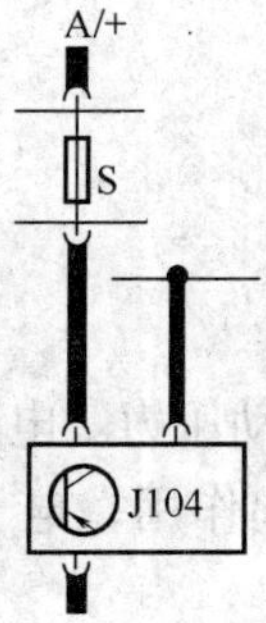

图 4-28　电子控制单元 J104 的电源

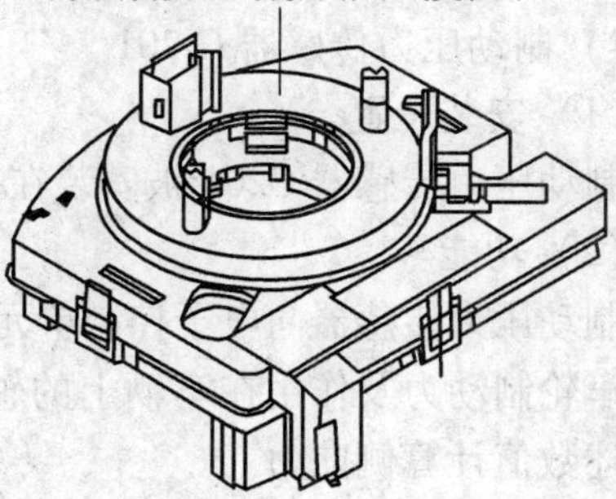

图 4-29　转向角传感器 G85 安装位置

（2）功用。传感器将转向盘转动的角度数据传送给带 EDS/ESP/ASR 的 ABS 系统。传感器可测得 ±720°，即转向盘转 4 圈范围。

（3）电路图。如图 4-30 所示，转向角传感器 G85 是 ESP 系统中唯一将数据直接通过 CAN 总线传递给电子控制单元的传感器，打开点火开关后将转向盘转动 4.5°（相当于转过 1.5cm），转向角传感器就完成初始化。

（4）故障影响。没有转向角传感器传来的数据，ESP 无法判断理想的行驶方向，则 ESP 失效。

（5）自诊断。能诊断出转向角传感器以下故障：

①转向角传感器没有接通；②安装不当；③机械故障；④传感器失灵；⑤不真实信号。

注意：更换电子控制单元或传感器后，必须把仪器再调整到零位。

3）横向加速度传感器 G200

（1）安装位置。由于物理原因，横向加速度传感器 G200 应尽可能靠近车辆重心，所以它安装在驾驶员座椅下的放脚空间。

（2）功能。G200 测出是否有汽车偏离预定方向的侧向力及侧向力大小。

（3）电路图。如图 4-31 所示，横向加速度传感器通过三根电线与电子控制单元 J104 连接。一根线为 5V 电源线，一根线为信号线，另一根线为搭铁线。

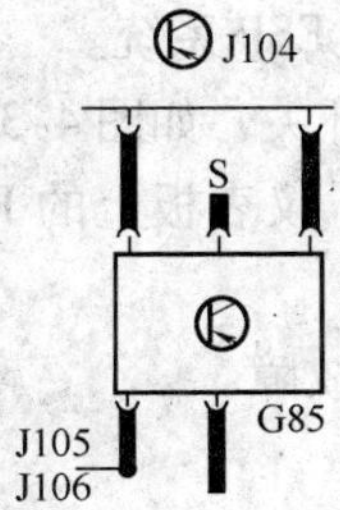

图 4-30　转向角传感器 G85 的电路图

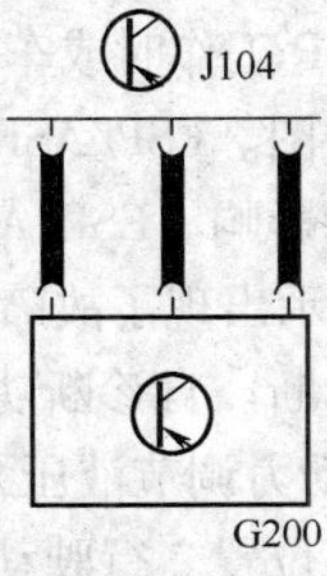

图 4-31　横向加速度传感器 G200 的电路图

（4）故障影响。

如测不出横向加速度，电子控制单元就无法算出车辆的实际状态，EPS 就失效了。

（5）自诊断。

在诊断中先确定是否有线路断路故障或正极和外壳的短路故障，然后系统确定传感器是否失效。

4）制动压力传感器 G 201

（1）安装位置。

制动压力传感器 G201 被安装在行驶动力调节液压泵中。

（2）功能。

制动压力传感器向电子控制单元传送制动管路的实际制动压力。电子控制单元据此算出车轮制动力及作用在车辆上的轴向力。如果需要 ESP 起作用，电子控制单元会利用上述数值计算侧向力。

（3）电路图。

如图 4-32 所示，制动压力传感器通过三根电线与电子控制单元 J104 相连。一根线为 5V 电源线，一根线为信号线，另一根线为搭铁线。

（4）故障影响。

没有实际制动力的数据，系统无法正确计算侧向力，ESP 失效。

（5）自诊断。

在诊断中要确定是否有电路断路或正极接头和外壳处是否有短路现象。然后系统得出传感器是否有故障。

注意：这个压力传感器不能从液压泵中拧出，要和液压泵一起更换。

5）ESP/ASR 键 E256

（1）安装位置。ESP/ASR 键 E256 在各车型上的位置不尽相同，均安装在仪表板区域内。

（2）功能。ESP/ASR 键使驾驶员能够断开 ESP 功能。踩制动踏板或再按这个键都能再次接通 ESP 功能。如果忘记接通 ESP，那么发动机再次启动时，ESP 系统又会重新工作。

下列情况下应断开 ESP 功能：

①车辆要从深雪或疏松的路面爬出来时；

②车辆带防滑链条行驶时；

③在功率试验台上开动车辆时。

注意：ESP 工作时或车辆以某一速度行驶时，不能断开 ESP 系统。

（3）电路图。ESP/ASR 键的电路图比较简单，是一个开关，如图 4-33 所示。

（4）故障影响。ESP/ASR 键失灵时，ESP 不能再关闭，仪表板上的 ESP/ASR 指示灯会闪烁，显示出现了故障。

（5）自诊断。自诊断功能无法诊断 ESP/ASR 键本身的故障。

6）行驶动力调节液压泵 V156

（1）安装位置。行驶动力调节液压泵 V156 的位置在发动机舱的液压调节单元下面，和液压调节单元共用一个支座，如图 4-34 所示。

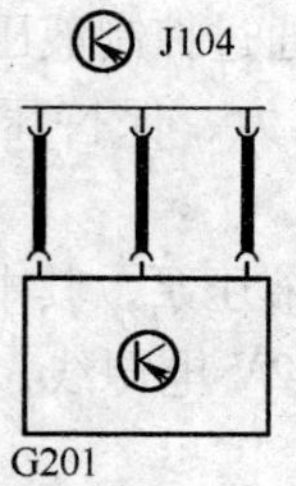

图 4-32　制动压力传感器 G201 的电路图

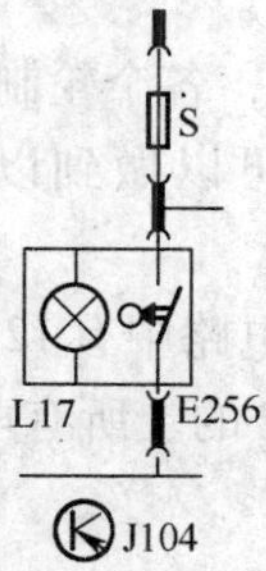

图 4-33　ESP/ASR 键 E256 的电路图

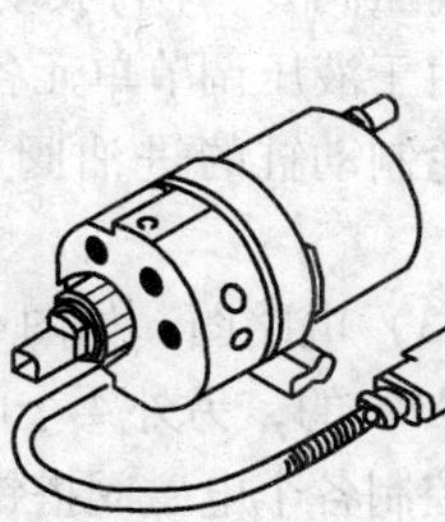

图 4-34　行驶动力调节液压泵 V156 的外形

（2）功能。在制动踏板给予巨大压力时，ABS 装置要求制动液量很小，回油泵能完成这一任务。但在制动踏板给予较小压力或根本没有压力时，回油泵不能给予大量的制动液，因为低温时制动油黏度太高，所以需要在 ESP 装置上附设一个液压泵，给加油泵吸入端提供所需的初压力，这个压力在经过主缸上的节流阀时受到限制，行驶动力调节系统的液压泵自身无法调节。

（3）电路图。液压泵的两根电线都连接在电子控制单元 J104 上，一根线为电源线，另一根线为搭铁线，如图 4-35 所示。

（4）故障影响。液压泵出故障时 ESP 功能无法执行，但 ABS、EDS 和 ASR 不会受影响。

（5）自诊断。电路断路及正极和外壳的短路故障会在自诊断中显示出来。

注意：液压泵不能修理，只能整体调换。新的行驶动力液压泵里装满了制动液，不要提前打开塞子，没装满制动液的液压泵不能使用。

7）液压调节单元

（1）安装位置。液压调节单元安装在发动机舱的支架上，它在各车型上的安装位置不尽相同。在帕萨特轿车上安装在驾驶座一侧，靠近减振器，如图 4-36 所示。

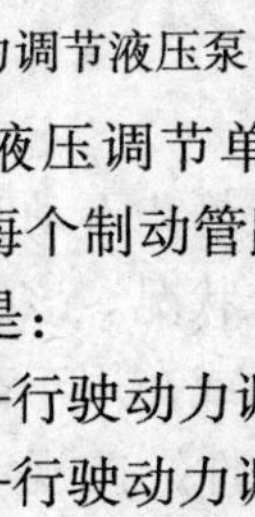

图 4-35　行驶动力调节液压泵 V156 的电路图

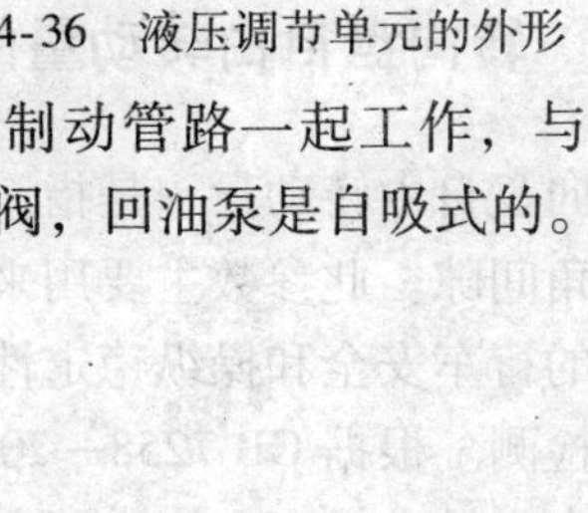

图 4-36　液压调节单元的外形

（2）功能。液压调节单元和两个呈对角线排列的制动管路一起工作，与以前的 ABS 装置相比，每个制动管路上都加装了分配阀和高压阀，回油泵是自吸式的。

分配阀指的是：

分配阀 1——行驶动力调节 N225；

分配阀 2——行驶动力调节 N226。

高压阀指的是：

高压阀 1——行驶动力调节 N227；

高压阀 2——行驶动力调节 N228。

由于液压调节单元各阀门的作用，各个轮制动缸得到控制。通过控制液压调节单元里车轮制动缸的进油阀和回油阀，可以做到以下三点：增加压力、保持压力、减少压力。

（3）电路图。如图 4-37 所示，电路中有 12 个电磁阀和一个液压泵，其中 8 个电磁阀是 ABS 的，另外 4 个电磁阀是 ESP 的。所有电磁阀用同一根 12V 电源线，电子控制单元控制各个电磁阀搭铁回路。

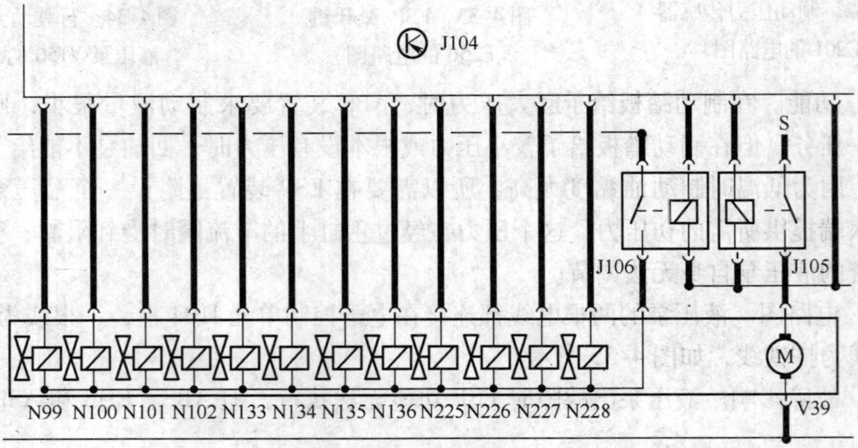

图 4-37 液压调节单元的电路图

（4）故障影响。如果电磁阀坏了，整个系统停止工作。

（5）自诊断。检查分配阀 N225、N226 及高压阀 N227、N228 在正极和外壳处有没有电路断路和短路现象。

4.3 转向系检测与诊断

转向系是汽车底盘的主要组成部分之一，其技术状况主要是指转向盘的转向力和自由转动量，其好坏直接影响汽车操作稳定性和高速行驶的安全性。也就是说，开车时转向盘是否打摆、自由转动量是否太大和高速行驶时是否跑偏等现象。因此无论是新车、改装车或在用车，利用仪器设备对相关参数进行检测，确切地判断转向系的技术状况的好坏，从而确保行驶的安全性。

4.3.1 转向盘自由转动量的检测

转向盘自由转动量，是指汽车转向轮保持直线行驶位置静止不动时，转动转向盘所测得的角间隙。此参数主要用来诊断转向系中各零件的配合状况。该配合状况直接影响到汽车的行车安全和操纵稳定性。因此，无论新车、改装车或在用车都必须对其进行该参数的检测。根据 GB 7258—2012《机动车运行安全技术条件》的规定：机动车转向盘的最大自由转动量不允许大于 20°（最高设计车速不小于 100km/h 的机动车）、45°（三轮汽车）和 30°（其他机动车）。

转向盘自由转动量采用专用检测仪进行检测。简易的转向盘自由转动量检测仪如图 4-38 所示，主要由刻度盘和指针组成。刻度和指针分别固定在转向盘管柱和转向盘边缘上。固定方式有机械式和磁力式两种。

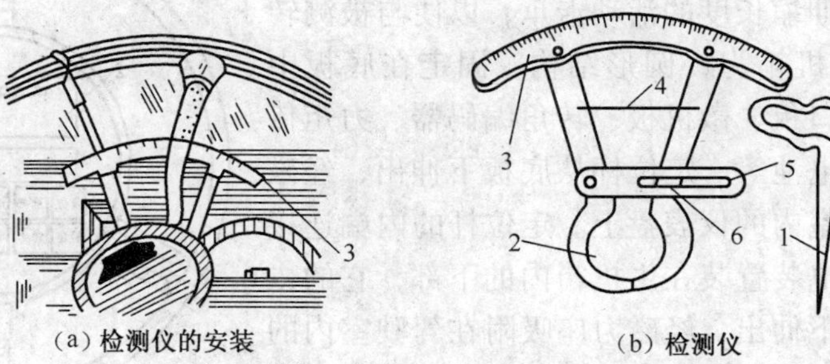

图 4-38　转向盘自由转动量检测仪

（a）检测仪的安装；（b）检测仪。

1—指针；2—夹盘；3—刻度盘；4—弹簧；5—连接板；6—固定螺钉。

测量时，应使汽车的两转向轮处于直线行驶位置不动，轻轻向右（或向左）转动转向盘至空行程一侧的极端位置（感到有阻力），调整指针指向刻度盘零度。然后，再轻轻转动转向盘至另一侧空行程极端位置，指针所示刻度即为转向盘的自由转动量。

一般来说，当车辆最高设计车速大于 100km/h，转向盘从相应于汽车直线行使的中间位置向任何一方的自由行程最好不超过 10°；当车辆最高设计车速小于 100km/h，转向盘从相应于汽车直线行使的中间位置向任何一方的自由行程最好不超过 15°。若超出，则应认真检查并调整转向系各部分的间隙。其检查方法是：将汽车前轮置于检查仪的两块测试板上，操纵两测试板做纵向、横向运动，即可检查出汽车横拉杆、转向节臂、球头等部件的配合间隙，并调整至规定值。

4.3.2　转向盘转向力的检测

操纵稳定性优良的汽车，应有适度的转向轻便性。转向沉重，则易使驾驶员疲劳或转向不正确、不及时而影响行车安全；太轻，则使驾驶员路感太弱、方向漂移而不利于安全行车。转向轻便性可用转向力作为判断的参数。可在动态或静态情况下，用转向参数测量仪或转向测力仪等仪器，测得转向力和对应转角的大小。现在，大部分汽车安全检测站将此项工作的检测移至外观工位，只凭外观检验员的经验进行检测，并不实际检测转向盘的转向力，带有一定的盲目性。国家标准 GB 7258—2012《机动车运行安全技术条件》的规定，机动车在平坦、硬实、干燥和清洁的水泥或沥青道路上行驶，以 10km/h 的速度在 5s 之内沿螺旋线从直线行驶过渡到直径为 24m 的圆周行驶，施加于转向盘外缘的最大切向力不得大于 245N。因此要采用专门的仪器设备来进行检测，一般我们采用转向参数测量仪来检测其相应的转向力（即作用在转向盘上外缘的最大切向力）和对应的转角。

下面以国产 ZC-2 型转向参数测量仪为例，介绍其组成和工作原理。

1. 仪器组成

图 4-39 为国产 ZC-2 型转向参数测量仪，该仪器由操纵盘、主机箱、连接叉和定

位杆四部分组成，具有测试转向盘自由转动量、转向角和转向力的功能。操纵盘由螺钉固定在三爪底板上，底板经力矩传感器与三个连接叉相连，每个连接叉上都有一只可伸缩长度的活动卡爪，以便与被测转向盘相连接。主机箱为一圆形结构，固定在底板中央，其内装有接口板、微机板、转角编码器、力矩传感器、打印机和电池等。定位杆从底板下伸出，经磁力座吸附在驾驶室内的仪表盘上。定位杆的内端连接有光电装置，光电装置装在主机箱内的下部，它的主要作用是从底板下伸出，经磁力座吸附在驾驶室内的仪表盘上，起零点定位作用。

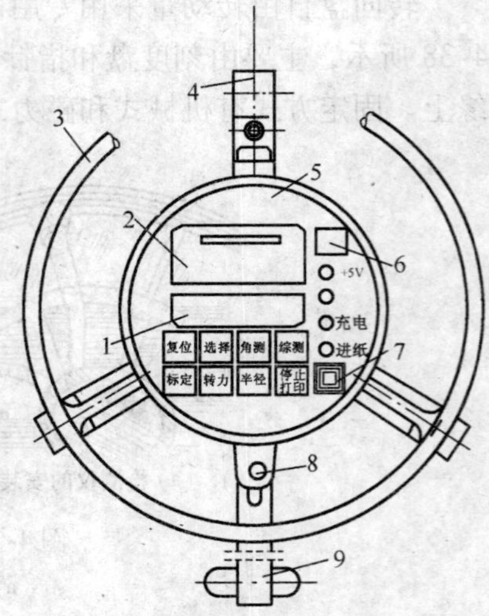

图 4-39 ZC-2 型转向参数测量仪
1—显示器；2—打印机；3—操纵盘；4—连接叉；5—主机箱；6—电压表；7—开关；8—固定螺钉；9—定位杆。

2. 工作原理

转向参数测量仪的工作原理比较简单，测量时，把转向参数测量仪对准被测转向盘中心，调整好三个连接叉上伸缩卡爪的长度，与转向盘连接并固定好。转动操纵盘，转向力通过底板、力矩传感器、连接叉传递到被测转向盘上，使转向盘转动以实现汽车转向。此时，力矩传感器将转向力矩转变成电信号，而定位杆内端连接的光电装置则将转角的变化转变成电信号。这两种模拟电信号通过放大滤波电路和模/数转换器送入到微机，由微机自动完成数据采集、运算、分析、存储、显示，即可测得实际的转向力和转向盘转角。

3. 检测方法

常用的转向力检测方法有三种，即原地转向力试验、低速大转角（8 字路驾行）转向力试验和弯道转向力试验。目前汽车性能综合检查站通常采用原地转向力试验的方法来检测汽车的转向力。

4.3.3 转向轻便性检测

汽车的行驶方向由驾驶员操纵转向盘控制，如转向盘过重，驾驶员容易疲劳；如转向盘过轻，则失去“路感”，产生“发飘”感觉。因此，驾驶员操纵转向盘的力要大小合适，既保证转向轻便，又有“路感”，在保障行车安全的基础上又减轻驾驶员的劳动强度。

转向轻便性试验的目的是测定汽车在低速大转角时的转向轻便性。这种试验方法适用于轿车、客车、载货汽车及越野汽车。

1. 检测条件

1）试验汽车要求

被试验汽车应是按厂方规定装备齐全的汽车。试验前应对汽车的前轮定位、转向系，悬架系进行检查和调校，并按规定对相关运动件进行润滑和间隙调整，只有确定汽车已符合厂方规定的技术条件时，才能进行测试。

试验汽车必须满足下面的三个条件：

（1）试验汽车轮胎和轮辋的型号规格，必须符合规定的技术条件。如试验时使用新轮胎，试验前轮胎至少应经过 200km 正常行驶的磨合。如试验时使用旧轮胎，轮胎残留花纹的高度应不少于 0.15cm。

（2）试验时，汽车轮胎气压必须符合规定。一般为规定气压 ±5kPa 范围之类。

（3）试验时，汽车为最大总质量状态，如客车按最大总质量加载，加载物（推荐用砂袋）应该均匀分布于地板和坐椅上，而载货汽车的装载物（推荐用砂袋）应均匀分布于货箱内，最大轴载质量应符合规定的技术条件。

2）场地要求

试验场地应为干燥、平坦、清洁的水泥或沥青路面。任意方向上坡度应小于等于2%。试验前，应用明显颜色画出双纽线路径如图 4-40 所示。

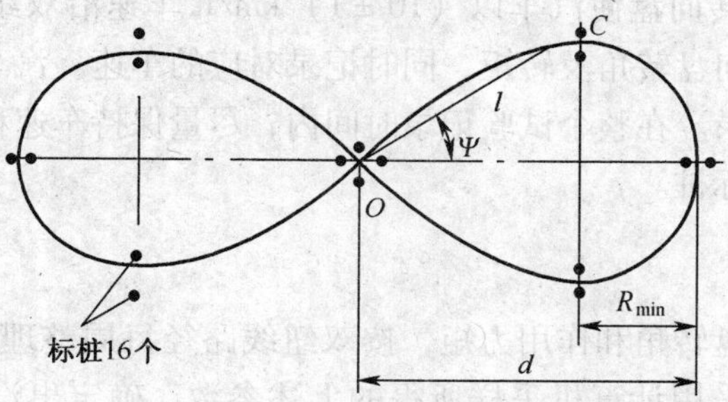

图 4-40　双纽线

双纽线的最小曲率半径应为试验汽车的最小转弯半径的 1.05 倍，并圆整到比此乘积大的一个整数，根据最小曲率半径画出试验场地的双纽线。在双纽线最宽处，顶点和中点的路径两侧共放置 16 个标桩，如图 4-40 所示。标桩与试验路径中心线的距离，按汽车的轴距来确定。当试验汽车轴距大于 2.5m 时为车宽一半加 0.5m，当试验汽车轴距小于或等于 2.5m 时为车宽一半加 0.3m。

3）气候要求

试验时，环境风速不大于 5m/s，外界温度在 5℃ ~32℃之间。

2. 测量所需仪器设备和测量的参数

测量仪器有转向参数测量仪，车速测量仪，X-Y 函数记录仪，标明试验路径的标桩 16 个。试验仪器设备测量范围及精度应满足表 4-5 要求。

表 4-5　试验仪器设备测量范围及误差

测量变量	测量范围	测量仪器及记录系统的误差
方向盘力矩/N·m	±50	±1
转向盘转角/（°）	±1080	±10.8
汽车前进速度/（m/s）	0~50	±0.5
转向盘直径/m	0.5	±0.001

测量参数：

（1）转向盘作用转矩；

（2）转向盘转角；

（3）汽车行驶速度；

（4）转向盘直径。

3. 测试方法

（1）根据被测汽车的规格在场地上画好双纽线路径，并设置标桩。

（2）将测试仪器安装在被测汽车上并调试完好。

（3）对被测汽车进行预热，使其各部分达到正常的工作状态。

（4）汽车以低速空挡直线滑行，此时，驾驶员松开转向盘，当汽车停车后，记录转向盘中间位置及转向盘转矩零线。

（5）驾驶员操纵转向盘使汽车以（10±1）km/h 车速沿双纽线路径匀速行驶，待车速稳定后，记录转向盘转角及转矩，同时记录对应的车速。汽车绕双纽线路径行驶满三圈后，停止数据记录。在整个试验记录时间内，尽量保持车速稳定及沿双纽线路径中心线行驶，不准撞倒标桩。

4. 试验数据处理

根据记录的转向盘转角和作用力矩，按双纽线路径每周整理成图 4-40 所示的一条 M-θ 曲线，或者直接采用计算机采样所得的上述参数，确定出汽车转向轻便性的下列参数：

（1）转向盘最大作用力矩；

（2）转向盘最大作用力；

（3）转向盘作用功；

（4）转向盘平均作用力矩。

4.3.4 转向系常见故障及诊断方法

汽车转向系常见的故障有：转向沉重、自动跑偏、转向盘自由转动量过大、前轮摆振等。这些故障现象通常为综合性故障，除与转向系统本身有关外，还可能与轮胎、悬架、车身等有关。

1. 转向盘自由转动量过大

（1）故障现象。汽车保持直线行驶位置静止不动时，轻轻来回晃动转向盘，感到游动角度很大。根据 GB 7258—2012《机动车运行安全技术条件》的规定，最大设计车速≥100km/h 的机动车，转向盘的最大转动量不得大于 10°；最大设计车速＜100km/h 的机动车，则不得大于 15°。

（2）故障原因

①转向系的齿轮啮合间隙调整不当，导致转向器内主、从动啮合部位松旷或主、从动部分的轴承松旷。

②转向系齿轮箱安装不良。

③转向系齿轮磨损。

④转向轴万向节或伸缩花键磨损过甚。

⑤左、右横拉杆连接处磨损。

⑥转向节与主销配合间隙过大。

⑦轮毂轴承松旷。

（3）故障诊断与排除

在自由转动量过大的诊断过程中，重点应判明故障是由转向器还是由拉杆轴节磨损的原因造成的。

检查故障时，架起汽车转向轮，左右转动转向盘，当用力转动时，拉杆才同步运动。说明拉杆连接处磨损而旷量过大；若拉杆不动，则说明转向器齿轮的磨损过大。

2. 转向沉重

（1）故障现象。汽车行驶中驾驶员向左、右转动转向盘时，相对正常状态感觉到沉重费力，且方向盘无回正感。根据 GB 7258—2004《机动车安全技术条件》的规定，机动车在平坦、硬实、干燥和清洁的道路上行驶，以10km/h 的速度在5s 之内沿螺旋线从直线行驶过渡到直径为 24m 的圆周行驶，施加于转向盘外缘的最大切向力不得大于 254N。

（2）故障原因。

①转向轴的轴承过紧或损坏。

②转向器主、从动部分与其轴承配合过紧或主、从动部分的啮合间隙过小。

③转向拉杆的球头销与球头座配合过紧。

④转向轴万向节十字轴配合过紧。

⑤前稳定杆变形。

⑥轮胎气压不足。

⑦转向节止推轴承缺油或损坏。

⑧转向节主销后倾角或内倾角过大。

（3）故障诊断与排除。

①首先拆下转向节臂并转动转向盘。

②若转动方向盘仍感到转向沉重，说明转向器存在故障，如齿轮啮合间隙过小，转向柱轴套严重磨损等，应检查调整或更换损坏元件。

③若转动方向盘时感觉不到转向沉重，应检查拉杆球头间隙是否过小、车身是否变形、前轮定位是否满足要求等，应检查调整。

3. 自动跑偏

（1）故障现象。汽车行驶中，行驶方向自动偏向一侧行驶，不易保持直线行驶状态，操纵困难。

（2）故障原因。直行自动跑偏的原因主要与轮胎、减振器、转向轮定位、前轮制动器等的技术状况有关，主要包括：

①左右轮胎气压不一致或磨损程度不同。

②左、右前悬架刚度不一致。

③车身变形或车架变形使左、右侧轴距差超出规定值。

④转向轮定位失准。

⑤转向轮某一侧的前稳定杆、下摆臂变形。

⑥转向轮单边轮毂轴承装配过紧或损坏。

⑦转向轮单边制动或单边制动拖滞。

（3）故障诊断与排除。

①首先检查汽车左右转向轮气压是否符合标准或一致，不符合标准或不一致时应充气至标准值。

②检查转向机构前稳定杆和前摆臂是否变形，减振器弹簧刚度及左右钢板弹簧的变形量是否一致。

③行车后检查左右轮毂和制动毂的温度变化情况，若温度不同时，则说明高温一侧的制动器存在单边制动、制动拖滞或轮毂轴承装配过紧、损坏等，需要调整或更换。

④检查转向轴的轴距和转向定位是否符合标准值，否则需要重新校准。

4. 液压助力式动力转向系统故障诊断

（1）故障现象。液力助力式动力转向系统的主要故障有转向沉重、发飘、漏油、异响、转向不稳等。

（2）故障原因。

①液压泵传送带打滑，或者液压泵本身技术状况不良，不能输出正常油压。

②液压系统中液压管路接头松动，液压油管损坏，使得系统有漏油现象，从而造成液压油不足或系统混有空气。

③转向器内部齿轮磨损，转向拉杆球节润滑不良，转向轮定位失准，转向轮气压不足或不一致，造成转向系统故障。

（3）故障诊断与排除。进行液压助力式动力转向系统的故障诊断时，应首先排除机械系统的故障，再对液压系统进行检查。

①检查动力传动带的张紧度，是否打滑。

②液压油工作温度的检查。发动机怠速运转，左右转动方向盘数次，检查液压系统工作油温能否达到标准值。

③检查储油罐储油量是否在规定的范围之内，液压油是否起泡发白，有无空气混入。

④检查液压系统各油管和接头是否有松动、破损及漏油现象。

⑤检测液压泵输出油压以确诊故障所在部位。检测前将与规定油压相适应的压力表（带阀门）连接在液压泵压力输出口与转向控制阀压力输入油管之间，如图4-41所示。检测时，打开压力表阀门至全开，启动发动机使其怠速运转，转动方向盘至左或右极限位置，测量液压泵的输出油压。这时，若输出油压达不到规定值，且在逐步关闭压力表阀门时，油压也不上升，则说明液压泵本身有故障；若油压未达到规定值，但在逐步关闭压力表阀门时液压泵的输出压力提高并可达到规定值，则说明液压泵良好，故障在转向控制阀或助力液压缸，若检测时油压正常，则故障在转向传动机构。

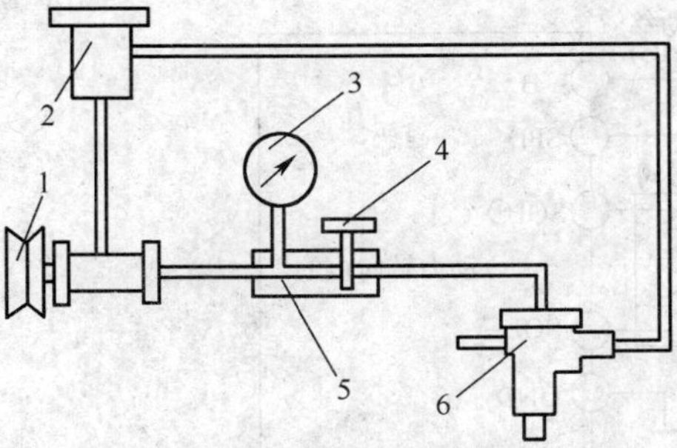

图 4-41　油压测试仪与系统的连接

1—转向液压泵；2—储油罐；3—压力表；4—截止阀；5—油压测试仪；6—动力转向器。

⑥检查转向传动机构。转动转向盘，检查与转向柱轴相关的零部件是否转动灵活，检查万向节、各传动杆件球头连接部位是否过紧，检查转向节推力轴承是否缺油或损坏；检查转向齿轮齿条机构，调整齿条顶块的压紧力，使齿条与齿轮的侧向间隙合适，保证齿条移动自如。

5. 电控助力转向系统故障诊断

电控助力转向系统是在普通转向系统的基础上，加装电子控制和执行装置来提高其转向助力转向特性，提高驾驶员的驾驶路感。电控助力转向系统故障诊断的重点为电子控制系统，机械及油路的故障诊断可参照普通助力转向部分进行。

1）电控系统的故障自诊断

电控助力转向系统一般都具有故障自诊断功能，以监测系统的工作情况并诊断系统故障。当电控系统出现故障时，其基本的转向系统仍能正常工作，但电控系统将停止转向助力的控制，同时，电控单元将其故障信息以故障码的形式储存于存储器内，通常是通过专用解码器或人工方法读取故障码，然后根据故障码的相应内容快速诊断故障。不同车型，其故障码的含义也各不相同，表 4-6 为三菱轿车电控助力转向系统（EPS）的部分故障码及其含义。

表 4-6　三菱轿车电子控制动力转向系统故障码表

故障码	诊断结论
11	EPS 主计算机电源不良
12	VSS 车速信号不良
13	EPS 电磁阀工作不良
14	EPS 主计算机故障

2）电控系统的故障诊断

以丰田皇冠轿车电控助力转向系统为例说明其电控部分的故障诊断方法和步骤，图 4-42 为该车电控助力转向系统的控制电路和 ECU 插接器示意图。

电控助力转向系统的故障诊断。

（1）故障现象。

①车辆原地或低速行驶时转向沉重。

②车辆高速行驶时转向过于灵敏。

（2）故障原因。

①电控助力转向系统机械及液压油路故障。

②电控助力转向的 ECU－IG 熔断丝烧毁。

图 4-42　电子控制动力转向系统控制电路及 ECU 插接器

(a) 控制电路；(b) ECU 插接器。

③电控助力转向的 ECU 插接器接触不良。

④相关车速传感器线束有断路或短路故障。

⑤电控助力转向电磁阀线圈有断路或短路故障。

⑥电控助力转向电控单元 ECU 故障。

(3) 故障诊断。

①首先应检查转向系统的机械及油路故障，如轮胎气压、前轮定位、悬架与转向连接件之间的连接情况，以及动力转向泵的输出油压等，检查正常或排除以上故障后仍不能消除故障现象，则进行下一步检查。

②点火开关置于 ON 位置，检查 ECU-IG 熔断丝是否完好。若熔断丝烧毁，应更换熔断丝重新检查。如果熔断丝再次烧毁，则表明熔断丝与助力转向 ECU 的 + B 端子之间的电路有搭铁故障；若熔断丝完好，则进行下一步检查。

③拔下动力转向 ECU 插接器，按图 4-43 (a) 所示方法，检查动力转向 ECU 插接器的 + B 端子与车身搭铁处之间的电压是否为正常值 (10V ~ 14V)。若无电压，则表明 ECU – IG 熔断丝与 ECU 的 + B 端子之间的线束有断路故障；若电压正常，则进行下一步检查。

④按图 4-43 (b) 所示方法，检查动力转向 ECU 插接器的 GND 端子与车身搭铁处之间的电阻是否为零。若电阻不为零，则表明 ECU 插接器的 GND 端子与车身搭铁处之间线束断路或接触不良；若电阻为零，则进行下一步检查。

⑤顶起汽车一侧前轮并使之转动，用欧姆表测量 ECU 插接器的 SPD 端子和 GND 端子之间的电阻，如图 4-43 (c) 所示。在车轮转动时，其正常的电阻值应在 0 ~ ∞ 之间交替变化，否则说明 ECU 的 SPD 端子与车速传感器之间的线束有断路或短路故障，或车速传感器有故障。若其电阻变化正常，则进行下一步检查。

⑥按图 4-43 (d) 所示方法，检查动力转向 ECU 插接器的 SOL (+) 端子或 SOL (–) 端子与 GND 端子之间是否导通。若导通，则表明 SOL (+) 端子或 SOL (–) 端子与 GND 端子之间的线路发生短路，或电磁阀有故障；若不导通，则进行下一步检查。

⑦按图 4-43 (e) 所示方法，用欧姆表检查 SOL (+) 端子与 SOL (–) 端子之间的电阻，其正常值应为 6Ω ~ 11Ω。若电阻值不正常，则表明 SOL (+) 端子与 SOL

(－)端子之间的线路有断路或电磁阀有故障；若电阻值正常，则可能是动力转向 ECU 故障，必要时可对 ECU 进行更换检查。

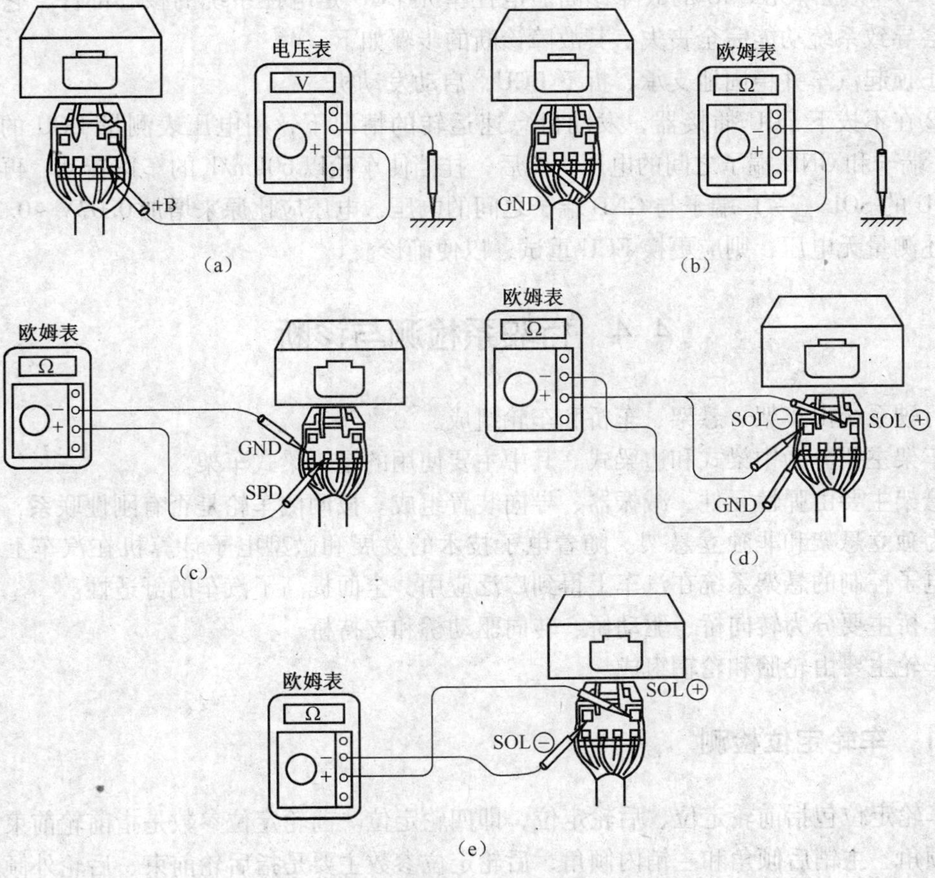

图 4-43　电控系统故障检查

(a) 检查+B 端子与车身搭铁处之间电压；(b) 检查 GND 端子与车身搭铁处之间电阻；
(c) 检查 SPD 端子与 GND 端子之间电阻；(d) 检查 SOL+端子或 SOL－端子与 GND 端子之间电阻；
(e) 检查 SOL+端子与 SOL－端子之间电阻。

3）电控部件的故障诊断

(1) 电磁阀的故障诊断。电磁阀是动力转向系统电控部分的执行元件，它由线圈、针阀、弹簧和油孔等组成。电磁阀的旁通面积由针阀的开启程度决定，当电磁阀的针阀开启时，油道中的电磁阀起旁路作用，致使转向助力发生变化。电磁阀针阀的开启程度由动力转向的 ECU 依据车速传感器的信号进行控制。车速越高，流过电磁阀电磁线圈的平均电流越大，则电磁阀针阀的开启程度就越大，旁路液压油的流量也就越大，从而使液压转向助力减少，以适应转向的要求。

因此，电磁阀工作状况的好坏直接关系到电子控制动力转向系统的性能。电磁阀的常见故障是电磁线圈短路或断路及针阀的位置不当。其故障诊断的步骤如下：

①检测电磁阀电磁线圈的电阻。拆下线束插接器，然后用欧姆表测量两端子之间的电阻。其阻值应为 6Ω～11Ω。否则，电磁阀存在故障，应予以更换。

②检测电磁阀的工作情况。从转向器上拆下电磁阀，然后将蓄电池正极接电磁阀

SOL（+）端子，负极接 SOL（-）端子，此时电磁阀的针阀应缩回 2mm。否则，电磁阀存在故障，应予以更换。

（2）电控单元 ECU 的故障诊断。电控单元 ECU 是电控系统的核心部件，它的损坏将会导致系统功能完全丧失。其故障诊断的步骤如下：

①顶起汽车并稳固地支承，拆下 ECU，启动发动机。

②在不拔下 ECU 插接器，发动机怠速运转的情况下，用电压表测量 ECU 的 SOL（-）端子和 GND 端子之间的电压。然后，挂挡使车轮以 60km/h 的车速转动，再次测量 ECU 的 SOL（-）端子与 GND 端子之间的电压，电压应比原来增加 0.07V ~0.22V。若上述测量无电压，则应更换 ECU 重试，以便确诊。

4.4 行驶系检测与诊断

行驶系统由车架、悬架、车桥和车轮组成。

车架主要分为中梁式和边梁式。其中主要使用的是边梁式车架。

悬架主要由弹性元件、减振器、导向装置组成。按两侧车轮是否有刚性联系，悬架又分为独立悬架和非独立悬架。随着电子技术的发展和微型电子计算机在汽车上的运用，电子控制的悬架系统在汽车上得到广泛应用，全面提高了汽车的舒适性。

车桥主要分为转向桥、驱动桥、转向驱动桥和支持桥。

车轮主要由轮胎和轮辋组成。

4.4.1 车轮定位检测

车轮定位包括前轮定位、后轮定位，即四轮定位。前轮定位参数是指前轮前束、前轮外倾角、主销后倾角和主销内倾角，后轮定位参数主要是指后轮前束、后轮外倾角。

1. 车轮前束检测

车轮前束是指汽车同轴上的左右轮，其前端距离小于后端距离的现象，如图 4-44 所示。车轮前束既可用 A 与 B 的差值（mm）表示，也可用前束角表示。车轮前束常用的检测方法有：拉线式测量法和光电测量法等。

（1）拉线式测量法。根据前束的定义，在车体摆正、前轮处于直行位置时，分别测量同轴左右车轮最后端和最前端对应位置（可以是在车轮内侧面上或车轮中心平面上对应点）间的距离 A、B 值，即可得到车轮前束值 A-B。

（2）光电测量法。四轮定位仪检测时，安装在两前轮和两后轮上的机头内均装有发光器和光接收器，这样既可利用同一轴上左、右轮互为基准，如图 4-45（a）所示，也可利用同一侧的前、后轮互为基准来测量车轮前束，如图 4-45（b）所示。

安装在车轮上的传感器有不同的类型，现以光敏晶体管式传感器为例说明其检测原理。安装在两前轮和两后轮上的光敏晶体管式传感器均有光线发射器和光线接收器，光线接收器是一组等距离排列的光敏晶体管，光敏晶体管在不同位置上接收到光线照射时，其光敏管产生的电信号即代表了前束值的大小。

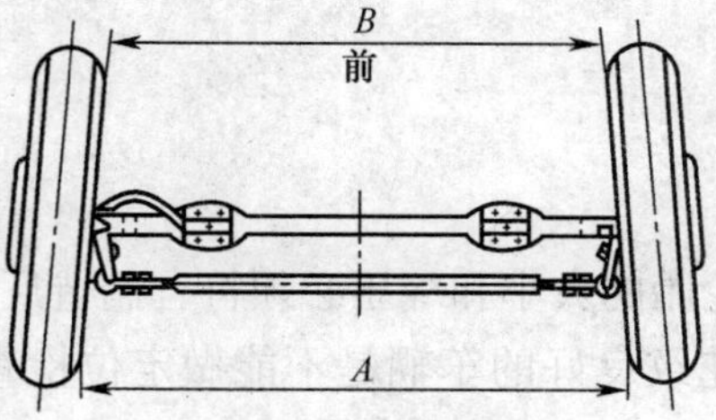

图 4-44　车轮前束的检测

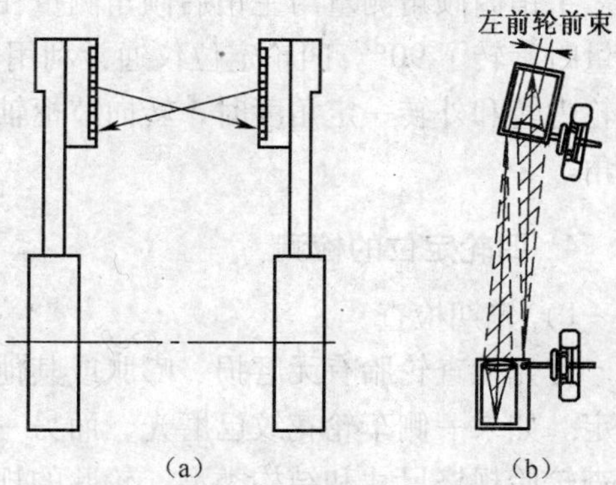

图 4-45　前束值光电测量法示意图

当前束为零时，同一轴左、右轮上的传感器发射出的光束应重合。当车轮存在前束时，在右轮传感器上接收到的光束位置偏移值，则表示左侧车轮的前束值或前束角；同理，在左轮传感器上接收到的光束位置偏移值，则表示右侧车轮的前束值或前束角。由于车轮的前束值很小，所以检测时因基准偏转带来的误差很小，可以忽略不计。

2. 车轮外倾角检测原理

车轮外倾角是指车轮中心平面向外倾斜的角度，如图 4-46 所示。车轮外倾角检测时，必须保证车体摆正，车轮处于直行位置，因为车轮偏转时车轮外倾角将发生变化。车轮外倾角的检测，通常以重力方向作为基准，常用的检测方法有：气泡水准仪测量法和倾角传感器测量法等。

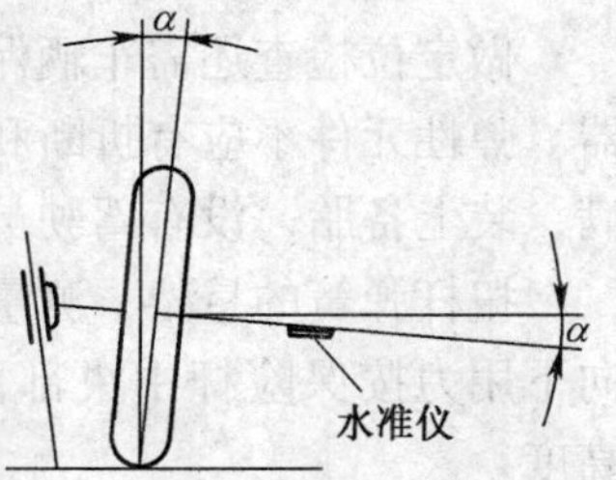

图 4-46　车轮外倾角及其测量原理

（1）气泡水准仪测量法。检测时，通过支架在车轮旋转平面的垂直方向安装水准仪，于是水准仪上测量外倾角的气泡管也垂直于车轮旋转平面，因此气泡管与水平面的夹角与车轮外倾角相等。气泡管中的水泡偏移量与车轮外倾角大小成比例，气泡管可按角度刻度。也可将气泡管调回水平位置，用气泡的位移量或角度调节量来反映车轮外倾角的大小。

（2）倾角传感器测量法。对于光电式四轮定位仪，安装在被测车轮上的机头内装有电子倾角传感器。检测时，利用电子倾角传感器把车轮的外倾角信号转换成电信号，从而测得车轮外倾角。

3. 主销后倾角和主销内倾角检测原理

主销后倾角和主销内倾角均不能直接测出，而只能利用转向轮转动时建立的几何关系，进行间接测量。

主销后倾角测量时，将转向轮分别向内、向外转动一定角度，此时主销后倾角与车轮外倾角会发生相应变化。在一定条件下，主销后倾角与车轮外倾角的变化近似为线性关系。

四轮定位仪通常利用安装在转向轮上机头内的倾角传感器，检测转向轮内转和外转一定角度时，转向轮平面倾角的变化量来间接测出主销后倾角。

主销内倾角测量与主销后倾角测量在原理上相同，只是角度测量平面与主销后倾角测量时旋转了90°。四轮定位仪通常利用安装在转向轮上机头内的倾角传感器，检测转向轮内转和外转一定角度时，转向节枢轴绕其轴线转动的角度变化量来间接测出主销内倾角。

4. 四轮定位的检测

1）先期检查

首先检查轮胎有无磨损、嘭胀或其他损坏，轮胎的大小和气压必须符合制造厂商的规定。如果一侧车轮花纹已磨光，而另一侧轮胎花纹良好的车辆是不能做定位检查的。检查轮胎规格尺寸和结构类型，轮胎的规格尺寸应符合汽车制造厂家的规定，四个车轮轮胎规格尺寸应一致。

逐一检查轮毂轴承、控制臂衬套、下摆臂承载式球接头、横拉杆球接头、直拉杆球接头、转向节主销与衬套有无过度磨损和松旷。这些部分松旷会造成汽车行驶中车轮摆动，转向时略感沉重容易产生侧滑，并加速轮胎的磨损；并造成车轮举升时、空载时和重载时车轮定位角会发生一定程度的变化，影响测量精度。应先排除上述故障再做定位检查。

2）检查车身高度

做定位检查还需车辆保持正确的离地高度。控制车身正常高度的是弹性元件和减振器。弹性元件不应有折断和疲软。车上备有正常附件，油箱按制造厂家规定装一半或装满，装上备胎，没有驾驶员和乘客的重量，后备厢里也不许有多余的东西。

扭杆弹簧的悬架，测量前应先恢复车身的正常高度，将汽车置于水平面上，用双手向下用力按保险杆中央部两端，按到按不动时松手，使其通过反弹恢复车身的正常高度。

扭杆弹簧悬架有3个高度，即动载荷高度、静载荷高度和回弹后车身的正常高度。如车身达不到厂家规定的正常的高度值，所测出来的车轮外倾角和前束值都是假的，没有任何参考价值。在做四轮定位测试前，仍需对照厂家规定的尺寸测量车身离地高度。如悬架高度不够，或左、右悬架高度不同，则需通过扭杆弹簧悬架高度调整螺栓重新校正悬架高度，如图4-47所示。

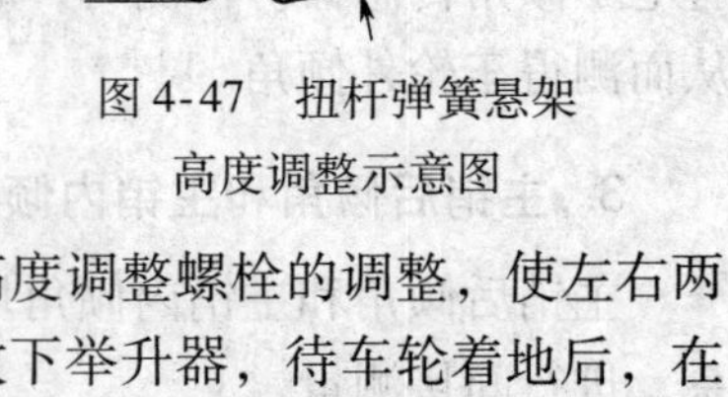

图4-47 扭杆弹簧悬架高度调整示意图

为避免在调整过程中调整螺栓受力过大而损坏，应用二柱举升器使车身离地。拧松调整螺母，通过悬架高度调整螺栓的调整，使左右两侧悬架高度一致，并符合厂家规定的车身高度。调完后放下举升器，待车轮着地后，在驾驶员一侧底板处，反复用脚向底板猛踏几脚，以消除调整臂、扭杆花键和齿套的间隙，确保前悬架高度值的稳定，然后再按厂家规定的力矩锁紧螺母。

注意：扭杆弹簧后悬架的高度也是可以调节的，但调整方法不一样。

电控悬架空车高度的调整必须在发动机怠速下调整。以现代公司的轿车为例，如果车高超标准值，可以转动前、后车高传感器连杆螺套，改变调整杆的长度。杆每旋转一周，前车高度约升高或降低 6mm，后车高约升高或降低 3mm。

车身高度是随着传感器杆的长度增加而升高的。正确的离地高度是所有汽车作前轮定位或四轮定位精度的必要保证，否则所测出来的数据全都是虚假的。

3）检查轮辋端面圆跳动

检测四个车轮外端轮辋的端面圆跳动，端面圆跳动超过 1..2mm 的车轮最好不要使用。四轮定位使用的轮辋夹就固定在轮辋上，轮辋端面圆跳动过大，无法保证测量的精度。轮辋端面圆跳动超差的需先做轮辋偏位补偿。计算机车轮定位器上设有自动补偿功能的，可按下车轮单元上的“补偿键”，并按厂家规定完成其他操作。车轮定位器上没有自动补偿功能的，可采用手动补偿。做完偏位补偿后才可以做车轮定位的检测和调整。

4）其他检查

检查两端横拉杆高度是否一致，若高度不一致，说明至少有一侧转向梯形臂变形。重点检查减振器上、下支座（特别是上支座）有无因碰撞、翻车造成的错位现象。

如图 4-48 所示，检查球头销间隙时支承尽量靠近球头销，可卸去载荷，保证测量准确，检测时将百表打在轮辋下端边缘处，用双手分别在车轮底部和顶部内摆动车轮，或双手抓住车轮两侧左右方向振动车轮，均可检测出上、下控制臂，下摆臂，横直拉杆球头销处的间隙，间隙过大必须在做车轮定位前更换。

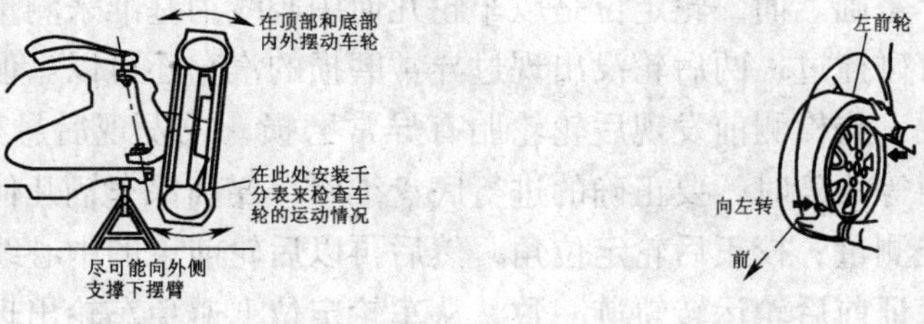

（a）　　　　　　（b）

图 4-48　检测悬架和转向系球头销间隙

（a）悬架球头销间隙检测；（b）转向系球头销间隙检测。

5. 前轮定位的检测

通常后轮驱动的汽车无论厂方是否提供后轮定位数据，在大多数情况下只需做前轮定位。

前轮驱动的汽车按理应做四轮定位，但如没发现转向困难，行驶跑偏，后轮没有畸形磨损时，通常也只是做前轮定位。

前轮定位检测通常只需两个带有角度标识定位仪的转角盘、一个带磁力吸座的气泡水准器车轮定位仪和一个前束尺（或盒尺）即可。

1）前轮定位的准备工作

（1）使所有的车轮处于同一高度，并处于直线行驶方位。将两个定位仪的转角盘置于两个前轮的下方（轮胎气压必须符合厂家规定）。

（2）拆下轮毂罩，把定位仪吸在所测车轮转向节轴端或轮毂端面上。如条件不允许也可以用轮辋夹来安装（四轮定位都是以轮辋为定位基础的），汽车处于行车制动状态，如图 4-49 所示。

2）主销后倾角的测试

（1）确认转角盘指针处于零位，然后根据转角盘指针读数将所检查车轮向外转20°。

（2）将要检查的主销后倾角玻璃管调至零。

（3）根据转角盘指针读数，将车轮向内转40°，把定位仪调平，记下主销后倾角读数。

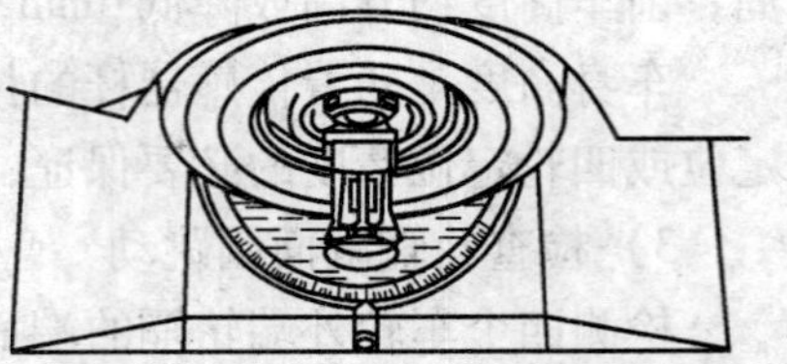

图4-49 机械式前轮定位仪的使用与安装

3）主销内倾角测试

和主销后倾角的测试方式一样，将车轮从直线行驶位置，先向外转20°，转动主销内倾角水准器，使气泡调到零位，向内旋转车轮40°，记下主销内倾角水准器上读出的主销内倾角数值。

4）前轮外倾角的测试

测量前轮外倾角时，汽车应处于直线行驶位置，记下前轮外倾角的数值。如以轮辋夹为定位基础，做前轮外倾角测试。测试后，将车轮旋转180°后再次测试，两次测量数据如有差别，说明轮辋变形，需要换车轮。

单独做前轮定位角检测，又称二轮定位，其主要缺点是：前轮从理论上讲应以后轮推力线为基准进行定位，这样不仅可以保证汽车直线行驶时两个前轮互相平行，同时也保证直线行驶中前、后4个车轮互相平行和前、后轮运行轨迹一致，为最大限度减少轮胎异常磨损奠定了基础。而二轮定位是以车轮几何中心线为基准来测量前轮前束，这对后轮驱动的，没有碰撞过，两后轮没出现过异常磨损的汽车还可以。但如果汽车确实出过碰撞或翻车事故，或检测前发现后轮轮胎有异常磨损，或发现后悬架空车高度过低，后悬架处车身倾斜等故障时，要正确的进行底盘维修，要确保车辆几何尺寸正确，就要通过四轮定位仪先测量，校正后轮定位角，然后再以后轮前束的中心线为基准校正前轮定位，这样才能保证前后轮运转轨迹一致，从车轮定位上避免车轮出现非正常磨损和行驶跑偏。

如图4-50所示，单做前轮定位时，前轮前束通常用前束尺或盒尺进行空载状态下滚动测量，汽车在平地上保持直线行驶的位置，先测两前轮后侧中心线间距离，向前滚l80°，再在同一位置测胎冠中心线间距离。

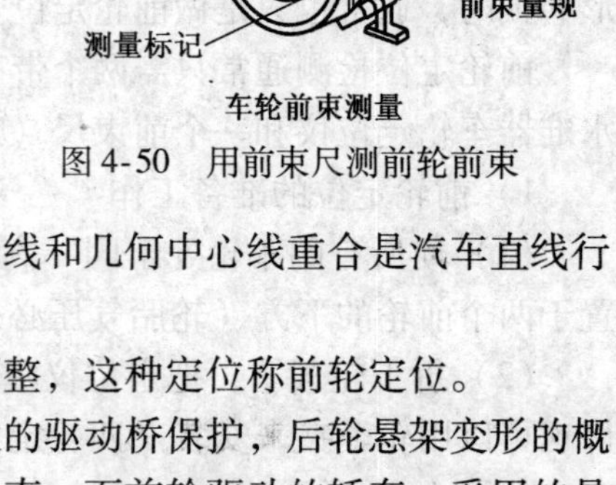

图4-50 用前束尺测前轮前束

5）四轮定位和前轮定位的区别

做车轮定位时涉及到两个参考线：①几何中心线是表示两前轮和两后轮轮迹之间的中心线，即恰好穿过前、后轮中央的假想线；②推力线是后轮总前束的中心线，即与后轮中心线成90°角并向前延伸的线。汽车直线行驶时就是沿着推力线行驶。推力线和几何中心线重合是汽车直线行驶的重要条件之一。

对于两个前轮，都以几何中心线作参考线测量调整，这种定位称前轮定位。

后轮驱动的汽车因为有牢固的车架和刚度的很大的驱动桥保护，后轮悬架变形的概率较低，推力线在大多数情况下可以和几何中心线垂直。而前轮驱动的轿车，采用的是无梁结构，后悬架又较软。一旦后悬架变形，中心线就会偏离几何中心线，在直线行驶时前轮必然脱离定位基准，难以保持直线行驶。此时按几何中心线调整的车轮定位角显然是错误的。所以这种情况下只做前轮定位无法消除因车轮定位角引起的所有问题。

做四轮定位时是以后轮推力线做车轮定位的参考线，该参考线由两个后轮决定，是两后轮前束对称的中心线。然后再以该推力线为基准，对两个前轮进行测量调整，可以保证所有四个车轮在直驶位置时处于平行状态，转向系处于几何中心，满足汽车在设计时的动力学条件，达到行驶稳定性，操纵可靠性等设计时的性能要求。

凡是后轮定位系统是可以调整的，在四轮定位调整时均应先调后轮定位，以确保后轮推力线和几何中心线重合，前轮再以推力线为基准进行定位。这样不仅保证了正确的车轮定位，同时还使车辆的几何中心线和直线行驶中的轮迹中心线一致，从定位角方面确保了直线行驶的稳定性。

对于那些后轮定位角不能调的前轮驱动轿车，也可以通过后轮定位角的测量，先确定推力线，而前轮仍以推力线为基准进行定位，这样也可以使四个车轮平行，且转向轮对中。

6. 四轮定位的检测

将汽车停在四柱举升的定位台上，拉紧驻车制动，前轮停在转角盘上，后轮停在定位台的后滑板上。前轮毂中心应和转角盘零刻度线对正。锁销锁住转角盘，在每个轮辋上装上轮辋夹，夹上调节钮指向车轮顶端，如果传统的计算机车轮定位器没有自动补偿功能，就必须用手动补偿，即将车轮单元上的水泡调到中心位置。

1）做四轮定位时的注意事项

（1）为了避免四轮定位仪测量系统上的电流交叉，要安装良好的接地装置。

（2）检查轮胎气压，否则会产生外倾角误差。

（3）车辆驶上举升机前，应保证转角盘和后滑板事先用锁销锁住。前轮到达转角盘中部，后轮上了后滑板后才可拔去锁销。

（4）车轮转向时安装制动器锁，用专用推杆顶住制动踏板，使汽车处于行车制动状态。

（5）在对轮辋偏位进行补偿时，要将转角盘的转盘对准车轮支架撑开方向，向里推动一点，否则转盘在汽车转向时会滑向相反的方向，这也会导致汽车支架的撑紧而出现测量误差。

（6）转向轮在转角盘上转向时，不要忘记安装制动器锁，否则车轮在转向时会脱落，导致主销内倾角的测量误差。

（7）汽车驶上定位台，做四轮定位前，双手用力向下压几次前、后保险杆中部，压到底后释放反弹，使悬件系统处于自由放松状态，对于扭杆弹簧悬架则可以恢复正常空载高度。

（8）将前轮置在直线行驶位置，并将转盘指针置于零位。

2）四轮定位的步骤

（1）装上轮辋夹和传感器。

（2）进行轮辋偏位（端面圆跳动）补偿。

(3) 调整四个车轮单元传感器水平。

(4) 车轮在直行行驶位置，用专用杠杆压下制动踏板。

(5) 将前轮旋转一定角度，转动角度随车轮定位器而异，如博世公司的定位器，左右转动前轮20°后，可测量出主销后倾角，主销内倾角以及外侧轮在20°时，内外侧车轮的转角差。

(6) 将转向盘回到中间位置，安装转向盘锁，选择确认键，便进入后轮调整画面。

(7) 调整屏幕，进行下列数值选择，如图4-51所示。

①定位角的范围值。

②某个定位角的确切位置。

③调整垫片的厚度和应处的位置。

④选择汽车悬架诊断图解（显示调整位置）。

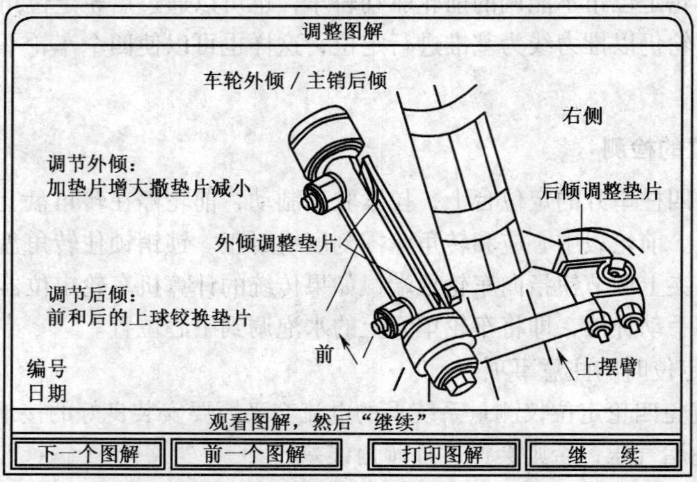

图4-51 四轮定位仪调整位置

(8) 显示车轮定位情况报表。

①前轮总前束，前轮单前束（左、右轮）。

②主销后倾角。

③包容角：主销内倾角和前轮外倾角之和。

④主销内倾角、前轮外倾角。

⑤最大转向角、前轮转向差（外侧车轮20°时内、外侧车轮转角差）。

⑥后轮外倾角。

⑦后轮总前束，后轮单前束。

⑧推进角（后轮推力线和几何中心线间的偏角）。

车轮定位情况报表和调整位置可在车轮定位之前或之后打印出来。

7. 博世FWA510/515四轮定位仪使用说明

1) 博世FWA510/515四轮定位仪的组成

博世FWA510/515四轮定位仪主要由显示屏、打印机组件、键盘、主机组件、主电源开关、车轮单元支架、车轮单元连接插座等组成，其FW515有无线电信号接受器。

如图 4-52 所示。

(1) 显示屏，又叫彩色监视器，显示操作主程序，其中控制命令菜单位于屏幕左侧。

(2) 打印机组件：用于打印测量数据，以协助向车主解释定位程序的效果。

(3) 多功能键盘：用于程序操作和输入文字及数字信息。

(4) 主机组件：仪器的主体部分，装有车辆定位程序，含有汽车四轮定位过程及诊断图形，电子控制系统也位于此部分。

(5) 主电源开关：位于机柜右下方。

(6) 车轮单元的轮辋支架，FWA515 充电插座也位于此部分。

(7) 车轮单元连接插座，用于连接传感器数据电缆。

(8) 无线电信号接收器（仅适用于 FWA515）：将无线电信号传入控制单元。无线电信号和光束信号相比，不受外界光源影响，检测的可靠性、分析能力更胜一筹。

2) 车轮单元组成部分

博世 FW515 四轮定位仪车轮单元的组成如图 4-53 所示。

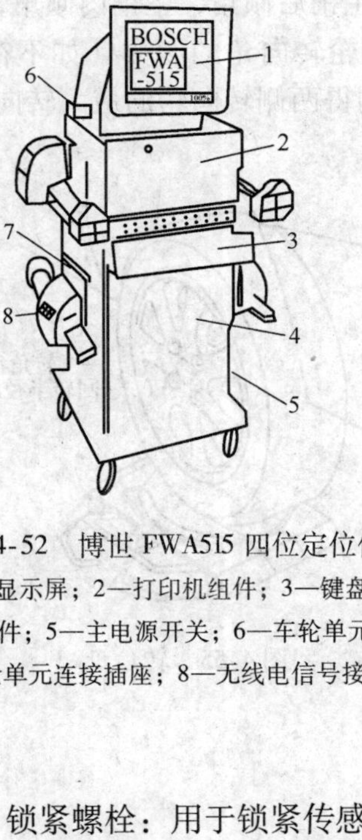

图 4-52　博世 FWA5l5 四位定位仪

l—显示屏；2—打印机组件；3—键盘；
4—主机组件；5—主电源开关；6—车轮单元和支架；
7—车轮单元连接插座；8—无线电信号接收器。

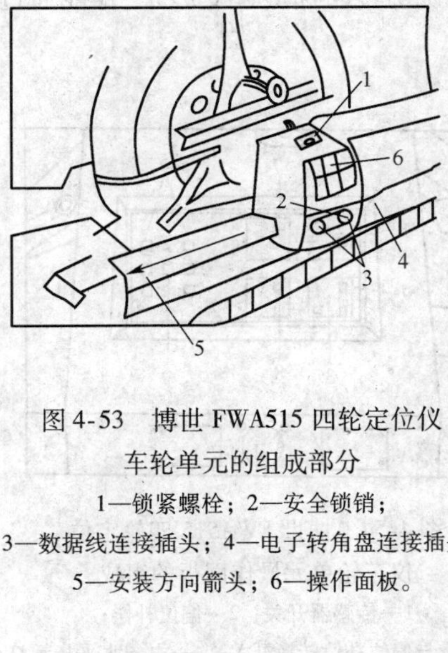

图 4-53　博世 FWA515 四轮定位仪车轮单元的组成部分

1—锁紧螺栓；2—安全锁销；
3—数据线连接插头；4—电子转角盘连接插头；
5—安装方向箭头；6—操作面板。

(1) 锁紧螺栓：用于锁紧传感器。

(2) 安全锁销：向左拨动锁销能从轮辋支架上取下传感器。

(3) 数据线连接插头（需要时用）。

(4) 电子转角盘连接插头，仅用于前轮单元。

(5) 电池组件，仅适用于 FWA515 型定位仪。

(6) 安装方向箭头，箭头应指向车前。

(7) 操作面板。

3) 车轮单元操作面板的组成

博世 FWA5 1 5 型四轮定位仪车轮单元操作面板的组成如图 4-54 所示。

（1）传感器开关：仅适用于博世 FWA515 型定位仪的传感器状态指示灯，此指示灯在测量过程中应始终亮着，如此灯出现闪烁状态，说明传感器电池快耗尽了。

（2）偏位补偿：主要是帮助解决轮辋偏位（端面圆跳动）和车轮转动时卡具被撑开带来的误差，对前束和外倾角进行补偿。

（3）测量与偏位补偿转换开关。

（4）电子水平指示灯，取代传统的水泡，消除人为测量误差，显示传感器水平位置正确。

（5）通信状态指示灯。熄灭：表示传感器有故障。持续亮：与主机通信中断。闪烁：与主机通信良好。

（6）上止点偏位补偿指不灯。

（7）下止点偏位补偿指示灯。

（8）测量状态指示灯和偏位补偿状态指示灯。

4）转角盘和后滑板的作用

无论作二轮定位还是做四轮定位，汽车前轮都必须放置在转角盘上，如图 4-55 所示。借助转角盘，通过转向盘的转向过程，可以得到主销后倾角，主销内倾角，和转向20°角的负前束测量值，及外侧轮转向角为 20°时内侧轮转向角的度数（如不符合厂家规定，说明转向梯形臂变形）。还能通过电子转角盘测得两侧转向轮的最大转向角。

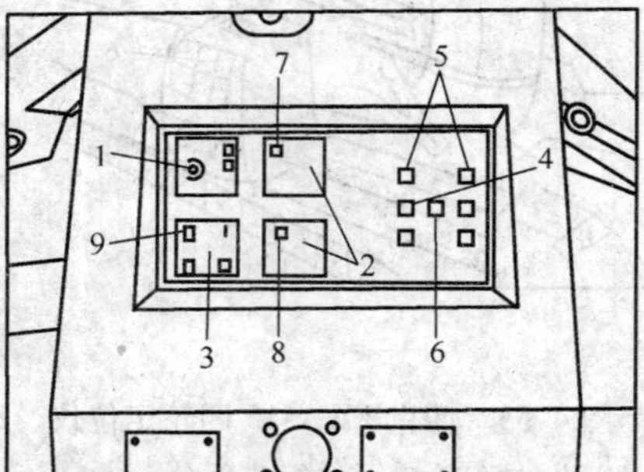

图 4-54 博世 FWA515 四轮定位仪车轮单元操作面板的组成

1—传感器开关；2—偏位补偿；3—测量与偏位补偿转换开关；4—电子水平指示灯；5—通信状态指示灯；6—上止点偏位补偿指示灯；7—下止点偏位补偿指示灯；8—测量状态指示灯；9—偏位补偿状态指示灯。

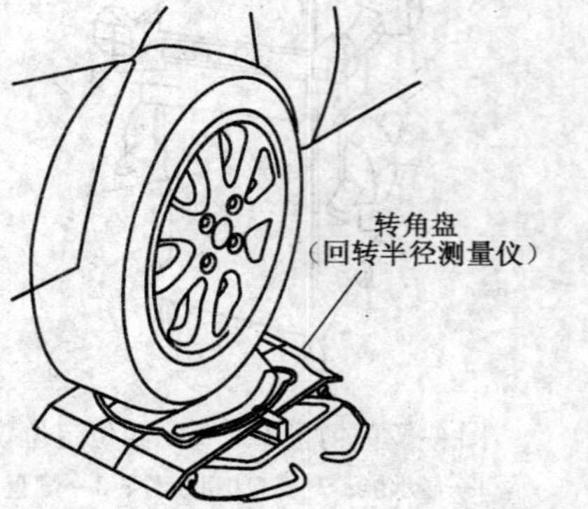

图 4-55 转角盘

做二轮定位不用后滑板，做四轮定位时后轮必须放在后滑板上。后滑板有如下作用：

（1）后滑板能使后轮向外侧自由移动，可以正确地安置后悬架。

（2）可以对后轮前束和后轮外倾角进行无约束调整（可准确地调整后轮外倾角和前束）。在车辆开上后滑板之前，应在后滑板上插上锁定销锁定。

5）对与四轮定位仪配套使用的举升器的要求

做四轮定位时可以使用专用的四柱举升器，二柱举升器，如图4-56所示，也可以使用传统的地沟，只要能做到四轮高度一致就行。

测量用举升器必须能够使汽车四个轮的支撑点（转角盘和后滑板，如图4-57所示）保持在同一高度，并保证重复测量时的重复精度。用光学水平仪检查，允许的高度偏差是左右跑道之间最大高度误差不超乏1 mm，前后轮之间对角之间最大高度误差不超过2mm。后滑板和转角盘之间水平精度不够准确，会对测量带来误差。仅2mm的左右水平偏差就能产生6.18′的外倾角误差和0.96′的前束误差。

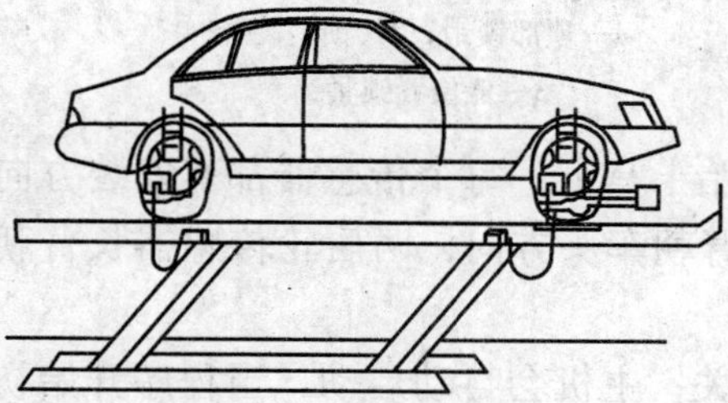

图4-56　二住举升器

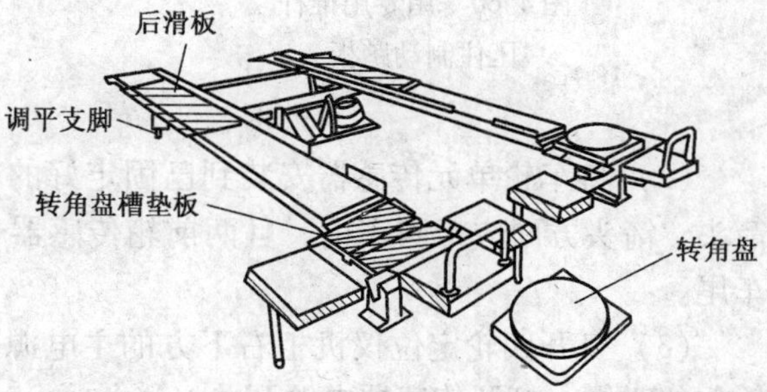

图4-57　带有转角盘和后滑板的足位台

6）车轮单元的安装

汽车的前轮停在转角盘上，后轮停在后滑板上，如图4-58所示，前轮转向节轴中心应与转角盘零刻度线在同一直线上，如图4-59所示。锁销要留在转角盘上，使用自动变速器的，变速杆应置于P位，用专用推杆压住制动踏板，如图4-60所示，实行行车制动。

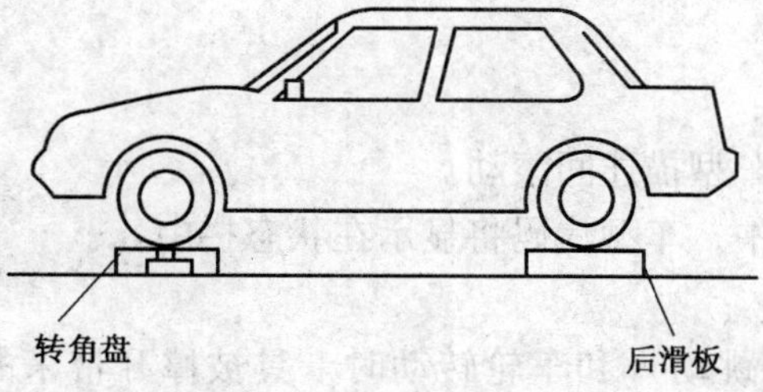

图4-58　前轮停在转角盘上，后轮停在后滑板上

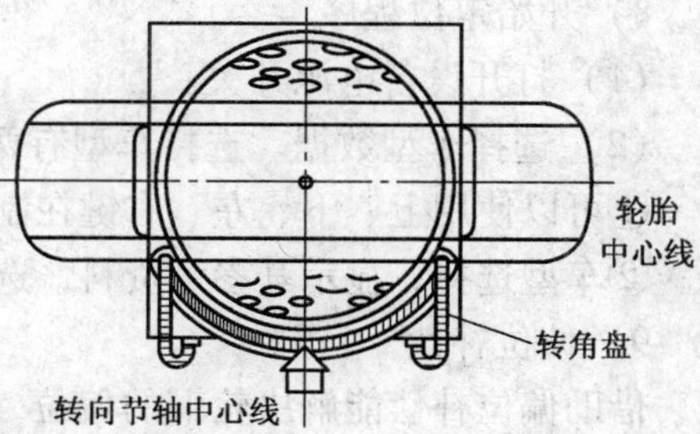

图4-59　转向节轴中心线与转角盘零放度线对正

在每个车轮上装上轮辋夹，先拆去轮辋装饰罩，依照轮胎所标记的轮辋尺寸调锁紧销。如图4-61所示，轮辋夹上的调节钮应指向车轮顶端，移动顶部的销子到轮辋的边缘并用星形手柄锁紧，将可调整的夹紧臂放在轮胎上，调整锁紧装置的星形手柄将其锁紧在轮胎上。

7）安装车轮单元传感器

（1）从四轮定位仪托架上取下车轮单元传感器，此时注意要松开锁紧螺栓，同时向左拨动安全锁销，将传感器轻轻拔出。

车轮单元有敏感的电子电路，要避免碰撞。

图 4-60 用专用推杆
压住制动踏板

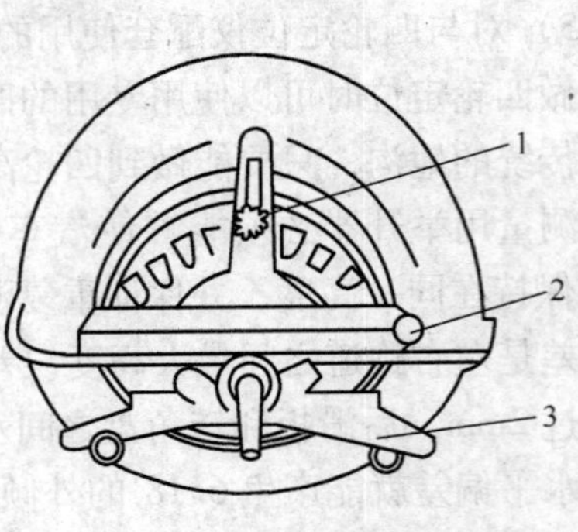

图 4-61 安装轮辋卡具
1—顶部锁销；2—锁紧装置；
3—低位置锁紧销。

（2）将车轮单元传感器安装到已固定好的轮胎卡具上，每个传感器都有安装方向箭头，箭头方向应指向车前，且两前轮传感器长臂朝车头方向，两后轮传感器长臂朝车尾。

（3）打开四轮定位仪机柜右下方的主电源开关，主机会自动启动，当程序开始初始化的时候，打开传感器电源开关。

（4）当主机接受到传感器信号时，中间指示灯便会闪烁。

（5）确保传感器电子水平指示灯指示水平位置，这时两个绿色灯点亮，旋紧传感器上翼形螺钉。

（6）将电子转角盘电缆插头，插入两前轮传感器中间插座中，如果是 FWA510 四轮定位仪还需用两根长电缆将前轮传感器与主机旁边的插孔相连，把每个后轮传感器通过电缆与前轮传感器的插座孔相连。

8）开始定位程序

（1）打开设备电源开关。

（2）选择车型数据。选择车型有两种方式：

①可以使用上、下、左、右键在制造商和车型描述间滚动。

②车型选择，显示其参考资料，选择过程中，车型代码将显示在状态栏中。

9）偏位补偿

借助偏位补偿能解决轮辋的偏位（端面圆跳动）和车轮转动时卡具被撑开带来的误差，对前束和外倾角进行补偿。端面圆跳动小于 1mm 的轮辋，不需做轮辋补偿，只是对端面圆跳动较大的轮辋，才需做轮辋补偿。

轮辋补偿的程序如下：

（1）安装转向盘锁。

（2）松开驻车制动。

（3）装上保护装置。

（4）将前轴支起。

（5）拔掉转角盘锁销和后滑板锁销。

（6）按“两点补偿键”。

在每个车轮单元传感器上执行下列操作：

按下“测量与偏位补偿转换键”，操作状态指示灯（黄色）从位置 1（测量状态）跳到位置 2（偏位补偿状态），此时出现如图 4-62 所示界面，执行偏位补偿。

如图 4-63 所示，调平传感器，按下上方的蓝色“补偿键”，设定“0”点位置，一旦 LED 灯“h”停止闪烁，上面的蓝色“补偿键”LED 灯点亮，说明数据保存完毕。

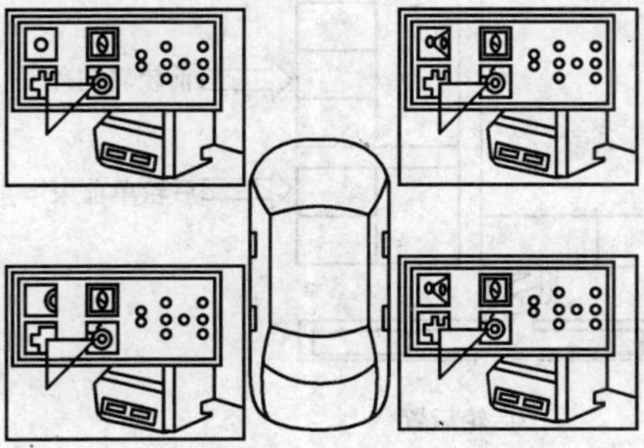

图 4-62　按“两点补偿键”屏幕上出现偏位补偿初始界面

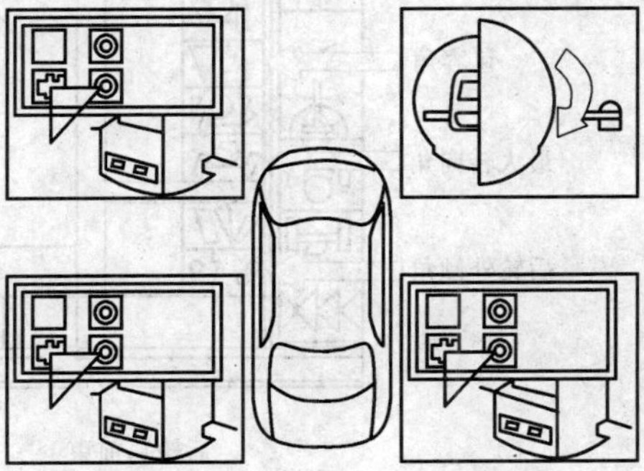

图 4-63　执行偏位补偿界面

将车轮旋转 180°，调平传感器，按下方的蓝色“补偿键”，设定“180”点位置，一旦 LED 灯“h”停止闪烁，上面蓝色“补偿键”LED 灯点亮，说明数据保存完毕。再次按下操作状态选择键，10s 后测量状态灯 1 变亮，说明偏位补偿进行完毕。

10）定位检测及调整

（1）调整四个传感器水平，使屏幕上的电子水平显示变绿。

（2）将转向盘转到中间位置，此时屏幕上会出现一带红线标记的电子水平显示。

（3）如果转向盘离中心位置较远，此时屏幕上会出现两个箭头指向转向盘的中心位置。

（4）一旦转向盘处于正中间位置，此时屏幕上会出现一个信号灯图标（此时前轮处于正前方位置）。稳住转向盘 5s，测量值传送成功后，信号灯图标就会消失。

（5）接下来，将自动显示左右 20°时进行测量图形指导画面，完成左右转动转向盘 20°后，可测量出主销后倾角，内倾角和 20°转角差，如果只完成左右转动转向盘 10°，则无转角差测量值。测量步骤如下：向右慢打转向盘，快接近 20°时会出现一个电子水平显示，作为精确调整，一旦指针进入公差允许范围，红色信号灯将会出现（此时前轮处于右转 20°的位置），稳住转向盘 5s 后，测量值被存储起来。存储完毕后程序自动调到下一步。

在此过程中要注意转动转向盘时身体不要挡住前后传感器之间的光线。

（6）向左慢打转向盘，快接近 20°时会出现一个电子水平显示，作为精确调整，一旦指针进入公差允许范围，红色信号灯将会出现（此时前轮处于右转 20°的位置），稳住转向盘 5s 后，测量值被存储起来，存储完毕后程序自动调到下一步。

（7）接下来屏幕上自动出现所有测量值的一览表。定位角度测量值超过允许范围时为红色背景，否则为绿色背景，若角度参考值不存在，则为蓝色背景，如图 4-54 所示。

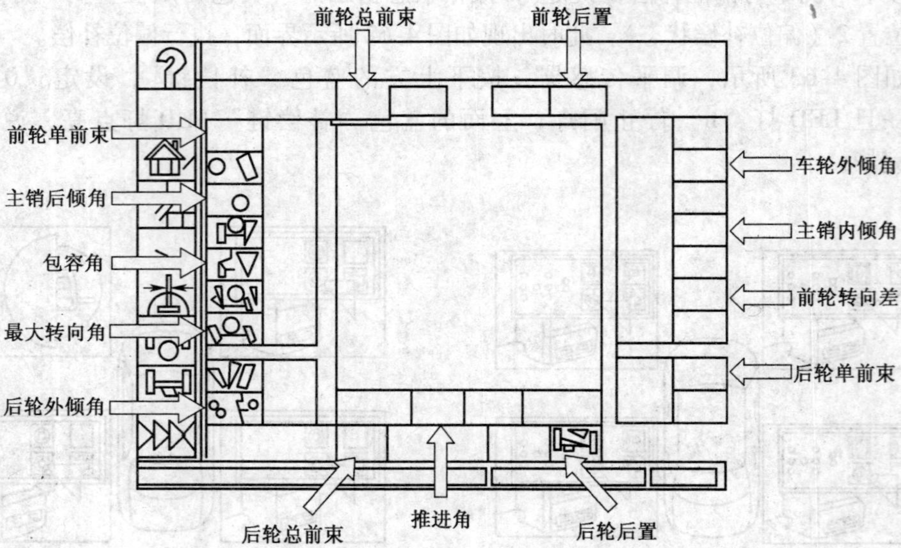

图 4-64 屏幕上出现所有测量值一览表

(8) 单击“继续键”，屏幕出现“准备定位车辆”画面，按画面提示将转向盘打正，安装转向盘锁，选择“确认键”继续，此后便进入后轴调整画面，便可进行所有必要的维修调整工作。调整的顺序为先调外倾角，再调前束值。显示数据为车型的标准值和公差范围。

(9) 调整外倾角时可选择举起车轮进行外倾角调整的功能，通过按“升起车辆调整”键，抬升车轴来补偿外倾角的实际测量值的变化。用这个办法可实现车轮悬架在完全松弛的状态下进行调整，使调整工作方便快捷。

(10) 按“继续键”继续，出现前轴调整画面，如步骤 (9) 中所述进行调整工作。

(11) 按“继续键”继续，出现调整后检测画面，维修后的测量步骤和维修前的测量步骤相同。

(12) 进行完维修后的测量步骤后，屏幕上就会出现测量总结画面，此时可按打印机键，打印工作报告单，结束测量工作。

4.4.2 车轮平衡检测

随着公路质量的提高和汽车技术的进步，汽车的行驶速度愈来愈高。在高速行驶条件下，车轮不平衡所引起的车轮跳动和摆振，对于汽车的行驶平顺性、乘座舒适性和安全行车的影响更为严重，此外，轮胎及有关机件的磨损和冲击加剧，因而也缩短了汽车的使用寿命。因此，车轮平衡检测已越来越引起人们的重视。

1. 静不平衡

静不平衡可在离车式或就车式车轮平衡机上检测。被测车轮装在离车式车轮平衡机的转轴上时，若车轮存在静不平衡，则在自由转动状态下，车轮将停止于不平衡点处于最低的位置；在相反方向进行配重平衡，当可在转动结束时停止于任一位置时，车轮则处于静平衡状态。利用这一基本原理即可测得静不平衡的质量和相位。

图 4-65 为就车式车轮动平衡机结构示意图，就车式车轮动平衡机由驱动装置、测量装置、指示与控制装置、制动装置等构成，并装在手推小车上。其中驱动装置由电动机和由其驱动的转轮构成，电动机驱动转轮旋转时，可将转轮贴紧车轮的胎面，带动其旋转；测量装置由传感磁头、可调支杆和底座构成，测试时，传感磁头可吸附在独立悬架下臂或非独立悬架的转向节处，通过可调支杆可将不平衡车轮旋转时产生的振动传给底座，装在底座中的传感元件将振动转化成电信号；指示与控制装置由频闪灯和不平衡度表或数字显示屏构成，在接收到传感元件发出的电信号后，不平衡度表根据其强弱指示出不平衡量大小，频闪灯用于测出车轮不平衡点的位置。

利用就车式车轮平衡机检测车轮静不平衡的原理，如图 4-66 所示。检测过程中，车轮被支离地面，其重力通过传感器、可调支杆传递到底座。如果被测车轮存在静不平衡，则高速旋转时产生离心力所引起的上、下振动，通过转向节或悬架作用于检测装置的传感磁头、可调支杆和底座内的传感器。传感器把感受到的脉冲压力信号转变为脉冲电信号控制频闪仪的闪光时刻，闪光照射到车轮上的位置反映不平衡点的相位；电信号强弱输入指示与控制装置后，则显示出不平衡度。

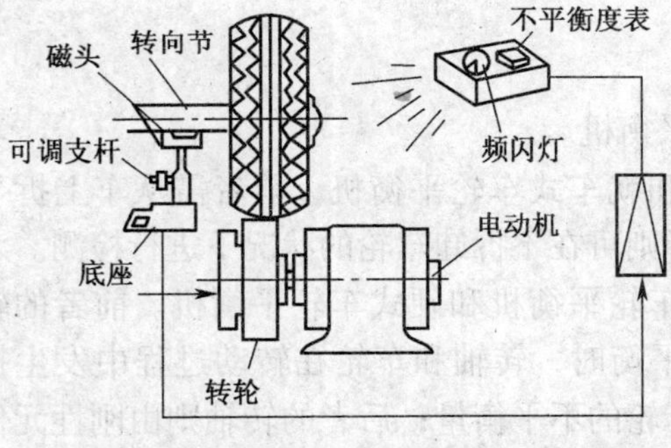

图 4-65　就车式车轮平衡机结构原理示意图

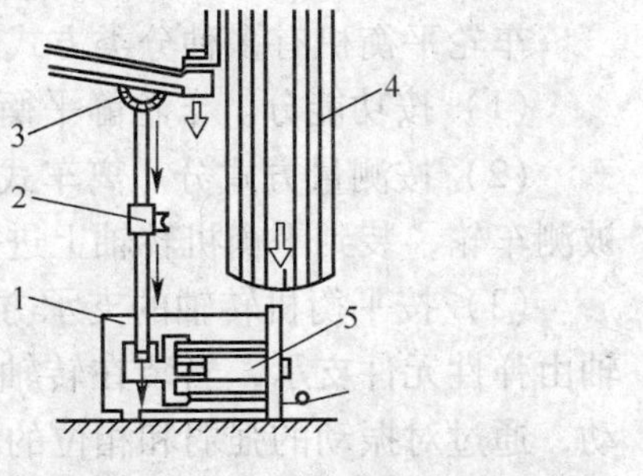

图 4-66　静不平衡测量原理

1—底座；2—可调支杆；3—传感磁头；4—车轮；5—传感器。

2. 动不平衡

动不平衡的车轮安装在离车式硬支承平衡机的转轴上高速旋转时，所产生的离心力在支承装置上产生动反力，测出支承装置所受的动反力即可测得不平衡量。

其检测原理如图 4-67 所示。图中，m_1、m_2、为车轮不平衡点质量，车轮旋转时所产生的力矩为 F_1、F_2，结构尺寸 a、b、c、d 如图所示。硬支承平衡机的测试、校正原理是根据支承处的动反力 N_L、N_R 确定两校正面上离心力 F_1、F_2 的大小，根据 F_1、F_2 确定两校正面所需的平衡块质量和安装方位。其测量点在轴承处，而校正面选在轮辋两边缘。根据平衡条件，有

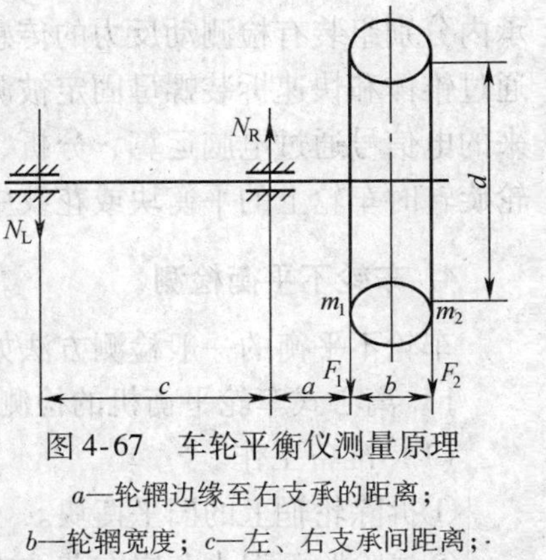

图 4-67　车轮平衡仪测量原理

a—轮辋边缘至右支承的距离；b—轮辋宽度；c—左、右支承间距离；d—轮辋直径。

$$N_R - N_L - F_1 - F_2 = 0 \tag{4-2}$$

$$F_1(a+c) + F_2(a+b+c) - N_R c = 0 \tag{4-3}$$

可解得

$$F_1 = N_L(a+b+c)/b - N_R(a+b) \tag{4-4}$$

$$F_2 = N_L(a+c)/b - N_R a/b \tag{4-5}$$

由此可见，离心力 F_1、F_2 仅取决于动反力 N_L、N_R 及结构尺寸 a、b、c。对于某车轮平衡机和所测车轮而言，结构尺寸可视为常数。可事先输入控制装置，动反力 N_L、N_R 可用位移、速度或加速度传感器测出，根据此确定 F_1、F_2 并确定平衡块质量和安装方位。

在就车式车轮平衡机上检测车轮动不平衡时，可将传感磁头固定在制动底板上。当动不平衡的车轮高速旋转时，不平衡质量所产生的离心力使车轮左、右摆振，在制动底板上产生横向振动。横向振动通过传感磁头、可调支杆传给底座内的传感器并把振动转化成电信号，电信号控制频闪灯闪光，以指示车轮不平衡点位置，并由指示装置显示出车轮的不平衡量。

3. 车轮平衡机的类型和检测原理

车轮平衡机有多种分类方式：

（1）按功能分。车轮静平衡机和车轮动平衡机。

（2）按测量方式分。离车式车轮平衡机和就车式车轮平衡机。前者需从车上拆下被测车轮，装到平衡机转轴上进行测量，后者则可在不拆卸车轮的状况下进行检测。

（3）按平衡机转轴的支承方式分。软式车轮平衡机和硬式车轮平衡机。前者的转轴由弹性元件支承，当装在转轴上的车轮不平衡时，转轴和车轮在转动过程中发生振动，通过对振动的强弱和相位的测量来检测车轮的不平衡量；后者的转轴则由刚性元件支承，通过测量车轮不平衡点在车轮旋转时产生的离心力来检测车轮的不平衡量。

在离车式车轮平衡机中，目前应用最多的是硬式两面测定车轮动平衡机，如图4-68所示。该平衡机主要由驱动机构、转轴与支承、机箱、制动装置和防护罩构成。其中：驱动机构由电动机、传动装置构成，驱动转轴旋转使安装在其上的车轮达到所要求的平衡转速；车轮在转轴上的安装位置如图 4-69 所示，转轴由两盘滚动轴承支承，两盘轴承内分别组装有检测动反力的传感器，传感器产生的电信号输送至控制装置，转轴外端通过锥体和快速拆装螺母固定被测车轮；显示与控制装置多采用电脑式，能将传感器传来的电信号通过电脑运算、分析、判断后，显示出不平衡量及相位；车轮防护罩用于车轮旋转时车轮上的平衡块或花纹中的夹杂物飞出；制动装置可使车轮停转。

4. 车轮不平衡检测

车轮不平衡的一般检测方法如下：

1）离心式车轮平衡机的检测方法

（1）准备工作。

①拆除轮辋上的旧平衡块。

②清除胎面泥土和嵌在花纹中的泥土、石子等。

③轮胎气压达到规定值。

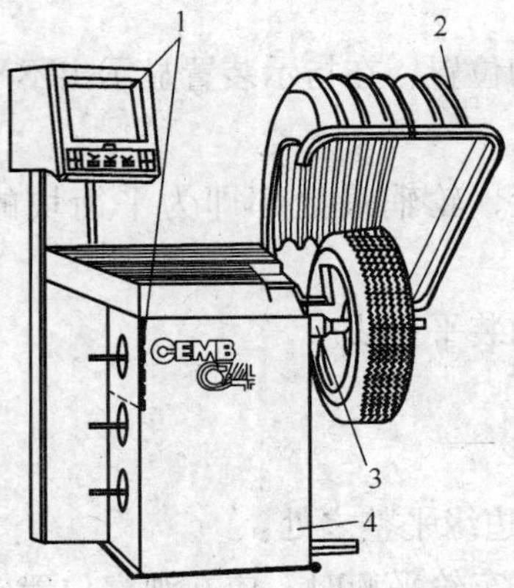

图 4-68　离车式车轮动平衡机
1—显示与控制装置；2—防护罩；
3—转轴；4—机箱。

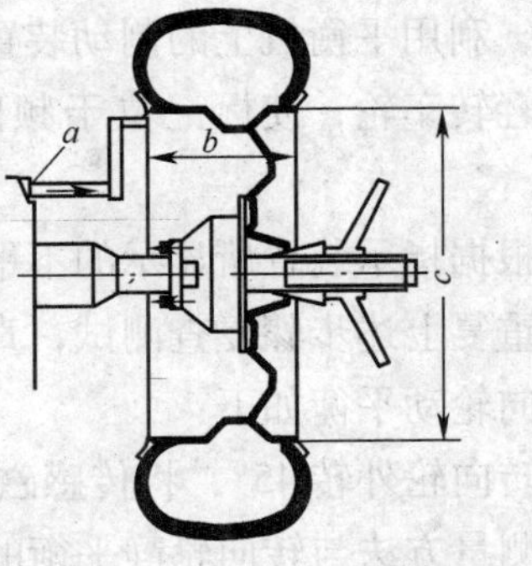

图 4-69　车轮在平衡机上的安装
a—轮辋边缘至机箱距离；
b—轮辋宽度；c—轮辋直径。

④检查车轮平衡仪并预热 5min 左右。

⑤提起车轮定位尺，以便使被测车轮定位。

⑥根据轮辋中心孔大小选择锥体，并把车轮装在转轴上，用快速螺母紧固。

（2）检测步骤。

①测量轮辋宽度 b、轮辋直径 c 和轮辋边缘至机箱距离 a，并输入到指示与控制装置。

②按下车轮定位尺并放下车轮防护罩。

③按启动按钮，转轴带动车轮旋转，开始测试。

④显示出测量结果后，按停止按钮或踩制动踏板使车轮停转，并从指示装置上读取车轮内、外侧不平衡量和不平衡位置。

⑤根据检测结果，分别在轮辋内、外两侧安装平衡块。

⑥检查平衡结果，直至车轮不平衡量 <5g，指示装置显示"00"或"OK"时，车轮处于平衡状态。

⑦测试结束，切断电源，从转轴上取下车轮总成。

2）就车式车轮平衡机的检测方法

（1）准备工作。

①用千斤顶支起车桥。

②取掉车轮轮辋上的旧平衡块，清除胎面泥土和花纹中夹嵌的泥土、碎石。

③检查轮胎气压，使其达到规定值。

④检查车轮转动是否轻便，车轮轴承是否松旷。

⑤在轮胎任意位置上用粉笔或胶带作标记，也可用气门嘴作标记。

（2）测量步骤。

转向轮静平衡如下：

①用三角垫木塞紧另一侧车轮和后桥车轮，将传感磁头吸附在悬架下或转向节下，调节好可调支杆高度并锁紧。

②使车轮平衡机转轮贴紧轮胎胎面，启动电动机带动车轮高速旋转，注意车轮旋转

方向应与汽车前进时车轮旋转方向一致。

③用频闪灯照射车轮，确定标记在车轮轮胎上的位置，在指示装置显示出不平衡量数值后，利用平衡机上的制动装置使其停止转动。

④轻转车轮，使标记位于频闪灯下的观察位置，轮辋最上部即为平衡块的安装位置。

⑤根据指示装置所显示的不平衡量，在轮辋上加装平衡块。

⑥重复上述步骤复查测试，直至满足平衡要求。

转向轮动平衡如下：

①转向轮外转45°，将传感磁头吸附在制动底板边缘平整之处。

②测量方法与转向轮静平衡的测量方法相同，但车轮平衡时，应在观察位置轮辋两侧各安装一块平衡块，并使其相隔180°，平衡后也需复查直至满足平衡要求。

驱动轮平衡。与转向轮平衡的主要区别是：

①用千斤顶支起后桥后，不必用三角垫木塞紧被测车轮另一侧的车轮。

②用发动机通过传动系统带动后轮以50km/h～70km/h的速度稳定运转，而不再用平衡机转轮带动车轮旋转。

③传感磁头吸附在后桥尽可能靠近后轮的地方。

④测试结束后，用车轮制动器而不是用平衡机上的制动装置使车轮停止旋转。

其主要测试步骤与转向轮静、动平衡测试步骤相同。

3）车轮平衡机使用中的注意事项

（1）离车式平衡机的主轴固定装置和就车平衡机的支架上都装入精密的位移传感器和易碎裂的压电晶体传感器，因此严禁冲击和敲打主轴或传感器支架。

（2）在检修平衡机时，传感器的固定螺栓不得任意松动。因为这一螺栓不是一般的紧固件，由它向传感晶体提供必要的预紧力，当这一预紧力发生变化时，电算过程将完全失准。

（3）商业系统供给的配重最小间隔为5g，因此过分苛求车轮平衡机的精度和灵敏度并无太大的实际意义。特殊情况下，可使用特制的平衡重块。

（4）必须明确平衡机的机械系统和电算电路都是针对正常车轮使用条件下平衡失准或轻微受损但仍能使用的车轮而设计的，有最大不平衡量限值。对因交通事故而严重变形的轮辋或胎面大面积剥离的车轮是不能上机进行平衡作业的。不平衡量过大的车轮旋转时的离心力可能损伤平衡机的传感系统，而且过大的不平衡力可能溢出电算范围而使设备自动拒绝工作。

4.4.3 悬架装置的检测

悬架装置是汽车的一个重要总成，它是将车身和车轴弹性连接的部件：汽车悬架装置通常由弹性元件、导向装置和减振器三部分组成：汽车悬架装置是保证汽车平顺性的重要总成。同时，汽车悬架装置对汽车的安全性、操纵稳定性、通过性、汽车燃油经济性等诸多性能都有影响。

汽车悬架装置最易发生故障的元件是减振器。因此在用汽车悬架装置的检测主要是测试减振器性能。因为减振器和与之相连的弹性元件等构成了复杂的系统，在评价减振器性能的同时，也就对悬架装置的性能做出了综合的评价。检测汽车悬架装置主要是用悬架装置检测台。

1. 汽车悬架检测台的结构与原理

汽车悬架装置工作性能的检测方法，有经验法、按压车体法和试验台检测法三种类型。

经验法是通过人工外观检视的方法，主要从外部检查悬架装置的弹簧是否有裂纹，弹簧和导向装置的连接螺栓是否松动，减振器是否漏油、缺油和损坏等项目。

如图 4-70 所示，按压车体法是使车体上下运动，观察悬架装置减振器和各部件的工作情况。

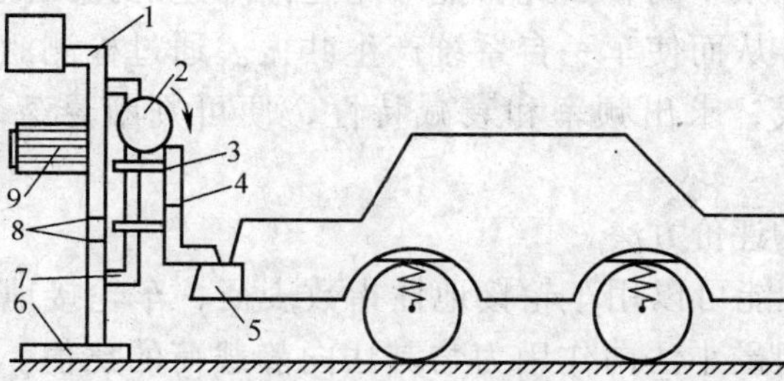

图 4-70　按压车体法试验台

1—支架；2—凸轮；3—推杆；4、8—光脉冲测量装置；5—汽车保险杠；6—水平导轨；7—垂直导轨；9—电动机。

试验台检测法是用悬架装置检测台对悬架装置工作性能进行快速检测、诊断。根据激振方式不同，悬架装置检测台可分为跌落式（图 4-71）和共振式（图 4-72）两种类型。

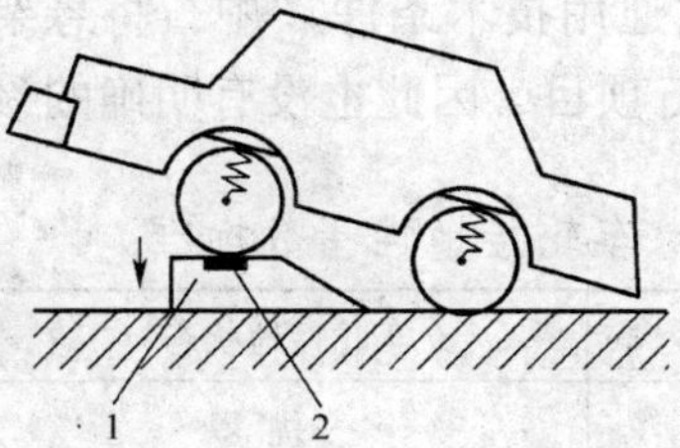

图 4-71　跌落式悬架装置检测台

1—垫块；2—测量装置。

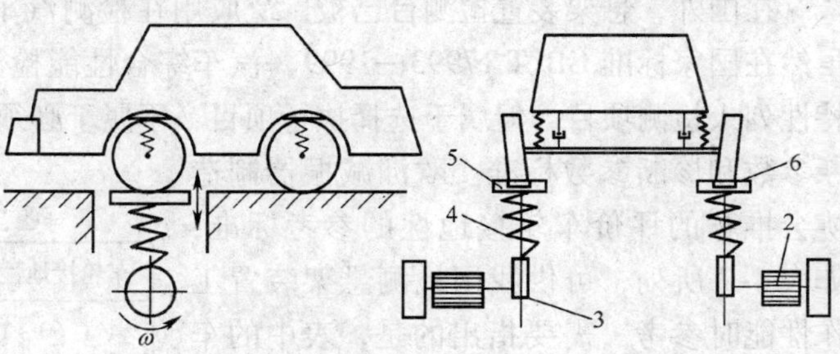

图 4-72　共振式悬架检测台

1—蓄能飞轮；2—电动机；3—凸轮；4—激振弹簧；5—台面；6—测量装置。

前两种方法主要是靠检查人员的经验，因此存在主观因素大、可靠性差、只能定性分析、不能定量分析等问题。而共振式悬架装置检测台性能稳定、数据可靠性好，因此应用广泛。

2. 汽车悬架系统的检测与评价

1）用跌落式悬架装置检测台检测汽车悬架系统

测试中先通过举升装置将汽车升起一定高度，然后突然松开支撑机构或撤去垫块，车辆落下产生自由振动。用测量装置测量车体振幅或者用压力传感器测量车轮对台面的冲击压力，对振幅或冲击压力进行分析处理后，评价汽车悬架装置的工作性能。

2）用共振式悬架装置检测台检测汽车悬架系统

检测时，将汽车驶上支承平台，启动测试程序，通过检测台的电动机、偏心轮、蓄能飞轮和弹簧组成的激振器，迫使检测台台面及其上被检汽车悬架装置产生振动。在开机数秒后，激振频率达到角频率为 ω_0 的稳定强迫振动后，断开驱动电动机电源，从而由蓄能飞轮产生以起始频率为 ω_0 的角频率进行扫频激振。由于电动机的频率比车轮固有频率高，因此蓄能飞轮逐渐降速的扫频激振过程总可以扫到车轮固有振动频率处，从而使车—台系统产生共振。通过检测激振后振动衰减过程中力或位移的振动曲线，求出频率和衰减特性，便可判断悬架装置减振器的工作性能。

3）汽车悬架装置的评价方法

悬架装置的工作性能可以用车轮接地性指数表征，车轮接地性指数的定义为汽车行驶中车轮与路面间最小法向作用力与其法向静载荷的比值。它代表了车轮与路面间的最小相对动载，在 0～100% 范围内变化。车轮接地性指数表明了悬架装置在汽车行驶中确保车轮与路面相接触的最小能力，它考查的是汽车在工作条件最差的情况下，车轮与地面的接触状态。这是一个比较直观的综合评价指标，既能够快速检测，又能够综合评价汽车悬架装置的弹簧与减振器的匹配性能及品质，不仅考虑了悬架装置对汽车平顺性的影响，而且考虑了悬架装置对汽车操纵稳定性和汽车行驶安全性的影响。

在国外，悬架装置检测台已被广泛应用在检测汽车悬架装置工作性能上。在我国，虽然在国家标准 GB/T 17993—1999《汽车综合性能检测站通用技术条件》中，将悬架特性列入检测项目，但属于选择执行项目，不属于必须执行项目，因此也没有明确的诊断参数和诊断参数标准。欧洲减振器制造协会推荐的评价车轮接地性的参考标准，如表 4-7 所列，可供我国检测悬架装置工作性能时参考。需要指出的是，表中的车轮接地性指数是在悬架装置检测台台面振幅为 6mm 测得的，这也是大部分悬架装置检测台使用的激振振幅。表中的参考标准，适用于大多数汽车，但非常轻的小轿车和微型车例外。这是因为这一类汽车的其中一个轴（一般为后轴）的两个车轮接地性指数非常低，而它们的悬架装置是正常的。

表 4-7　车轮接地性指数标准

车轮接地性指数/%	车轮接地状态
60～100	优
45～60	良
30～45	一般
20～30	差
1～20	很差
0	车轮与地面脱离

4.4.4　行驶系常见故障诊断

1. 车轮摆振

1）故障现象

汽车在中、高速或某一较高车速运行时，转向轮绕主销摆振，汽车行驶不稳，严重时转向盘抖动，有振手的感觉。

2）故障原因

（1）转向减振器失效，前悬架减振弹簧或减振器损坏。

（2）车轮不平衡或轮辋变形。

（3）前轮定位失准。

（4）转向器啮合间隙过大。

（5）转向传动机构磨损松旷或连接松动。

（6）轮毂轴承松旷。

（7）传动轴不平衡。

3）故障诊断与排除

（1）转动转向盘检查其自由行程，若自由行程过大，应查明原因予以排除。

（2）检查转向减振器，若有漏油痕迹应更换。拆下减振器用手推拉，若阻力过小或出现空行程应进行更换。

（3）检查前悬架减振器有无漏油现象，推压车身检查前悬架的减振性能是否良好，前悬架连接有无松动现象。减振器漏油或减振弹簧弹力减弱应更换新件，连接松动则重新紧固。

（4）检查和调整转向轮定位参数。

（5）进行车轮动平衡检测和校正。

（6）检测、校正传动轴。

2. 车辆行驶跑偏

1）故障现象

汽车行驶时稍松转向盘就会自动偏向一侧，必须用力握住转向盘才能保证车辆的直线行驶。

2）故障原因

车辆行驶跑偏主要是两侧车轮受力不等所致。

（1）两前轮轮胎气压不等、磨损程度不同、轮毂轴承预紧度不等。

（2）存在单边制动拖滞现象。

（3）前轮定位不一致。

（4）前悬架两侧减振弹簧弹力不等或减振器工作性能存在较大差异。

（5）车辆两侧轴距不相等。

3）故障诊断与排除

（1）汽车行驶跑偏，停车后触摸跑偏一侧的制动鼓和轮毂轴承，若过热，说明制动拖滞或轴承过紧，应调整或检修。

（2）检查两剪轮的轮胎气压，不符合要求时按规定气压充气。

（3）悬空前桥并用手转动前轮，若车轮转动不灵活，表明制动盘与制动蹄衬片不能完全分离，产生制动拖滞现象，应查明原因并排除。

（4）观察汽车有无横向倾斜现象，若两侧高度不同，则较低一侧悬架弹簧损坏或弹力下降，应予更换。

（5）检查减振器的工作性能。用力压下车辆前端一侧，迅速松开，若车身上、下振动 2 次 ~3 次后马上静止，表明减振器工作正常，否则应更换减振器。

（6）测量汽车两侧轴距，轴距不相同时，应查明原因予以修复。

（7）进行前轮定位的检测与调整。

3. 轮胎磨损异常

1）故障现象

轮胎磨损速度加快，并出现轮胎花纹磨损不均匀，局部磨损严重等现象，如图4-73所示。

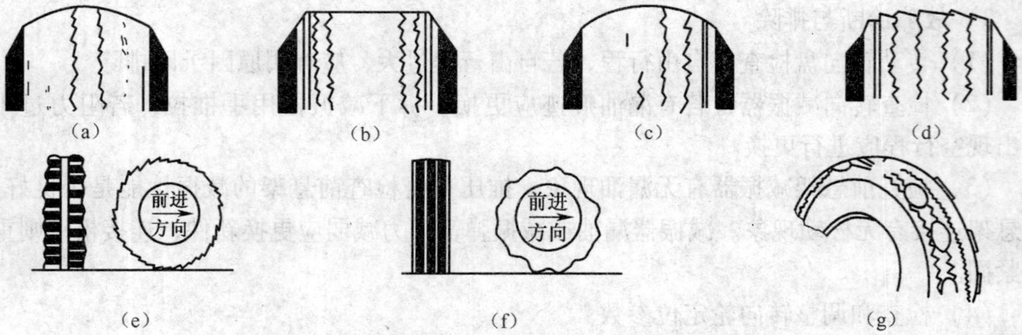

图 4-73 轮胎异常磨损示意图

（a）胎肩磨损；（b）正中磨损；（c）外侧磨损；（d）羽状磨损；（e）锯齿磨损；（f）波浪状磨损；（g）胎冠碟片状磨损。

2）故障原因

（1）造成轮胎异常磨损的主要原因为：

①前轮定位不正确，前束和外倾角调整不当。

②轮胎气压过高、过低，车轮摆差过大。

③车轮不平衡。

④制动拖滞。

⑤悬架零件磨损或连接松旷。

⑥轮毂轴承松旷、转向主销磨损松旷等。

（2）轮胎两胎肩磨损、胎壁擦伤的故障原因为轮胎气压过低或长期超载。

（3）胎冠中部磨损的故障原因为轮胎气压过高。

（4）胎冠外、内侧偏磨的故障原因为车轮外倾角过大或过小。只有转向轮才出现此现象。

(5) 胎冠成波浪状磨损或碟片状磨损的故障原因为车轮不平衡、轮毂轴承松旷、轮辋拱曲变形等。

(6) 胎冠两侧成锯齿状磨损的故障原因为轮胎换位不及时、经常紧急制动或长期超载。

(7) 胎冠由里向外或由外向里侧成锯齿状磨损的故障原因为前束不当。前束过大，则胎冠由外侧向内侧呈锯齿状磨损；前束过小，则胎冠由内侧向外侧呈锯齿状磨损。

3) 故障诊断与排除

根据轮胎的磨损状况检查具体故障部位，并进行相应调整、维修或更换。

(1) 检查轮胎气压，按规定充气。

(2) 及时进行轮胎换位，紧固车轮螺栓。

(3) 检查并排除制动拖滞故障。

(4) 检查、调整前轮前束和前轮外倾角。

(5) 检查悬架、轮毂轴承、转向主销等，若有松旷，应进行调整、紧固或更换。

(6) 检查车轮摆差和动平衡，超差则进行校正或更换。

4. 悬架有噪声

1) 故障现象

汽车在行驶过程中，特别是道路颠簸、突然制动、转弯时从前悬架或后悬架部位发出噪声。

2) 故障原因及排除方法

(1) 各连接螺栓松动，应重新紧固各松动螺栓。

(2) 减振器漏油严重或减振器活塞杆与缸筒磨损严重，应更换前减振器。

(3) 桥体橡胶衬套磨损、老化或损坏，应更换橡胶衬套。

(4) 螺旋弹簧失效或折断，应更换螺旋弹簧。

4.4.5　电子控制悬架系统的故障检测与诊断

图 4-74 为雷克萨斯 LS400 轿车电子控制空气悬架系统线路图。该控制系统主要由空气弹簧、阻尼力可调减振器、悬架电子控制单元（ECU）、高度传感器、转向盘转角传感器、节气门位置传感器、悬架控制执行器、高度控制阀、排气电磁阀、高度控制开关、悬架控制开关、空气压缩机等组成。该悬架有两套控制系统：①弹簧刚度和减振器阻尼力控制系统，它能根据汽车行驶状况，自动调整弹簧刚度和减振器的阻尼力，从而选择最佳的空气弹簧刚度和减振器阻尼特性的组合，以获得良好的舒适性和操纵稳定性。这套系统的 LRC 开关用于选择空气弹簧和减振器的工作模式。当 LRC 开关处于“SPORT”位置时，系统进入“高速行驶自动控制”；当 LRC 开关处于“NORM”位置时，系统对悬架的刚度、阻尼力进行“常规值自动控制”。②汽车高度控制系统，它能根据车内乘员人数和装载质量以及车速的高低。自动调节车身高度。这套系统的高度控制 ON/OFF 开关和高度控制开关，用于选择车身高度控制的工作模式。当高度控制开关处于 OFF 位置时，系统不执行车身高度控制；当其处于 ON 位置，高度控制开关处于“HIGH”位置时，系统对车身高度进行“高值自动控制”，而高度控制开关处于“NORM”位置

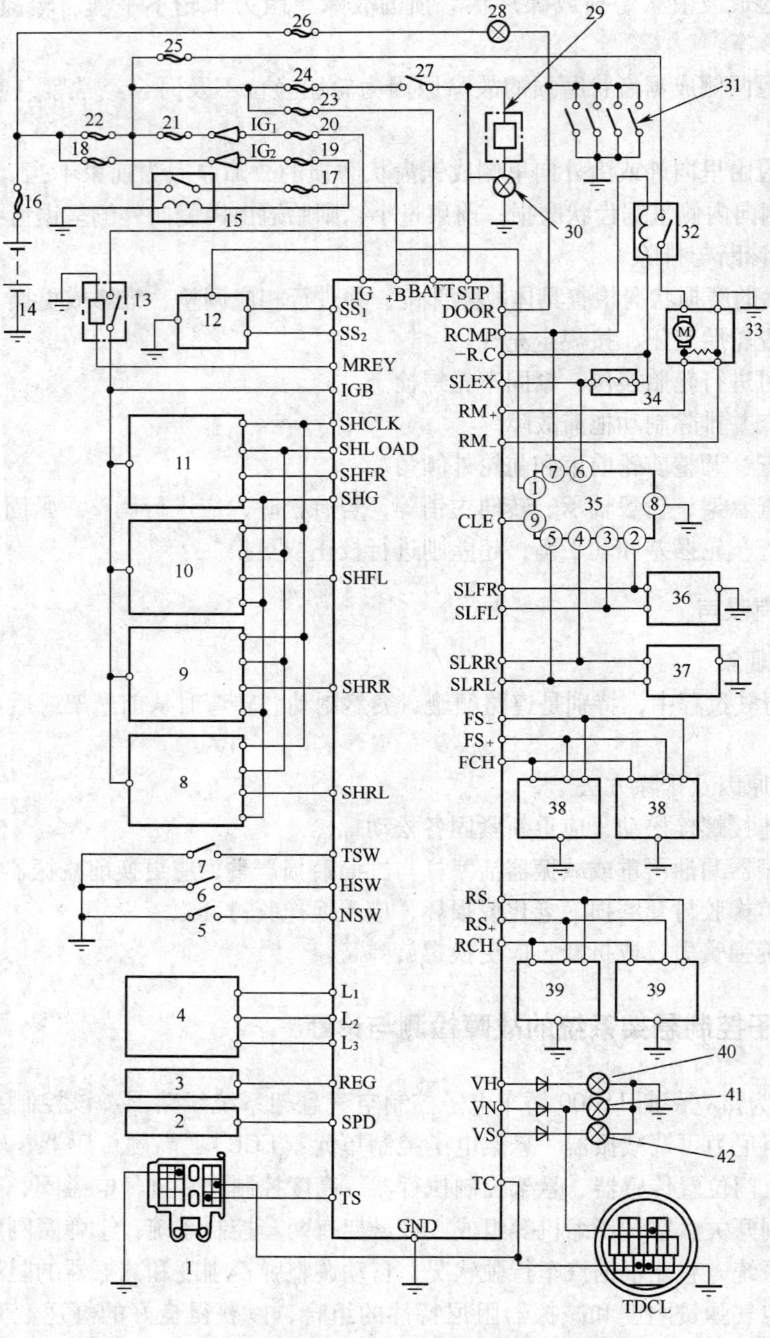

图4-74 丰田雷克萨斯 LS400 电控空气弹簧悬架系统电路

1—发动机检验接插器；2—车速传感器；3—IC 调节器；4—发动机兼传动系统计算机；5—空气悬架开关；6—高度开关；7—LRC 开关；8—左后悬架高度传感器；9—右后悬架高度传感器；10—左前悬架高度传感器；11—右前悬架高度传感器；12—转向传感器；13—No. 2 控制继电器；14—蓄电池；15—发动机主继电器；16—主熔断丝；17—空气悬架熔断丝；18—AM_2 熔断丝；19—点火熔断丝；20—ECU - IG 熔断丝；21—AM_1 熔断丝；22—ALT 熔断丝；23—ECU + B 熔断丝；24—制动灯熔断丝；25—空气悬架熔断丝；26—顶篷熔断丝；27—制动灯开关；28—门开指示灯；29—灯光失效继电器；30—制动灯；31—门控开关；32—No. 1 控制继电器；33—压缩电机；34—排气阀；35—检测控制插头；36—No. 1 控制阀；37—No. 2 高度控制阀；38—前悬架控制器；39—后悬架控制器；40—增高车高指示灯；41—标准车高指示灯；42—LRC 指示灯；TDCL—诊断连线总插座。

时，车身高度则进入“常规值自动控制”状态。

电子控制悬架系统故障检测与诊断的一般步骤是：先对悬架系统进行初步检查，然后利用悬架系统 ECU 进行故障自诊断以确定故障部位，最后针对故障部位，利用检测工具根据汽车维修手册提供的诊断参数及推荐步骤对故障进行诊断和排除。不同车型的电控悬架系统，由于结构和控制方式的不同，其故障自诊断方法也略有差异。下面以雷克萨斯 LS400 轿车电子控制空气悬架系统为例介绍其故障检测与诊断的方法。

1. 利用指示灯对系统进行初步诊断

指示灯的状态（亮、熄、闪烁及其闪烁频率）与系统所处的工况有关。因此，利用指示灯可对系统工况进行初检。

（1）当点火开关置于 ON 位置时，若高度控制“NORM”指示灯以 1s 的间隔闪烁，则表明悬架控制系统有故障。当故障出在 ECU 本身时，两个高度指示灯都熄灭。

（2）当点火开关置于 ON 位置时，其“SPORT”、“NORM”、“HI”指示灯不亮，说明故障可能在汽车高度控制供电电路、LRC 开关电路或指示灯电路。

（3）当点火开关置于 ON 位置时，其“SPORT”、“NORM”、“HI”指示灯亮 2s，然后全部熄灭，说明故障可能在悬架控制执行器供电电路。

（4）当接通点火开关、LRC 开关拨到“NORM”侧时，“SPORT”指示灯仍然亮着，说明故障可能在 LRC 开关电路。

（5）当发动机运转时，将高度控制开关拨到“NORM”侧，“HI”指示灯仍然亮着，说明故障可能在高度控制开关电路。

（6）将点火开关转至 ON 位置，用跨接线连接 TDCL 连接器端子 Ts 和 E1，按表 4-8 中检测项目和对应的操作方法，分别在发动机停转和运转状态下，观察高度控制“NORM”指示灯的状态，若观察结果如表中相同，则系统正常；若某项观察结果和表 4-8 中不同，则该项目的控制电路可能存在故障。

表 4-8　高度控制“NORM”指示灯检测表

检查项目	操作方法 1	“NORM”指示灯		操作方法 2	“NORM”指示灯	
		停机	运转		停机	运转
转向传感器	转向盘居中	闪烁	常亮	转向盘转角 45°以上	常亮	闪烁
制动灯开关	松开制动踏板	闪烁	常亮	踩下制动踏板	常亮	闪烁
门控灯开关	所有车门关闭	闪烁	常亮	所有车门打开	常亮	闪烁
节气门位置传感器	松开加速踏板	闪烁	常亮	加速踏板踩到底	常亮	闪烁
高度控制开关	置于“NORM”位	闪烁	常亮	置于“HIGH”位	常亮	闪烁
LRC 开关	置于“NORM”位	闪烁	常亮	置于“SPORT”位	常亮	闪烁
高度控制 ON/OFF 开关	置于“ON”位	闪烁	常亮	置于“OFF”位	常亮	闪烁

注：表中“NORM”指示灯闪烁是指以 0.25s 的间隔方式闪烁

2. 故障自诊断

进行自诊断时，首先应通过一定程序或利用解码器使系统进入自诊断状态，然后读取故障码。故障排除后，还应将存储器内的故障码清除。

（1）人工读取故障码。

①将点火开关转到“ON”位置。

②用跨接线短接 TDCL 插座或检查连接器中的 T_c 端子和 E_1 端子。

③将高度控制 ON/OFF 开关置于“ON”位置。

④根据仪表板上高度控制“NORM”指示灯的闪烁情况读取故障码。

⑤故障码读取完毕后，脱开 T_c 端子和 E_1 端子之间的跨接线。

（2）读取故障码后，可根据各种车型提供的故障码含义诊断其故障。

（3）系统故障排除后应清除存储器内的故障码，清除方法有以下两种：

①在点火开关置于 OFF 的情况下，用跨接线将高度控制连接器端子 8 与 9 短接，同时使检查接线器的端子 T_s 和端子 E_1 短接。保持这一状态 10s 以上，然后将点火开关转至 ON 位置并脱开以上各端子。

②在点火开关置于 OFF 的情况下，接线盒中的 ECU-B 熔断丝 10s 以上。

3. 故障的检修

对于初步诊断及自诊断确定的故障，还应进行详细的检测，以便查出故障的确切位置和原因。检测时应使用要求的检测工具，并按汽车维修手册提供的方法和步骤进行。有时一个故障是由多个原因引起的，应根据维修手册中提供的故障症状表的顺序逐一进行检测。对系统进行检查、修理并清除故障码后，应对系统运行进行路试，然后再通过观察指示灯确定是否还有故障。若系统还存在故障，应重新检修。

4. 汽车高度调整功能的检测

将汽车停放在水平地面上，轮胎气压正常，然后按以下步骤进行检测。

（1）将汽车处于“NORM”高度调整状态下。

（2）用专用工具检查汽车高度。

（3）启动发动机，将高度控制开关从“NORM”位置切换到“HIGH”位置。

（4）检测完成高度调整所需的时间和汽车高度变化量。其正常调整时间：从操作高度控制开关至压缩机起动约需 2s；从压缩机起动至高度调整完毕需 20s ~ 40s。汽车高度调整的正常变化量为 10mm ~ 30mm。

（5）启动发动机，将高度控制开关从“HIGH”位置切换到“NORM”位置，并检测高度调整所需的时间和汽车高度变化量。车身高度下降调整的时间及高度的变化量与车身高度上升调整时的情况应基本相同。否则，说明汽车高度调整系统性能不良或系统内存在故障。

复习思考题

1. 汽车传动系统运行状况应满足什么样的要求？
2. 变速器乱挡的原因是什么？如何诊断？
3. 变速器异响的原因是什么？如何诊断？
4. 离合器分离不彻底的原因是什么？如何诊断？

5. 离合器打滑的原因是什么？如何诊断？

6. 什么是自动变速器的失速试验？如何对进行试验？

7. 什么是自动变速器的迟滞试验？如何进行试验？

8. 如何进行自动变速器手动换挡试验？

9. 自动变速器换挡粗暴的原因是什么？如何诊断？

10. 装有自动变速器的车辆，发动机起动后汽车无法行驶的原因是什么？如何诊断？

11. 如何诊断驱动桥常见故障？

12. 如何对气压制动系统常见故障进行诊断？

13. 如何对液压制动系统常见故障进行诊断？

14. ASR 故障诊断程序如何？

15. 如何对 ESP 液压调节单元故障进行诊断？

16. 转向盘自由转动量过大的原因是什么？如何诊断？

17. 如何对四轮定位仪进行操作？

18. 如何进行轮胎动平衡检查？

19. 行驶系统的常见故障有哪些？如何诊断？

第5章 汽车电气与电子控制系统检测与诊断

5.1 车身电气与电子控制系统检测与诊断

5.1.1 车身电气故障诊断

汽车电路常见的故障有开路（断路）、短路、搭铁等。

断路一般是由导线折断、导线连接端松脱或接触不良等原因所造成；短路一般是导线绝缘破坏，并相互接触造成短路，开关、接线盒、灯座等外接线螺钉松脱，造成线头相碰或者接线时不慎，使两线头相碰；搭铁多为火线直接与机体相碰。

1. 检修故障的思路

在进行汽车电路检修前，必须熟读使用说明书，查明电路，了解其结构，并使用合适的工具，才能收到事半功倍的效果。

汽车电路出现故障时，一般先要搞清楚故障的症状以及伴随出现的现象，判明故障所在的局部电路，然后再对该局部电路进行检验，查明故障所在部位，予以排除。

电路故障的产生原因是多种多样的，如元件老化、自然磨损、调整不当、环境腐蚀、机械摩擦、导线短路或断路等。电路出现故障时，要善于运用分析的方法，先对故障的发生范围进行初步的诊断。切忌在情况不明，或不加思考分析的情况下而盲目拆卸、乱接瞎碰。否则，不仅会延误检修，而且还会造成不必要的损坏。要善于发现故障前的异常症兆和故障特征，结合整车电路进行分析，尽可能把故障诊断缩小到一个较小的范围内。

在检修故障时，应根据故障发生范围，先检查故障率较高且容易检查的部件，然后检查故障率较低的，不易检查的部件。只有当某部件的故障已经确诊，必须打开进行修理时，方可进行拆卸。要尽量做到不拆或少拆零件，以减小不必要的麻烦。检修故障还要采用正确的检查方法和测试手段，以提高检修故障的速度，避免意外损失。

电路出现故障，一般先就车对电路进行检查和测试，判断故障发生在哪个部件上，然后再对故障发生部位的外部性能及内部参数进行测试或检查，找出故障发生点，予以排除。在检修故障的同时，还应注意对有关部件及电路进行保养，使之恢复较好的状态。

若电气设备损坏无法修复，则应予以更换，部件的更换应与原部件的规格、型号相一致。导线的更换应尽量与原来的线径和颜色一致，若用其他颜色导线代替，应与相邻导线有所区别，以利于以后的检修。

2. 汽车电气故障诊断的一般程序

在对汽车电路进行检修时，可以遵循以下步聚。

1）验证车主（用户）所反映的情况

可以将有问题或有故障的电路中的各个装置都通电试一试，查看车主（用户）所反映的情况是否属实，同时注意观察通电后的种种现象。在动手拆卸或测试之前，应尽量缩小故障产生的范围。

2）分析电路原理图

在电路图上划出有问题的线路，分析一下电流由电源负载到搭铁回路的路径，弄清电路的工作原理，如果对电路原理还不太清楚，应仔细看电路说明及相关资料，直至弄清为止。

对有问题线路的相关线路也应加以检查。每个电路图上都给出了共用一个熔丝、一个搭铁点和一个开关的相关线路的名称。对于在第一步程序中漏检的相关线路要试一下，如果相关线路工作正常，说明共用部分没问题，故障原因仅限于有问题的这一线路中。如果几条线路同时出故障，原因多半出在熔丝或搭铁线。

3）重点检查问题集中的线路或部件

对重点线路或部件进行认真测试，验证第二步所作出的推断。

汽车电气与电子系统故障检修的快慢以及成功与否，关键在于排除故障的程序是否合理，分析是否正确，判断是否准确，方法是否得当。一般是按先易后难的次序来对有问题的线路或部件进行测试，并逐个进行排查。

4）进一步进行诊断与检查

主要是对汽车电路系统的检测，包括外观检查和仪表检测。

5）对故障进行验证

在对电路进行一次系统检查后，查看问题是否已经解决。如果故障出在电源上，应对各熔断器（熔丝）、电路断电器（断路器），甚至易熔线都要进行全面检查。

3. 故障诊断的基本方法

汽车电气设备的故障诊断，通常可以采用的方法有：直观诊断法、利用车上仪表法、刮火法、断路法、短路法、试火法、试灯法、万用表法、元件替换比较法、模拟法和仪器法等。

4. 利用电路图检查故障

当电气系统出现故障时，首先应确定故障的现象和发生故障的条件，这样可以大致确定故障的范围，检查时应首先对电源、故障系统的供电情况及故障元件本身进行检查，如果通过上述检查工作还不能确定故障原因时，就需借助电路图进行故障诊断。电路图可以提供电器设备的基本电路、电器元件的安装位置、线束及连接器的基本情况。在使用电路图进行故障诊断时，可按下述步骤进行。

(1) 在电路图中找出故障系统的电路，并仔细阅读。

(2) 通过阅读电路图找出故障系统电路中所包含的电器元件、线束和插接器等。

(3) 通过电路图找出上述电器元件、线束和插接器在车上的安装位置，以及电器元件和插接器上各端子的作用或编码。

(4) 对怀疑有故障的部件按前述内容进行检测。

(5) 根据电路图检查线束的短路和断路情况，直至查出故障的部位。利用电路图进行电压检测的情况，如果检测到的数据与正确的数据不符，就说明系统有故障。在开关断开时各点的电压应为万用表所示的数值，如果电压不符，就说明此处有接触电阻，故障为触点接触不良。

5. 一般电路故障诊断与检修注意事项

维修汽车电气系统的原则之一是不要随意更换电线或电器，这种操作有可能损坏汽车或因短路、过载而引起火灾。同时还应注意以下各项：

(1) 拆卸蓄电池时，总是最先拆下负极（-）电缆；装上蓄电池时，总是最后连接负极（-）电缆。拆下或装上蓄电池电缆时，应确保点火开关或其他开关都已断开，否则会导致半导体元器件的损坏。

(2) 不允许使用欧姆表及万用表的 R×100 以下低电阻欧姆挡检测小功率晶体管，以免电流过载损坏它们。更换晶体管时，应首先接人基极，拆卸时，则应最后拆卸基极。对于金属氧化物半导体管（MOS），则应当心静电击穿，焊接时，应从电源上拔下烙铁插头。

(3) 拆卸和安装元件时，应切断电源。如无特殊说明，元件引脚距焊点应在 10 mm 以上，以免烙铁烫坏元件，且宜使用恒温或功率小于 75 W 的电烙铁。

(4) 更换烧坏的熔丝时，应使用相同规格的熔丝。使用比规定容量大的熔丝会导致电气损坏或产生火灾。

(5) 靠近振动部件（如发动机）的线束部分应用卡子固定，将松弛部分拉紧，以免由于振动造成线束与其他部件接触。

(6) 不要粗暴地对待电器，也不能随意乱扔。无论好坏器件，都应轻拿轻放。

(7) 与尖锐边缘磨碰的线束部分应用胶带缠起来，以免损坏。安装固定零件时，应确保线束不要被夹住或被破坏。安装时，应确保接插头接插牢固。

(8) 进行保养时，若温度超过 80℃（如进行焊接时），应先拆下对温度敏感的零件（如继电器和 ECU）。

5.1.2 安全气囊系统的检测与诊断

汽车安全气囊系统是一种被动安全装置，它可对汽车驾驶员及前排乘员起辅助安全保护作用，因此也称为辅助乘员保护系统（Supplemental Restraint System，SRS）。电子控制安全气囊系统主要由传感器、气体发生器、气囊和电子控制单元（ECU）组成。

图5-1为安全气囊工作框图。当汽车行驶速度超过30km/h且发生前碰撞时，碰撞传感器将此时汽车的加速度值转换为电信号送入电子控制装置ECU，信号被放大后由微处理器判断撞击的程度，并在几毫秒内确定是否打开气囊，若确定需要打开气囊，则发出点火信号，使气体发生器在极短的时间内向气囊充气，气囊迅速膨胀，当气囊接触到人体时（主要针对人体面部），气囊的泄气孔便逐渐泄气，从而起到缓冲保护作用。从ECU发出点火信号至气囊完全张开需30ms～40ms。

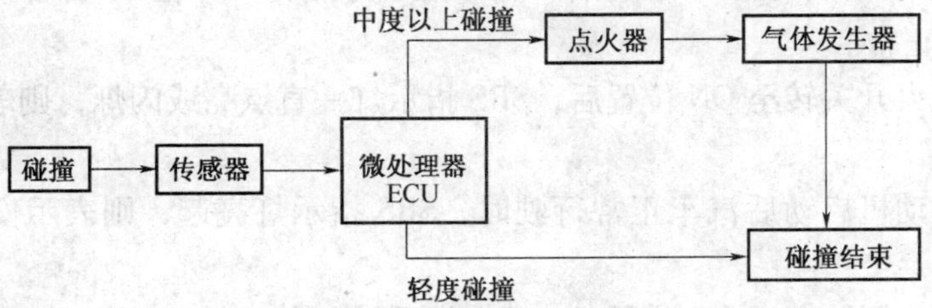

图5-1　安全气囊工作框图

安全气囊系统在汽车运行时，应时刻处于无故障的正常状态，其工作必须可靠有效。因此，对安全气囊系统进行适时的检测诊断是必需的。实际上，在SRS控制装置中专门设计有自诊断系统和相应的检测电路。安全气囊系统一旦发生故障，自诊断系统能对其诊断，并控制仪表板上的SRS指示灯点亮，以警示驾驶者安全气囊系统发生了故障，同时将其故障信息以故障码形式存入SRS控制装置的存储器中，以便检测获取信息。

1. 电子控制安全气囊系统的故障诊断

对于SRS的故障，其故障诊断方法因车系不同而不尽相同，下面以丰田雷克萨斯LS400轿车电子控制安全气囊系统为例，说明其故障诊断方法。

图5-2为丰田雷克萨斯LS400轿车电子控制安全气囊系统的电路图，该安全气囊系

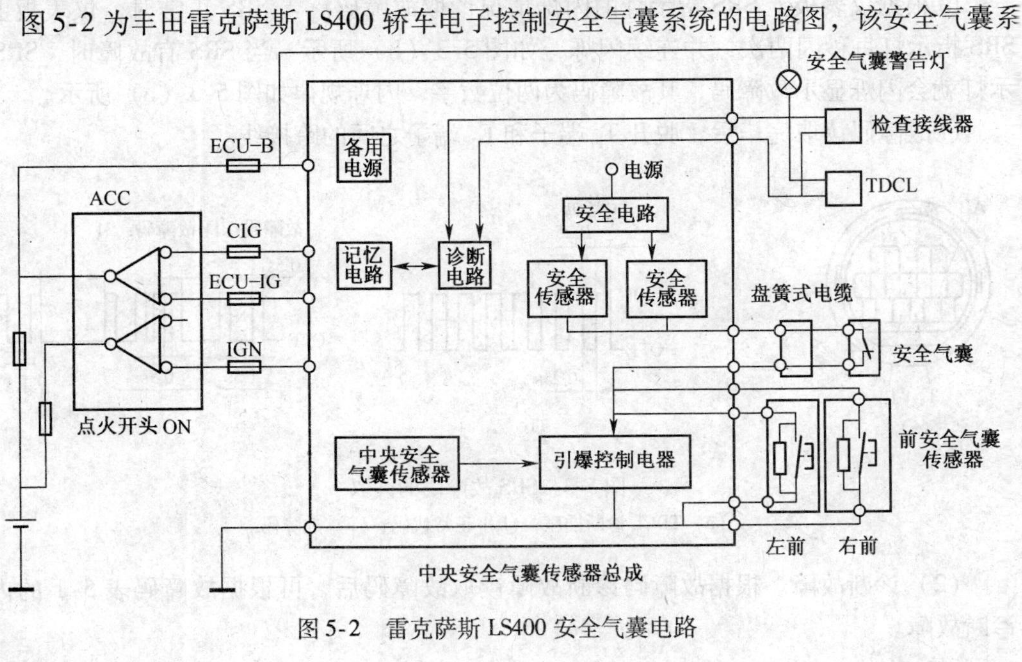

图5-2　雷克萨斯LS400安全气囊电路

统有 5 个传感器，两个前安全气囊传感器采用机电式碰撞传感器，分别安装在汽车前部两边翼子板的内侧；一个中央安全气囊传感器为电子式碰撞传感器，两个安全传感器为水银式碰撞传感器，均安装在安全气囊控制装置盒中。

1）利用 SRS 指示灯诊断

安全气囊系统是否正常，利用 SRS 指示灯进行初步诊断效果较好，其诊断方法如下：

（1）若点火开关转至 ON 位置后，SRS 指示灯点亮，并在 6s 后自动熄灭，则表示安全气囊系统正常。

（2）若点火开关转至 ON 位置后，SRS 指示灯一直点亮或闪烁，则表示安全气囊系统存在故障。

（3）若发动机启动后汽车正常行驶时，SRS 指示灯亮起，则表示安全气囊系统存在故障。

（4）若点火开关转至 ON 位置后，SRS 指示灯一直不亮，则说明 SRS 指示灯系统电路有故障。

2）利用故障码诊断

安全气囊系统在进行故障诊断时，其故障码就成了最重要的信息来源。利用故障码诊断就是通过一定的方法读取故障码，然后根据其故障码表的内容诊断 SRS 故障。在进行操作时，首先应使系统进入自诊断状态，然后读取故障码，待故障排除后，还应将存储器内的故障码进行清除。

（1）读取故障码 。最好用专用诊断仪读取故障码。当无诊断仪器时，可用人工方法读取故障码，其方法如下：

①将点火开关转到 ON 或 ACC 位置，并等待 20s 以上时间。

②用跨接线短接 TDCL 插座的 T_c 端子和 E1 端子，如图 5-3（a）所示。

③根据仪表板上 SRS 指示灯的闪烁情况读取故障码。当 SRS 正常时，仪表板上的 SRS 指示灯每秒闪两次，并连续闪烁，如图 5-3（b）所示。当 SRS 有故障时，SRS 指示灯就会闪烁显示故障码，其故障码为两位数字，闪烁规律如图 5-3（c）所示。

④故障码读取完毕后，脱开 T_c 端子和 E_1 端子之间的跨接线。

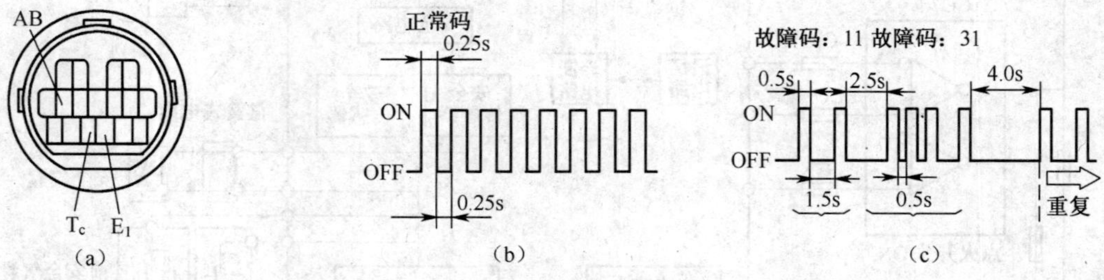

图 5-3 SRS 故障码的读取

（a）TDCL 诊断插座；（b）正常代码；（c）故障码。

（2）诊断故障。根据故障码诊断故障读取故障码后，可根据故障码表 5-1 的内容诊断故障。

表 5-1　雷克萨斯 LS400 安全气囊故障码

故障码	故　障　诊　断	故障可能部位
正常代码	SRS 正常	—
	SRS 电源电压过低	蓄电池；SRS ECU
11	SRS 点火器线路搭铁；前安全气囊传感器线路搭铁	前安全气囊传感器；SRS 气囊组件；盘簧式电缆；SRS ECU；配线
12	SRS 点火器引线与电源线短路；前安全气囊传感器引线与电源线短路；前安全气囊传感器引线断路；盘簧式电缆与电源线短路	SRS 气囊组件；传感器线路；SRS ECU；盘簧式电缆；配线
13	SRS 点火器线路短路	SRS 点火器；SRS ECU；盘簧式电缆；配线
14	SRS 点火器线路断路	SRS 点火器；SRS ECU；盘簧式电缆；配线
15	前安全气囊传感器线路断路	前安全气囊传感器；SRS ECU；配线
22	SRS 指示灯线路断路	SRS 指示灯；SRS ECU；配线
31	SRS ECU 故障	SRS ECU
41	SRS ECU 曾记忆过故障码	SRS ECU

(3) 清除故障码 。只有在 SRS ECU 存储器中的故障码全部清除之后，其 SRS 指示灯才能恢复正常的显示状态。因此，当 SRS 故障排除后，应清除故障码。在该车安全气囊系统中，当故障码 11 至 31 所对应的故障被排除并清除故障码之后，SRS ECU 将把故障码 41 存入存储器中，SRS 指示灯将一直发亮，直到故障码 41 清除后，SRS 指示灯才能恢复正常显示状态。因此，其安全气囊系统故障码的清除应分两步进行，其方法如下：

①清除故障码 41 以外的故障码。

a. 将点火开关转到 OFF 位置。

b. 拆下蓄电池负极电缆或拔下 ECU-B 熔断器 10s 以上，则故障码 41 以外的故障码清除完毕。

c. 将点火开关转到 LOCK（锁止）位置，并接上蓄电池负极电缆或插上 ECU-B 熔断器。

②清除故障码 41。

a. 将点火开关转到 OFF 位置，取两根跨接线，将其分别与 TDCL 诊断插座的 T_c、AB 端子连接。

b. 将点火开关转到 ON 或 ACC 位置，并等待 6s 以上时间。

c. 由 T_c 端子开始，使 T_c 和 AB 端子分别交替搭铁两次，每次搭铁要在（1.0 ± 0.5）s 内完成。

d. 最后保持 T_c 端子搭铁，几秒钟后故障码即被清除，SRS 指示灯将以连续的形式闪烁正常码。若不闪烁正常码，则需重复上述的清码步骤，直至闪烁正常码为止。

注意：在清除故障码时，其他存储系统（如时钟、防盗、音响系统）的信息也将被清除。因此，待电源恢复后，其他存储系统的参数应重新设置。

2. 电子控制安全气囊系统的故障检测

1）安全气囊系统检测注意事项

在安全气囊系统故障检测过程中，若不了解安全气囊系统维修的注意事项，若不遵循正确的操作程序和方法，就有可能导致SRS气囊意外引爆，造成人身伤害或财产损失。因此，在检修前应了解故障车安全气囊系统维修的注意事项，检修时应严格按操作规程进行。通常应重点注意如下事项：

（1）在排除安全气囊系统故障、拆下蓄电池负极电缆端子之前，必须先读取故障码，以便准确诊断故障。

（2）SRS检修工作必须在点火开关转到LOCK位置，并将蓄电池负极电缆端子拆下20s或更长一段时间之后才能开始。这是因为SRS装有备用电源，如果检修工作在拆下蓄电池负极电缆端子20s之内就开始进行，则其备用电源有能力供电，检查时就有可能引爆气囊。

（3）在检修过程中，为防止对SRS传感器产生冲击而引爆气囊，应在检修工作开始之前，先将碰撞传感器拆下。

（4）即使只发生轻微碰撞而安全气囊并未张开，也应对SRS碰撞传感器、SRS气囊组件进行检查。

（5）SRS零部件的工作可靠性要求极高，其所有的零部件均为一次性使用部件，绝不要修复使用。更换零部件时，必须使用新品，并且不允许使用不同型号车辆上的零部件。

（6）绝对不能检测点火器的电阻，否则有可能导致气囊引爆。检测其他部位的电阻和检测SRS故障时，必须使用高阻抗万用表，最好使用高阻抗的数字式万用表，否则可能会导致SRS电路的损坏或安全气囊意外引爆而造成人身伤害。

（7）严禁拆解气囊，因为气囊内部没有任何可维修的部件，引爆后的气囊不能再次使用。

（8）不要将SRS碰撞传感器、SRS ECU放置在高温热源附近，应将其置于无灰尘、阴凉、干燥之处。

（9）安装SRS前，应仔细检查其零部件，若有不适当的装卸或摔落的迹象，则必须更换新件。

（10）在SRS各个总成或零部件的表面上，均标有说明标牌或注意事项，使用与检查时必须照章行事。

（11）当SRS检修工作完成之后，必须对SRS指示灯进行检查。当点火开关转到ON或ACC位置时，若SRS指示灯亮6s左右后自动熄灭，则说明SRS系统正常。

2）安全气囊系统故障检测

对于SRS自诊断确定的故障，还应进行详细的检测，以便查出故障的确切原因并排除故障。其详细检测应使用推荐的检测工具，按汽车制造商维修手册提供的方法和步骤进行，下面以丰田雷克萨斯LS400轿车安全气囊系统故障码11的故障检测为例进行说明。

（1）故障内容。进行故障码读取操作时显示故障码11，其故障为SRS点火器线路搭铁或前安全气囊传感器线路搭铁。

（2）故障检测。故障检测的参考电路如图5-4所示，其检测步骤如下：

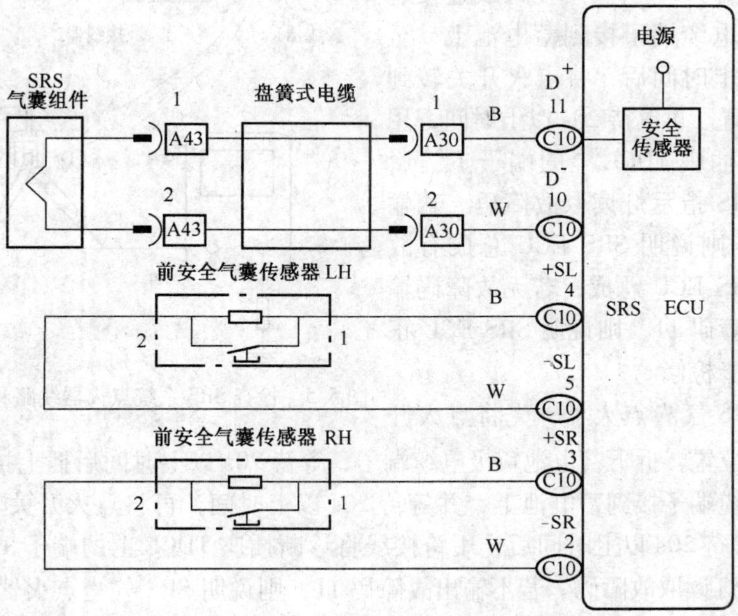

图5-4 SRS点火器和前安全气囊传感器线路

①将点火开关转到LOCK位置，然后拆下蓄电池负极电缆端子，等待20 s以后再拆下SRS气囊组件并按规定放置。

②检查前安全气囊传感器电路。拔下SRS ECU接线器，测量接线器线束侧+SR与-SR端子、+SL与-SL端子之间的电阻，其正常电阻值为755Ω~885Ω，若电阻值正常，则进行检修下一步骤。若电阻值不正常，则脱开前安全气囊传感器接线器插头，用万用表测量传感器插头各端子之间的电阻，其各端子之间的电阻值标准为：端子+S与+A之间的电阻为755Ω~885Ω、端子+S与-S之间的电阻为无穷大、端子-S与-A之间的电阻小于1Ω，此时若各端子之间的电阻值符合标准，则表示前安全气囊传感器正常，应更换传感器连接器；若各端子之间的电阻值不正常，则表明前安全气囊传感器存在故障，应予以更换。

③测量接线器线束侧+SR、+SL端子与车身搭铁之间的电阻。若电阻值不为无穷大，说明端子+SR或+SL至前安全气囊传感器之间的线束搭铁，需要修理或更换线束；若电阻值为无穷大，说明正常，则进行下步检修。

④检查SRS点火器线路和盘簧式电缆。脱开SRS气囊组件与盘簧式电缆之间的接线器1，如图5-5所示，用万用表检测盘簧式电缆一侧插头上端子D+、D-与车身接地之间的电阻，其正常电阻值应为无穷大。若电阻值为无穷大，则进行检修下一步骤。若电阻值不为无穷大，则应脱开SRS ECU与盘簧式电缆之间的接线器2，再次测量盘簧式电缆一侧插头上端子D+、D-与车身接地之间的电阻，此时，如果其电阻值不为无穷大，则应修理或更换盘簧式电缆；如果其电阻值为无穷大，则应更换SRS ECU与盘

簧式电缆之间的配线和接线器。

⑤检查 SRS ECU。先将接线器 3 连接到 SRS ECU 总成上，然后将接线器 1 靠盘簧式电缆侧的端子 D +、D - 用导线连接起来，再将负极电缆端子接到蓄电池上，至少等待 20s 以上时间后，将点火开关转到 ACC 或 ON 位置。再等待 20s 以上时间，用跨接线将诊断插座 TDCL 上的端子 T_c、E_1 连接，利用 SRS 指示灯读取故障码。若输出故障码 11，则说明 SRS ECU 总成有故障，应更换 SRS ECU 总成；若无故障码输出或不输出故障码 11，则说明 SRS ECU 正常，可进行下步检修。

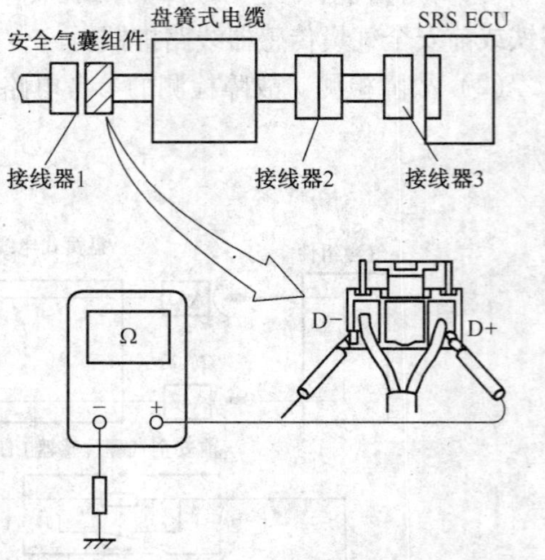

图 5-5 检查 SRS 系统点火器线路和盘簧式电缆

⑥检查 SRS 气囊点火器，先将点火开关转到 LOCK 位置，拆下蓄电池负极电缆端子，等待 20s 以上时间后插上接线器 1。然后，将负极电缆端子接到蓄电池上，并等待 20s 以上时间，再将点火开关转到 ACC 或 ON 位置。再等待 20s 以上时间后，用跨接线将诊断插座 TDCL 上的端子 T_c、E_1 连接，利用 SRS 指示灯读取故障码。若不输出故障码 11，则说明 SRS 气囊点火器正常；若输出故障码 11，则说明 SRS 气囊点火器存在故障，应更换 SRS 气囊组件。

5.1.3 汽车电动门窗检测与故障诊断

汽车电动门窗控制系统，具有钥匙联动锁门和开门功能以及钥匙禁闭预防功能。根据不同的车型、等级和使用地区，门锁装置具有不同的各种功能。

门锁控制开关操纵锁门和开门控制器，钥匙联动开门和锁门功能。

两级开锁功能（在钥匙联动开锁功能中，一级开锁操作，只能以机械方法打开钥匙插入的门。两级开锁操作，则同时打开其他车门）。

钥匙占用预防功能（防止钥匙插入点火开关时，没有钥匙而将车门锁住）安全功能（当钥匙从点火开关中拔去而门已锁住时，无论用钥匙或不用钥匙锁门，门都不能用门锁控制开关打开）。

电动窗不用钥匙的动作功能（驾驶员和乘客的车门都关上，点火开关断开后，电动窗仍可动作约 60s）。

一般来说，所有电动门窗可以通过前右或前左侧门上的钥匙操纵同时关闭和打开。若已执行了锁门操纵，而一侧前门打开并且点火开关钥匙仍插在锁芯内，则所有的车门会自动打开，以防止点火开关钥匙遗忘在汽车内。

汽车电动门窗是汽车车身的重要部件，是汽车防盗的第一步。它的发展趋势是由机械式向电子化演变。汽车电子锁是采用电子电路控制，以电磁铁、微型电动机和锁体或继电器作为执行机构的机电一体化保险装置。汽车电子门锁、电子密码点火锁和汽车电脑转向锁是汽车门锁向电子方向发展的产物。

1. 电控门锁的结构

汽车电动门窗通常由控制部分和执行机构两部分组成。

1）控制部分

控制部分包括编码器、输入器、存储器、鉴别器、驱动级、抗干扰电路、显示装置、保险装置和电源等部分。

（1）编码器。编码器实质上是人为的设定一组二进制或十进制数的密码。设定的原则是所编的密码不易被别人识破。对密码电路的要求是容量大、换码率高；保密性、可靠性好，换码操作简单。

（2）输入器和存储器。经输入器输入一组密码，由存储器记忆后送至鉴别器。

（3）鉴别器。鉴别器的作用是对来自输入器和编码器的两组密码进行比较，仅当两组密码完全相同时，鉴别器才输出电信号；经抗干扰处理后送至驱动级和显示装置。若用户有特殊要求，鉴别器还可以输出报警和封锁行车所需的电信号。

（4）驱动器。由于鉴别器送出的电信号通常很微弱，为了能带动执行机构的电磁铁产生动作，故设置驱动器。

（5）抗干扰电路。为了抑止来自汽车内外的电磁波的干扰，保证电子门锁不会自行误动作而设置了抗干扰电路，由此提高汽车电子门锁的可靠性和安全性。一般情况采用延时、限幅和定相等方法来达到该目的。

（6）显示器和报警器。该部分为电子门锁控制部分的附加电路，用于显示鉴别结果和报警，从而扩大了电子门锁的功能。

（7）保险装置。速度传感器和车门锁止器是汽车电子门锁的独特组成单元。当汽车运行超过一定时速时，车门锁止器根据来自速度传感器的信号将锁体锁止；当控制电路万一失灵，可通过紧急开启接口直接控制锁体的开启。

（8）电源。

2）执行机构

汽车电动门窗的执行机构一般采用电磁铁或微型电动机控制。

（1）电磁铁式。这种门锁的开启和锁闭均由电磁铁驱动。其结构如图 5-6 所示，它内设两个线圈，分别用来开启、锁闭门锁。门锁集中操作按钮平时处于中间位置，用手按压即可开启或锁闭车门。这种车门锁的优点是结构简单、内部摩擦力小，动作敏捷，操作方便；缺点是耗电量大，电磁铁质量大且动作时有撞击声。

（2）电动机式。该锁由可逆式电动机、传动装置及锁体总成构成。其工作原理为：由电动机带动齿轮齿条副或螺杆螺母副进而驱动锁体总成，驱动车门的锁闭或开启。其传动装置如图 5-7 所示。这种锁的优点是体积小、耗电量小以及动作较迅速；不足之处在于打开或关闭车门之后，若因疏忽通电，易烧毁电机。

2. 汽车电动门窗系统故障的诊断

由于车型的不同，汽车电动门窗的结构及原理有较大的差异。因此，在检修之前应查阅制造厂家的维修手册，准确找出故障部位和产生故障的原因，然后进行故障诊断排除。

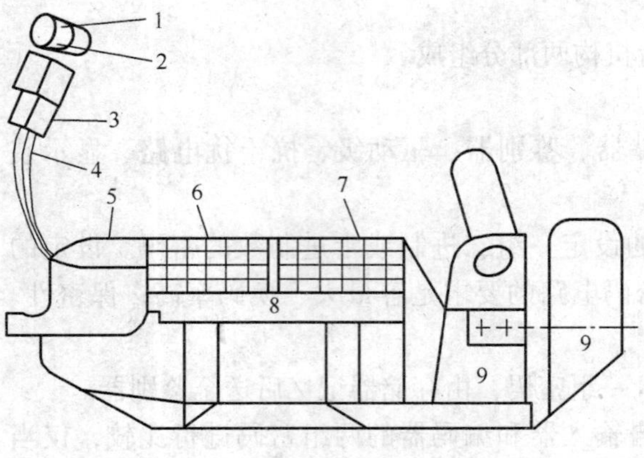

图 5-6 电磁铁式结构

1—锁闭位置；2—开启位置；3—插座；4—导线；5—橡皮罩；6—轭铁；7—线圈；8—铁芯；9—托架。

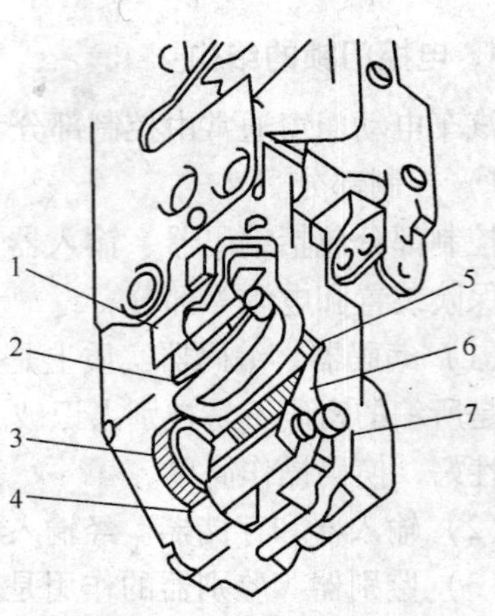

图 5-7 电动机式门锁传动装置

1—位置开关；2—回动开关；3—惰轮；4—小齿轮；5—锁紧齿轮；6—蜗轮齿轮；7—门锁电动机。

1）汽车电动门窗故障检查的注意事项

无论系统出现什么故障，应先通过检查，使故障可能存在的部位缩小到一定范围以内，然后再拆下车门内饰，露出门锁机构。最好先将拨动门锁开关后的情况列出图表，然后和维修手册中的故障诊断图表相对照，以便分析故障原因和部位。在测试电路前，应结合故障诊断图表，先弄清线路图，然后再试加蓄电池电压或用欧姆表测量。如果盲目地测试，则有可能损坏昂贵的电子元件。

2）汽车电动门窗锁故障诊断

汽车电动门窗系统的常见故障有：操作门锁控制开关，所有门锁均不动作；操作门锁控制开关，不能开门或锁门）；操作门锁控制开关，个别车门锁不能动作；速度控制失灵（如果有速度控制）。

（1）操作门锁控制开关，所有门锁均不动作。这种故障一般发生在电源电路中。首先检查熔断器是否熔断，熔断器熔断应予更换。若更换熔断器后又立即熔断，说明电源与门锁执行器之间的线路有搭铁或短路故障，用万用表查找出搭铁部位，即可排除。

若熔断器良好，检查线路接头是否松脱、搭铁是否可靠、导线是否折断。可在门锁控制开关电源接线柱和定时器或门锁继电器电源接线柱上测量该处的电压，判断输入电动门锁系统的电源线路是否良好。

（2）操作门锁控制开关，不能开门（或锁门）。这种故障是由于开门（或锁门）继电器、门锁控制开关损坏所致. 可能是继电器线圈烧断，触点接触不良，开关触头烧坏或导线接头松脱。

（3）操作门锁控制开关，个别车门锁不能动作。这种故障仅出在相应车门上，可能是连接线路断路或松脱，门锁电机（或电磁铁式执行器）损坏，门锁连杆操纵机构损坏等。

（4）速度控制失灵。当车速高于规定车速时，门锁不能自动锁定：故障原因是车速传感器损坏或车速控制电路出现故障。首先应检查电路中各接头是否接触良好，搭铁是否良好，电源线路是否有故障。然后检查车速传感器。车速传感器的检查可采用试验的方法进行，也可采用代换法，即以新传感器代换被检传感器，若故障消除，则说明旧传感器损坏；若故障仍存在，则应进一步检查速度控制电路中各个元件是否损坏。

3）门锁的诊断

（1）门锁控制开关。用万用表测量开关在不同位置时的工作状态，以判断开关好坏。

（2）门锁控制继电器。门锁控制继电器是由电子电路控制的继电器，它包括控制电路和继电器两个部分，为门锁执行器提供脉冲工作电流，也叫门锁定时器。诊断时测量其输出状态，从而判断是否有故障，然后做相应的处理。

（3）门锁执行器。门锁执行器有电磁铁机构、直流电机等。可以用直接通电方法检查其工作是否有开锁和闭锁两种状态，判断其是否损坏。

（4）汽车电动门窗系统常见故障诊断。常见汽车电动门窗故障现象及原因如表5-2所列。

表5-2 常见汽车电动门窗故障现象及原因

故障现象	故障原因
门锁控制系统不工作（全部）	①门熔断丝有故障 ②继电器有故障 ③配线有故障
车门锁锁止/开启故障（使用钥匙）	①驾驶员侧车门锁有故障 ②继电器有故障 ③配线有故障 ④门锁拉线断开
仅有1个车门锁不工作	①门锁电机有故障 ②配线有故障 ③门闩或连杆有故障
无线门锁控制系统失效	①门控灯开关有故障 ②车门钥匙锁止和开启开关有故障 ③钥匙开启警告开关有故障 ④无线门锁控制接收器有故障 ⑤车身控制系统有故障 ⑥配线有故障
车门锁不能锁止	①车门钥匙锁止和开启开关有故障 ②无线门锁控制接收器有故障 ③配线有故障
每个车门都打开时，无线门锁功能也起作用 在所有车门开启30s内打开任一车门，无线门锁控制系统自动锁止功能起作用	①门控灯开关有故障 ②无线门锁控制接收器有故障 ③配线有故障
门锁只有一种方式工作	①继电器有故障 ②配线有故障 ③搭铁电路开路

（续）

故障现象	故障原因
所有门锁只按一个开关工作	①配线有故障 ②开关故障
车门锁锁止/开启故障（使用手动开关和钥匙）	①电动车窗主开关有故障 ②继电器有故障 ③配线有故障
钥匙封闭防护运行故障	①继电器有故障 ②车门开启检测开关有故障 ③门控开关有故障 ④配线有故障
无线门锁功能故障（虽然只有一个车门开启，但按下遥控器开关时，所有车门锁均开启）	①钥匙开启警告开关有故障 ②无线门锁控制接收器有故障 ③配线有故障
车门锁不能开启	①车门钥匙锁止和开启开关有故障 ②钥匙开启警告开关有故障 ③无线门锁控制接收器有故障 ④车身控制系统有故障 ⑤配线有故障
只有钥匙封闭防护功能失效	①钥匙开启警告开关有故障 ②无线门锁控制接收器有故障 ③配线有故障
即使按下紧急手柄，警告操作系统也不运行	①无线门锁控制接收器有故障 ②配线有故障
门锁间歇工作	①连接点松动 ②继电器有故障 ③开关故障
门锁只在发动机运转时工作	①连杆故障 ②蓄电池电压低

5.2 汽车空调系统检测诊断

1. 汽车空调的功用

汽车空调系统一般由制冷系统、暖风系统、通风系统、空气净化系统和电子控制系统组成。

（1）制冷系统。由压缩机、储液干燥器（积累器）、膨胀阀（膨胀管）、蒸发器、冷凝器、散热风扇、鼓风机、制冷管道、制冷剂等组成，用于对车内空气或由外部进入车内的新鲜空气进行冷却或除湿，使车内空气变得凉爽舒适。

（2）暖风系统。由加热器、鼓风机、水管、发动机冷却液等组成，利用汽车发动机冷却液、废气的余热等方式产生热量，通过加热器加热进入车内的空气，以提高车内的温度。

(3) 通风系统。由进气模式风挡、鼓风机、混合模式风挡、气流模式风挡、导风管等组成，利用汽车迎面通风和压动通风或利用空调系统的鼓风机的强制通风来进行换气。

(4) 空气净化系统。由空气过滤装置、静电除尘装置、灭菌装置、除臭装置等组成，用于除去车内空气中的尘埃、臭味、烟气及有毒气体，使车内空气变得清洁。

(5) 电子控制系统。由传感器、控制器及执行机构组成，用于自动调节车内空气的温度、湿度、空气流量和流向，使车内形成冷暖适宜的气流，实现车内环境在各个季节、全方位多功能的最佳调节。

2. 空调的制冷原理

汽车空调制冷系统是由压缩机、冷凝器、膨胀阀、蒸发器等四大部件和一些辅助元件，用制冷管道依次连接而成，如图 5-8 所示。制冷系统工作时，制冷剂以不同的状态在这个密闭系统循环流动，每一循环有 4 个基本过程。

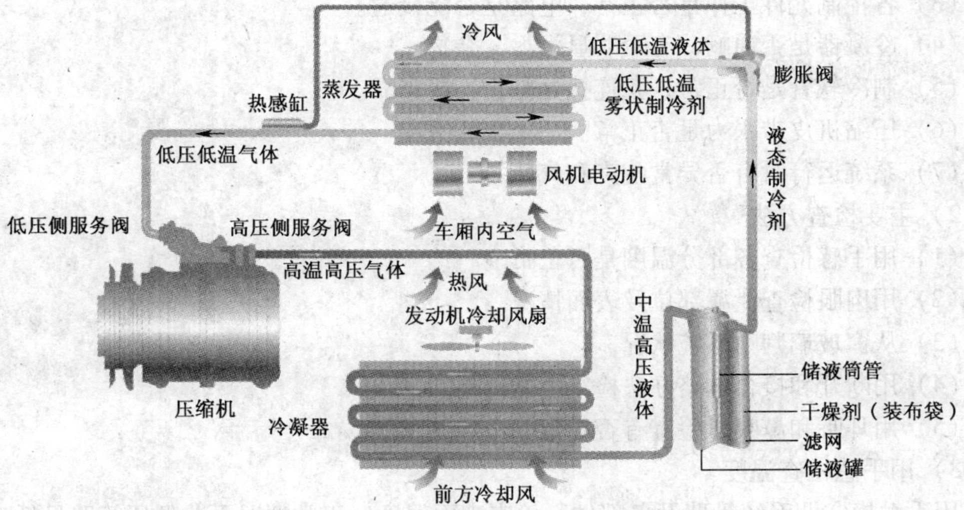

图 5-8　汽车空调制冷系统工作原理

(1) 压缩过程。压缩机吸入蒸发器出口处的低温、低压的制冷剂气体，把它通过压缩机压制成高温、高压的制冷剂蒸汽，以便为在冷凝器中与外界温度形成较大的温差，使更多的热能被空气带走，然后通过高压软管送入冷凝器。

(2) 放热过程。高温、高压的制冷剂气体进入冷凝器，由于车外温度低于进入冷凝器的制冷剂温度，借助于冷凝风扇的作用，在冷凝器中的制冷剂的大量热量被车外空气带走，从而高温高压气体大量放热而冷凝成高温、高压液体。

(3) 节流过程。温度和压力较高的制冷剂液体通过膨胀阀后体积突然变大而汽化，使压力和温度急剧下降，变成低温、低压以雾状（细小液、滴）进入蒸发器。

(4) 吸热过程。雾状制冷剂液体进入蒸发器，因此时制冷剂汽化时温度远低于蒸发器管外的车内循环风的温度，制冷剂液体能自动吸收蒸发器管外空气中的热量，从而使流经蒸发器的空气温度降低。产生了制冷降温效果，汽化了的制冷剂变成低温、低压的吸入压缩机。

这样的过程反复进行，使蒸发器周围的温度降低，经鼓风机吹出冷风，起到了制冷的作用。

3. 汽车空调主要检查内容和方法

汽车空调制冷系统的维修必须由经过培训的空调专业人员进行，但空调系统平时的常规检查和一般性的保养（指不打开制冷系统），则可由驾驶员和一般汽车维修人员进行。为了保证空调系统运行正常，在没有制冷测试仪器的情况下，可进行下列检查工作。检查时应将汽车停放在通风良好的场地上，如果需要开动压缩机，则应保持压缩机转速为2000r/min左右，空调风机开最高速，车内空气为内循环。制冷的高压部分温度是很高的，注意不要烫伤，检查时汽车附近不能有明火。

1）主要检查和保养内容

（1）制冷剂是否有泄漏。

（2）制冷量是否正常。

（3）各控制元件工作是否正常，电路是否能接通。

（4）冷凝器是否通畅，有否明显污垢、杂物。

（5）制冷软管是否正常，各连接处是否连接牢靠。

（6）压缩机皮带张力是否正常。

（7）系统运行时有否异常响声和气味。

2）主要检查方法

（1）用手感检查各部分温度是否正常。

（2）用肉眼检查泄漏部位及表面情况。

（3）从窗玻璃判断系统状况。

（4）用断开和接合电路办法检查电器部件。

（5）用耳听和鼻嗅，检查有否异常响声和气味。

3）用手感检查温度

用手触摸空调系统管路及各部件，检查表面温度。正常情况下，低压管路呈低温状态，高压管路呈高温状态。

（1）高压区。从压缩机出口→冷凝器→储液干燥器→膨胀阀进口处，这一部分是制冷系统的高压区，这部分部件应该先烫后热，温度是很高的，手摸时应特别小心，避免被烫伤。如果在其中某一部分（如在冷凝器表面）发现有特殊热的部位，则说明此部分有问题，散热不好。如果某一部位（如膨胀阀入口处）特别凉或者结霜，也说明此部分有问题，可能是堵塞。储液器进出口之间若有明显温差，则说明此处有堵塞，或者制冷剂量不正常。

（2）低压区。从膨胀阀出口→蒸发器→压缩机进口处，这部分低压区部件表面应该是冰凉的，但膨胀阀处不应发生霜冻现象。

（3）压缩机高低压侧。高低压侧之间应该有明显温差，若没有则说明几乎没有制冷剂，系统有明显泄漏。

4）用肉眼检查渗漏部位。所有连接部位或冷凝器表面一旦出现油渍，一般都说明此处有制冷剂渗漏。但压缩机前轴处漏油，有可能是轴承漏油，应区别对待。一旦发现渗漏，应尽快采取措施修理，也可用较浓的肥皂水涂在可疑之处，观察是否有气泡现象。

重点检查渗漏的部位是：

（1）各个管道接头及阀门连接处；

（2）全部软管，尤其在管接头附近察看有否鼓泡、裂纹、油渍；

（3）压缩机轴封、前后盖板、密封垫、检修阀等处；

（4）冷凝器表面被刮坏、压扁、碰伤处；

（5）蒸发器表面被刮坏、压扁、碰伤处；

（6）膨胀阀的进出口连接处，膜盒周边焊接处，以及感温包与膜盒焊接处；

（7）储液干燥器的易熔安全塞、视液玻璃（检视窗）、高低压阀连接处；

（8）歧管压力表（如果安装的话）的连接头、手动阀及软管处。

5）从视液玻璃判断工况 视液玻璃大多安放在储液干燥器上，个别也安放在从储液器到膨胀阀之间或冷凝器到储液器之间的管路上。从视液玻璃判断工况要在发动机运转、空调工作时进行。

如图 5-9 所示，从视液玻璃中看到的工质情况。

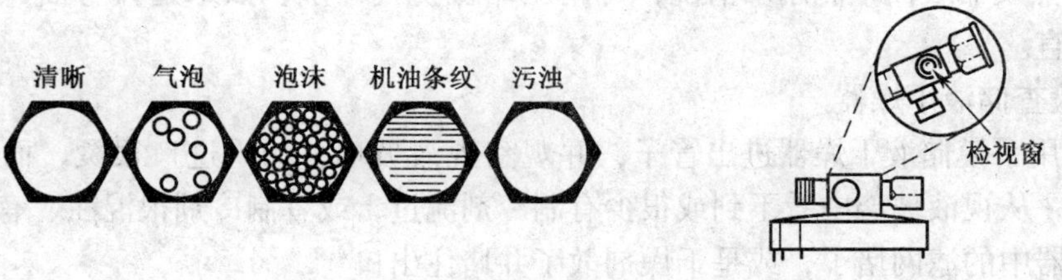

（a）　　　　（b）

图 5-9　检查视窗

（a）制冷剂工质情况；（b）视窗。

（1）清晰、无气泡，说明制冷剂适量。过多或完全漏光，可用交替开关空调机的办法检查。若开、关空调机的瞬间制冷剂起泡沫，接着就变澄清，说明制冷剂适量；如果开、关空调机从玻璃窗内看不到动静，而且出风口不冷。压缩机进出口之间没有温差，说明制冷剂漏光；若出风口不够冷，而且关闭压缩机后无气泡、无流动，说明制冷剂过多。

（2）偶尔出现气泡，并且时而伴有嘭胀阀结霜，说明系统中有水分。若无膨胀阀结霜现象。可能是制冷剂略缺少或有空气。

（3）有气泡、泡沫不断流过，说明制冷剂不足。如果泡沫很多，可能有空气。若判断为制冷剂不足，则要查明原因，不要随便补充制冷剂。由于胶管一年可能有100g～200g 的制冷剂自然泄漏，若是使用两年后方发现制冷剂不足，可以判断为胶管自然泄漏。

（4）有长串油纹，观察孔的玻璃上有条纹状的油渍，说明冷冻油量过多。此时应想办法从系统内释放一些冷冻机油，再加入适量的制冷剂。若玻璃上留下的油渍是黑色的或有其他杂物，则说明系统内的冷冻机油变质、污浊，必须清洗制冷系统。

4. 各制冷部件及控制机构的检查

1）检查压缩机

启动压缩机，进行下列检查：

(1) 如果听到异常响声，说明压缩机的轴承、阀片、活塞环或其他部件有可能损坏，或冷冻油量过少。

(2) 用手摸压缩机缸体（小心高压侧很烫），如果进出口两端有明显温差，说明工作正常；如果温差不明显，可能制冷剂泄漏或阀片漏。

(3) 如果有剧烈振动，可能皮带太紧，皮带轮偏斜，电磁离合器过松或制冷剂过多。

2）检查换热器表面并进行清洗

(1) 检查蒸发器通道及冷凝器表面，以及冷凝器与发动机箱之间是否有碎片、杂物、泥污，要注意清理，小心清洗。

(2) 冷凝器可用软长毛刷沾水轻轻刷洗，但不要用蒸汽冲洗。换热器表面，尤其是冷凝器表面要经常清洗。

(3) 检查冷凝器表面是否有脱漆，注意及时补漆，以免锈蚀。

(4) 蒸发器表面不能用水清洗，可用压缩机空气冲洗，如果翅片弯曲，可用尖嘴钳小心扳直。

3）检查储液干燥器

(1) 用手摸储液干燥器进出管子，并观察视液玻璃，如果进口很烫，而且出口管接近气温，从视液玻璃中看不到或很少有制冷剂流过，或者制冷剂很混浊、有杂质，则可能贮液器中的滤网堵了，或是干燥剂散了并堵住出口。

(2) 检查易熔塞是否熔化，各接头是否有油迹。

(3) 检查视液玻璃是否有裂纹，周围是否有油迹。

4）检查制冷软管

看软管是否有裂纹、鼓包、油迹，是否老化，是否会碰到尖物、热源或运动部件。

5）检查电磁离合器及低温保护开关

断开和接通电路，检查电磁离合器及低温保护开关是否正常工作。

(1) 小心断开电磁离合器电源，此时压缩机会停止转动，再接上电源，压缩机应立即转动，这样短时间接合试验几次，以证明离合器工作正常。

(2) 天冷时，若压缩机不启动，可能是由于低温保护开关或低压保护开关起作用，可将保护开关短路或将电瓶线直接连到电磁离合器（连接时间不能超过5s）。若压缩机仍不转动，则说明离合器故障。

(3) 在低温保护开关规定的气温以下仍能正常启动压缩机，则说明低温保护开关有故障。

(4) 若有焦味，可能是电磁离合器烧了。

6）检查车速控制机构

首先确认该车空调系统中有哪几种车速控制机构，然后进行检查。

(1) 低速保护（怠速继电器）。确证怠速保护的转速限值，首先将发动机在高于此限值上运转，确证压缩机工作正常，然后让发动机降速至限定值以下，若压缩机自动停转，则说明怠速继电器工作正常。否则要调整怠速继电器限定值或调整发动机怠速转速。

(2) 高速保护（超车继电器）。令发动机正常运转，然后短时间让发动机高速运动（模拟超车）几秒钟，观察压缩机能否自动停转，并能否在几秒钟后又恢复正常。若有故障，则检查线路是否有松脱等现象，对症修理。

(3) 怠速稳定（怠速提升装置）。启动发动机，不开空调机保持怠速运动，测定怠速转运，一般应在 600r/min ~ 700r/min，然后开空调，检查发动机转速是否提高（应自动提升至 900r/min ~ 1000r/min）及怠速工况是否稳定。若过高或过低，则调整真空促动器的调整螺钉或拉杆位置，若发动机转速不提高，则检查线路是否正常，真空源是否正常，真空管路是否漏气、压偏等。

7) 检查感温包保温层

检查膨胀阀感温包与蒸发器出口管路是否贴紧，隔热保护层是否包扎牢固。

8) 检查换热器壳体

检查蒸发器壳体有无缝隙，冷凝器导风罩是否完好，冷凝器与水箱之间距离是否合理，蒸发器箱体内有否杂质。

9) 检查电线连接

检查电线接头是否正常，连接是否可靠。

10) 检查压缩机皮带盘及连接皮带

(1) 检查皮带张紧力是否适宜，表面是否完好，配对的皮带盘是否在同一平面。皮带新装上时正好，运转一段时间会伸长，因此需要两次张紧。皮带过紧会使皮带磨损，并导致有关总成的轴承损坏，过松则使转速降低，制冷量、冷却风扇风量不足。

(2) 若用一般三角皮带，新装上的皮带张紧力应为 40N ~ 50N，运转后张紧力应为 25N 左右。

(3) 齿形皮带的张紧力若不足，将会降低齿形带的可靠性。但张紧力过大皮带会发出啸声，一般调整在 15N ~ 18N 比较合适。

调整齿形皮带张紧力的办法：张紧后直到运转时发出啸声，然后逐渐减小张紧力直到啸声消失为止。

(4) 保证皮带在一直线运转是非常重要的，可用加减垫片的方法调整轴向位置。

11) 检查风机

检查风机工作时有否异常声响，有否异物塞住叶轮，有否碰到其他部件，尤其要检查冷凝器风扇电机的轴承有否缺油、咬住，压缩机运转时，冷凝器辅助风扇是否同步转动。

5. 一般汽车空调系统制冷系统故障判断程序及排除方法

对汽车空调系统故障的判断应掌握以下原则，即先全局后局部。具体说来，当听了驾驶员对空调运行的某种故障陈述后，维修人员首先应由系统着手进行判断，进而确认是某部件或管路故障，然后采用前述的方法进行故障排除或维修。

一般来说，汽车空调中的制冷系统结构复杂，接头管线多，运行环境恶劣，因此汽车空调的故障有80%出在该系统中，应予以特别重视。另外，一般的修理故障现象包括：完全没有冷气供给；供给冷气量不足；供给冷气量不连续；空调系统噪声很大（指超过人耳的忍受能力）。

1）完全没有冷气量供给的故障诊断

首先检查是否是开关接头问题，进而是控制系统零部件问题，最后是压缩机零部件问题，诊断程序如下所述。

（1）开关接头故障判断及排除方法。

①A/C熔断丝烧坏。此时可查明原因，更换熔断器。②A/C开关故障。此时查明原因，修复或更换。③电路断路器故障。此时查明原因，修复或更换。④电路中接线接头折断或脱落，此时检查线路，将线路和接头接通。

（2）电器元器件故障判断和排除方法。

①主继电器接触不良或其他故障。此时检查主继电器修复或更换。②离合器电磁线圈短路烧毁。此时查明原因，若短路则更换。③恒温开关或放大器失灵。此时查明损坏原因，更换损坏元件。④热敏电阻器故障。若查明有故障，更换。⑤蒸发器风扇电动机或继电器故障。若是电动机故障应更换，继电器故障应修复或更换。⑥高压或低压开关故障或断开，查明断开原因，若有故障更换。

（3）传动系统故障和排除。

若V带松弛，应予调整到合适位置，折断则应予更换。

（4）制冷剂输送系统的故障和排除。

①储液干燥器或膨胀阀堵塞故障。查明原因，再按有关方法排除堵塞，使其畅通。②制冷剂全部泄漏故障和排除。一般而言常见泄漏部位有如下部位：软管破损，压缩机轴封泄漏，储液干燥器的易熔塞熔化或其他部位泄漏。

（5）压缩机故障判断和排除。

①压缩机的进排气阀门折断或阀板磨损。查明原因，将阀门或阀板拆换。②缸盖密封垫损坏。查明原因后予以更换。

2）输出供冷量不足的故障诊断

（1）供冷组件故障判断和排除。

①蒸发器风扇转速太慢的故障和排除。首先查清是否接头松动，调速电阻是否失效，并采取相应措施，若不是便应拆下风扇，进行更换。②蒸发器的气流不畅通的故障和排除。此时应清理其表面并修理温度混合风门。③蒸发器压力控制阀故障。此时应更换。④冷凝器的气流不畅通。此时应清理冷凝器。⑤蒸发器结霜堵塞故障排除。此时调整恒温开关或蒸发表面或压力控制器。⑥蒸发器风箱壳泄漏故障排除，此时应进行焊修。

（2）离合器系统故障判断和排除。

①离合器因磨损过量而打滑的故障和排除。查出磨损件予以更换。②离合器因输入电压过低而打滑的故障和排除。查出原因，按需要输入规定电压。③离合器离合过于频繁的故障和排除。调整恒温开关或温度放大器，若无效则应更换。

（3）电器故障判断和排除。

①热敏电阻故障，此时应先检查，若失效则予以更换。②放大器或恒温开关故障，查明原因，若失效则分别予以更换。

（4）制冷系统管路故障判断和排除。

①制冷系统中制冷剂过多或不足故障。查明原因，相应抽出多余制冷剂或添入适量的制冷剂。②系统内混入空气。此时应首先将制冷剂抽出，并抽成真空状况，然后再添入规定的制冷剂。③冷冻油过多故障。此时应排除多余冷冻油。④储液干燥器堵塞故障。此时应首先更换滤网，若故障还不能排除则应更换组件。⑤膨胀阀滤网堵塞故障。此时应卸下滤网，清洗或更换。⑥孔管滤网堵塞故障。此时应卸下滤网清洗，并将液气分离器更换。

（5）压缩机进排气阀腔窜气故障判断和排除。发生此故障时应更换缸垫。

（6）车外循环风门关不死故障判断和排除。此时应修理或更换配用的真空驱动器。

3）供给冷气量间断不连续的故障诊断

（1）离合器系统故障判断和排除。

①离合器线圈电路接触不牢或接地松动故障。此时首先应将接头补焊或将接地端拧紧。②离合器电压低而有时打滑故障。此时应查清原因，保证供给电压正常。③离合器打滑或磨损严重。此时应对其离合器摩擦面油渍进行清洗或更换磨损件。

（2）连接插头插座松脱故障。此时应接牢插座或将其更换。

（3）电器故障判断和排除。

①主继电器或风扇继电器故障。更换相应继电器。②风扇变阻器故障。更换调速器。③电动机接触不良。更换风扇电动机。④恒温器或放大器故障。此时应检查热敏电阻，看其是否失效，如未失效则对上述部件分别进行更换。⑤恒温器断开温度过低故障。此时应重新调整。

（4）制冷系统管路故障和排除。

①系统管路内含水量过大故障。此时应更换干燥剂，排空原制冷剂，然后抽真空重新充注制冷剂。②膨胀阀失灵，感温包松动故障。此时检查感温包或更换膨胀阀。

（5）蒸发器压力控制器故障判断和排除。此时应予以更换。

4）系统噪声过大的故障诊断

一般按以下几个部分顺序检查：

（1）传动系统故障判断和排除。

①传动 V 带轮松弛打滑。此时应调整张紧带轮，若已无法调节则应更换。②V 带过紧引起的压缩机震动，调整 V 带张力。③带轮中心线不平行，引起的压缩机震动。此时应重新安装压缩机，使其中心线平行。④带轮轴承磨损故障，此时更换轴承。

（2）离合器系统故障判断与排除。

①离合器打滑故障。此时若查清油渍时，则应清洗和修理。若是弹簧或卡盘坏了，则应换离合器。②离合器电磁线圈接头松动故障。此时先拧紧接头，若不起作用则应更换线圈。③离合器轴承磨损、间隙过大或缺油故障。此时若系前者应更换离合器，后者则加润滑油即可。

（3）压缩机故障判断与排除。

①压缩机安装螺钉松动，支承板松动故障。此时前者拧紧螺钉即可，后者则应更

换。②进排气阀门损坏故障。应予以更换。③活塞环磨损故障。修理或更换压缩机。④敲缸。应对高压维修阀进行检修。

（4）制冷系管路故障判断与排除。

①制冷剂过量引起的高压管、压缩机的敲击声。此时应排放制冷剂，直至高压表显示正常。②制冷剂不足引起蒸发器进口的嘶嘶声故障。此时应查清有无泄漏；如泄漏则应补漏，然后加足制冷剂。③制冷系统水分过量故障。此时应更换储液干燥器，排除原制冷剂，系统再次抽真空，充注制冷剂。

5）风扇叶片变形引起的噪声故障判断和排除

应维修或更换风扇。

6. 一般汽车空调加热系统的故障判断程序和排除方法

和前述制冷系统一样，故障的判断程序为听驾驶员的报修情况后，按由简入繁的程序进行故障的具体部位判断，然后采用前述的维修方法进行故障的排除。

1）怎样正确使用和维护汽车的暖风装置

（1）使用暖风的季节，进水阀门应在常开位置。将进水阀门手柄扳至垂直方向，使发动机冷却水由气缸盖经进水管流入暖风散热器中，尔后经出水管流入散热器出风管后进入水泵，使之循环。

（2）使用暖风装置，应先除霜后采暖。当发动机水温正常后，打开暖风电动机开关，此时热风经左、右送风管吹到风窗玻璃上，待除霜面积达到要求后，再打开暖风下部送风门，一部分热风便从风门送出，供驾驶员脚部取暖和车厢内升温。

（3）使用暖风装置应注意以下几点：①暖风装置长时间停用后，在重新开始使用前，应拆卸清洗，更换损坏管件；装复后，应检查各部有无渗漏；注意拧紧风机叶轮与电动机轴的螺母；检查叶轮与内壁，不应有干涉。②冬季启动发动机之前，不应开启暖风电动机，以免冻坏暖风散热器。③必须保持发动机水温在80℃以上，才能正常发挥暖风装置效能。④暖风装置的连续使用时间不宜过长，以免缩短暖风电动机使用寿命。⑤使用中，如发觉暖风机有异常声音，应立即切断电源，找出故障并排除。⑥冬季停车后，气温在5℃以下或未使用防冻液时，暖风散热器中的循环水务必随发动机气缸体内的水一起放尽，以防冻坏散热器。⑦不使用暖风装置季节，应关闭暖风进水阀，使暖风装置与发动机冷却系分开。

2）不供暖或供给暖气不足的故障诊断

（1）送风系统故障判断和排除。

①空调器送风机损坏故障。此时用万用表测量电阻，电阻值为零则更换。②送风机继电器、调温器损坏故障。此时用万用表测量其电阻值，如为零则更换。③热风管道堵塞故障。此时清除堵塞物。④温度门真空驱动器损坏故障。更换真空驱动器。

（2）加热器系统故障判断和排除。

①加热器漏风故障。此时更换加热器壳。②加热器芯管内部有空气故障。此时应将空气排除。③加热器翅片引起的通风不畅故障。此时应先对翅片进行校正，无法排除则更换。④加热器芯管积垢堵管故障。此时采用化学方法对芯管进行除垢。

(3) 水路系统故障判断与排除。

①冷却水管流动不畅故障。此系水管弯曲造成，应予更换。②热水开关或真空驱动器失效故障。如是真空驱动器过紧的情况应进行检修或更换，以保证足够的供暖热水量。③发动机的石蜡节温器失效故障。应更换节温器。④冷却液不足故障。首先应补足冷却液，并应检查散热器盖是否漏气。

3) 送风系统停止运行的故障诊断

(1) 熔断丝熔断或开关接触不良的故障判断和排除。首先应更换熔断丝，如是开关故障则应用细砂纸轻擦开关触点，予以排除故障。

(2) 送风机系统故障判断和排除：①送风机电动机绕组烧坏故障，应更换绕组；②送风机调速电阻断路故障，应更换电阻。

4) 管路泄漏的故障诊断

(1) 软管老化故障，更换软管。

(2) 接头不牢故障，检修接头紧固。

(3) 热水开关不能闭合故障，修复热水开关。

5) 供暖过热的故障诊断

(1) 调温风门调节不当故障，重新调定。

(2) 发动机处节温器损坏故障，更换节温器。

(3) 风扇调速电阻损坏故障，更换电阻。

6) 除霜热风不足故障诊断

(1) 除霜门调整不当故障，重新调定。

(2) 出风口堵塞故障，清堵。

7) 操动吃力或不灵故障诊断

(1) 操动机构卡死故障，应重新调定。

(2) 风门过紧故障，应修理。

(3) 所有真空驱动器失灵故障，应全部更换。

8) 加热器芯有异常故障诊断

加热器漏水故障。若为进、出水接口漏水，则阀卡死；若是管路漏水，应予更换。

7. 一般汽车空调系统各部件的故障判断程序和故障排除

前面介绍的是根据驾驶员关于系统故障的报修进行故障的判断程序和排除方法，但有时又是这样一种报修情况：即对故障的部位已基本确定的报修，这是一种直接情况；另外还有一种间接情况，即压缩机的吸力、压力不正常指示的报修，下面便根据这两大类报修情况的故障判断程序和故障排除方法进行介绍。

1) 系统部件故障已确诊的故障诊断和排除

(1) 带轮故障的诊断。

①带轮不对中故障判断和排除。此时应调整带轮轴向位置使其对中。②带轮太紧或太松故障判断和排除。此时应对其松紧程度进行调整。③V 带规格不对，应予更换。④制冷剂充注过多，引起压缩机负荷加大导致的带轮打滑故障，此时应排除多余的制冷剂。⑤惰轮轴承损坏故障，应予更换。

（2）离合器噪声的故障诊断。

①线圈安装不当，间隙过大故障的判断和排除。此时应使线圈和离合器对中，并调整间隙。②带轮未拧紧，此时拧紧螺钉即可。③压缩机轴上的键配合不当故障，此时应对键间隙重新选配。④打滑噪声故障，此时应对离合元件进行清洗或更换磨损严重的零件。

（3）离合器失灵的故障诊断。

①熔断器烧毁，查清原因后更换。②离合器电路断路故障，此时应对线路的通断、接头的牢固性、各开关的可靠性跳查、修复，若无法修理则更换。③离合器电磁线圈短路故障，此时应更换电磁线圈。④电源电压过低故障，此时应检查接头和接线是否接触不良，若 有应处理。⑤恒温开关或放大器损坏，应予更换。⑥压缩机坏，应更换压缩机。

（4）风扇停止运行故障诊断

①熔断器烧断故障，查清原因后接上熔断丝。②风扇电路断开故障，查清线路通断、接头松动情况后予以处理。③调速电阻器及开关失灵，此时应予更换。④地线松脱生锈或锈蚀，此时除锈、紧固。

（5）风扇转速太慢的故障诊断。

①风扇电路接触不良或导线漏电故障。此时应查清原因排除故障。②风扇轴变形，应予矫正。③调速电阻烧断，应予更换。④电压太低故障，此时应检查电源、电路电压并将故障排除。⑤固定叶片的定位螺钉松动，拧紧螺钉。

（6）蒸发器冻结的故障诊断。

①恒温开关或调定温度过低，应重新调定。②恒温开关或放大器失效，应更换。③经过蒸发器的风量不够，应调高风速。④膨胀阀失灵，应更换。⑤蒸发器压力控制器调定压力过低，此时应重新调定或更换。⑥制冷剂过多，排除多余的制冷剂。

（7）压缩机停止工作故障诊断。

①传动带破损，应更换。②离合器电路断路，更换导线或开关。③离合器电磁线圈短路，更换电磁线圈。④恒温开关或放大器损坏，应更换。⑤压缩机活塞环或活塞损坏，造成卡缸现象，此时更换压缩机。

（8）压缩机振动太大故障诊断。

①紧固螺钉松脱或断裂，进行更换或拧紧。②压缩机带轮安装位置不正，此时应校正曲轴和压缩机轴平行，然后拧紧螺钉。③离合器在压缩机机体上松脱，此时拧紧螺栓即可。④制冷剂量过多，排除多余的制冷剂。⑤带轮和惰轮轴承磨损，更换轴承。⑥带轮松动或损坏，更换 V 带。

（9）压缩机缸盖密封和缸垫损坏故障诊断。

①缸盖 O 形密封圈老化破损，此时缸盖和离合器发动机罩上均会出现油渍。排除方法是从发动机上卸下压缩机，更换 O 形密封圈和储液干燥器。②缸垫损坏，这会引起吸气腔和排气腔窜气，使空调无冷气输出，压缩机温度很高，高、低压两端的压力值相同且很低。排除方法是从发动机上卸下压缩机，更换气缸垫。

（10）V 带调整。

V 带用于主发动机与压缩机之间的动力传递。对一直使用的 V 带，一般一个月检查一次，主要是检查有无过松现象和有无油水等粘到V带上，以防止V带打滑。如有过松现象，则应重新调整其张力。V带的最好张力是最大负荷下松弛到不打滑，这样既可以正常使用，又不至于过早损坏。

调整方法：调整带轮的中间，使得在V带中部以8kg~11kg的力下压时，其单位距离的挠度为6mm。需要更换V带时，松开张紧装置，卸下旧V带，按规定张力调整好张紧装置，运行几分钟后，再按上述方法检查调整松紧度，并在4天~5天内每天检查调整一次。

2）汽车空调控制电路的故障诊断

车型不同，其空调控制电路的原理及组成也有所不同，故在诊断汽车空调的电路故障前，应首先熟悉待修空调的控制电路，搞清楚空调线路的组成和特点，各控制元器件的作用、动作原理以及安装部位。然后根据故障现象对可疑元器件和线路作进一步检查，待确定故障元器件和故障线路后，再对其进行拆卸、修复和更换，千万不可盲目拆换空调各控制部件和线路，否则不仅不能快速排除故障，反而会使故障扩大。除明显的电路故障外，在诊断如电磁离合器不吸合、冷凝器冷却风扇不运转以及压力开关频繁动作等电路故障时，有时是因为制冷系统故障引起的，所以，在诊断时应结合制冷循环来综合分析，不可单纯地在电路上查找故障。

（1）汽车空调电路故障诊断。

汽车空调电路故障有控制元器件故障和线路故障两类。

控制元器件故障主要包括：电磁离合器线圈损坏、鼓风机电动机损坏，鼓风机调速电阻烧坏、控制继电器失灵、压力开关失灵、空调放大器损坏以及各种控制开关失灵等。

①对控制元器件故障除直观检查外，可采用替换法，即用完好的相同规格元器件去替代可疑元器件后，如故障消除，则可断定是被替代的元器件出了问题，应予修复或更换。

②对空调放大器、压力开关等部件的诊断还可采用短接法，即将可疑元器件在线路中短接，如故障消除，则可判断为该元器件有故障。

③对电磁离合器、鼓风机电动机、冷却风扇电动机等器件的检查，可将其电源接线从线路中拆下，然后用一段导线把它直接连到蓄电池正极上，观察电磁离合器是否动作、电动机是否旋转，便可很容易地判断出电磁离合器和电动机是否完好。

线路故障主要包括断路、短路（搭铁）、接触不良等，除采用直观检查法外，还可借助试灯、万用表等工具对线路进行分段检查。

（2）汽车空调开关故障诊断。

①脱开空调器开关的接线端子，用引线跨接（使开关短路）在配线插座上。②将送风机转到开启ON位置。③瞬间地将点火开关转到开启ON位置（但不要启动发动机），听电磁离合器啮合声，如果电磁离合器没有啮合上，表明其性能正常；如果电磁离合器啮合上，表明其性能不良。

（3）空调压力保护开关的故障诊断。

压力保护开关分为高压和低压两种，前者一般与压缩机出气口或冷凝器连接，以防止系统在异常高压下工作；后者与压缩机的进气口连接，用以防止压缩机在没有或很少制冷剂情况下运转，而导致压缩机损坏。保护开关性能的检测应在冷气系统完好的情况下进行。

①将歧管压力计和软管接到高、低压检修阀上，当系统中制冷剂压力高于210kPa时，低压开关就应接通；否则为性能不良，应予更换。

②在制冷系统工作时，用纸板或其他板挡住冷凝器的散热，以恶化其冷却效果，这时冷凝器的温度会逐渐升高，当高压表压力达到达2.1MPa~2.5MPa时，电磁离合器应立即断电；然后拿开纸板，待高压表压力降低到1.9MPa时，电磁离合器应立即通电，使压缩机工作，否则为性能不良。

③高压压力开关的触点是常闭式。用万用表测量其两个接线端：如果是断路，说明已损坏；如果电阻为零，则说明性能正常。

④低压开关的触点，在没有压力的作用下是常开的。用万用表测量其两个接线端，如果性能正常，则是断路；否则为性能不良。

⑤在有压力的情况下检测压力开关较为可靠。低压开关一般在200kPa左右触点闭合，高压开关在2650kPa左右触点断开。

3）压缩机吸、排气压力异常的故障诊断

（1）吸气压力过高，排气压力正常的隐含故障的故障排除。

①车内温度过高（引起制冷负荷加大）。此时应采取的措施是关闭车门窗和外部气源门。若还不能恢复正常，便应检查门窗和气源门的密封性，若密封性不良应予维修。②膨胀阀温包松动或绝热不良，此时应将松动温包扎紧，并加强绝热，以保证接触良好。③膨胀阀常开，应更换。④膨胀阀温包内制冷剂漏光，应更换温包。⑤压缩机阀门簧片损坏，更换阀门簧片。⑥压缩机气缸垫漏气，更换气缸垫。

（2）吸气压力正常，排气压力过高，隐含故障的故障排除。

①管路堵塞（制冷剂中含有杂物），堵塞处有结霜，此时应将不洁的制冷剂全部换掉。②储液干燥器堵塞，更换滤网或干燥剂。③冷凝器表面有杂物，应除去杂物和灰尘。④发动机散热器和冷凝器距离过小。应卸开重新进行安装，以减小它们的距离，降低冷凝器温度。⑤冷凝器方式风量不够，应更换风扇：⑥制冷剂充注过量，应排除多余的制冷剂。

（3）吸气压力过高，排气压力亦过高的故障排除

①车内温度过高。关闭外循环阀门，维修门窗密封不良处。②冷凝器风量不够。应增加冷凝器处冷却风量。③冷凝器冷却风扇不转或不对中。检查原因，维修风扇。④冷凝器和发动机散热器距离太近。用前述方法调整二者距离。⑤系统充注制冷剂过量，排除过量的制冷剂。⑥系统内混入空气，应排除空气。

（4）吸气压力过高、排气压力过低故障排除。

①压缩机阀门或阀片故障，应更换阀门或阀片。②压缩机缸垫损坏，更换气缸垫。③恒温开关失准或在蒸发器中安装不正确。此时应重新校准恒温开关，温包或热敏电阻应安装良好，并安装在最能代表蒸发器温度之处。④蒸发器压力控制器压力调定过高，应重新调正。

（5）吸气压力过低，排气压力过低，隐含故障的故障排除。

①系统制冷剂量不足，先查是否泄漏，补漏后补足制冷剂。②压缩机气缸泄漏，应

更换气缸垫。③压缩机吸气阀泄漏，应更换阀板。④排气阀变软或损坏，应更换阀板或簧片。⑤压缩机活塞磨损，应更换压缩机。

4）发动机过热的故障诊断

（1）风扇带轮打滑故障，此时调整带轮松紧适度。

（2）发动机点火不正时，调整正时点火。

（3）缺少冷却液。加足冷却液，并检查密封橡胶，如损坏应更换。

（4）散热器盖泄漏，更换密封橡胶。

（5）冷凝器翅片堵塞，清除堵物。

（6）发动机冷却风量不足，应更换叶片。

（7）发动机水路不通，用高压水冲洗。

复习思考题

1. 车身电气故障诊断的基本方法有哪些？
2. 如何用电路图检查车身电气故障？
3. 如何用人工诊断 SRS 故障？
4. 对安全气囊系统进行检测时应注意什么？
5. 如何对汽车电动门窗锁常见故障进行诊断？
6. 如何对汽车空调控制电路常见故障进行诊断？
7. 汽车空调加热系统的故障如何诊断？
8. 汽车制冷循环系统的故障如何诊断？

第6章 汽车远程测试与诊断技术

汽车的运动性和故障的时发性，导致异地诊断和远程诊断的需求不断增加，汽车故障诊断由传统的诊断方式向异地诊断和远程诊断方向发展。特别是方便、快捷网络的普及，通过局域网、因特网来传输诊断信息成为一种趋势，网络架构下的集成汽车故障诊断专家系统成为研究热点。网络诊断系统实现了诊断服务信息的交流和共享，多专家的协同诊断提高了故障诊断的准确率和工作效率。

6.1 概　述

1. 远程测试与诊断技术的发展

远程故障诊断技术的兴起与发展起源于远程医疗诊断的发展应用。1988 年开放式远程医疗系统的概念在美国被提出。而设备诊断与人类的疾病诊断是相似的，因而从技术上来说，只要能实现远程医疗诊断，就能实现远程设备诊断。但是由于重视程度不够和投入的科研资金少、人力不足等原因，与医疗行业已取得的显著成果相比，工业领域的远程诊断工作的进展相对较慢。

1997 年 1 月，首届基于 Internet 技术的工业远程诊断研讨会由斯坦福大学和麻省理工学院联合主办。1996 年 10 月，斯坦福大学和麻省理工学院从开始合作开发基于 Internet 的下一代远程诊断示范系统，就得到了 Boeing、Fort、Segate、Intel 等 12 家大公司的支持和通力合作。此外，密执安大学也在积极开展针对机械加工的远程诊断和制造系统的研究工作，并在因特网上设立了一个宣传站点。许多国际组织也纷纷通过网络进行设备故障诊断咨询和技术推广工作，并制定了一些信息交换格式和标准，相应的许多公司也在他们的产品中加入了连接因特网的功能。国内，西安交通大学、上海交通大学、哈尔滨工业大学等都在向国外先进水平看齐，已经开始或准备开始从事工业领域的远程诊断研究工作。华中理工大学机械学院信息所建立了设备故障诊断中心，它不仅可以为因特网用户提供远程信号采集、信号分析和设备故障诊断服务，还可以从网上为在校学生开设工程测试与信号分析实验，实现了网络课程教学。哈尔滨工业大学航天学院热能工程研究所实现了基于 Internet 的大型汽轮发电机组远程故障诊断。淮阴工学院交通工程学院自 2006 年 6 月开始进行汽车远程测试与故障诊断实验室的建设，经过几年的努力，现已建成具有远程控制、远程测试、远程诊断及远程教学等功能的车辆故障诊断实验室。

2. 汽车远程测试与诊断技术的优越性

随着汽车结构日趋复杂，新技术的运用日趋广泛和深入，汽车维修行业发生了巨大变化，已从传统依靠维修实践经验进行诊断的阶段，发展到目前利用专门设备进行综合检测诊断阶段。但是，由于受到汽车维修工人技术老化问题的限制，汽车故障经常无法快速、经济地利用各方面的技术力量进行解决；特别对于一些疑难杂症，现场技术人员经常力不从心，须求助技术雄厚的大型汽车制造维修部门或科研院所专家才能解决。现代网络技术及多媒体技术的蓬勃发展，为汽车故障远程诊断技术的推广应用提供了技术支持。故障远程诊断技术具有以下优点：

（1）远程诊断可以加强科研院所与生产企业的合作。故障远程诊断能够使技术领域力量较强的维修企业、科研院所充分发挥自身的技术优势，更好地为企业服务，而且是理论更好地联系实际，而企业的需求也可以很好地反馈给科研院所。

（2）远程诊断可以实现资源的共享。计算机互联网的发展，可通过网上诊断中心获得故障的原因及其解决措施，使故障诊断变得灵活方便，无论用户身在何处，只要通过 Inteunet 连接检测中心的 Web 服务器，即可请求检测服务。而且还可以实现资源共享，避免重复开发，具有极大的社会效益和经济效益。

（3）可实现多诊断系统远程协作诊断，以提高系统的整体诊断能力。传统的诊断系统缺乏系统间的协作能力，但远程故障诊断系统的发展可大大提高这种协作能力，从根本上改善了系统的整体诊断能力。

（4）可实现远程教学和技术培训。通过网络传递信息进行在线教学，越来越受到高校的重视，学生通过网络接收远端服务器传来的数据，进行数据保存或在线分析处理，不仅可以节省实验教学成本，同时也可以使实验教学更灵活，有利于提高教学效果。

6.2　汽车远程故障诊断系统及实现

1. 远程故障诊断系统模式

远程故障诊断系统模式通常有两种：一是基于 C/S 的故障诊断模式；二是基于 B/S 的故障诊断模式。

1）C/S 的故障诊断模式

C/S 模式即客户机/服务器模式，它是软件系统体系结构，通过它可以充分利用两端硬件环境的优势，将任务合理分配到 Client 端和 Server 端来实现，降低了系统的通信开销。其主要由客户应用程序（Client）、服务器管理程序（Server）和中间件（Middleware）三个部件组成。客户应用程序是系统中用户与数据进行交互的部件。服务器程序负责有效地管理系统资源，如管理一个信息数据库，其主要工作是当多个客户并发地请求服务器上的相同资源时，对这些资源进行最优化管理。中间件负责联结客户应用程序与服务器管理程序，协同完成一个作业，以满足用户查询管理数据的要求。

(1) C/S 模式的优势。

①交互性强。在 C/S 中，客户端有一套完整的应用程序，在出错提示、在线帮助等方面都有很强大的功能，并且可以在子程序间自由切换。

②存取模式更安全。由于 C/S 是配对的点对点的结构模式，采用适用于局域网、安全性比较好的网络协议（例如：NT 的 NetBEUI 协议），安全性可以得到较好的保证。而 B/S 采用点对多点、多点对多点这种开放的结构模式，并采用 TCP/IP 这一类运用于 Internet 的开放性协议，其安全性只能靠数据服务器上管理密码的数据库来保证。

③网络通信量低。B/S 采用了逻辑上的三层结构，而 C/S 只有两层结构，网络通信量只包括 Client 与 Server 之间的通信量。所以，相比 B/S 模式，C/S 模式处理信息的能力更强、处理速度更快。

(2) C/S 模式主要的不足。

①开发时间较长，研发效率较低。C/S 模式下的服务器与客户端的研发需要有专业人员进行开发。

②移植比较困难。由于客户端与服务器可以使用不同的开发工具进行开发，因此当移植到其他平台时，会出现不兼容的现象。

2) B/S 的故障诊断模式

B/S 模式即浏览器/服务器模式，是一种以 Web 技术为基础的新型的 MIS 系统平台模式，是对 C/S 结构的一种改进。在这种结构下，用户工作界面是通过 www 浏览器来实现，极少部分事务逻辑在前端（Browser）实现，主要事务逻辑在服务器端（Server）实现，形成所谓的三层结构。

第一层的客户机是用户与整个系统的接口。客户的应用程序精简到一个通用的浏览器软件，如 Netscape Navigator，微软公司的 IE 等。浏览器将 HTML 代码转化成图文并茂的网页。网页还具备一定的交互功能，允许用户在网页提供的申请表上输入信息提交给后台，并提出处理请求。这个后台就是第二层的 Web 服务器。

第二层的 Web 服务器将启动相应的进程来响应这一请求，并动态生成一串 HTML 代码，其中嵌入处理的结果将返回给客户机的浏览器。如果客户机提交的请求包括数据的存取，Web 服务器还需与数据库服务器协同完成这一处理工作。

第三层的数据库服务器的任务类似于 C/S 模式，负责协调不同的 Web 服务器发出的 SQ 请求，管理数据库。

(1) B/S 模式的优势。

①简化了客户端。不必像 C/S 模式那样在不同的客户机上安装不同的客户应用程序，而只需安装通用的浏览器软件。这样不但可以节省客户机的硬盘空间与内存，而且使安装过程更加简便、网络结构更加灵活。

②操作更简单。对于 C/S 模式，客户应用程序有自己特定的规格，使用者需要接受专门培训。而采用 B/S 模式时，客户端只是一个简单易用的浏览器软件，无论是决策层还是操作层的人员都无需培训，就可以直接使用。B/S 模式的这种特性，还使 MIS 系统维护的限制因素更少。

③业务扩展、维护简单方便。通过增加网页、改变网页即可实现服务器功能的业务扩展、系统维护升级。

④开发简单，共享性强。

（2）B/S 模式主要的不足。

①安全性较差。由于在 B/S 模式中，客户端采用浏览器，而浏览器最终读取的是 Http 语言，这种语言属于文本格式，易于破解，因此保密性较差。

②对网络要求较高。由于浏览器访问数据库时，需要通过网络来进行访问，如果网络的通畅状况较差会对浏览器的请求信息造成影响。

2. 远程故障诊断的实现方法及手段

随着电子技术、计算机技术、网络通信技术和传感器技术的长足进步和发展，在设备运行状态的远程监测方面，通常有两种方法：一是外置式诊断监测，即在设备上安装附加监测仪器系统，依托较为成熟的现有状态监测与故障诊断技术，实现在线的远程智能监测和故障诊断；二是内置式诊断监测，即在设备电子控制单元（ECU）设计阶段就将设备状态监测仪器作为设备的一个重要单元一并考虑，来设计设备状态监测与故障诊断系统，设备一旦制造完毕，设备状态监测系统便内置于设备中。

在汽车远程测试与诊断系统中两种不同的诊断检测方法，各有各的特点和优势。外置式诊断监测方法可以充分发挥现有诊断检测设备的资源优势，检测信息丰富，适用于汽车检测与维修中心，其具有最高的性能价格比。由于汽车动态移动的特点，使得内置式诊断系统利用现有的移动通信网络、GPS 网络比装外置式监测系统在方便性和灵活性上更占有明显优势。就国内外目前研究现状来看，外置式远程诊断方法应用更为广泛，特别是随着近年来计算机测试技术、虚拟仪器技术迅猛的发展，以往需要涉及较为复杂的 TCP/IP 低层编程和 ActiveX 等技术才能解决的数据网上发布和共享问题现在则变得比较简单和容易。

3. 虚拟仪器技术

1）虚拟仪器概念

虚拟仪器就是利用现有的计算机，加上特殊设计的仪器硬件和专用软件，形成既有普通仪器的基本功能，又有一般仪器所没有的具有特殊功能的高档低价的新型仪器。20 世纪 80 年代，美国国家仪器公司（National Instruments Corporation）首先提出了虚拟仪器的概念，利用 PC 计算机独具的运算、存储、回放、调用、显示、文件管理以及在线帮助等智能化功能，建立中英文界面的虚拟仪器面板，构成一台从外观到功能都完全与传统硬件仪器相同，同时又充分享用了计算机智能资源的全新的仪器系统，如图 6-1 所示。操作人员通过操作与现实仪器面板相似的虚拟按键、旋钮等实现信号的采集、处理和控制等整个测试过程。用户可使用相同的硬件系统，通过不同的软件编程就可以充分发挥自己的才能和想象力，按自己的意愿随心所欲地设计自己的仪器系统，实现功能完全不同的各种测量。

“虚拟”主要包含两方面的含义：一是虚拟仪器的面板是虚拟的，即虚拟仪器面板上的各种“控件”、“显示件”代替了传统仪器面板上开关、按键、显示器等各种器件，但是实现功能完全相同；二是虚拟仪器测量功能是由软件编程来实现的，即在以 PC 机为核心组成的硬件平台支持下，通过软件编程来实现仪器的测试功能，而且可以通过不同测试功能的软件模块的组合来实现多种测试功能，因此在硬件平台确定后有“软件就是仪器”的说法。它体现了测试技术与计算机技术深层次的结合。

可见，在整个虚拟仪器中，计算机，也就是我们常说的PC机，是虚拟仪器的灵魂，软件系统是虚拟仪器的核心。

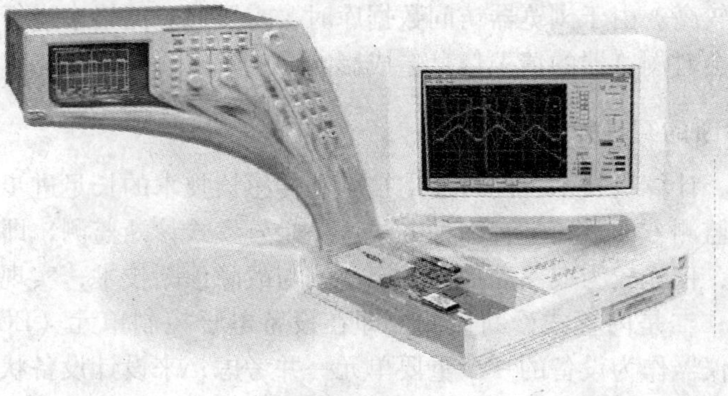

图6-1 National Instrument公司提出的计算机虚拟仪器

2）虚拟仪器技术特点

虚拟仪器利用计算机的显示功能来模拟传统测试仪器的控制面板，通过软件将计算机硬件资源与仪器硬件有机的融合为一体，从而把计算机强大的计算处理功能和仪器硬件的测量、控制功能结合在一起，同时通过软件实现对数据的分析处理、显示、存储等。虚拟仪器的概念打破了传统仪器功能用户无法改变的模式，使得用户可以根据自己的需要，设计适于自己的测试系统。与传统仪器相比较，虚拟仪器具有如表6-1所列优点。

表6-1 虚拟仪器与传统仪器的比较

虚拟仪器	传统仪器
用户定义仪器功能	厂商定义仪器功能
关键是软件	关键是硬件
技术更新周期短（1年~2年）	技术更新周期长（6年~10年）
速度和可靠性高	测试速度和可靠性难以保证
开发与维护费用降至最低	开发与维护开销高
可复用、可配置性强	价格昂贵
开放、灵活、与计算机技术同步发展	封闭、固定
可以与网络以及其他周边设备互联	功能单一的独立设备
数据可以进行编辑、存储和打印	需人工记录或通过软盘与其他数据交流

3）虚拟仪器组成

虚拟仪器是计算机化仪器，由计算机、信号测量硬件模块和应用软件三大部分组成，基本构成框图如图6-2所示。

计算机是虚拟仪器的硬件基础，对于工业自动控制、测试与测量而言，计算机是功能强大、价格低廉的运行平台。由于虚拟仪器充分利用计算机的图形用户界面（GUI），所开发的具体应用程序都基于 Windows 运行环境，所以计算机的配置必须合适。

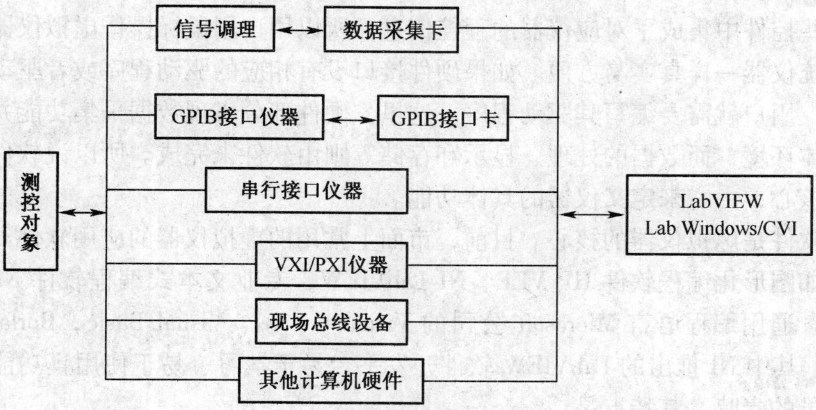

图 6-2　虚拟仪器系统构成框图

根据虚拟仪器所采用的信号测量硬件模块的不同，虚拟仪器可以分为下面几种形式：

（1）PC－DAQ 测试系统。利用计算机扩展槽和外部接口，将信号测量硬件设计为计算机插卡或外部设备，直接插接在计算机上，再配上相应的应用软件，组成计算机虚拟仪器测试系统。这是目前应用得最为广泛的一种计算机虚拟仪器组成形式。按计算机总线的类型和接口形式不同，这类卡可分为 ISA 卡，PCI 卡，PCMCIA 卡，并口卡、串口卡和 USB 口卡等。

（2）GPIB 系统。通过 GPIB 标准接口总线，可以把具备 GPIB 总线接口的测量仪器与计算机连接起来，组成计算机虚拟仪器测试系统。GPIB 总线接口有 24 四线（IEEE-488 标准）和 25 线（IEC-626 标准）两种形式，其中以 IEEE-488 的 24 线 GPIB 总线接口应用最多，其接口的总线定义和机电特性图 6-3 所示。

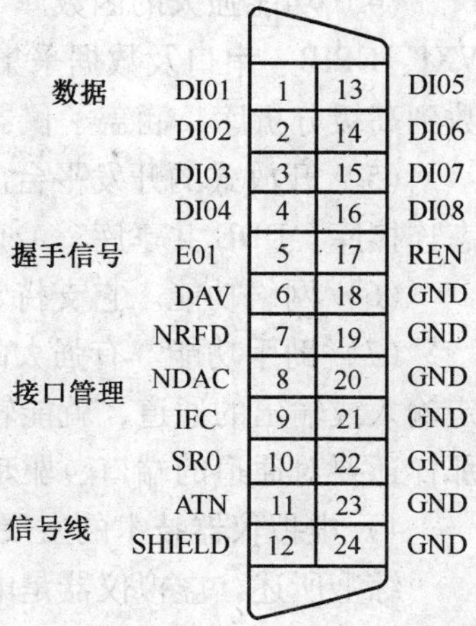

图 6-3　IEEE-488 标准总线定义和机电特性图

（3）VXI 系统。以 VXI 标准总线仪器、计算机和虚拟仪器软件构成的测试系统。VXI 总线模块从物理结构看，由一个能为嵌入模块提供安装环境与背板连接的主机箱和插接的 VXI 板卡组成。与 GPIB 仪器一样，它需要通过 VXI 总线的硬件接口才能与计算机相连，如图 6-3所示。

（4）串口系统。以 RS232 标准串行总线仪器、计算机和虚拟仪器软件构成的测试系统。

（5）现场总线系统。以现场总线仪器、计算机和虚拟仪器软件构成的测试系统。现场总线仪器，是一种用于恶劣环境条件下的、抗干扰能力很强的总线仪器模块。通过现场总线专用连接电缆，与计算机构成虚拟仪器测试系统，实现用计算机对现场总线仪器进行控制。

软件部分一般由设备驱动软件和虚拟仪器面板组成。其中，设备驱动软件是直接控制各种硬件接口的驱动程序，虚拟仪器通过底层设备驱动软件与真实的仪器系统进行通信，并以虚拟仪器面板的形式在显示器上显示与真实仪器面板操作元素相对应的各种控件。在这些控件中集成了对应仪器的程控信息，所以用户用鼠标操作虚拟仪器面板就如同操作传统仪器一样真实与方便。如果硬件接口没有相应的驱动程序或者驱动程序的版本不合适，用户就需要编写其驱动程序。这里，硬件部分实现数据采集功能并提供数据处理的具体环境，而数据的处理、显示和存储等则由软件来完成。所以说软件是虚拟仪器系统的核心，由它来定义仪器的具体功能。

应用软件是虚拟仪器的核心。目前，市面上常用的虚拟仪器的应用软件开发平台有很多种，如图形化编程软件 HP VEE、NI LabVIEW，专业文本式编程软件 NI Lab Windows/CVI，通用编程语言 Microsoft 公司的 Visual C + +、Visual Basic，Borland 公司的 Delphi 等。其中 NI 推出的 LabVIEW 软件开发平台易于学习、易于使用且功能强大，倍受测控人员的青睐。其特点是：

（1）图形化的仪器编程环境。它使用“所见即所得”的可视化技术建立人机界面，针对测试、测量以及过程控制等领域，LabVIEW 提供了面板上所必需的许多显示和控制对象，如旋钮、表头、图表等。用户还可以方便地将现有控制对象改成适合自己需要的控制对象。

（2）内置的程序编译器。LabVIEW 采用编译方式运行 32 位应用程序，解决了其他按解释方式工作的图形编程平台速度慢的问题。

（3）灵活的程序调试手段。用户可以在源代码中设置断点，单步执行源代码，在源代码数据流上设置断针，在程序运行中观察数据流的变化。

（4）功能强大的函数库。LabVIEW 提供了大量现成函数供用户直接调用，从底层 VXI、GPIB、串口及数据采集板的控制子程序到大量的仪器驱动程序，从基本的功能函数到高级分析库，涵盖了仪器设计中几乎所有的函数，提高了程序开发效率。

（5）开放式的开发平台。提供大量与外部代码或软件进行连接的机制，如 DLLs 动态连接库、DDE 共享库、ActiveX 等。

（6）网络功能。它支持常用的网络协议，方便网络、远程测控仪器的开发。

（7）助手功能。有强大的助手帮助功能，特别是在对 DAQ 的通道设计时，只要指定输入或输出的通道，就能轻松实现数据和信号的输入输出，而不必再像传统的 DAQ 那样还要对通道的端口、驱动口号等进行设置。

4）虚拟仪器技术的发展及其应用

综上所述，虚拟仪器是电子测量技术与计算机技术深层次结合的、具有很好发展前景的新一类电子仪器。它要比传统的电子仪器更为通用，在组建和改变仪器的功能和技术性能方面更为灵活、更为经济，更能适应迅猛发展的当代科学技术对测量技术和测量仪器不断提出的更新并扩展功能与性能的要求。因此，虽然虚拟仪器技术诞生只有十几年的历史，但它的发展速度是惊人的。目前已在声学分析、故障诊断、航天航空、军事工程、电力工程、机械工程、建筑工程、铁路交通、地质勘探、生物医疗、教学及科研等涉及国民经济的诸多领域广泛应用。随着计算机网络技术、媒体技术、分布式技术的飞速发展，融合了计算机技术的 VI 技术，其内容会更丰富。如简化仪器数据传输的 Internet 访问技术 DataSocket，基于组件对象模型（COM）的仪器软硬件互操作技术 OPC、软件开发技术 ActiveX 等。这些技术不仅能有效提高测试系统的性能水平，而且也为“软件仪器时代”的到来做好了技术上的准备。以 PC 机为基础，通过网络来构成实用的测控系统，提高生产效率，共享资源，将成为仪器技术发展的方向，网络化仪器将是今后测试仪器发展的必然趋势。

目前，虚拟仪器在实验教学、科学研究、远程教育中发挥着巨大的作用。利用虚拟仪器构建虚拟实验室被认为是有广阔前景的事业。虚拟仪器与 Internet 结合组成远程虚拟仪器系统，将中心实验室的虚拟仪器和远端学员计算机上的虚拟仪器通过 Internet 联系起来，建成网络实验系统，为远程教育实验教学难的问题提供了一种全新的解决方案。通过虚拟仪器测试系统的网络化实现，可以实现汽车等设备的远程测试、诊断及维修服务，使故障诊断变得灵活方便，实现资源共享，避免重复开发，大大提高了故障诊断的正确性及其工作效率。

4. 远程虚拟仪器技术及其应用

网络化虚拟仪器是虚拟仪器技术与网络技术相结合的产物。远程虚拟仪器能从通过局域网或 Internet 相连的远端获得动态数据或将控制信号传送到远端，使在本地 PC 上监控远端成为可能。可见利用网络技术组建远程虚拟仪器系统，可以使信息采集、传输和处理一体化。它的主要特点是借助于互联网这一媒介，在各个联网的地方都可以使用，不受地域的限制就能远程监控，并且还具有易于扩展的特点。

网络化虚拟仪器特点在于：用户界面的重心由 Windows 转为 Browsers；系统结构由单一的两个层次扩展到由客户、数据库服务器、应用服务器组成的三个层次，并由浏览器、网络服务器的加入进一步扩展为 N 个层次。

系统运行过程为：用户使用浏览器访问数据采集服务器中的网络服务器，下载含有网络化虚拟仪器客户端程序的 HTML 文件，并在浏览器中启动网络化虚拟仪器客户端程序；然后和服务器端的数据采集服务器程序进行通信，发送控制命令和接收返回的测试数据，并进行分析、显示，数据采集服务器程序定期将采集的数据存入数据库服务器中；用户也可访问数据库服务器中的网络服务器，下载含有数据库查询功能的页面，对数据库中存储的测试数据进行查询和显示。

1）基于 B/S 模式的远程数据传输

使用 LabVIEW 的 Web 服务器在 Web 上发布 LabVIEW 程序，可以将 LabVIEW 环境下设计的虚拟仪器前面板发布到 Internet 上，远程用户可通过浏览器使用现场运行的虚拟仪器。下面以一个信号产生与处理的程序为例来说明数据传输的实现过程。

（1）服务器端的设计。服务器端的设计是开发一个虚拟的信号产生和处理程序，用 LabVIEW 开发虚拟信号产生和处理程序的服务器端的运行界面。

（2）Web Server 需要文件路径和网络设置、客户机访问权限设置、VIs 访问权限设置等三方面的设置。

①文件路径和网络设置。在 LabVIEW 主菜单中选择 Tools > > Option…，出现一个 LabVIEW Options 对话框，选中启动 Web Server 单选框，填写 Web Server 存放 HTML 文件的位置和 LabVIEW 保存 Web 连接信息文件的位置，如图 6-4 所示。

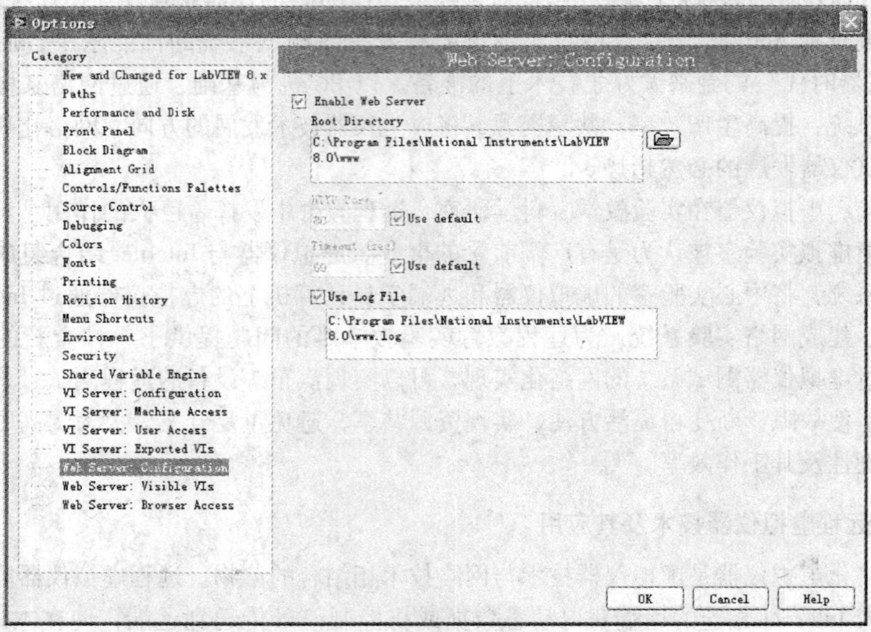

图 6-4　Web Server：Configuration 配置页面

②客户机访问权限设置。设置允许或不允许访问 Web 服务器的计算机 IP 地址，设定某个计算机的访问权限（允许查看及控制，允许查看，拒绝访问），如图 6-5 所示。

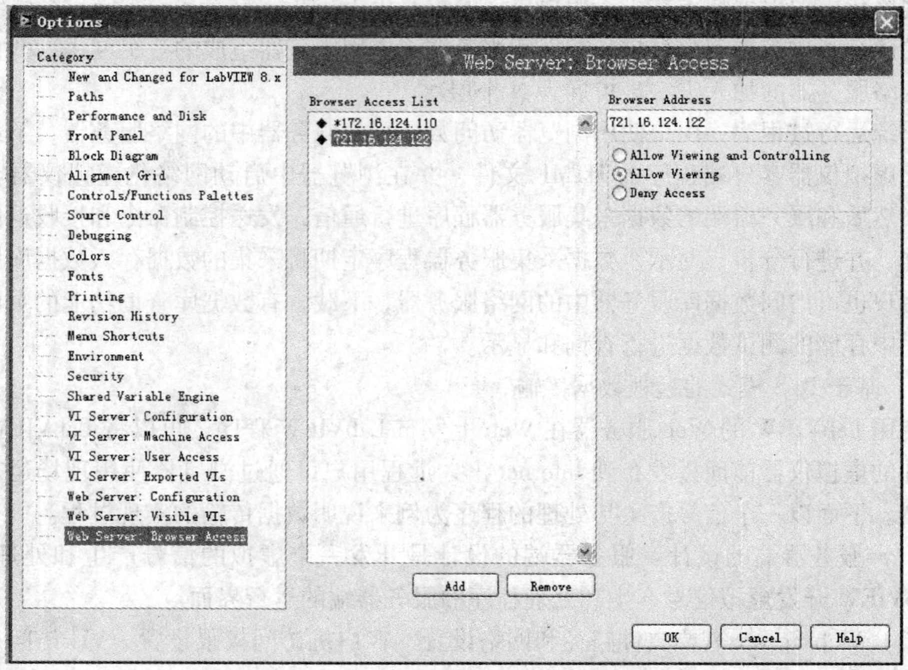

图 6-5　Web server：Browser Access 配置页面

③VIs 访问权限设置。添加或删除内存中可通过 Web 服务器查看的程序名，如图 6-6所示。

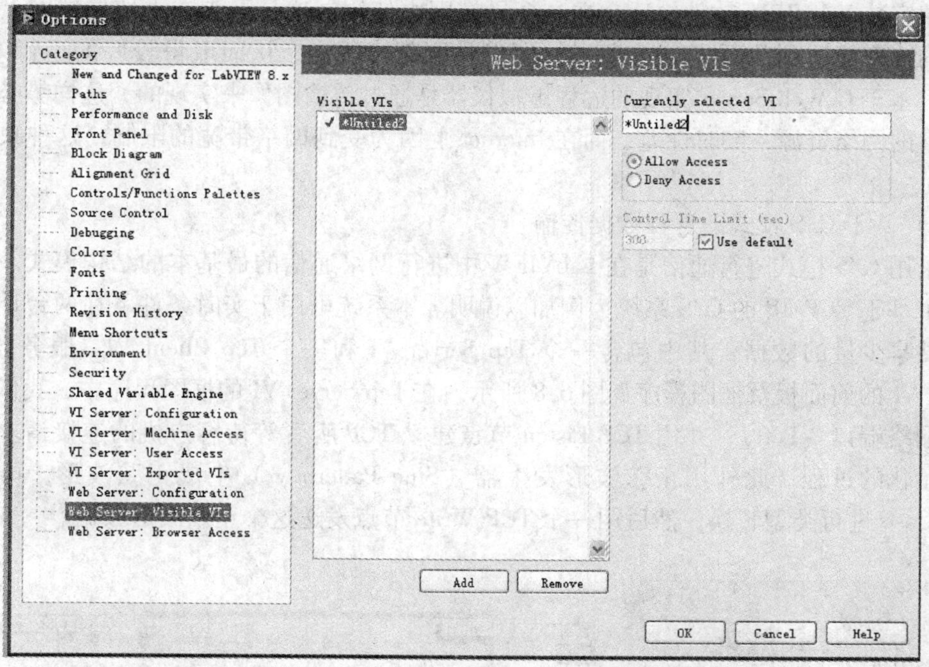

图 6-6　Web Server：Visible VIs 配置页面

（3）客户端程序的设计方法。利用 LabVIEW8.0 “Web Publishing Tools…” 就可以把服务器的程序发布到 Web 上，产生客户端的运行程序，如图 6-7 所示。

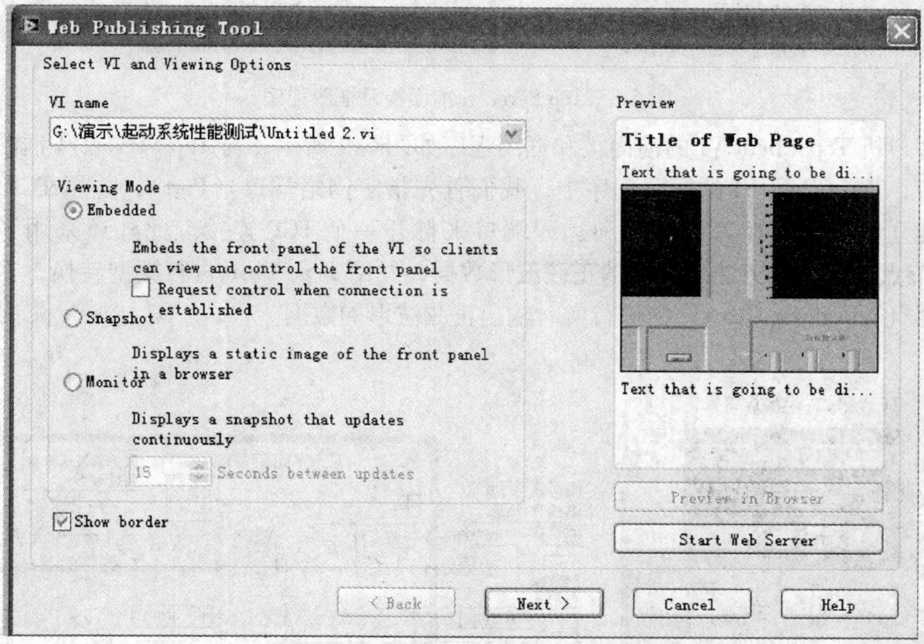

图 6-7　Web Publishing Tools 对话框

在 VI Name 框中输入要发布的 VI 的名称，单击 Save to Disk 按钮保存 VI 产生的 HTM 文件到磁盘的某个目录下。当用户在浏览器地址栏键入 VI 产生的 HTM 文件的网络路径后，便可在本机上运行该程序，这种基于 B/S 模式的远程数据传输方式需要在客户端安装 LabVIEW 软件，适合在一个局域网内使用。这是因为在本地局域网上数据传输的速率能达到几百 K 字节每秒，可以将刷新率提高，从而取得较好的运行效果。但是，基于 G Web Server 实现的远程虚拟仪器是通过传输图像来实现的，这样势必会消耗大量的网络资源，实时性差，而在 Internet 上因为受到网络带宽的限制，这种缺点更明显。

2）基于 C/S 模式的远程数据传输

采用 C/S 模式进行通信是在 LabVIEW 中进行网络通信的最基本的结构模式。下面以一个基于 TCP/IP 的 C/S 系统为例加以说明。本系统可用于实时条件下在两台计算机之间共享少量的数据，其中包含一个 Tcp Server VI 和一个 Tcp Client VI。服务器 Tcp Server VI 的前面板及框图程序如图 6-8 所示，在 Tcp Server VI 的框图程序中，我们首先指定网络端口（Port），并用 TCP Listen 节点建立 TCP 听者等待客户机的连接请求，这是初始化的过程。此外用正弦波形发生器（Sine Pattern. vi）生成正弦波形，再利用 Type Case 进行类型转换，然后用一个 TCP Write 节点发送这个正弦波形数据。

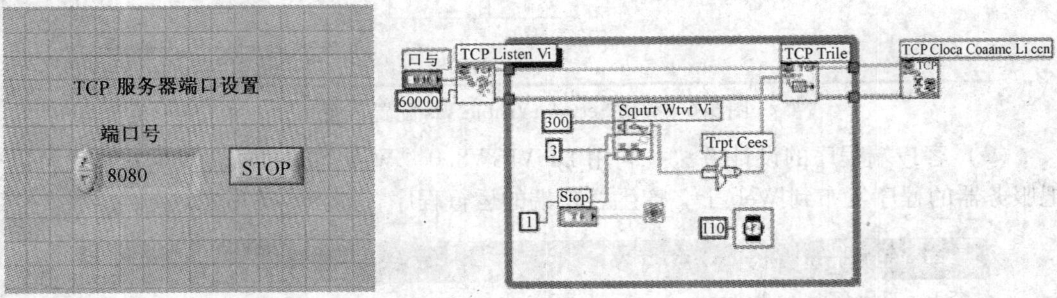

图 6-8 Tcp Sever. vi 前面板及框图程序

客户机 Tcp Client VI 的前面板和框图程序如图 6-9 所示，与 Tcp Server VI 框图程序相对应，Tcp Client VI 的框图程序中，我们首先指定网络端口（Port），并用 TCP Open 节点建立用指定的计算机名称和远程端口来打开一个 TCP 连接。此外还采用了 TCP Read 节点读取由服务器送来的的正弦波形数据，并用 Type Case 进行类型转换，在图形显示器（Waveform Chart）中进行实时输出正弦波形的数据。

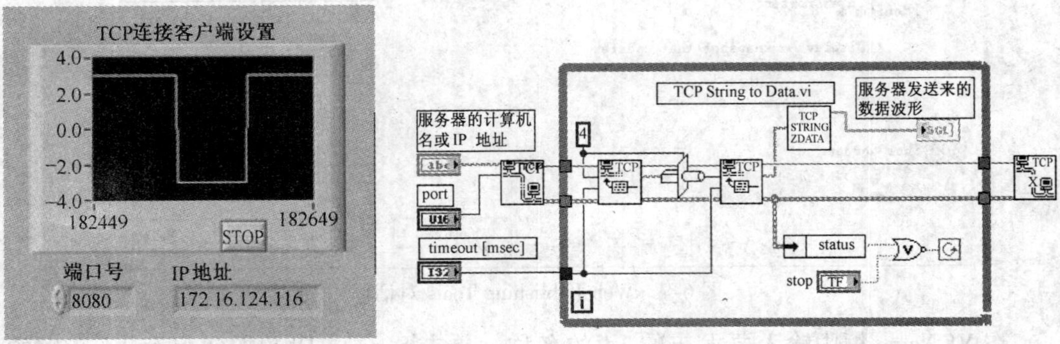

图 6-9 Tcp Client. vi 前面板及框图程序

值得注意的是，在 TCP 节点进行通信时，需要在服务器框图程序中指定网络通信端口（Port），客户机也要指定相同的端口，才能与服务器之间进行正确的通信，在上例中的端口值为 8080。端口值有用户任意指定，只要服务器和客户机的端口保持一致即可。在一次通信连接建立后，就不能更改端口的值了。如的确需要改变端口值，则必须首先断开连接，才能重新设置端口值。

还有一点要值得注意的是，在客户机框图程序中首先要指定服务器的名称才能与服务器之间建立连接。服务器的名称是指服务器的计算机名，若服务器和客户机程序在同一台计算机上同时运行，客户机程序中输入的服务器的名称可以是 localhost，也可以是这台计算机的计算机名，甚至可以是一个空字符串。

3）基于 DataSocket 技术的远程数据传输

DataSocket 是 NI 公司提供的一种基于 TCP/IP 协议的网络编程新技术，它支持本地文件 I/O 操作、FTP 和 HTTP 文件传输、实时数据共享，并提供统一的 API 编程接口。它具有使用方便、编程工作量少、不需要了解底层操作过程等优点，特别适合于远程数据采集、监控和数据共享等应用程序的开发。用户使用这种技术可以很容易地在互联网上实现高速实时数据交换。LabVIEW 还具有远程面板访问技术，用户可以在互联网上直接控制位于远端服务器上的 VI 前面板。

如图 6-10 所示，一个 LabVIEW 程序（发布器）向 DataSocket 服务器发布数据，而读数据的两个订阅器则分别为 LabVIEW 程序和 Web 浏览器。发布器并不直接向订阅器写数据，而是通过 DataSocket 服务器，这种分层体系使我们可以灵活的设计应用系统的结构，例如，可以使 DataSocket 服务器单独运行于一台机器上，以提升系统性能。此外，这种分层体系可提高系统的安全性，如可将 DataSocket 服务器置于对外服务器，而数据发布程序则置于防火墙后。

图 6-10　DataSocket 的发布/订阅体系

DataSocket 包括 DataSocket Server 和 DataSocket Server Manager 两个组件。DataSocket Server 是一个小巧独立运行的程序，利用 DS 技术传输数据时必须在发布程序的计算机上打开 DataSocket Server，其面板如图 6-11 所示，显示了主机当前连接到 DataSocket Server 上的任务数，已经发送和接受到的数据包数。

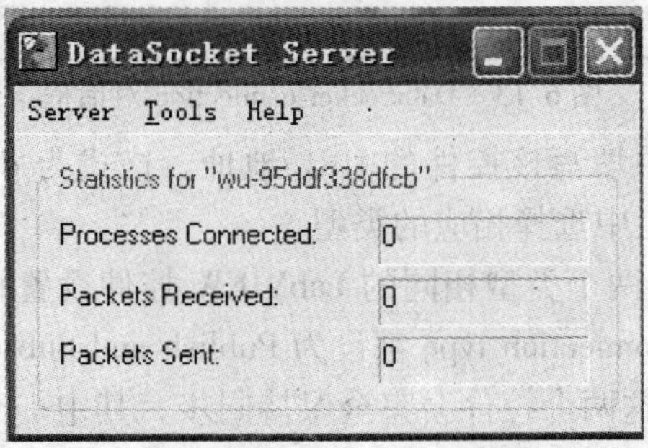

图 6-11　DataSocket Server 页面

DS Server Manager 的主要功能是设置 DS Server 可连接的客户数目和可创建的数据

项数目、设置用户权限、预定义数据项等，如图6-12所示。

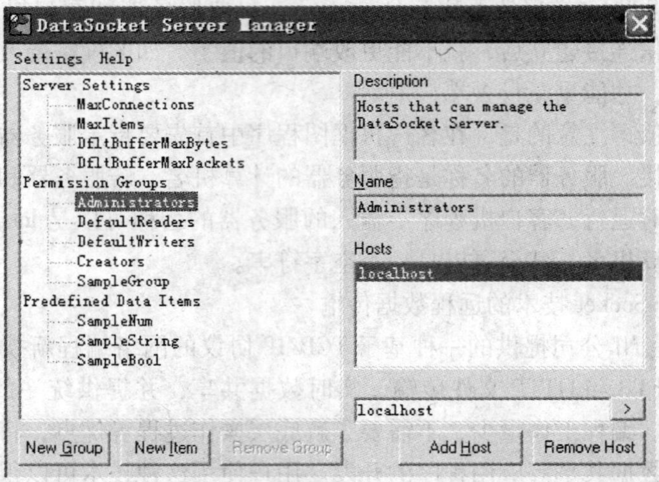

图6-12 DataSocket Server Manager 页面

利用DataSocket将现场采集数据的程序与故障诊断中心的程序连接起来实现远程监控的方法有两种：

（1）通过DataSocket连接两个程序的前面板。通过DataSocket将两个程序的前面板对象连接起来，一个对象发送数据，另一个对象接收数据，不需要任何网络编程，就可以实现对程序的远程控制和数据采集等功能。利用LabVIEW7.1中控件的DataSocket Connection这个属性，可以实现不同计算机上相对应的两个甚至多个同类型控件之间的DataSocket通信。在控件的右键菜单中选择Data Operations >> DataSocket Connection，就会弹出DataSocket Connection属性对话框，如图6-13所示。

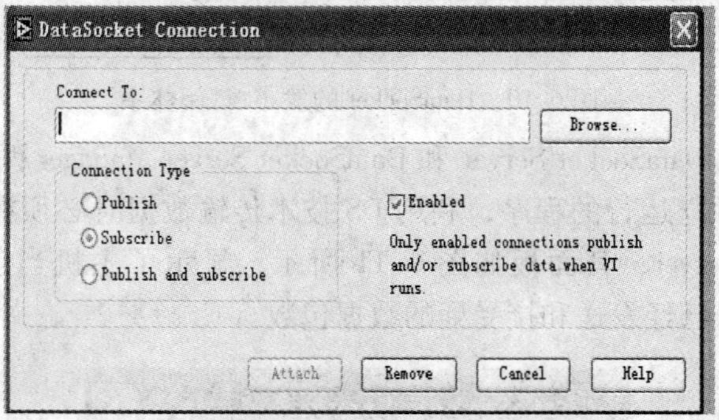

图6-13 DataSocket connection 对话框

在Connection To栏中填写该控件的URL地址，格式为dstp：//servername/dataname，在Connection Type栏中选择相应的类型。

如果是不同计算机中两个类型相同的LabVIEW控件设置相同的DataSocket Connection URL地址，并且其Connection type都设为Publish and Subscribe，则这两个控件就由DataSocket连接起来了，这两个控件会完全保持同步，其中一个控件发生了变化，另一个控件也会发生同样的变化。

利用DataSocket的这种特性，可以将现有的LabVIEW DAQ应用程序很容易地改造成具有远程数据采集功能的 DAQ 应用程序。但要求发布程序的计算机和接受程序的计算机上需有相同的程序面板。用这种连接的方式无需编程，简单易用。但其数据传输是不透明的，不能对数据进行处理。要客户机处理服务器传入的数据，就必须编写基于 DS 协议的程序。

（2）在程序中使用 DataSocket 传输数据。下面举例说明利用 DataSocket write. vi 向服务器写数据，用 DataSocket read. vi 读取数据的远程传输的实现方法。其前面板和程序框图分别如图 6-14、图 6-15 所示。

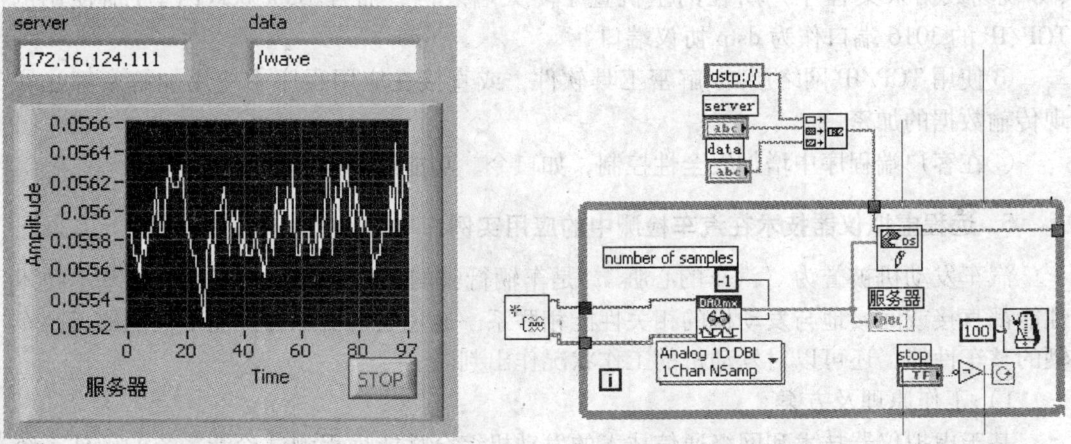

图 6-14　Signal generate DataSocket write. vi 前面板及程序框图

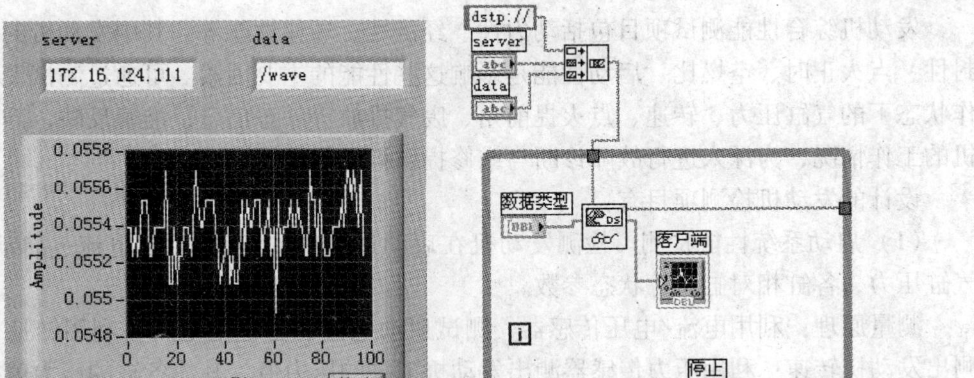

图 6-15　Signal generate DataSocket read. vi 前面板及程序框图

它是通过使用 URL 地址唯一标识数据源，通过规定（俗称网址或资源定位管理器）和控件的连接方式，就可发布和读取数据。这里的 URL 标识方式不同于大多数的数据 I/O 技术，它在表示了数据所在位置的同时也表明了取得数据的方式（如 dstp://172. 16. 124. 111/wave）：在 URL 地址的第一部分表明了数据传输的传送协议，第二部分表示 DataSocket Server 所在的计算机名或其 IP 地址，第三部分为传送的数据名，类似于文件名，这些使得数据的远程采集和传送更加可靠和灵活。如果要将现场波形显示器的数据与网络中的其他计算机共享，则在本地的 DataSocket write. vi 程序的前面板的 URL 栏中指定一个 URL，在远程客户机的 DataSocket read. vi 程序的前面板 URL 栏中填写相同的 URL，并运行程序，这样数据就可以在现场和远程之间进行无误差的传送。

DataSocket 技术是实现实时高速数据发布的有效手段。在 DataSocket 技术的安全性方面，可以在以下几方面进行控制：

①运用 DataSocket 服务器管理器来设置管理。

②让 DataSocket 服务器运行于防火墙之外的主机上，同时让写数据的源应用程序（如现场数据采集程序）所在的主机置于防火墙之内；而且 DataSocket 已注册使用的 TCP/IP 的 3016 端口作为 dstp 协议端口。

③使用 TCP/IP 网络层加/解密工具软件，或直接在应用程序中应用加解密算法实现传输数据的加密。

④在客户端程序中增加安全性控制，如口令、功能限制等。

5. 远程虚拟仪器技术在汽车检测中的应用实例

汽车发动机被誉为“汽车的心脏”，是车辆行驶的动力来源，汽车的一些基本技术性能都直接或间接地与发动机的相关性能相联系。通过发动机综合性能不仅能够反映车辆的整车性能，还可以对发动机的工作状况作出判断。

1）工作原理及方案

基于虚拟仪器技术和网络通信技术的发动机综合性能远程测试诊断系统的硬件系统由传感器、数据采集卡、服务端计算机及远程客户端组成，具体结构如图 6-16 所示。传感器类别由检测项目确定。

发动机综合性能测试项目包括动力性、经济性、环保性能等。其中发动机的气缸密封性、点火正时、空燃比、启动性能是影响这些性能的主要因素。可通过测试发动机工作状态下的气缸压力、转速、点火提前角、废气排放等状态信息，准确反映、判断发动机的工作情况，为深入进行故障诊断与维修提供科学依据。

设计的发动机检测项目有：

（1）启动系统性能检测。检测发动机在启动过程中的启动电压/电流、启动转速、气缸压力、各缸相对缸压等状态参数。

测量原理：利用电流/电压传感器，测试启动电流和蓄电池电压；利用转速传感器测出发动机转速；利用压力传感器测出发动机 1 缸的压力值，其他各缸的压力值按电流波形幅度推算获得。

（2）点火系统检测。主要检测发动机点火系各缸点火高压、点火提前角、闭合角等状态参数。

测量原理：系统传感器有点火高压传感器、缸压传感器、发动机转速传感器、蓄电池电压测试传感器等。点火高压传感器用于检测发动机各缸点火高压信号，缸压传感器在此主要用于判断气缸压缩上止点位置时刻，结合发动机转速传感器信号和点火高压信号进而计算获得点火提前角信息，检测原理图如图 6-17 所示。闭合角闭合时，即是汽油机点火过程中初级电路导通阶段所对应的凸轮轴转角。闭合角由检测点火波形和蓄电池电压波形分析计算获得。

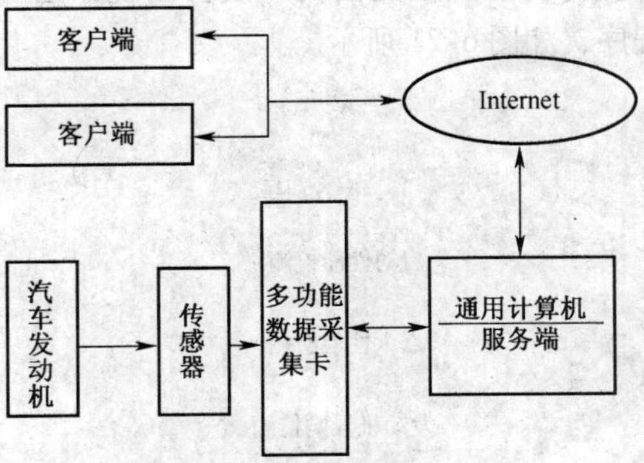

图 6-16　系统结构组成示意图

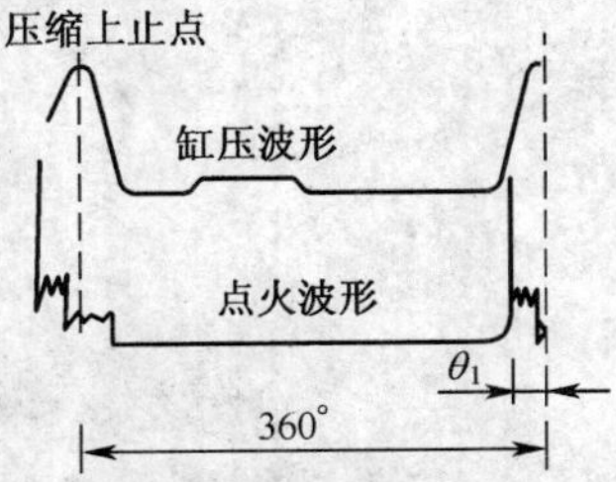

图 6-17　点火提前角检测原理图

(3) 发动机异响测试。包括主轴承响、连杆轴承响、活塞销响、活塞敲缸响、气门响（异响波形）。

测量原理：系统异响声信号通过声强传感器进行识别提取。由于发动机异响信息的非平稳性决定了对发动机时域声强特征的提取及诊断时，需通过信号联合时—频域分析的方法将非平稳的一维噪声信号以二维的时间频率函数形式表示出来，以揭示信号中包含的频率成分，以及各个频率分量随时间的变化关系，从而获得更多的故障诊断信息，使发动机故障诊断的准确性得到提高。

(4) 尾气排放测试。包括发动机工作过程中的 HC、CO、NO_x、O_2 的排放量。

测量原理：以 RS-232 串口通信协议为基础，利用串口通信技术设计上位机 PC 与废气分析仪之间的通信，构建汽车尾气检测系统的硬件部分；在软件方面，采用图形化编程语言 LabVIEW 作为开发平台，完成 RS-232 数据通信并设计友好的尾气排放检测系统操作界面和数据库模块。

2) 测试系统的软件设计

软件设计是虚拟仪器设计的主要任务，设计时应遵循以下的设计原则：

(1) 结构合理。程序采用结构化设计，以利于程序的进一步扩展和程序的修改与维护。尽量利用子程序，使得程序的层次分明，易于阅读和理解。根据汽车发动机综合性能测试系统测试项目的要求，对测试系统软件按照模块化设计方法进行设计，开发的应用软件组成结构如图 6-18 所示。

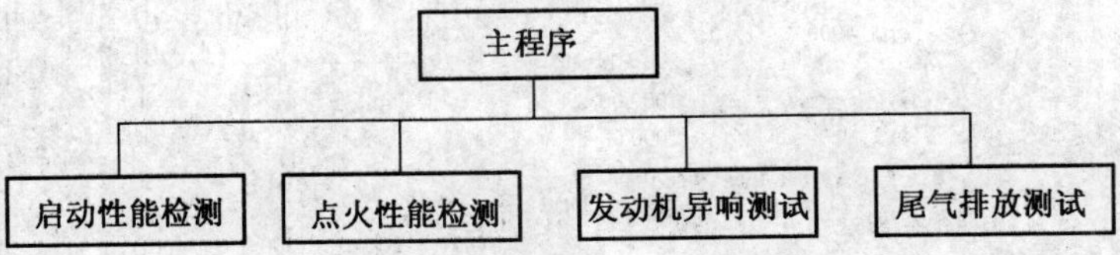

图 6-18　测试系统软件结构

(2) 操作性好。程序的操作界面使用方便，还要考虑到降低对操作人员专业知识的要求。在程序设计中，尽量多采用各种图标或菜单实现人机对话，以提高工作效率和程序的易操作性。例如，汽车发动机综合性能测试系统前面板如图 6-19 所示，面板上的“启动性能检测”、“点火性能检测”、“发动机异响检测”、“尾气排放检测”四个按钮控制件可方便的实现单项测试子程序调入，执行“点火性能检测”后会出现如图 6-20 的提示信息，确定后进入点火性能检测子程序，如图 6-21 所示。

图 6-19 系统程序前面板

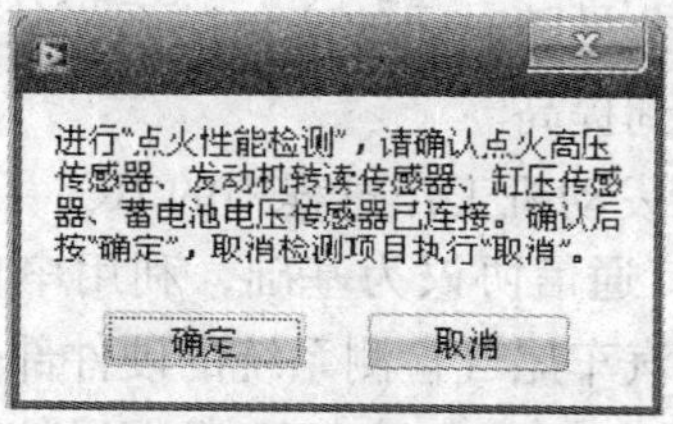

图 6-20 信息提示对话框

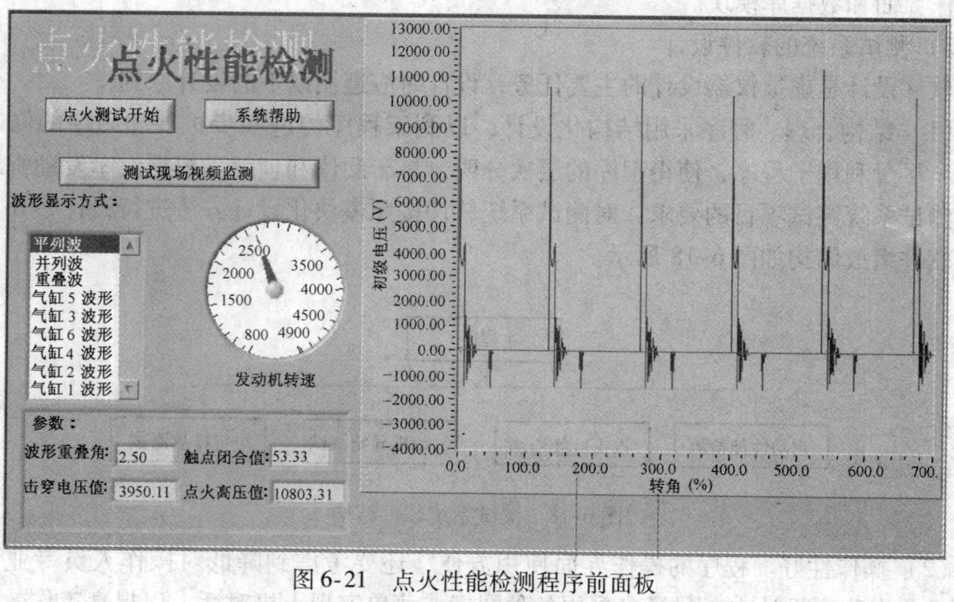

图 6-21 点火性能检测程序前面板

（3）一定的保护措施。程序中设计一定的检测程序，以便于系统发生故障时查找故障部位。对于重要的参数要定时存储，以防止因掉电而丢失数据。

（4）程序中包括必要的程序说明和用户帮助文件。帮助用户了解软件设计功能，并在遇到使用问题时尽量通过参考帮助文件来解决。系统每一检测模块均带有系统帮助功能。

3）远程测试功能实现

当汽车发动机故障无法现场诊断排除时，可执行系统主程序前面板“远程求助诊断”按钮以寻求远程帮助。可以利用前面介绍的三种方法进行诊断测试信息的远程发布，B/S 模式下的发动机远程测试系统平台设计框图如图 6-22 所示，C/S 模式下的发动机远程测试系统平台设计框图如图 6-23 所示。

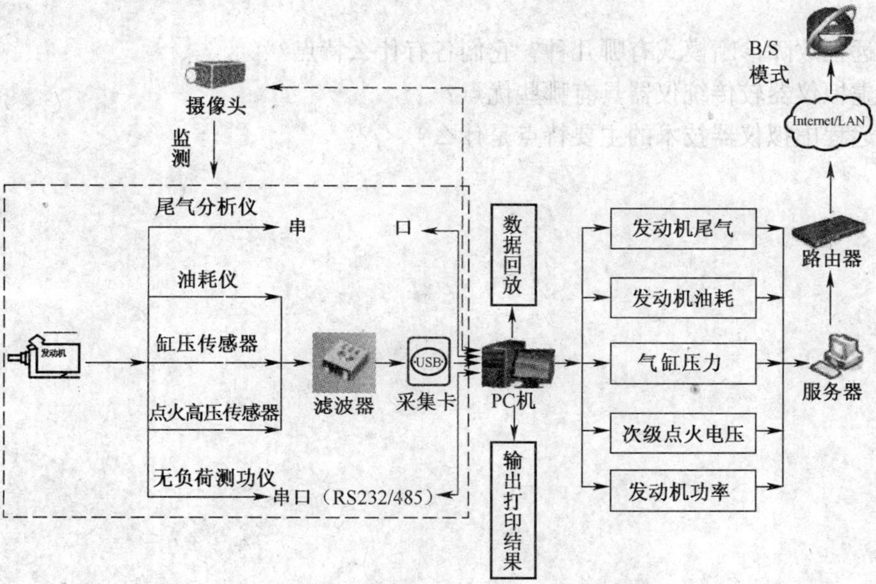

图 6-22　B/S 模式下发动机综合性能监测系统平台设计框图

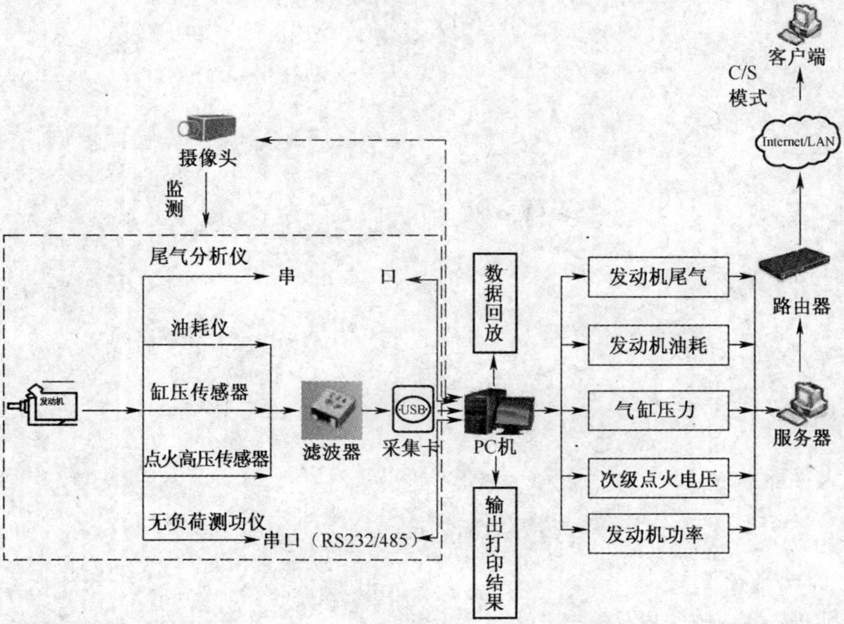

图 6-23　C/S 模式下发动机综合性能监测系统平台设计框图

在远程诊断过程中，如远程故障诊断中心需要客户端提供设备的故障情况和运行状态或客户端用户需要远程故障中心的专家通过网络对用户的设备进行诊断，指导用户进行维修，双方需要通过音频和视频进行相互交流时，执行面板上“视频检测”控件，测试系统软件调用 Windows 系统 NetMeeting 程序，远程故障诊断中心确认用户响应后建立连接，双方使用语音、图像、文字或者白板的工具，可对故障问题进行讨论。

复习思考题

1. 远程故障诊断模式有哪几种？它们各有什么特点？
2. 虚拟仪器较传统仪器具有哪些优点？
3. 远程虚拟仪器技术的主要特点是什么？

参考文献

[1] 陈焕江．汽车检测与诊断（第2版）[M]．北京：机械工业出版社，2008.
[2] 张建俊．汽车诊断与检测技术（第2版）[M]．北京：人民交通出版社，2008.
[3] 赵英勋．汽车检测与诊断技术 [M]．北京：机械工业出版社，2011.
[4] 罗念宁．汽车诊断与检测技术 [M]．北京：北京大学出版社，2009.
[5] 肖云魁．汽车故障诊断学（第2版）[M]．北京：北京理工大学出版社，2006.
[6] 周建鹏，黄虎，严运兵．现代汽车性能检测技术 [M]．上海：上海科学技术出版社，2007.
[7] 孙成刚，王超．汽车检测与诊断技术 [M]．北京：北京理工大学出版社，2008.
[8] 夏均忠．汽车检测技术与设备 [M]．北京：机械工业出版社，2009.
[9] 江浩斌．车辆检测与诊断技术 [M]．南京：东南大学出版社，2009.
[10] 刘仲国．现代汽车检测与故障诊断 [M]．北京：机械工业出版社，2009.
[11] 沈辉，徐礼超．汽车检测技术实验教程 [M]．北京：中国电力出版社，2007.
[12] 陈曙红．汽车环境污染与控制 [M]．北京：人民交通出版社，2007.
[13] 冯渊．汽车电器与电子控制技术 [M]．北京：高等教育出版社，2009.
[14] 王新祥．汽车底盘构造与维修 [M]．杭州：浙江科学技术出版社，2006.
[15] 黄虎，夏令伟．现代汽车维修 [M]．上海：上海交通大学出版社，2002.
[16] 嵇伟．现代汽车故障诊断与维修 [M]．北京：人民交通出版社，2005.
[17] 姚国平，舒华．汽车维修电工—电控系统 [M]．北京：国防工业出版社，2007.
[18] 麻友良．汽车电路分析与故障检修 [M]．北京：机械工业出版社，2006.
[19] 杨生辉，舒华，王克才．汽车电器与电子技术 [M]．北京：国防工业出版社，2004.
[20] 张蕾．汽车空调 [M]．北京：机械工业出版社，2006.
[21] 陈家瑞．汽车构造 [M]．北京：机械工业出版社，2011.
[22] 麻友良．汽车电器与电子控制系统 [M]．北京：机械工业出版社，2010.
[23] 戴耀辉，于建国．汽车检测与故障诊断 [M]．北京：机械工业出版社，2007.
[24] 刘占峰，林丽华．汽车故障诊断与检测技术 [M]．北京：北京大学出版社，2008.
[25] 母松林．柴油机电控系统原理与故障检修 [M]．北京：机械工业出版社，2011.
[26] 张子波．汽车故障诊断技术 [M]．北京：机械工业出版社，2005 .
[27] 赵英勋．现代汽车检测与故障诊断 [M]．北京：国防工业出版社，2007.
[28] 王秀贞．汽车故障诊断技术 [M]．西安：西安电子科技大学出版社，2007.
[29] 刘艳莉．汽车故障诊断技术 [M]．西安：西安电子科技大学出版社，2007.
[30] 赵福堂，渠桦，解建光．现代汽车检测诊断与维修 [M]．北京：北京理工大学出版

社，2005.
[31] 嵇伟．汽车电喷发动机常见故障诊断与分析［M］．北京：机械工业出版社，2008.
[32] 付仙兰．虚拟仪器在汽油发动机综合性能检测系统中的应用研究［D］．长沙：中南林学院，2004.
[33] 孙培峰，陶伟华．基于 Internet 的汽车发动机综合性能检测系统［J］．农机化研究，2004（3）：222－224.
[34] 朱同．基于虚拟仪器的发动机点火系测试与诊断方法研究［D］．长春：吉林大学，2006.
[35] 卢小武．基于网络的远程汽车发动机故障诊断系统的研究［D］．福州：福州大学，2004.
[36] 王程，常思勤，许善珍．汽车燃油蒸发排放测试系统的远程虚拟仪器实现［J］．汽车技术，2007（2）：33－35.